KB169299

1945년 7월 선거에서 처칠을 누르고 승리한 영국 노동당 당수 클레멘트 애틀리(가운데).

네덜란드 식민주의에 저항한 인도네시아 청년 조직의 자유전사들.

1945년 7월 재신임을 묻는 선거를 앞두고 연설 중인 윈스턴 처칠 수상.
애틀리에게 패배한 후 5년을 더 기다려 재집권에 성공한다.

일본군이 영국 공군에게 베트남을 이양하며 검을 건네고 있다.

드골 치하 전범재판에서 진술하고 있는 피에르 라발.
비시 정부에서 장관을 지냈던 그는 총살형에 처해졌다. 오른쪽에 페탱이 보인다.

나치 부역자이자 네덜란드 국가사회주의 운동 지도자인
안톤 무서르트가 헤이그에서 레지스탕스들에게 체포되고 있다.

연합군 폭격으로 심각하게 파괴된 프랑스 로리앙의 전 유보트 기지에서
드골 장군이 시민들과 악수하고 있다.

1946년 마닐라 군사법정에서 선서하고 있는 야마시타 도모유키 장군.
마닐라 대학살에 대한 책임을 물어 교수형에 처해졌다.

이탈리아에서 독일 장군이 사형 집행 전에 결박되고 있다.

독일 아헨에 위치한 학교에 온 독일 어린이들.

독일 전쟁포로들이 노르망디 오마하 인근에 있는 미군 무덤에서 부역하고 있다.

요코하마에서 폐허가 된 집터를 보고 있는 일본인.

가족의 죽음에 슬퍼하고 있는 그리스 여인들.

베를린에서 전쟁의 잔해를 치우며 쉬고 있는 사람들.

난민이 된 베를린의 아이들.

베르겐–벨젠 수용소에서 영국군이 마지막 막사를 소각하고 있다.

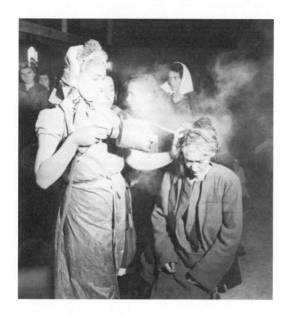

베르겐–벨젠 피수용자에게 약을 뿌려 이를 없애는 모습.

말레이 반도의 일본 수용소에서 굶주림을 견뎌낸 전쟁포로들.

독일 부역 혐의로 머리가 깎이고 타르 칠을 당한 암스테르담의 여인.

위 1945년 5월 네덜란드 시민들이 연합국 공군이 떨어뜨리는 원조 식량을 보며 기뻐하고 있다.
오른쪽 한 네덜란드 여성이 독일군과의 '매춘 부역' 혐의로 군중에게 머리가 깎이고 조롱당하고 있다.

연합국 원조 식량을 받는 그리스인들.

영국 해군과 그들의 여자친구가 런던에서 승전일을 축하하고 있다.

도쿄 공원에서 미군과 친교를 나누고 있는 일본 여성.

점령한 베를린에서 춤추고 있는 소련 병사.

네덜란드 여성이 해방군 캐나다 병사와 즐거워하고 있다.

위트레흐트 대학 친구들과 함께하고 있는 나의 아버지 레오 부루마(맨 왼쪽).

0년

YEAR ZERO
A History of 1945

현대의 탄생, 1945년의 세계사

✕

이안 **부루마**Ian Buruma 지음 | **신보영** 옮김

글항아리

아버지 레오 부루마와 브라이언 어커트에게 바친다.

「새로운 천사Angelus Novus」라는 이름이 붙여진 파울 클레의 그림이 한 폭 있다. 천사는 마치 그가 응시하고 있는 어떤 것으로부터 금방이라도 멀어지려는 듯 그려져 있다. 그 천사는 두 눈을 크게 뜨고 있고, 그의 입은 열려 있으며, 그의 날개는 펼쳐져 있다. 이것이 '역사의 천사'가 지닌 모습이리라. 그의 얼굴은 과거를 향하고 있다. 우리가 지각하고 있는 잇따른 사건들이 형체를 드러낸 곳에서, 그는 잔해가 잔해를 쉴새없이 덮으며 그의 발 앞에 내팽개쳐지는 하나의 파국을 바라보고 있다. 천사는 머무르고 싶고, 죽은 자들을 깨우고, 또한 산산이 부서진 파편들을 모아 다시 짜 맞추고 싶다. 하지만 폭풍이 천사가 날개를 더 이상 접을 수 없을 정도로 세차게 불어와 그 천사는 날개를 옴짝달싹할 수도 없다. 천사 앞에 놓인 파편 더미가 하늘로 치솟는 동안, 이 폭풍은 천사가 등을 돌리고 있는 미래 쪽을 향하여 막무가내로 그를 떠밀고 있다. 이 폭풍이 바로 우리가 진보라고 일컫는 것이다.　　　　　—발터 벤야민, 「역사철학 테제 9」

YEAR
ZERO

폐허의 0년, 결코 끝나지 않을 우리 모두의 이야기

아버지 이야기에는 내가 오랫동안 도저히 이해할 수 없는 뭔가가 있었다. 제2차 세계대전 경험담은 아버지 나이나 가정 환경을 감안할 때 그다지 이상할 것도 없었다. 물론 더 불행한 이야기도 많겠지만 아버지가 겪은 일도 충분히 그랬다.

아주 어렸을 때 전쟁 이야기를 처음 들었다. 아버지는 전쟁의 기억을 떠올리는 게 고통스러웠을 텐데도 여느 사람들과 달리 침묵하는 편이 아니었다. 나는 이야기를 꽤 즐겨 들었다. 은밀한 호기심에 아버지 서재의 책상 서랍에서 꺼내 든 앨범의 흑백사진들은 그 증거물이었다. 사진들은 극적 이미지는 아니었지만 충분히 호기심이 일 만큼 낯설었다. 동베를린의 미개한 노동자 수용소, 공식적인 사진 촬영을 망치려고 얼굴을 기괴하게 찡그린 아버지, 나치 휘장을 단 제복을 입고 거들먹거리는 표정을 한 독일군들, 사진사를 향해 웃고 있는 금발 머리 우크라이나 소녀들이 사진에 담겨 있었다.

비교적 좋은 시간들이었다. 우크라이나인과의 친교는 금지되었을 테지만, 소녀들에 대한 기억은 아버지 눈빛에서 여전히 회한으로 남아 있다. 굶주림과 피로에 죽을 지경이 되고 해충으로 고통스러워하는 아버지 모습은 사진에 없었다. 물이 가득 고인 커다란 웅덩이를 유일한 화장실로 사용하는 모습도 없었다. 나는 아버지의 이런 고난에 당혹해하지는 않았다. 하지만 나를 어리둥절하게 만든 것은 아버지가 그 일들을 겪은 뒤 집에 와 벌어진 일 때문이었다.

아버지 집은 네덜란드 동부에 위치한 거대한 기독교 마을 네이메헌*에 있었다. 1944년 아른험 전투가 벌어졌던 곳이다. 네이메헌은 치열한 접전 끝에 연합국 차지가 되었지만, 이웃한 아른험은 '머나먼 다리'(연합국의 전략 실패를 다룬 영화 제목이기도 하다—옮긴이)였다. 이곳은 1920년대 목사였던 할아버지가 기독교 소수파였던 메노파 교도를 지키기 위해 공고를 붙였던 곳이었다. 네이메헌은 국경 마을이었다. 아버지 집에서 걸어 나오면 독일로 넘어갈 수도 있었다. 독일 물가가 더 쌌기 때문에 많은 사람이 국경을 넘어 가족 휴가를 즐기곤 했다. 1937년 나치가 오가는 여행객을 못 참아하기 전까지는 그랬다. 어느 날 우리 가족은 히틀러유겐트 캠프를 지나다가 제복 입은 젊은이들이 어린 소년들을 마구 구타하는 장면을 목격했다. 라인 강을 따라 올라가는 선박여행에서 할아버지는 (아마 의도적으로) 하이네가 아가씨에게 헌사한 「로렐라이」를 낭송했고, 독일인 승객들은 당황했다(하이네는 유대인이었다). 결국 할머니가 이제 그만하라며 노래를 중단시켰다. 3년 뒤 독일군이 국경을 넘어 쳐들어왔다.

독일 치하에서도 삶은 계속되었다. 적어도 처음 1, 2년간 네덜란드인

---

* 혼동하지 않도록 네덜란드 메노파와 미국의 메노파가 매우 다르다는 사실을 언급하려 한다. 네덜란드 메노파는 상당히 진보적이고, 다른 종교에 관대하며, 결코 세상을 외면하지 않는 경향이 있다. 네덜란드 메노파가 미국이나 독일 메노파와 반대 성향이라는 사실은 할아버지가 수염을 기르고 구식의 검은 양복을 입은 채 네이메헌을 공식 방문했을 때 내게 어느 정도 거북스런 감정을 일으켰다.

대부분은 유대인이 아니라면 기묘하게도 평범한 삶을 이어갈 수 있었다. 아버지는 1941년 위트레흐트 대학에 입학해 법학을 공부했다. 장차 법률가가 되려면 이른바 '학생군단'(독일 남학생들의 사교 클럽—옮긴이)이라는, 배타적이면서 돈깨나 드는 동아리의 일원이 되어야 했다. 목사였던 할아버지는 사회적 존경은 받았지만 아들 학비를 댈 만큼 돈을 벌지는 못했다. 그래서 가족 중 부유한 편이었던 외삼촌이 아버지의 사회적 의무를 지원할 자금줄이 되어주었다.

아버지가 대학에 입학했을 때는 이미 독일 당국이 대학 동아리가 레지스탕스의 잠재적 거점이 될 수 있다며 활동을 금지시킨 상태였다. 곧 유대인 교수들도 대학에서 쫓겨났다. 레이던 대학 법대 학장인 뤼돌프 클레베링아는 이들 조치에 항의하는 유명한 연설을 했다. 체포될 것에 대비해 가방에는 칫솔과 갈아입을 옷을 넣어둔 상태였다. 예상대로 그는 체포됐고, 동아리 학생들은 수업 거부에 들어갔다. 대학 문은 폐쇄되었다. 암스테르담에 있는 동아리도 유대인 학생 활동이 금지되자 자발적으로 해체되었다.

하지만 위트레흐트 대학의 문은 아직 열려 있었고, 비록 지하조직이었지만 동아리도 유지되었다. 다소 폭력적인 신입생 신고식도 비밀스럽게 치러졌다. '태아'라고 불렸던 1학년생들은 더는 삭발을 강요받지 않았다. 독일 당국 눈에 쉽게 띌 수 있기 때문이었다. 하지만 태아들을 개구리처럼 뛰어다니게 하거나 잠을 못 자게 괴롭히고 노예처럼 다루는 통과의례는 여전했다. 다양하고도 가학적인 방법으로 신입생에게 모욕감을 주는 것은 고학년생이 품은 일종의 공상 놀이였다. 아버지 역시 다른 초년생처럼 별 저항 없이 이런 의식에 굴복했다. 이것이 동아리가 운영되는 방식이었다(지금도 여전히 그렇다). 현학적인 라틴어 표현으로 하면 '관습mos'이다.

1943년 초 젊은이들은 더 가혹한 시험과 맞닥뜨렸다. 독일 정복자들은 모든 학생에게 "제3제국에 반하는 그 어떤 행동도 하지 않겠다"는 충성 서약에 서명하라고 명령했다. 동의하지 않으면 독일로 강제 추방된 뒤 나치 군수산업을 위한 강제노역에 동원되었다. 아버지는 85퍼센트의 친구들이 그랬듯이 서명을 거절하고 은신에 들어갔다.

　　그해 말 아버지는 위트레흐트에 있는 레지스탕스 학생 조직의 호출을 받고 다시 고향으로 돌아왔다. 왜 호출했는지는 아직도 모호한데, 매우 어리석은 실수였던 건 분명했다. 아마도 공황 상태에서 내려진 결정이거나 조직의 무능함 때문일 것이다. 어쨌든 그들은 학생이었고, 게릴라 전사로 단련된 이들이 아니었으니까. 아버지는 할아버지와 함께 기차역에 도착했다. 불행하게도 때마침 나치가 독일에서 노역할 젊은이들을 끌어모으고 있던 차였다. 독일 경찰이 승강장 양쪽을 봉쇄했다. 누군가가 탈출하기라도 하면 그 책임을 부모가 져야 할 거라며 위협했다. 아버지는 할아버지가 곤경에 처할 것을 염려해 강제노역 문서에 서명했다. 사려 깊기는 했으나 그다지 영웅적인 행동은 아니었다. 아버지는 지금도 가끔 그 행동을 괴로워한다. 아버지는 다른 젊은이들과 함께 끔찍한 소규모 수용소로 옮겨졌다. 나치친위대가 네덜란드 폭력배들을 혹독하게 훈련시키던 곳이었다. 아버지는 여기서 잠시 머물다가 베를린의 기관차 브레이크 제조 공장으로 옮겨져 전쟁이 끝날 때까지 노역을 했다.

　　적어도 처음에는 여러 경험이 뒤섞여 있었다. 독일군에 적극 저항하지만 않으면 네덜란드 학생 징용자들은 수용소에 감금되지는 않았다. 지루한 공장 일, 적을 위해 복무한다는 수치심, 해충이 우글거리는 냉랭한 막사에서 불편한 잠을 청하는 것에 대한 보상도 있었다. 아버지는 당시 빌헬름 푸르트뱅글러가 지휘하는 베를린 필하모닉 공연을 관람하기도 했다.

크노르 브레이크 공장에서 하는 일은 어쩌면 보이는 것과는 다른 것일 수 있었다. 헤아 엘리존Herr Elisohn(Herr는 영어의 Mr에 해당하는 호칭—옮긴이)이라 불렸던, 검은 머리에 과묵했던 남자는 다른 징용자들이 다가가면 슬머시 자리를 피했다. 로젠탈 같은 이름을 가진 남자들도 다른 징용자와의 접촉을 피했다. 한참 뒤에 아버지는 공장이 유대인을 숨겨주고 있었을지도 모른다고 추측했다.

1943년 11월 영국 공군이 베를린 장기 폭격 작전에 돌입하자 상황은 훨씬 더 나빠졌다. 1944년 공습에는 영국 랭커스터(영국 공군의 주력 폭격기—옮긴이) 외에도 미국의 B-17이 가세했다. 하지만 실제로 대대적인 베를린 파괴 공습은 1945년 초반 몇 달 동안만이었다. 폭격과 불길이 거세게 이어졌다. 미국이 낮에 공격하면 영국은 밤에 폭격하는 식이었다. 같은 해 4월에는 소련의 '스탈린 오르간Stalin Organ'(폭발음과 모양새가 오르간과 흡사한 소련군의 로켓포—옮긴이)이 동쪽에서부터 도시에 폭탄을 쏟아부었다.

이 때문에 학생 징용자들도 방공호나 지하철역의 좁은 공간에 몸을 밀어넣어야 했다. 강제수용소 수감자들에게는 이런 특권도 허용되지 않았다. 때로는 폭격을 피하려고 급히 파놓은 구멍에 몸을 숨기기도 했다. 아버지 기억으로는 그때 학생 징용자들은 폭격을 환영하면서도 동시에 두려워하는 이중적 감정을 느꼈다. 끊임없이 이어지는 폭격에 따른 수면 부족은 최악의 고문이었다. 줄곧 방공 사이렌이 울렸고 곳곳에서 폭탄이 터졌다. 사람들이 외쳐대는 비명과 함께 건물과 유리창이 부서져 떨어져나가는 소리가 들렸다. 하지만 학생 징용자들은 자신을 너무도 쉽게 죽일 수 있고, 실제로 일부를 죽였던 영미 연합군의 폭격을 환호했다.

1945년 4월 징용자 수용소는 전쟁의 파란 및 화재로 건물 벽과 지붕이 떨어져나가면서 더는 머물 수 없는 곳이 되었다. 아버지는 나치즘에 덜 물든 교회 덕분에 도시 외곽의 한 빌라에 은신처를 찾았다. 여주인 프라우 렌하르트는 베를린 도심의 잔해에서 빠져나온 난민 예닐곱 명에게 쉴 곳을 제공해주었다. 독일인 변호사 뤼멜린 박사와 그의 유대인 아내도 포함되어 있었다. 박사는 아내가 체포될 것에 대비해 총을 가지고 있었고, 그런 순간이 온다면 함께 죽겠다는 각오였다. 집주인이 독일 가곡 부르는 걸 좋아했기에 아버지는 피아노 반주를 하기도 했다. 이때가 아버지에게는 베를린 마지막 전투의 아수라장 속에서도 '문명을 일깨워준 귀중한 찰나'였다.

아버지는 동베를린으로 가는 공장 출근길에 소련군과 독일군이 집 하나를 사이에 두고 치열한 교전을 벌이는 모습을 목격하곤 했다. 포츠다머 플라츠(베를린의 교통 요충지—옮긴이)에서는 히틀러 관저를 향해 불길한 소리를 뿜으며 포격을 가하는 스탈린 오르간 뒤에 서 있던 적도 있었다. 폭발음과 불길은 평생 잊지 못할 공포로 남았다.

1945년 4월 말이나 5월 초쯤 소련군이 아버지가 머무는 동네까지 진격해왔다. 보통 군대가 들이닥치면 나이를 불문하고 여성에 대한 집단적 성폭행이 따라오는데, 다행히 그런 일은 일어나지 않았다. 하지만 아버지는 함께 머문 뤼멜린 박사의 권총이 발각되면서 거의 목숨을 잃을 뻔했다. 소련군 중 누구도 독일어나 영어를 못 했기에 총을 왜 갖고 있는지에 대해 설명할 길이 없었다. 결국 같은 집에 머문 두 명의 남자, 즉 아버지와 뤼멜린 박사가 벽에 손을 얹은 채 처형될 위기에 처했다. 아버지에게는 운명의 순간이었다. 사실 아버지는 그동안 너무 많은 죽음을 목격했기 때문에 자신의 목숨이 달아난다고 해도 그리 놀랄 일이 아니었다. 삶과 죽음을 가르는 바로 그 찰나, 조그만 행운이 일어났다.

영어를 말하는 러시아 장교가 등장한 것이었다. 이 장교가 뤼멜린 박사의 해명을 믿기로 하면서 처형은 철회되었다.

아버지는 레닌그라드에서 온 고등학교 교사 출신의 또 다른 러시아 장교와 친구가 되었다. 서로 통하는 언어가 전혀 없는데도 베토벤과 슈베르트 음악을 콧노래로 부르는 것만으로 소통이 가능했다. 발렌틴이라는 이름을 가진 이 장교는 베를린 서부 외곽 노동자 거주지의 건물 잔해가 널려 있는 송영 지점pickup point에 아버지를 놓아주었다. 이 때문에 아버지는 동베를린에 위치한 난민 캠프로 향하는 길을 찾을 수 있었다. 도중에 나치 협력자나 나치친위대 출신일 수도 있는 네덜란드인과 만나 합류했다. 때로는 음식과 거처를 몇 주일 동안 찾지 못해 간신히 발걸음을 떼곤 했다.

걸은 지 얼마 되지 않아 아버지는 쓰러졌다. 정체가 의심스러운 아버지의 동행은 아버지를 질질 끌어서 반쯤 부서진 건물로 데려갔다. 이 남자의 여자친구이자 독일인 매춘부가 사는 건물이었는데, 여러 층계참을 올라야 나오는 방에 살고 있었다. 그다음에 무슨 일이 일어났는지 아버지는 기억하지 못했다. 아마도 오랜 시간 정신을 잃은 것 같았다. 어쨌든 매춘부는 아버지를 보살폈고, 그 덕분에 수용소 생존자를 포함해 온갖 국적을 가진 수천 명이 수도꼭지 하나로 버티는 난민 캠프로 갈 수 있는 기력을 얻었다.

이후 6개월 뒤 네덜란드에서 찍힌 사진 속 아버지는 굶주림으로 생긴 부종 때문에 몸이 다소 부어 있는 모습이었다. 몸에 잘 맞지 않는 옷을 입고 있었는데, 미국의 메논파 기부 단체에서 받은 듯했다. 옷에는 소변 자국도 있었다. 아니면 할아버지한테 물려받은 옷이리라. 얼굴은 통통하면서 조금 창백해 보였지만 동년배 청년들에게 둘러싸여 맥주잔을 치켜든 채 아주 행복한 표정이었다. 입을 크게 벌리고 건배를 외치거나 학생가를 부르는 모습이었다.

아버지는 위트레흐트 대학 동아리에 복귀했다. 1945년 9월쯤이었다. 당시 아버지 나이는 22세였다. 전시에 이 동아리는 비밀스럽게 유지되었기 때문에 선배들은 신참 신고식을 다시 하기로 결정했다. 아버지는 개구리처럼 폴짝폴짝 뛰는 것 같은 가혹행위를 당했는지는 기억하지 못했다. 이런 신고식은 갓 입학한 신입생들을 위한 것이었지만, 이 중 몇몇은 아마 아버지보다 더 비참한 상황을 겪은 수용소 출신이었을 것이다. 목숨을 걸고 비유대인 집 마룻바닥 밑에 몇 년간 숨어 지낸 유대인 학생도 있었을 것이다. 하지만 아버지는 신고식이 특별히 누군가를 괴롭혔다고 기억하지는 않았다. 그 누구도 유대인이든 아니든 초년생의 개인사에는 관심이 없었다. 모두들 자기만의 이야기를 가지고 있었고 대부분은 불편한 이야기였다. 이 새로운 '태아'들은 신고식 절차대로 고함을 듣고, 굴욕당하고, 비좁은 지하 와인 창고에 쑤셔넣어졌다. 이 게임은 나중에 '다하우 놀이'('다하우'는 대표적인 유대인 강제수용소—옮긴이)로 불렸다.

이것이 바로 내가 가장 이해할 수 없는 부분이었다. 어떻게 아버지는 전쟁에서 그런 경험을 하고도 신고식에서 그런 기괴한 행동을 견뎌낼 수 있었을까? 누군가는 적어도 그런 행동이 이상하다는 사실을 깨닫지 않았을까?

"아니야." 아버지는 수차례 이렇게 말했다. 그랬다. 그런 기괴한 행동이 정상처럼 보였다. 그게 바로 세상이 돌아가는 방식이었으니까. 그건 관습이었다. 그 누구도 의문을 품지 않았다. 나중에 아버지는 유대인 생존자를 학대한 것은 부적절할 수도 있었다는 단서를 달기는 했지만, 다른 사람들도 같은 생각임을 대변할 수는 없는 노릇이었다.

처음엔 당혹스러웠지만 점차 이해가 되기 시작했다. 그런 행위가 정상이라는 생각은 일종의 실마리를 던져주는 듯했다. 사람들은 나치 지배, 폭격과 수용소, 집단학살 이전에 알던 세상으로 돌아가고자 필사적이었고, 괴롭힘당하는 '태아'들 역시 정상으로 봤던 것이다. 그것이 한때 세상이 작동하던 방식으로 복귀하는 방법이었고, 집으로 복귀하는 방법이었다.

다른 가능성도 있다. 심각한 폭력을 목격한 남자들에겐 아마도 학생들의 놀이는 상대적으로 훨씬 더 무해하다고 느껴졌을 것이다. 젊은이들의 건강한 놀이였을 것이다. 하지만 이런 놀이에 상당한 열정을 보인 사람들은 실제로는 상대적으로 폭력 경험을 덜했던 사람들이었다. 그들에겐 그런 행동이 거친 행동을 할 기회였을 것이다. 하지만 그들보다 더한 상황을 겪었던 희생자들은 이를 훨씬 더 민감하게 느꼈을 것이다.

—

아버지의 이야기(앞서 말한 것처럼, 다른 사람들만큼 나쁘진 않았지만 그래도 충분히 불행했다)를 계기로 나는 인간의 역사에서 가장 파괴적인 전쟁이 일어난 직후에 무슨 일이 있었는지가 궁금해졌다. 세계는 어떻게 잔해 속에서 다시 일어설 수 있었을까? 수백만 명이 굶주린 그때, 피의 복수에 몰두해 있던 그때 무슨 일이 있었던 걸까? 어떻게 사회 혹은 '문명'(당시 유행한 단어였다)을 재건할 수 있었을까? 정상적인 감각을 되찾으려는 욕구는 인간이 대참사에 대처하는 당연한 반응이다. 이는 인간적인 동시에 상상 속에서나 가능한 것이긴 하지만. 살인이 휩쓸고 간 시기인데도 1939년 이전으로 간단히 되돌리고 나쁜 기억처럼 쉽게 던져버릴 수 있다는 생각은 확실히 환상이다.

하지만 개인뿐 아니라 각국 정부도 이런 환상에 사로잡혀 있었다. 프랑스와 네덜란드 정부는 일본이 침략했던 동남아시아 식민지를 다시 차지할 수 있을 거라고 생각했다. 하지만 그건 정말로 착각이었다. 세상은 과거와 같을 수 없었다. 너무나 많은 일이 일어났고 너무나 많은 것이 바뀌었다. 너무 많은 사람 그리고 전체 사회의 뿌리가 뽑혔다. 일부 국가를 포함해 많은 사람이 세상이 과거 그대로 돌아가는 것을 원치 않았다. 왕과 국가를 위해 목숨을 걸었던 영국 노동자들은 더는 낡은 계급제도 아래 살아가는 것에 만족하지 않았고, 히틀러 패배 이후 2개월 만에 윈스턴 처칠을 수상 자리에서 쫓아냈다. 스탈린은 폴란드와 헝가리, 체코슬로바키아에 자유민주주의가 들어서는 것을 원치 않았다. 심지어 서유럽 지식인들도 '반파시즘'이라는 도덕적 외투를 걸친 공산주의를 구질서에 맞서는 실행 가능한 대안으로 보았다.

아시아에서 꿈틀거리기 시작한 변화는 훨씬 더 극적이었다. 일단 인도네시아와 베트남, 말레이시아, 중국, 미얀마, 인도 등과 기타 아시아 국가들은 서구 열강에 굴욕을 안길 수 있다는 사실을 목격하면서 전능한 서구라는 개념은 산산조각 났고, 관계는 예전으로 돌아갈 수 없게 되었다. 동시에 독일처럼 지도자의 자만심으로 꽉 찼던 꿈이 재로 변하는 것을 지켜본 일본은 승전국인 연합군 점령자들이 일부는 장려하고 일부는 강제로 부과했던 변화를 받아들였다.

전시에 일터로 나갔던 영국과 미국 여성들은 경제적 예속을 가정에서의 굴종과 맞바꾸는 데 더는 만족하지 않았다. 물론 일부 피식민지 국가들이 완전한 독립을 얻는 데는 시간이 걸렸듯, 일부 여성도 여전히 종속적인 상태에 머물러 있었다. '정상'으로 돌아가려는 보수적인 욕망은, 바닥에서부터 다시 시작해서 더는 파괴적 전쟁이 재발하지 않는 더 나은 세상을 만드는 변화를 향한 희망과 항상 경쟁해야 했다. 진정한 이상주의가 이런 희망을 드높였다. 1945년에 사람들은 국제연합United

Nations이 항구적인 평화를 지켜줄 거라고 믿었다. (제2차) 세계대전을 방지하려고 했던 국제연맹League of Nations의 실패도 이런 희망에 찬 이상주의에 제동을 걸지는 못했다. 이 역시 시계를 되돌리려는 생각만큼이나 환상에 불과한 것으로 판명됐지만, 그렇다고 해서 이상주의자들의 세력을 약화시키지도, 그들의 목표를 평가절하하지도 못했다.

1945년 전쟁 이후의 이야기는 어떤 점에서는 매우 오래된 것이다. 고대 그리스는 복수에 굶주린 인간의 파괴적인 힘을 잘 알고 있었다. 그리스의 비극 작가들은 피의 복수는 법의 지배, 즉 복수 대신 재판으로 다룰 수 있음을 여러 방식으로 극화했다. 역사에는 다시 시작하려는 꿈, 전쟁의 폐허를 딛고 새로운 이상에 기초한 사회를 건설하는 열린 공간으로 이용하려는 꿈이 한껏 널려 있다. 동서양을 막론하고 이는 새로운 생각도 아니었다.

전쟁 직후의 시간에 쏠린 나의 관심 중 일부는 현재 우리가 안고 있는 문제에서 촉발된 측면도 있다. 우리는 최근 몇 년간 독재자를 무너뜨리고 새로운 민주주의를 창조하려는 혁명전쟁에 거대한 희망을 쏟은 사례를 자주 목격했다. 하지만 나는 주로 아버지와 아버지 세대의 세상을 이해하기 위해 그 시대를 돌아보길 원했다. 아마도 그 일부는 아버지 경험에 대한 어린아이의 자연스러운 호기심일 테고, 전쟁기의 아버지보다 더 나이를 먹으며 궁금증이 더 강해진 탓일 게다. 이런 호기심은 어린아이로서는 상상밖엔 할 수가 없는 그런 역경을 아버지가 겪었다고 한다면 더욱 강렬해지게 마련이다.

하지만 이건 그 이상이다. 아버지가 거의 죽을 뻔했던 전쟁의 폐허에서 다시 새롭게 구축되는 데 일조한 세상은 바로 내가 자라온 세상이다. 우리 세대는 아버지 세대의 꿈으로부터 자양분을 공급받았다. 유럽의 복지국가, 국제연합, 미국식 민주주의, 일본의 평화주의, 유럽연합,

그리고 1945년에 만들어진 세상의 어두운 이면이다. 즉 러시아와 동유럽의 공산주의 독재, 중국 내전에서 떠오른 마오쩌둥, 냉전.

아버지 세대의 세상 대부분은 이미 해체됐거나 빠르게 허물어지고 있다. 확실히 제2차 세계대전의 영향을 받았던 거의 모든 곳에서의 현재 삶은 물질적 관점에서 1945년보다 훨씬 더 좋아졌다. 사람들이 가장 두려워했던 일은 일어나지 않았다. 소련 제국은 몰락했다. 냉전의 마지막 전쟁터는 한반도이거나 아마도 타이완 해협일 것이다. 하지만 내가 글을 쓰고 있는 이 순간, 사람들은 도처에서 서구, 즉 미국과 유럽의 몰락을 이야기하고 있다. 만약 전후 직후에 드리워졌던 두려움이 희미해진다면 많은 꿈 역시 색깔이 바랠 것이다. 항구적 평화가 세계정부 같은 기구에서 나온다거나, 국제연합 덕분에 분쟁이 생기지 않을 거라고 믿는 사람은 이제 거의 없다. 사회민주주의와 복지국가라는 희망 (1945년에 처칠이 패배한 바로 그 이유)은 이데올로기와 경제적 긴축으로 심하게 멍들었다.

최소한 과거의 실수가 미래에 비슷한 실수를 방지한다는 의미에서 우리가 역사로부터 많은 것을 배울 수 있다는 생각에 대해 나는 회의적이다. 역사는 모두 해석의 문제다. 종종 벌어지는 과거에 대한 잘못된 해석은 무지보다 더 위험하다. 과거의 상처와 증오의 기억들은 새롭게 불타오른다. 그럼에도 과거에 무슨 일이 일어났는지를 아는 것은 중요하며, 그러려고 노력하고 이해하는 것도 중요하다. 그러지 못하면 우리는 우리 시대 자체를 이해할 수 없다. 나는 내 아버지가 겪은 게 무엇인지 알기를 원한다. 왜냐하면 과거의 길고 어두운 그림자에 여전히 속해 있는 내 자신, 더 나아가 우리 모두를 이해하는 데 도움이 되기 때문이다.

YEAR
ZERO

1

[환호]
Exultation

연합군은 무너진 히틀러 제국 치하의 독일 집단수용소와 강제노동수용소, 포로수용소에 갇힌 수백만 명을 해방시키면 그들이 기뻐하면서 순순히 협력할 거라고 믿었다. 물론 그런 협력도 있었다. 하지만 '해방 콤플렉스'로 알려진 국면에 봉착했다. 한 증인의 관료적 표현을 들면 "해방은 보복과 굶주림, 환호에 휘말리게 했으며, 이 세 가지가 뒤섞이면서 새로이 해방된 난민들의 행동과 태도만이 아니라 의료, 급식, 소독과 살균, 귀환 등의 문제가 발생했다."[1]

해방이 야기한 문제는 단지 난민 캠프 수용자에게만 국한되지 않았다. 새로 해방된 국가, 심지어 얼마간은 패전국에도 적용되었다.

나는 뒤늦게 태어난 데다 매우 부유한 나라에서 자랐기 때문에 굶주림으로 영향을 받은 적이 전혀 없다. 당시엔 그저 복수와 환호의 희미한 메아리만 느꼈을 뿐이다. 적에게 협력했거나 심지어 적과 동침했던 사람에 대한 복수는 매우 가벼운 수준에서 조용하고 은밀한 방식으로 이어지고 있었다. 어떤 잡화점에서 파는 물건은 사지 않고 어떤 담배는 거절하는 등의 방법이었는데, 이는 전쟁 기간에 잡화점 주인이 '그릇

된' 일을 저질렀음을 '모든 사람'이 알았기 때문이다.

한쪽에서는 환희의 함성을 제도화했다. 네덜란드에서는 매년 5월 5일을 '해방의 날'로 정해 연례행사를 치렀다.

내 어릴 적 기억으로는 5월 5일에 태양이 비치면 늘 교회 종소리가 울렸고, 빨간색과 흰색, 청색이 어우러진 깃발이 가벼운 봄바람에 날렸다. 12월 5일에 열리는 성니콜라스 축제가 제일 큰 가족 행사일지는 몰라도 해방의 날은 애국의 기쁨을 보여주는 날이었다. 적어도 1950~1960년대는 그런 분위기였고 나는 그 시대에 자랐다. 1945년 5월 5일 독일 지배에서 해방된 것이 네덜란드 자국의 힘이 아닌 캐나다, 영국, 미국, 폴란드 군대의 도움 때문이었는데도 애국의 환호를 터뜨리는 연례행사가 있다는 점이 다소 의아하다. 하지만 네덜란드인들이 미국인이나 영국인처럼 자유가 국가의 정체성을 결정한다고 믿기 시작한 이후, 16~17세기 80년 전쟁(에스파냐에 저항한 네덜란드 독립전쟁—옮긴이)에서 에스파냐 국왕을 물리친 집단적 기억과 묘하게 맞물리면서 독일 패전이 전 국민적 인식에서 흐릿해졌다는 점은 이해할 만하다.

전쟁이 끝나고 6년 뒤에 태어난 나와 내 세대는 툭하면 감상적인 눈물을 흘렸다. 노르망디 해변에서 탱크 사이로 행진하는 스코틀랜드 백파이프 퍼레이드의 사진을 봤다든가, 프랑스인들이 '마르세예즈'(프랑스 국가—옮긴이)를 부르는 모습을 볼 때, 우리는 할리우드 영화를 접하듯 실제 경험한 사실이 아닌 다른 방식으로 전쟁을 접하면서 감상적이 되었다. 사실 내가 옛 함성을 목격한 것은 1945년 5월 5일로부터 50년이 지난 뒤였다. 암스테르담에서 캐나다 군인들이 승전일을 기념하기 위해 당시 모습을 재현했을 때였다. 실제로 1945년 5월 8일까지 연합군이 암스테르담에 도착하지 못했다는 사실은 이제 중요하지 않았다. 본래 사건이 평범해선 안 되었다. 당시 현장에 있던 영국인 종군기자는 "우리는 멍이 들고 지칠 때까지 키스와 포옹을 받았으며, 손가락을 치켜들거나 함성을 지르는 사람들의 환호를 받았다. 네덜란드 사람들은 정원 구석구석에서 뽑은 꽃다발을 연합군 차량에 쉴 새 없이 던져주었다"고 묘사했다.[2]

50년 뒤 노인이 된 캐나다인들은 몸에 꽉 끼고 색 바랜 군복에 훈장을 단 채 다시 한번 오래된 지프차와 장갑차 위에 올라탔다. 눈에 눈물이 가득 고인 채 이제는 손자들도 듣기 싫어하는 당시의 환호와 환성에 경의를 표했다. 그들이 캘거리(캐나다 앨버타 주의 남부 도시—옮긴이)나 위니펙(캐나다 매니토바 주의 주도—옮긴이)으로 귀향해 치과의사나 회계사 등으로 안착하기 전에 그들이 왕이었던 당시를 기억하면서 말이다.

나는 이 노병들이 가장 좋은 시절을 기억하는 것보다 잘 차려입은 네덜란드 노부인들이 하는 행동이 더 놀라웠다. 노부인들은 약간 흥분한 채 마치 록 콘서트에서 절정에 오른 십대 소녀들처럼 소리를 지르고 지프차 위의 남성들에게 손을 뻗어 군복을 만지려고 했다. "고마워요! 고마워요! 고마워요!" 소리를 지르면서. 그녀들 역시 50년 전 당시 감격의 순간을 보내고 있었다. 이는 내가 목격한 가장 이상하면서도 에로틱한 장면 중 하나였다.

아른험 폭격과 몬티의 파티

사실 캐나다군은 5월 5일까지 암스테르담에 오지 못했다. 5월 5일은 전쟁이 공식적으로 끝난 날도 아니었다. 해군 대제독 한스게오르크 폰 프리데부르크와 에버하르트 한스 킨첼 장군이 북부 독일과 네덜란드, 덴마크에 주둔한 모든 독일군이 항복했음을 선언하기 위해 뤼네부르크에 있는 영국 육군 원수 버나드 몽고메리를 찾았던 때는 5월 4일이었다.

당시 젊은 영국군 장교였던 브라이언 어커트는 독일군들이 메르세데스벤츠를 끌고 시골길을 급히 달려 몽고메리의 본부로 들어가는 모습을 목격했다. 그로부터 머지않아 어커트는 인근 수용소인 베르겐-벨젠Bergen-Belsen에 들어간 첫 연합군 군인이 되었다. 수용소에서 해방된 사람들은 연합군과 통하는 언어가 있었음에도 말을 제대로 못 하는 지경이 되어 있었다. 어커트가 멀리서 통나무로 착각했던 것이 실은 "눈으로 볼 수 있는 한계"까지 넓게 펼쳐진 시체 더미였다.[3] 그런데도 며칠 뒤 프리데부르크 제독은 여전히 매우 훌륭한 가죽 코트를 입고는 미국 기자한테 독일의 만행에 관한 질문을 받자, 이를 독일에 대한 모욕으로 받아들이면서 노발대발했다.

　5월 6일에는 바헤닝언 인근의 반쯤 파괴된 농가에서 요하네스 블라스코비츠 장군이 캐나다의 찰스 포크스 중장에게 항복했다. 1944년 9월 영국, 미국, 폴란드 군대는 아른험을 폭격해 잿더미로 만들고는 이후에 군사적 대참사를 낳은 '마켓-가든Market-Garden'이라는 작전의 루트를 확보하려고 했다. 작전 실패를 감지한 사람 중 한 명은 브라이언 어커트였는데, 당시 작전의 주요 설계자였고 '소년Boy'이라는 별명을 가진 프레더릭 브라우닝 장군 밑에서 정보장교로 일하고 있었다. 브라우닝 장군은 이 작전 실패로 많은 피해를 보게 된다. 어커트는 아른험 인근에 독일 탱크 여단들이 연합군의 공격을 기다리는 증거 사진을 군 지휘관에게 보여주기까지 했지만, 들은 말은 병가를 떠나라는 명령뿐이었다. 그 누구도 몬티Monty('우승이 확실한 경주마'라는 의미로 몽고메리 장군의 별칭이다—옮긴이)의 파티*를 망칠 순 없었다.

　네덜란드에서도 전쟁은 여전히 끝나지 않았다. 5월 7일 암스테르담의 왕궁 앞 담Dam 광장에 몰려든 군중은 영국, 캐나다 군대가 도착할 즈음, 네덜란드 왕가의 오렌지색 깃발을 흔들면서 노래하고 춤추며 환호했다. 이때 광장에 있는 클럽에서 이 모습을 지켜보던 독일 해군 장교들은 마지막 분노가 폭발하자 건물 지붕 위에 장착된 기관총으로 군중을 난사했다. 22명이 죽고 수백 명이 크게 다쳤다.

　전쟁 막바지에 일어난 폭력이 이것만은 아니었다. 해방 일주일 뒤인 5월 13일에는 두 명의 남자가 처형되었다. 독일군에서 탈영한 뒤 네덜란드에 몸을 숨긴 반나치 독일인들이었다. 한 사람의 어머니는 유대인이었다. 이들은 5월 5일 은신처에서 빠져나와 네덜란드 레지스탕스 일원과 지내다가 캐나다군에 인도되었다. 이들은 전형적인 전시 혼란기의 희생자들이었다. 몽고메리 장군이 5월 4일 독일군의 항복을 수락했지만, 네덜란드에는 아직 독일군을 무장해제하거나 전쟁포로에게 급식을 제공할 연합군 병력이 충분치 못했다. 따라서 당분간 독일 장교들이 독일군을 지휘하도록 허용됐고, 불행하게도 이 두 탈영자는 암스테르담 외곽의 버려진 포드 자동차 조립공장에 주둔한 독일군 캠프에 배정되었다. 독일 군사법정은 마지막 순간까지도 권위를 강조하면서 이 두 남자에게 사형을 언도했다. 독일군은 캐나다군에 '배신자'들을 처형할 총을 요청했고, 캐나다는 규정을 의아해하면서도 독일과의 일시적인 화해가 무너지는 것이 두려워 총을 내줬다. 그 결과 이 남자들은 급히 처형되었다. 캐나다가 다소 늦게 이런 관행을 중지시키기 전까지 아마 다른 누군가도 비슷한 운명에 처해졌을 것이다.[4]

　유럽의 공식 종전일, 즉 유럽의 전승기념일V-E Day(Victory in Europe Day의 약자—옮긴이)은 사실 5월 8일이다. 5월 6일 저녁 랭스(프랑스 동북부의 상공업 도시—옮긴이)의 한 학교 건물에서 모든 독일군이 무조건적으로 항복했다고는 하지만, 축하 행진을 벌써 시작할 수는 없었다. 드

---

* 사실상 계획 실행 단계에 있는 작전을 통상 '파티'라 불렀다. 아른험 전투에서 가장 유명한 영국 장교였던 존 프로스트 대령은 심지어 그의 골프 클럽을 네덜란드로 가져오려는 작전을 세우기도 했다.

와이트 아이젠하워 장군이 동부는 물론 서부전선에서도 독일군이 항복한 것으로 생각하자 스탈린은 크게 화를 냈다. 오직 소련만이 베를린에서 그럴 특권이 있다고 생각했기 때문에 스탈린은 전승일을 5월 9일로 미룰 것을 요구했다. 물론 이는 처칠 수상에게 짜증 나는 일이었다.

영국 전역에서는 이미 전승 축하 샌드위치를 만들기 위해 빵을 굽거나 깃발과 현수막을 준비했고, 교회 종소리를 울릴 준비도 마친 상태였다. 이런 혼란한 상황에서 종전을 공식 발표한 것은 오히려 독일이었다. 해군 제독 카를 데니츠는 명목상 여전히 독일 제국의 일부로 통솔하고 있었던 플렌스부르크(독일 최북단 도시—옮긴이)에서 라디오 방송으로 종전을 공표했다. BBC가 독일의 라디오 발표를 포착했으며, 프랑스, 영국, 미국 신문들은 일제히 호외를 발행했다. 런던에서는 대규모 군중이 피커딜리서커스와 트래펄가 광장으로 몰려나와 곧 역사상 최대의 잔치를 벌이기 위해 처칠의 승리 선언을 기다렸다. 뉴욕 길거리에는 색종이 테이프가 날렸다. 하지만 연합군 측에서는 독일과의 전쟁이 끝났다는 공식 발표가 나오지 않았다.

5월 8일 자정 직전, 나의 아버지가 일했던 노동수용소 인근에 위치한 카를쇼르스트(베를린 시내에 위치한 대형 저택—옮긴이)의 소련 본부에서 잔혹한 전투 천재인 러시아군 원수 게오르기 주코프가 마침내 독일군의 항복을 받아냈다. 다시 한번 폰 프리데부르크 제독은 독일의 패배를 인정하는 서명을 해야 했다. 한 치의 어긋남도 없이 프로이센 군인이었던, 표정 없고 딱딱한 육군 원수 빌헬름 카이텔은 독일 수도가 무차별 공격으로 파괴되는 것에 섬뜩했다고 말했다. 이에 대해 한 러시아 장교가 카이텔에게 당신의 명령으로 소련 마을 수천 곳이 단번에 사라지고, 아이들을 포함한 수백만 명이 폐허 아래 묻혔다는 사실에는 똑같이 섬뜩하지 않았느냐고 물었다. 카이텔은 어깨를 으쓱하면서 아

무런 대답도 하지 않았다.[5]

주코프는 이후 독일인들에게 떠나라고 요구한 뒤 눈물이 나올 만한 연설을 하고는 미국, 영국, 프랑스 동맹군과 함께 상당량의 와인과 코냑, 보드카를 마시면서 승리를 기념했다. 연회는 다음 날 주코프가 아이젠하워 장군을 만나 역사상 위대한 장군 중 한 명이라고 치켜세우면서 잔을 치켜든 바로 그 방에서 열렸다. 몇 명 남지 않을 때까지 건배는 이어졌고 주코프를 비롯한 러시아 장군들은 춤도 췄다.

5월 8일 뉴욕 군중은 광란 상태였다. 런던에서도 수많은 사람이 거리로 쏟아져 나왔지만 여전히 축제를 개시하라는 처칠의 공식적인 목소리가 나오기만을 기다리고 있었다. 전승일을 5월 9일로 미루자는 스탈린의 바람을 무시했던 처칠은 오후 3시에 전승을 공식 발표했다. 미국의 해리 트루먼 대통령은 이보다 앞서 승리를 선언했다. 샤를 드골 장군은 처칠과 함께 무대에 오르는 것을 거절하고, 대신 처칠과 같은 시각에 프랑스인들에게 전승을 알렸다.

전 세계 어디에서나 처칠의 승전 연설을 BBC 방송으로 들을 수 있었다. 웨스트민스터 사원과 가까운 의회 광장에는 사람들로 발 디딜 틈이 없었다. 버킹엄 궁전 정문까지 사람들로 가득했다. 웨스트엔드에는 차가 사람들을 뚫고 지나갈 수 없을 정도였다. 사람들은 조용히 처칠의 연설을 기다렸고, 마침내 처칠의 목소리가 대형 스피커를 통해 울려 나왔다. "독일과의 전쟁은 끝났습니다. (⋯) 거의 모든 세계가 악당에 대항해 하나로 뭉쳤고, 이제 이 악당은 우리 앞에 무릎 꿇고 있습니다. (⋯) 우리는 이제 국내외에서 마지막 업무를 완수하기 위해 모든 힘과 자원을 바쳐야 합니다." 그리고 다음 대목에서 그는 목이 메었다. "영국의 전진을 위하여! 자유라는 대의에 만세! 신이 국왕을 구하셨다God save the King." 얼마 지나지 않아 그는 보건부 건물 발코니에 나와 승리를 상징하는 V 자를 그리면서 "신의 가호가 여러분 모두와 함께하기를. 여러분의 승리입니다!"라고 말했다. 이에 군중도 "아니요, 승리는 당신 것입니다"라고 화답했다.

『데일리 헤럴드』는 당시 상황을 이렇게 보도했다. "도시의 중심에서 환상적인 '축제 소동'이 벌어지는 장면이 연출되었다. 군중은 환호성을 지르고 춤추며 웃었다. 통제 불능이 된 일부 사람은 버스를 떼 지어 공격하고 차량 지붕 위에 올라가는가 하면 둑길에 쌓아놓은 통나무 모닥불을 흐트러뜨리기도 했다. 경찰과 키스를 하고 춤추는 무리로 끌어들이기도 했다. (…) 운전자들도 자동차 경적을 울리면서 V 사인을 들려주었다. 강에 정박한 예인선과 선박들도 V 사인과 함께 경적을 울리고 또 울렸다."

아마 군중의 틈 어딘가에 당시 18세였던 내 어머니도 있었을 것이다. 어머니는 기숙학교에서 잠시 나와 남동생과 함께 전승 축제에 동참했다. 독일계 유대인 이민자의 딸이었던 내 할머니 위니프레드 슐레진저도 기뻐할 이유가 충분했고, 처칠에 대한 존경의 마음은 한계가 없을 정도로 컸지만 혹 자녀들이 흥분해 술 취한 군중, 특히 양키들(미국인을 말하는 속어—옮긴이) 사이에서 길을 잃지 않을까 걱정했다.

뉴욕에서는 50여 만 명이 거리에서 승리를 축하했다. 야간 통행 금지는 해제되었다. 코파카바나, 베르사유, 라틴 쿼터, 다이아몬드 호스슈, 엘 모로코 같은 클럽들은 사람들로 가득 찼고, 대부분 밤새 문을 열었다. 라이어널 햄프턴은 루스벨트 그릴 호텔의 잔지바르나 에디 스톤에서 연주했고, '특대형' 음식이 잭 뎀프시에서 제공되었다.

『리베라시옹』 기자는 파리의 공화국광장 풍경을 다음과 같이 묘사했다. "연합군 깃발을 들고 있는 거대 군중으로 인산인해였다. 한 미군 병사는 이상하게 불안정한 모습으로 두 다리를 비틀거렸고, 그러면서 한 병은 비어 있고 한 병은 꽉 차 있는 코냑 두 병을 카키색 군복 주머니에 꽂은 채로 사진을 찍으려 했다." 미군 조종사가 에펠탑 아래 빈 공간으로 미첼 B-25 폭격기를 몰고 가자 군중은 흥분했다. 파리의 이탈리아대로에서는 '덩치 큰 미 해군과 아주 멋진 흑인'이 시합을 하고 있었다. 그들은 '넓은 가슴'으로 여성을 끌어당기면서 그들 볼에 남겨진 립스틱 숫자를 셌다. 두 라이벌은 내기를 했다. 개선문에는 더 큰 규모의 군중이 모여 거의 웃음 짓지 않는 드골 장군에게 감사를 표했다. 사람들은 '마르세예즈'와 제1차 세계대전의 단골 노래였던 '마들롱 Madelon'을 목청껏 불러댔다.

브르타뉴 저 멀리에 선술집이 있었네.
지친 군인들이 잠시 실례를 무릅쓰고 거기서 쉬어갔네.
집주인의 딸 이름은 마들롱.
와인을 따르면 군인들이 떠들고 웃으면서 "계속해"를 외치네.
오! 마들롱, 당신은 유일한 사랑.
오! 마들롱, 당신을 위해 우리는 계속 나아가네.
우리가 아가씨를 본 것이 얼마 만인가.
마들롱, 우리에게 그냥 키스라도 해주지 않을래?

하지만 파리의 승전일에는 약간의 반전이 있었다. 프랑스는 이미 1944년에 해방되었다. 시몬 드 보부아르는 그날 밤의 기억을 이렇게 썼다. "이미 축제를 했다는 기억 때문인지 그날은 훨씬 더 혼란스러웠다. 아마 내 감정이 혼란스러웠기 때문일 것이다. 승리는 이미 오래전에 얻었는데, 우리는 걱정 속에서 기다린 게 아니었다. 승리는 오랫동안 예견됐던 것이었고, 어떤 새로운 희망도 주지 못했다. 그런 점에서 이런 결말은 일종의 죽음과 같다."[6]

반면 모스크바 사람들은 9일 아침 일찍 승전이 발표되자마자 거리를 휩쓸고 지나갔다. 많은 사람이 여전히 나이트가운을 걸치거나 파자마를 입은 채 밤새 "승리! 승리!"를 외치면서 춤추고 환호했다. 스탈린의 통역가였던 발렌틴 베레시코프는 영국 역사가 마틴 길버트에게 보낸 편지에서 이렇게 회고했다. "흉악한 적을 상대로 결국 승리를 얻어냈다는 자부심과 전쟁에서 스러져간 사람들에 대한 비탄(당시엔 전쟁 희생자가 3000만 명이나 된다는 사실을 몰랐다), 영속적인 평화와 전시 동맹과의 지속적 제휴에 거는 기대 등이 안도와 희망이라는 특별한 감정을 만들어 냈다."[7]

5월 8일 자 『리베라시옹』은 어쩌면 옳았다. 이 축제는 모든 젊은이를 위한 것이었다. "오직 젊은이들만이 활기를 느꼈다. 롱샹(유명한 파리의 경마장—옮긴이) 경주마가 출발하는 모양새로 지프차 위에 올라타고는 머리엔 깃발을 두른 채 노래를 부르면서 샹젤리제 거리를 질주했다. 그들에게 이제 더는 위험이 없다는 의미였다."

영국에 있던 할머니는 영국군 남편이 아직 인도에서 복무하고 있었기에 자녀들과 기쁨을 함께 나눌 수 없었다. 할머니의 감정은 남편 혹은 아들과 멀리 떨어져 있거나, 남편 같은 소중한 사람을 잃은 사람들이 갖는 느낌이었을 것이다. 이민자의 딸로서 할머니 반응은 매우 영국적이기도 했다. 할머니는 할아버지에게 보낸 편지에 이렇게 썼다. "당신이 너무 그리워서 승전을 축하할 수가 없어요. 그래서 정원에서 좀 더 할 일을 찾아 최대한 시간을 보내고 있지요."

내 아버지는 전쟁이 공식적으로 끝난 날을 기억조차 못 하고 있다. 그저 기념식에서 러시아제 총이 울려 퍼진 소리만 희미하게 기억하고 있을 뿐이었다. 주코프는 회고록에 이렇게 썼다. "5월 9일 우리는 온갖 종류의 무기들이 연이어 발사되는 소리를 들으면서 연회장을 떠났다. (…) 축하 포성은 베를린과 그 외곽 전역에서 계속되었다."[8] 하지만 아버지는 총소리만 기억날 뿐 다른 특별한 점은 없었다고 회고했다.

젊은 영국 정보장교인 브라이언 어커트는 당시 북부 독일에 있었다. 어커트는 벨젠 패배를 목격한 충격으로 승전 선언에서 어떤 즐거움도 느끼지 못했다. "너무 거대한 일을 경험한 상태에서 당시 내가 뭘 느꼈는지를 재구성하기는 어렵다. 절망에서 승리로 가는 거의 6년의 과정에서 많은 친구가 사라졌고, 수많은 파괴가 있었다. (…) 난민들과 전쟁포로, 폭격 아래 방치된 민간인들, 눈에 파묻힌 폐허 속의 러시아인들, 가라앉은 화물선의 승무원 등 수많은 이름 없는 얼굴 중 과연 몇 명이나 다시 살아서 가족을 만날 수 있었을까? 그것만이 궁금할 따름이었다."[9]

하지만 그런 생각들이 뉴욕이나 파리, 런던에서 축제 분위기에 사로잡힌 사람들의 흥을 깨지는 못했다. 그건 젊은이들의 축제이자 빛의 축제였다. 『뉴욕 헤럴드 트리뷴』 5월 9일 자 헤드라인은 말 그대로 "도시에 불을 켜라Lights Up"였다. 5월 8일 자 런던의 『데일리 헤럴드』 헤드라인도 "런던의 밤하늘을 다시 빛으로 밝히자"였다. 파리에서는 1939년 9월 이후 처음으로 오페라하우스에 붉은색과 흰색, 파란색의 조명이 켜졌다. 이어 개선문과 마들렌 성당, 콩코르드 광장을 비추는 조명이 차례로 켜졌다. 『뉴욕 헤럴드 트리뷴』은 "베리 길에 있는 본사 건물 앞에 대형 조명을 받은 성조기와 유니언잭, 프랑스 삼색기가 물결치고 있다"고 보도했다.

뉴욕은 1942년 4월, 1차 등화 제한과 1943년 10월 2차 등화 제한 이후 자유의 여신상에만 조명을 어둡게 한 상태였다. 하지만 『뉴욕 데일리 뉴스』에 따르면, 5월 8일 오후 8시를 기점으로 "브로드웨이는 다시 밝혀졌고 수많은 인파가 빛 속에서 유영하는 것처럼 보였다. 사람들의 영혼도 그 빛으로부터 온기를 받았다."

런던 트래펄가 광장의 넬슨 제독 동상도 조명을 다시 받게 됐다. 폭격으로 폐허가 된 런던의 시티 금융지구에 거의 홀로 서 있다시피 한 세인트폴 성당도 조명 세례를 받았다. 레스터 광장의 극장들도 화려한 색깔로 재단장했고, 런던 전역에서부터 스코틀랜드로 올라가는 모든 길에 횃불을 밝혔다.

불빛은 폭탄과 '두들버그doodlebugs'(교전 중 영국에 가장 많이 떨어진 독일제 미사일―옮긴이)를 더는 두려워하지 않아도 된다는 사실을 알리는 스위치가 켜졌다는 안도감만 의미하는 게 아니었다. 빛의 복귀는 상징적으로도 대단히 감동적인 어떤 것이었다. 이 대목을 이해하려 할 때면 나는 모스크바에서 만난 러시아 학자의 이야기가 떠오른다. 이 여성 학자는 프랑스 문학이 그녀의 전공이자 학문적 열망이었다. 평생소원이 책으로만 접했던 프랑스와 서유럽을 직접 보는 것이었다. 1990년 마침내 베를린 장벽이 무너지자 그녀의 꿈은 실현되었다. 파리로 가는 기차여행이 허락되었다. 어떤 것이 가장 감동적이었느냐고 묻자, 그녀는 달리던 기차가 동베를린에서 서베를린으로 넘어가는 순간 불현듯 나타난 밤하늘의 빛이었다고 대답했다.

파리 여성의 미군 사냥

빛의 축제는 전 세계에 보편적이며, 인간이 불을 처음 발견한 만큼이나 오래되었다. 신비한 기원을 가지고 있지만 대개는 계절이나 새로운 삶의 시작과 연관되어 있다. 해방 초기의 일부 기억은 종교에 가까운 광적 환희를 연출했다. 특히 연합군들을 맞는 여성들의 열렬한 환호가 이를 정확히 말해준다. 헤이그 출신의 젊은 여성 마리아 하이언은 첫 번째 캐나다 탱크가 포탑 사이로 전방을 주시하던 군인의 머리를 보이며 그녀 앞으로 구르는 소리와 함께 다가오던 장면을 기억했다. "모든 피가 내 몸에서 빠져나오는 느낌이었어요. 이제 우리에게 해방이 왔다고 생각했지요. 탱크가 가까이 다가올수록 나는 숨 쉬기조차 힘들었고, 탱크 위에 서 있는 군인이 마치 성자 같았어요."[10]

이런 감정은 젊은 여성들 사이에서는 아마 보편적이었을 것이다. 물론 남성들도 이런 감정을 공유했다. 한 네덜란드인은 "캐나다 군인의 제복 소매라도 만지는 게 일종의 특권이었어요. 캐나다 병사 한 명 한 명이 예수이자 구원자였죠"[11]라고 회고했다.

1945년 여름, 해방된 나라에서 연합군 군인들이 겪은 일은 20년 뒤 비틀스가 왔을 때 일어난 일과 비견될 만하다. 당시 해방은 에로틱을 넘어 광적인 방식으로 표출되었다. 1945년 네덜란드와 벨기에, 프랑스, 심지어 패전국인 독일과 일본 남자들도 부재 상태이거나 구금 중이었으며, 가난하거나 제대로 못 먹은 상태에서 탈도덕화되어 있었다. 타국의 지배와 패배는 일시적으로 남성의 권위를 무너뜨렸다. 당시 네덜란드 역사가는 이런 상황을 "1940년 네덜란드 남자들은 군사적으로 두들겨 맞았고, 1945년에는 성적sexually으로도 두들겨 맞았다"[12]고 표현했다. 프랑스와 벨기에를 포함해 한때 점령당했던 수많은 국가의 남자들이 같은 경험을 했다고도 할 수 있다. 전쟁의 또 다른 결과는 많은 여성이 순종을 버렸다는 점이다. 여성들은 직장을 잡았고, 레지스탕스를 위해 일했으며, 가족의 생계를 유지하기 위한 임무를 맡았다. 그녀들은 당시 매우 탐탁잖게 여겨졌던 하미나이즈hominise(인류학 용어로, 고유의 개성적 인간이 되거나 탄생하는 것—옮긴이)였다. 그녀들은 남자처럼 행동하기 시작했다.

제대로 씻지도 못하고 초라한 행색을 한 깡마른 네덜란드 남자나 프랑스 남자나 독일 남자에 비해 말쑥한 캐나다 남자와 키 큰 미국 남자들은 잘 먹고, 돈 잘 벌고, 섹시한 정복자의 제복을 입은 멋진 모습이었다. 그런 면에서 마치 신처럼 보였을 것이다. 캐나다인과 결혼에 성공한 한 네덜란드 여성의 말을 빌리면 "그걸 인정해야죠. 모든 걸 경험하고 나니까 우리는 캐나다인들이 아주 달콤해 보였거든요."

　　연합군과 함께 들어온 음악만큼이나 해방의 에로티시즘을 표현해주는 것은 없었다. 나치가 금지한 음악들이었다. 스윙과 재즈, 글렌 밀러의 '인 더 무드in the mood', 토미 도시, 스탠 켄턴, 베니 굿맨, 라이어널 햄프턴의 '헤이! 바—바—레—밥Hey! Ba-Ba-Re-Bop' 같은 노래였다. 파리에서 젊은이들은 미군들이 나눠준 재즈 음악인 '승전 음반Victory discs'에 맞춰 춤을 췄다. 미국·프랑스 연합 정신은 프랑스 샹송에도 영향을 미쳤다. 1945년의 히트송은 자크 필스가 노래한 곡이었다.

　올랄라!
　봉주르, 아가씨
　올랄라!
　헬로, 아름다운 아가씨
　올랄라!
　당신이 매우 아름답다고 생각해요
　올랄라!
　당신은 매우 잘생긴 군인이군요.

　1945년에 서유럽 연합군은 독일인과의 친교가 공식적으로 금지되어 있었지만, 네덜란드와 프랑스에서는 적극 권장하는 분위기였다. '친교 작전'이라는 캠페인도 만들어졌다. 같은 해 7월 네덜란드 오락위원회가 율리아나 공주와 베른하르트 왕자의 후원 아래 결성되었다. 100만 명이 넘는 캐나다 군인들에게 영어를 할 수 있는 여성 친구를 제공하려는 의도였다. 예술 공연이나 박물관, 영화관은 물론 아마도 댄스클럽에서도 어린 여성들과 군인들을 같이 놀게 하자는 발상이었다.

여성도 '국가의 명예를 지켜야 한다'는 기대감이기도 했다. 나의 네덜란드 할머니는 목사의 아내로서 캐나다 군인과 네덜란드 여성 간에 국가의 명예를 실추시키는 어떤 일도 일어나지 않도록 감독을 해달라는 요청을 받았다. 감독자 중에는 오그트로프 신부라 불린 가톨릭 성직자도 있었는데, 댄스장에서 그 신부의 이름이 '헤이! 바−바−레−밥' 리듬에 맞춰 연호되기도 했다. 댄스장에서 무슨 일이 일어났는지는 알수 없다. 하지만 한 캐나다 군인은 "네덜란드에서 만난 여성들보다 더 적극적인 여성을 만난 적이 없다"[13]고 말했다.

연합군 사령부가 성매매에 불분명한 태도를 보였다는 점에서 이런 일들이 오히려 다행스러웠다. 독일 점령기에 메종 드 톨레랑스maisons de tolérance(관용의 집, 즉 공창—옮긴이)가 번창했던 프랑스에서도 홍등가는 '출입금지구역'이었다. 일부 미국 참전용사는 제1차 세계대전 이후인 1918년 보병을 따뜻하게 맞아준 사창가 '돼지 거리Pig Alley'를 아직도 기억하고 있다. 제2차 세계대전 후에도 성매매 금지는 항상 지켜진 것이 아니었다. 셰르부르에 있는 몇몇 사창가는 미군이 간접적으로 운영했다는 기록도 있다.[14] 일부는 백인, 일부는 흑인을 위한 시설이었고, 미군 헌병이 사창가에 늘어선 줄을 정리하는 역할을 했다. 하지만 조직화된 성매매가 아닐 경우 성병이 확산될 수 있다고 걱정하던 일부 사람들은 매우 유감스러웠겠지만, 성매매는 대부분 순전히 개별 자유 계약으로 행해졌다.

군인들과 지역 여성들의 관계는 평등하지 않았다. 남자는 돈과 사치품, 담배, 실크 스타킹은 물론이고 지역민들이 생존하기 위해 절대적으로 찾아 헤매던 음식까지 중요한 물품은 다 갖고 있었다. 때문에 해방자에 대한 숭배는 사실상 수치스러운 불균형을 의미했다. 그렇지만 군인들과 가깝게 지내려 했던 이 여성들을 순진한 영웅 숭배자나 무기력한 희생자로 보는 것은 결코 정확하지 않다. 시몬 드 보부아르는 회고록에서 이런 파리 여성들의 '주요 일탈'은 '미군 사냥'이었다고 썼다.

나중에 유명 소설가가 된 브누아트 그루는 여동생 플로라와 함께 미군 사냥을 탐험했다. 그들은 『연탄곡 일기Journal à Quatre Mains』가 소설이라고 말했지만 실은 소설화된 일기였다. 그루는 영어를 할 줄 알았고 미국 적십자를 통해 미군과의 친교활동에 자발적으로 나선 프랑스 여성 중 하나였다. 그녀가 단골로 출입하는 곳은 건전한 데가 아니었다. 프랑스 여성만 출입할 수 있는 파리의 클럽에서 연합군들과 함께 저녁시간 대부분을 보냈다. 클럽들은 캐나다 클럽, 자립, 무지개 코너 등 자극적이지 않은 이름을 달고 있었다.

그루가 미국과 캐나다 군인들의 신체적 특징을 세밀하게 묘사한 부분은 마치 사람들이 성자를 바라볼 때 느끼는 것처럼 매우 사랑스러웠다. 사실 그들은 하늘에서 땅으로 멋지게 내려온 점(낙하부대라는 의미임─옮긴이)을 빼고는 성자와 거리가 멀었다. 그녀는 군인들이 아가씨에게 작업을 걸고 허풍 떠는 모습을 묘사하는 방식으로 남자 정복기를 써 내려갔다. 단골 클럽은 '노예시장'으로 표현되었다. 하지만 이 노예들은 정복자 영웅들이었다.

그녀는 미국 전투기 조종사 커트를 이렇게 묘사했다. "코는 좀 짧고 약간 매부리코인 것이 모든 미국인이 보통 그렇듯 아이 같은 분위기를 풍겼고 높은 성층권에서 달궈진 구릿빛 피부에 강한 손, 오랑우탄 같은 어깨 (…) 완벽한 엉덩이, 단정하면서도 다소 무거운 힘이 느껴지는 다른 신체 부위들……"이라고 적었다. 커트는 책을 아예 안 읽었고 음식과 비행기에만 관심이 있었다. 하지만 그녀가 뭘 걱정하겠는가. 사실 그녀도 "나는 바보의 팔, 바보의 키스를 원하고 있다. 그는 완벽한 미국인 치아를 가지고 그 치아 위로 입술이 둥글게 열리는 아주 사랑스러운 웃음의 소유자다"[15]라고 적었다.

요약하면, 프랑스인들에게 그루는 하미나이즈로 보였을 것이다. 그녀는 결혼했지만 전쟁에서 남편을 잃었다. 1944년 여름의 해방은 다시 보지 않을 남자의 품에서 즐거움을 찾는 욕망에 면허증을 준 셈이었다. 그녀에겐 소중한 자유였다. 사실 둘의 관계에서 커트가 좀 더 진지했다. 커트는 자신의 부모님 사진을 보여주기도 하고, 전쟁 신부로 그녀를 미국에 데려가고 싶어했다. 하지만 작가적 열망을 지닌 이 젊은 파리의 인텔리 여성에겐 당연히 가능하지 않은 일이었다.

그녀는 아마도 감정을 잘 드러내지 않는 성격이거나 그런 척했을 것이다. 하지만 그녀의 묘사는 프랑스 역사가가 독일 점령기에 대해 지적했던 지점을 잘 표현하고 있다. 파트리크 뷔송에 따르면, 전시 프랑스에 주둔한 대규모 젊은 독일군의 존재는 많은 여성에게 반란의 계기를 제공해주었다. 불행한 결혼 또는 억압적인 부르주아 가정에 갇힌 여성, 고용인들에게 조롱당하는 하녀들, 책에 묻혀 있던 독신 여성, 단순히 계급적 억압에서 벗어나고자 했던 여성들에게 당시 상황은 보수적 가부장제 사회의 억압으로부터 벗어날 기회였다. 점령군과 내통한다는 것은 물질적 혜택을 줄 뿐 아니라 남들보다 더 잘살게 해주는 것이었고, 어쩌면 예전 주인을 향한 달콤한 복수였다.[16]

여성에게만 해당되는 일은 아니었다. 사회의 모든 소수자는 종종 다수자들을 몰락시키기 위해 강력한 외부 세력과 동맹을 맺기 마련이다. 이건 모든 피식민 사회가 보여주는 단면이다. 프랑스 동성애자들이 독일군과 협력하거나 전시의 파리를 섹스 향연장으로 이용한 것은 부르주아지에 대해 갖고 있던 공통의 불만과 관련 있다. 나치와 비시 정부가 동성애를 혐오했다는 사실도 걸림돌이 되지 못했다. 점령 자체가 공인받은 바가 아닌 만큼 그들에겐 기회였다.

연합군 해방자들과 친교를 맺는 것은 독일군에 협력하는 것보다 더 매혹적이었다. 배신으로 여겨지지 않았기 때문이다. 사람들이 동성애에 대해 다소 불편해하는 측면이 있었기 때문에 얼마나 많은 동성애 친교가 있었는지는 알기 어렵다. 네덜란드의 작가이자 무용가, 국립발레단 안무가였던 루디 판단치흐는 자신의 경험을 바탕으로 쓴 소설 『잃어버린 병사를 위하여For a Lost Soldier』에서 동성애 친교를 아름답게 묘사한다. 1944~1945년 '굶주린 겨울hunger winter' 기간에 암스테르담에서 북쪽 마을로 피난을 간 작가의 경험이 펼쳐진다. 캐나다 군인들이 마을에 도착했을 때 당시 그는 12세였지만 어느 정도 알아차릴 만큼의 욕망은 품고 있었다. 지프차가 시골길에 멈춰 섰고, 지프차에서 나온 손이 그를 차 위로 끌어 올렸다. 소년 예룬이 캐나다 군인 월트를 만난 순간이었고, 결국 월트는 소년을 유혹하는 데 성공한다. 이 책은 소아성애에 대한 고발서가 결코 아니다. 오히려 비가悲歌였다. "나를 감싸 안은 팔은 따뜻하고 편안했으며, 마치 내가 의자에 파묻힌 느낌이었다. 나는 거의 기쁨의 상태에서 일어나는 모든 상황을 받아들였다. 그러곤 생각했다 '이게 해방이야. 그동안의 여느 날들과 다른, 바로 해방의 방식이야. 이건 향연이야.'"17

그루도 미국인들과의 섹스가 물질적 혜택을 준다는 점을 잘 알고 있었다. 그녀는 성적 굶주림과 실질적인 기아 사이의 관계를 명확하게 설명하고 있다. 그녀는 침대에서 커트의 몸 아래에 누운 상태를 온 대륙과 함께 잠든 것처럼 느꼈다고 묘사했다. "그리고 당신은 대륙을 거부할 수 없어요." 그다음에 그들은 음식을 먹었다. "내 식욕은 4년간의 점령기와 23년간의 육체적 순결로 매우 날카로워져 있었다. 난 워싱턴에서 이틀 전 닭이 낳은 달걀, 시카고에서 온 스팸 깡통, 이곳에서 4000마일 떨어진 곳에서 자란 옥수수 등을 게걸스럽게 먹어치웠다. 그건 정말 대단했다!"

스팸, 달걀, 허시 초콜릿 바는 당장 먹어치울 수 있는 것들이었고, 스타킹은 쉽게 해진다. 하지만 러키 스트라이크나 카멜, 체스터필즈나 캐퍼럴 시가 등은 암시장에서 음식과 바꿀 수 있었다. 그리고 GIs('미군'을 의미하는 애칭. Government Issues, 즉 '정부 보급품'으로 비하하는 말—옮긴이)는 이런 것들을 얼마든지 제공할 수 있었다. 미국인의 넓은 어깨와 달콤한 미소, 군살 없는 허리, 멋진 유니폼만큼이나 이것들은 측정할 수 없는 매혹이었다. 담배에 대한 접근권은 매우 가난한 나라에서는 부자가 되는 길이었다. 쉬운 결론을 내면, 사실 당시 미군들과 잠을 자는 여성들이 성매매 여성보다 더 낫다고 할 수 없었다.

실제로 많은 사람이 그렇게 생각했다. 특히 먹을 게 거의 없는 여성이나, 해방자들과 그들의 여자친구를 위한 좌석이 모자라 댄스클럽, 극장, 오락센터 출입이 금지되었던 남성들에게는 더욱 그랬다. 미군에게 찰싹 들러붙은 여성들이 독일군을 사랑한 여성에게 내려진 형벌처럼 강제로 머리를 깎이고 스카프를 둘러 숨긴다는 사실에서 이런 혐의는 더 짙어졌다.

일부 여성이 자유계약직 성매매 여성이었다는 것은 의심할 여지가 없다. 패전국에서는 자신과 아이들이 생존하기 위한 유일한 방법이 성매매뿐인 경우가 많았다. 하지만 독일군에서 연합군으로 급하게 갈아탄 여성도 그 이유가 항상 거리낌 없거나 타산적이어서는 아니었다. 프랑스의 작은 마을에서 '매춘 협력'(전쟁 후 독일군과 내통했던 프랑스 여성들을 'collaboration horizontale' 'collaboration sentimentale'라는 명목으로 처벌했는데, 당시 독일인과의 친교로 태어난 아이가 20만 명에 달하는 것으로 추정된다 — 옮긴이)을 이유로 머리가 깎인 여성은, 자발적으로 만들어진 숙청위원회가 그녀의 '부도덕한' 행위를 다시 처벌할 수 있다고 위협하자 "머리카락이 또 잘리든 말든 상관하지 않아요. 전쟁포로가 된 남편과 더는 연락도 안 됩니다. 그리고 그게 미국인들과 즐기는 것을 방해하지도 않아요"[18]라고 대꾸했다.

당시 언론 기사나 칼럼을 보면 1945년 여름은 욕망과 욕정, 외로움에 빠진 해외 파병 군인과 지역 여성들이 주지육림의 긴 향연에 빠져 있다는 인상을 받을 수 있을 것이다. 이는 통계적으로도 확인된다. 1945년에는 1939년보다 다섯 배 이상의 여성이 성병으로 병원에 입원했다. 네덜란드에서는 1946년 부적절한 관계에서 태어난 아기가 1939년에 비해 세 배인 7000명에 달했다. 높은 성병 발병률은 의료 감독과 피임 기구 부족, 빈곤 지역의 위생 결핍 등으로 설명될 수 있다. 이는 많은 남녀가 그저 따뜻함, 동지애, 사랑 그리고 심지어 결혼 같은 것을 추구하고 있었음을 의미하기도 한다. 해방 뒤 처음 몇 달간은 완전한 방종의 기회를 제공했지만, 동시에 사람들은 정상으로의 복귀도 갈망했다. 1946년 네덜란드에서는 합법적인 부부가 낳은 아기가 27만7000명으로 당시까지의 역사에서 최고치를 기록했다는 점은 이 같은 흐름을 반영한다.

"립스틱은 신이 내린 선물"

베르겐-벨젠은 4월 12일에 해방되었다. 데릭 싱턴 중위가 이끄는 영국군은 가능한 한 빨리 베르겐-벨젠에 도착하라는 명령을 받았다. 아직

전쟁은 끝나지 않았지만 수용소에 머물던 지역민들은 몇 주 전 안네 프랑크의 목숨을 앗아간 티푸스 전염병이 확산될까봐 더 전전긍긍하고 있었다. 독일 당국이 티푸스 발병 가능성을 제대로 막지 못했기 때문에 주민들은 여전히 전쟁 중인 상황에서도 영국군의 벨젠 진입을 허용했다.

시체 더미와 배설물, 살 썩는 냄새가 진동하는 막사 사이를 운전해 가면서 군인들은 눈으로 직접 본 것들을 거의 믿을 수 없었다. 이 이미지는 서구 언론에 보도된 최초의 실상이었기에 영국에서 벨젠은 나치 대량 학살의 주요 상징이 되었다. 브라이언 어커트는 나치의 반유대주의를 이렇게 회상했다. "수백만 명을 실제로 없애는 '최종 해결책final solution'은 정말 상상할 수 없는 내용이었다. 우리는 벨젠 상황에 대해 전혀 준비가 되어 있지 않은 상태였다."[19] 어커트나 영국군이 깨닫지 못했던 것은 벨젠이 유일한 '몰살' 캠프가 아니었다는 사실이다. 그런 캠프는 폴란드에도 있었다. 독일군이 서부로 물러나면서 상당수 캠프들을 없앤 뒤였다.

싱턴 중위는 차량 위에서 확성기를 통해 수용소에서 살아남은 사람들에게 '이제 자유'라고 알렸다. 상당수는 너무 심각한 상태여서 아무런 반응도 하지 못했다. 싱턴 중위가 여성이 수용된 캠프에 도착했을 때 그는 여전히 마이크를 잡고 있었다.

수초 만에 여성 수백 명이 차량을 에워쌌다. 그들은 광적으로 소리 지르고 울부짖었다. 통제가 불가능한 상태라서 확성기에서 나오는 소리가 들리지 않을 정도였다. 수용소 건물 주위에는 자작나무가 심어져 있었는데, 여성들은 자작나무 잔가지들을 차량 위로 던졌다.[20]

이 여성들은 운이 좋은 편이었다. 여전히 걸을 수 있는 상태였으니까. 당시 자원봉사자로 현장에 있었던 영국 의대생은 한 막사 안에서 다음과 같은 광경을 목격하기도 했다.

나는 경악한 채 서서 이상한 냄새에 적응하려고 노력했다. 그 냄새는 사체에서 나는 냄새에 쓰레기, 땀, 고름 냄새가 뒤섞인 것이었다. 그때 갑자기 바닥에서 뭔가 뒤척이는 소리가 들려서 어둑한 불빛 아래를 내려다보니 한 여성이 내 발 가까이에 쭈그리고 앉아 있었다. 엉클어진 검은 머리에 이가 득실거리고 갈비뼈는 너무 도드라져서 마치 갈비뼈 사이에 아무것도 없는 듯 보였다. (…) 그녀는 대변을 보고 있었는데, 엉덩이를 들 힘조차 없었다. 노란 설사 거품이 내 허벅지 위로 넘쳐 올라오는 것 같았다.[21]

의사와 의료 봉사자들은 더 많은 음식과 의약품, 의약 장비를 구하려고 안간힘을 썼다. 한 번도 겪어보지 못했고 상상조차 불가능한 규모의 질병과 기아에 맞닥뜨렸다. 수백 명이 매일 죽어갔고, 군대 배급식량은 이미 줄어들 대로 줄어든 그들의 위장을 채우기에는 과분했다. 군대는 항상 효율적인 기관이 아닌 데다 독일의 상황은 혼란 그 자체였다. 늦은 4월 어느 날에는 이상한 구호품이 도착했다. 상당량의 립스틱이었다.

나중에 립스틱은 신이 내린 선물로 알려졌다. 영국 구급차 부대의 사령관이었던 고닌 중령은 이렇게 회고했다.

나는 강제수용소 사람들에게 립스틱보다 더한 것은 없다고 믿는다. 시트도 없는 침대에 잠옷도 없이 누워 있던 여성들도 주홍색 립스틱을 칠했고, 어깨 위에 걸친 담요 외에는 아무것도 없이 헤매고 다니던 여성들도 주홍색 립스틱을 입술에 칠했다. 마침내 누군가가 이 수용자들을 다시 인간으로 만드는 뭔가를 해냈다. 수용소 사람들은 이제 팔 위에 새겨진 숫자가 아닌 인간이 됐다. 그들은 이제 외모에 관심을 갖게 됐고, 그 립스틱은 그들에게 인간성을 다시 돌려줬다.[22]

나중에 유명한 영국 철학자가 된 리처드 월하임은 당시 정보장교였다. 월하임 역시 어커트처럼 5월에 잠시 벨젠에 파견됐는데, 당시에도 상황은 처참했지만 과거와 같은 재앙은 아니었다. 군대 상부 어딘가에서 벨젠에 주둔하는 군인들과 수용소 피해자들을 위한 댄스파티를 개최하는 게 좋겠다는 결정이 내려졌다. 월하임이 이 결정을 집행하는 역할을 맡았다. 여자들은 민속 복장을 하고, 잔인하기로 유명했던 헝가리 수용소 경비대 밴드가 연주하는 콘서티나(작은 아코디언같이 생긴 악기—옮긴이)에 맞춰 춤을 추도록 했다. 그건 재앙이었고 서로 오해가 생겼다. 공통 언어가 없는 상태에서 여자들은 수용소 문신을 보여주기 위해 옷을 걷어 맨팔을 드러냈다. 말 그대로 말을 잃어버린 상태(소통할 수 있는 언어가 없었기 때문에—옮긴이)에서 군인들은 춤을 추자며 그 여성의 팔을 붙잡았다. 여자들은 그런 행동에 놀라서 군인들을 때리기 시작했고, 헝가리 악단은 더 빠르게 음악을 연주했다.[23]

물론 이는 특이한 사고였다. 같은 시각, 막사 사이에 있는 광장에서는 영국 왕립 공군악단의 음악에 맞춰 춤을 추는 파티가 열렸는데, 영국군 입장에서는 대단히 성공적이었다. 비록 일부 여성이 '거의 걸을 수 없는' 상태였고, 다른 여성들도 '마치 몸의 반이 잘려나간 것처럼 연약해' 보였지만 말이다. 키 큰 캐나다 군인은 자기 허리 정도밖에 안 되는 키 작은 소녀와 왈츠를 췄다. "그녀는 행복해 보였지만, 그녀가 웃지도 울지도 않는 것을 보는 것은 힘들었다."[24]

미국의 랍비나 국제연합 구호요원으로 수용소에서 일한 많은 사람은 동의나 반대의 정도가 다르긴 했지만, 생존자들 사이에서 섹슈얼리티가 급속하게 회복되는 현상을 목격했다. 립스틱처럼 성적 욕망은 아무것도 남아 있지 않은 생존자들에게 인간성을 다시 만들어내는 기제였다.

1946년 네덜란드의 출생률이 높았지만 난민 캠프의 출생률은 더 높았다. 미국의 점령지에 있던 난민 캠프만 해도 750명의 신생아가 매달 태어났다. 미국의 점령지에 거주했던 18~45세 유대인 여성의 3분의 1 정도가 이미 출산을 경험했거나 임신 중이었다.[25] 베르겐-벨젠을 비롯한 강제수용소에서는 수천 명이 최악의 상황에서 죽어갔지만, 동시에 과열된 성행위 장소가 되었다. 마치 생존자들은 생존을 넘어 생산력도 살아 있다는 것을 증명하기 위해 더는 기다릴 수 없다고 말하는 듯했다.

구호요원들은 때로 난민들의 행동에 놀라곤 했다. 난민의 대부분은 유대인이었는데, "그들은 제약 없는 타락에 빠졌다". 일부는 권태라고 표현했다. 사실 술 마시고 섹스하는 것 외에 뭘 더 할 수 있었겠는가. 일부는 오히려 도덕주의자였다. 기부단체에서 일한 프랑스 의사는 확연하게 부정적 의사를 표했다. "수용소 생존자 대다수의 도덕적 기준은 매우 낮았다. (…) 성적 부정행위는 참담한 수준에 달했다." 하지만 그도 정상을 참작할 사유가 있다는 점을 인정하고 있다. 사실 누구도 지옥 같은 상황을 겪은 이 젊은 여성 생존자들을 탓할 수 없다. 이 여성들은 "관심과 망각을 위해 저항할 수 없는 욕망에 사로잡혀 있고, 그들이 할 수 있는 방법으로 만족을 추구하고 있다"고 이 의사는 적었다.[26]

다른 관찰자들은 더 정교한 설명을 하고 있다. 마르타 코르빈이라는 폴란드 구호요원은 수용소 피해자들이 극심한 고통의 종말이 완벽한 세상의 새벽을 열어줄 것임을 꿈꾸고 있다고 분석했다. "모든 과거의 고난은 잊힐 것이고, 자유가 그들을 절대 잘못될 일이 없는 세상으로 데려다줄 것이다." 그런 그들이 완벽한 세상이 아닌 난민 캠프에서 불행한 삶을 살고 있으며, 사랑하는 사람을 잃고 어떤 희망도 없다는 사실을 발견하면 술이나 섹스에서 도피처를 찾았다.[27]

이런 설명들은 꽤 설득력을 지닌다. 동시에 여기에는 생물학적 측면도 있다. 극심한 위기를 겪은 사람들은 생존하기 위해 재생산에 몰두하는 경향이 있다. 난민 캠프의 상당수 유대인은 사실 죽음의 수용소 출신이 아니었다. 상당수가 나치를 피해 도망쳤던 소련 지역에서 왔다. 하지만 대부분의 유대인은 자식이나 부모, 형제자매, 친척들을 잃었다. 이런 상황에서 나이 먹은 사람들은 유령처럼 사는 길 외에는 선택권이 없었다. 반면 젊은 세대는 새로운 가족과의 유대를 갈망했다. 시오니즘 Zionism이나 다른 유대 단체들은 공개적으로 생물학적 재생산을 권장했다. 처음 만난 지 일주일 만에, 어떤 경우에는 하루 만에 결혼하는 사례도 있었다. 유대인 난민 캠프에서 피임약과 피임기구는 환영받지 못했다. 생존자들은 가능한 한 자녀를 많이 낳아야 한다는 의무감을 느꼈다. 섹스는 단순한 즐거움이 아니라 멸종에 맞서는 저항 행위였다.

베를린의 성매매 여성, 폐허의 생쥐

1945년, 유대인은 말할 것도 없고 독일인, 일본인은 확실히 프랑스인, 네덜란드인, 중국인과는 다른 경험을 했다. 외국군과의 접촉도 마찬가지로 달랐다. 아미스Amis(미국 양키를 말하는 독일 속어―옮긴이)나 아메코Ameko(미국 양키를 말하는 일본 속어―옮긴이), 영국군과 호주군, 캐나다군, 소련군은 해방자가 아니라 모두 정복자였다. 어느 정도 선에서 이 같은 인식은 이탈리아, 특히 남부 이탈리아인들에게도 같았다. 연합군의 침입은 그렇지 않아도 힘든 삶을 더 힘들게 몰고 갔다. 도시들은 폭격으로 갈가리 찢겼고, 경제 상황은 참혹했으며, 때로 성매매가 필수적이 되었다.

베를린에서 성매매 여성은 폐허의 생쥐Ruinenmäuschen로 통했다. 폐허가 된 도시를 헤매면서 돈 몇 푼과 음식, 담배를 줄 수 있는 군인을 찾아 돌아다닌다는 의미였다. 이제 막 사춘기에 들어선 일부 소녀들은 검은손이 운영하는 사창가에서 몸을 팔았다. 소년들도 폐허 사창가Trümmerbordellen라 불리는 곳에서 미군에게 몸을 팔았는데, 한 소년은 '아줌마 애나Tante Anna'로 불리며 프랑크푸르트 지하세계에서 꽤 악명 높은 인사가 되었다.

생존 문제는 종종 계급의 구분을 허물어버린다. 노먼 루이스는 나폴리에 주둔하는 영국군 장교였다. 루이스는 『나폴리 1944Naples '44』에서 남쪽 어딘가에 있는 팔라초(이탈리아 궁전—옮긴이)를 소유한 이탈리아 대귀족이 연합군 본부를 방문한 당시를 다음과 같이 적고 있다. 이 귀족은 누이와 함께 도착했다.

둘 다 외모가 놀라울 정도로 흡사했다. 마르고 피부가 매우 창백했다. 차가우면서도 엄격함에 가까운 귀족적 표정을 짓고 있었다. 방문 목적은 누이가 군대를 위한 공창에 들어가게 해줄 수 있느냐고 문의하기 위해서였다. 영국군에는 그런 시설이 없다고 설명하자 이 귀족은 "아쉽네요"라고 말했다. 둘 다 매우 훌륭하게 영어를 구사했고, 영어를 영국인 가정교사에게 배웠다고 했다. 이 귀족은 누이에게 "루이사, 그렇게 할 수 없다면 그럴 수 없는 거지"라고 말했다. 그들은 예의 바르게 감사를 표한 뒤 떠났다."[28]

일본에서는 매춘이 처음부터 제도화되었다. 그들만의 이유가 있었다. 일본 당국은 일본군이 중국인과 다른 아시아인들에게 저질렀던 것처럼, 연합군들이 일본인에게 똑같이 할까봐 두려워했다. 1937년 난징이 강탈당했을 때, 1945년 마닐라가 거의 마지막 전투에서 파괴되었을 때 수만 명의 여성이 강간당하고, 신체가 훼손되었으며, 이 과정에서 죽지 않았다면 대개 그 이후에 죽임을 당했다. 이건 최악의 사례 중 상징적인 두 가지일 뿐, 사례는 이보다 훨씬 더 많다. 일본군이 저지른 대규모 성폭행은 중국 저항군의 강력한 반발을 일으키면서 군사 문제가 되었다. 이런 여성들은 징발된 경우도 있지만, 대부분은 한국이나, 일본군 치하의 국가에서 납치되었다. 이들은 이른바 위안부comfort women로 봉사했는데, 사실은 일본군 공창의 성노예였다.

일본 정부와 군부는 패배하면 일본 여성들도 외국 군대에 성폭행당하고, 고문당하고, 결국 죽임을 당할 거라고 끊임없이 선전했으며, 이 때문에 일본인들은 매우 긴장했다. 일본인들은 불명예스러운 운명을 피하기 위해 죽을 때까지 싸우거나, 스스로 목숨을 끊으라고 명령받았다. 남태평양 제도나 오키나와의 여성과 아이들도 수류탄을 터뜨리거나 절벽에서 뛰어내리는 식으로 자살하라고 지시받았으며, 실제로 많은 사람이 그렇게 했다.

일본이 항복하고 3일 뒤인 8월 18일 일본 내무부는 지역 경찰서에 정복자 연합군을 위한 '위안시설'을 세우라고 지시했다. 여가유흥협회가 애국의 의무로 자기 몸을 희생할 여성들을 모집했다. 태평양전쟁을 개시한 큰 책임이 있는 전직 총리이자 공작인 고노에 후미마로近衛文麿는 전국 경찰 위원들에게 "제발 일본의 젊은 여성들을 보호해주시오"라며 호소했다.[29] 침략자 외국인들이 이런 조치로 다소 유화적이 되고, 일본 여성들은 은신처에서 나와 거리를 자유롭게 다닐 수 있을 거라고 생각한 듯하다.

이건 확실히 더러운 사업임에 틀림없다. 여가유흥시설은 희생을 무릅쓴 여성들이 누울 침대도 없이 급하게 만들어졌다. 성적 행위는 누울 공간도 마땅치 않은 상태에서 도처에서 행해졌는데, 대개는 바닥이거나 급조한 매춘굴의 홀이나 복도에서 이뤄졌다. 좀 더 효율적인 시설을 만드는 데에는 몇 달이 걸렸다. 대규모 격납고 같은 매춘시설이 도쿄 인근의 후나바시에 세워졌다. 이 시설은 국제 궁전International Palace, 또는 IP라는 이름으로 알려졌다. IP는 공장 조립 라인처럼 섹스를 제공했기 때문에 디트로이트 인근에 포드가 세운 전시 폭탄 공장의 이름을 따서 '윌로 런willow run'으로 불렸다. 남성이 긴 건물 입구에 신발을 벗어놓으면 나중엔 반대편에서 잘 닦인 신발을 신을 수 있었다.

도쿄의 노무라 호텔 같은 군대 임시 숙소는 직원이나 청소부라는 직함을 가진 여성으로 넘쳐났는데, 상당수는 정기적으로 호텔에서 밤을 보냈다. 일부는 겨울 추위를 피해 가족들 전부를 호텔에 데려오기도 했다. 도쿄 중심의 대형 댄스홀에는 일본어로 된 간판이 걸려 있었다. "여성들이여, 애국자가 되라! 댄스 파트너로 봉사하면서 일본 재건에 일조하라!"[30] 콘돔이 군대 매점에서 불티나게 팔려나갔다.

독일에서와 달리 처음엔 '일본 토착민과의 친교'가 금지되지는 않았다. 연합군 최고사령관이었던 더글러스 맥아더 장군은 이런 금지가 무용지물이라고 인식하고 있었다. 맥아더 장군은 보좌진에게 말했다. "많은 사람이 내가 이런 '나비 부인' 같은 일을 멈추게 해야 한다고 하는데, 나는 그렇게 하지 않을 것이다. (…) 중국의 모든 차茶에 '비친교非親茶' 명령을 내릴 순 없지 않은가?"[31]

점령 초기 일본에는 호주군, 영국군, 다국적군을 제외하고 미군 60만 명이 주둔했다. 그만큼 수많은 '친교' 행위가 있었다. 나중에 명망 높은 중국·일본학자가 된 미 해군 장교 윌리엄 시어도어 드 배리가 쓴 편지는 1945년 10월 대규모 해군 기지가 있는 규슈의 사세보가 어땠는지 잘 묘사하고 있다.

친교 자체가 문제였다. 헌병들은 사실 본부 인근의 대형 다리에 사람들이 모이는 것을 금지했지만, 다리는 항상 웃고 있는 친절한 일본인에게 몸짓으로라도 얘기하려는 열망에 사로잡힌 해병들로 꽉 찼다. 처음부터 그랬다.[32]

미국 내부에서는 극단적인 인종주의가 발호한 상황에서도 이런 현상이 계속 이어졌다. 『새터데이 이브닝 포스트』가 일본 점령에 관한 기사를 다음과 같이 실었다. "가슴은 평평하고 작고 둥근 코에 평발이 평균적인 일본 여성들이 1000년 된 석상인 듯 미국인들에게 매력적인 존재가 되고 있다. 물론 그보다 덜하긴 하지만, 그들은 우상들과 사진찍는 것을 좋아한다."[33]

기사 작성자는 실제 사실에 대해 아는 게 거의 없었던 것 같다. 대부분의 연합군 최고사령부 고위 장교들은 1945년에 이미 일본인 정부를 두고 있었다. 처음에는 서양 여성이 거의 없었기 때문에 이런 현상은 사실상 예견되었다. 실제 전투에 참여해본 경험이 거의 없으면서 관용도 없는 새로운 군 장교들이 대거 유입되면서 상황은 바뀌었다. 독일에서는 친교 금지 조치가 해제되었는데도 이 새로운 무리의 장교들은 지역 식당이나 온천, 극장, 군인용 호텔 같은 대부분의 공공장소를 '출입금지'로 묶어 더 엄격한 규율을 내세웠다.

그 결과, 친교는 좀 더 비밀스럽게 이루어졌고 자유계약 성매매 여성과의 성행위가 더 늘어났다. 결국 이 조치는 성병 발병률을 낮추는 데 아무런 효과가 없었다. 폭격을 맞은 거리나 공원에서 영업하는 매춘부들은 '섬'이라고 불리는 자기 영역이 있었다. 일부는 1달러보다 더 싼 값에 몸을 팔았다. 1달러면 암시장에서 담배 반 갑 가격이었다. 이런 유형의 사업은 번창했다. 연합군 정부가 일본 정부의 충고를 거부하고 1946년 조직화된 성매매를 금지하자 더욱 번성했다.

일본인들은 사안을 깔끔하게 분류하는 걸 좋아한다. 일부는 그런 구분을 거부했지만 대체로 '판판パンパン 소녀'라 불렸던 자유계약 성매매 여성들은 백인 상대, 흑인 상대, 일본인 상대 등으로 세분화되었다. '온리(오직 한 명)'라 불렸던 일부 여성은 고객 한 명만 관리했다. 좀 더 난잡한 관계를 갖는 여성은 '바타푸라이(나비)'라는 별명을 얻었다. 맥아더 장군이 집무하는 본부 맞은편의 히비야 공원이나 인근의 유라쿠초 역 등 도쿄 중심의 특정 지역은 전형적인 판판의 무대였다.[34]

짙은 립스틱을 바르고 높은 하이힐을 신은 판판은 일본인들에게는 경멸의 대상이었다. 이들은 국가적 수치의 상징이었지만 동시에 질투심을 불러일으키는 매혹의 대상이기도 했다. 그들은 대부분 집을 잃고 굶주린 채 가난과 힘겹게 싸우던 일본인들보다 잘살았다. 이 일하는 여성들은 미국산 물품의 열광적 소비자였고, 승리자의 대중문화에 일본인보다 훨씬 더 친숙했다. 판판이라는 독특한 은어는 일본어 속어에 '엉터리 영어'가 섞인 단어였다. 이들은 대부분의 일본인보다 정복자의 언어에 더 익숙했다.

판판은 하류생활에 화려함이 묘하게 섞인 일본의 전통과도 맞아떨어졌다. '에도'라고 불렸던 전근대 시대 도쿄의 성매매 여성은 최신 유행을 따르는 사람이자, 목판화 그림을 발간하기도 하고, 가부키 극장에도 등장하는 존재였다. 연합군 점령 초기에 판판과 관련된 문화는 이보다 훨씬 덜 세련되기는 했다. 군사적 패배와 전시戰時 검열, 군사교육으로부터의 해방은 과거부터 뿌리가 있었던 상업적 성문화를 되살렸고, 미국 문화의 영향을 상당히 받았다. '러블리' '비너스' '기이한 섹스' '핀업' 같은 외설스럽고 저속한 잡지 제목이 성행했다. 스트립쇼 공연장도 옛 환락가에 문을 열었고, 폭탄이 남긴 구멍 주변에 급조한 판잣집이 줄지어 들어섰다. 오랫동안 금지된 타락이 허가되자 포주와 암시장 거래자, 하와이 티셔츠를 입은 깡패 등이 싸구려 댄스장에서 여자친구들과 맘보를 추고, 일본 스윙 밴드와 재즈 가수들은 다시 라이브 공연을 시작했다. '부기우기'(템포가 빠른 재즈―옮긴이)에 대한 강렬한 열망이었다.

많은 여성이 생활고 때문에 성매매의 길로 들어섰다. 물론 모두는 아니었다. 당시 조사를 보면 상당수 여성이 '호기심' 때문에 판판이 되었다.[35] 돈을 벌기 위해 섹스를 하는 게 아니라는 점에서 판판은 대중에게 맹비난을 받았다. 가난한 시골 가족을 위해 그랬다거나, 애국적 의무에서 자기 몸을 '희생'하는 행위는 괜찮고 칭찬받을 만하지만, 호기심이나 돈, 담배, 실크 스타킹 등을 얻기 위한 성매매는 불명예였다. 조직화된 매춘은 오랜 전통으로 용인할 수 있지만 자유로운 사업 형식의 판판은 비난받았다. 이런 판판은 사회에 위험할 정도로 독립적이기 때문이었다.

맘보 댄싱이나 부기우기처럼 다소 저급하면서 극단적인 1945년의 상업적인 섹스 문화는 일부에게는 환영받았지만, 일부에게는 혐오의 대상이었다. 1946년 일본 미혼 여성이 낳은 9만여 명의 신생아는 온전하게 상업적 거래의 결과물만은 아니었다.[36] 일본 사회가 '야만인' 성폭행 가해자이자 살인자라고 부정적으로 선전했음에도 많은 일본 여성은 실제로 훨씬 덜 위협적인 미국인들을 접하게 되면서 상당히 안도했다. 당시 영향력이 컸던 여성 잡지인 『후진가호婦人畫報』에 실린 한 여성의 글을 보면 "나는 미국인들이 매우 정중하고 친절하며 근심이 없는 친근한 사람들이라는 사실을 알게 됐다. 우리 집 바로 옆 막사에 살았던 오만하고 비열하며 무례했던 일본 군인들과 비교하면 무엇이 더 모질고 고통스러운 느낌인가."[37]

그렇다고 해서 연합군들이 절대 폭력적이지 않았다는 것은 아니다. 특히 점령 초기에 그랬다. 한 통계에 따르면 1945년 후반에는 매일 40여 명의 여성이 성폭행을 당했는데, 수치심 때문에 실제 신고하는 사례가 많지 않았다는 점에서 이 수치는 낮게 측정된 것일 수 있다.[38] 이런 통계는 검열받은 언론에는 결코 나오지 않았다. 그럼에도 대부분의 일본인은 일본군이 해외에서 했던 행위와 비교하면서 두려워하기보다는 미군이 훨씬 규율이 잘 갖춰져 있다는 생각을 했다.

묘하게도 성 관습의 변화는 일본인들을 '재교육'하려는 미국인들의 선전 노력과도 맞아떨어졌다. 민주적 국가가 되기 위해서는 여성도 더 동등하게 다뤄져야 한다고 일본인들은 교육받았다. 판판은 교육자들이 염두에 두었던 것과 딱 일치하는 모습은 아니었을 것이다. 그래도 많은 일본인은 미국인처럼 더 자유롭게 공개적으로 애정행위를 하도록 독려되었다. 그래서 1946년 일본인 교화 차원에서 상영된 영화 「젊은 심장 はたちの靑春」에서 처음으로 키스신이 선보였다. 이 영화는 젊은 관객들에게 인기가 매우 높았다.

물론 히비야 공원에서 미군을 고르는 길거리 성매매 여성과, 키스신이 담긴 영화의 최초 상영 간에는 넓은 스펙트럼이 있다. 하지만 성적 유희에 대한 갈망과 섹스 냄새 짙은 팝음악의 높은 인기는 해방된 국가와 패전국 사람들 사이의 간극이 생각보다 크지 않다는 것을 시사한다. 일본인들에게도 글렌 밀러의 '인 더 무드' 같은 노래와 함께 새로운 자유가 찾아왔다.

서독도 마찬가지 상황이었다. 하지만 소련군에 점령당한 지역은 섹스에 관해서는 다소 달랐다. 서유럽에서 '친교'가 외국 군대와의 관계를 규정했다면, 소련군 점령지에서는 성폭행이 소련 적군赤軍(붉은 군대 —옮긴이)에게 패했다는 사실을 알려주는 저주였다. 물론 서독 지역에서도 성폭행은 일어났지만 프랑스의 점령 기간에는 그렇게 광범위한 수준이 절대 아니었다. 예를 들면 슈투트가르트에서는 3000명의 여성이 프랑스 군인에게 성폭행당한 것으로 전해졌는데, 대부분 알제리에서 온 프랑스 군인들이 가해자였다.[39] 미국 점령지에서도 미군에게 성폭행을 당했다고 기록된 수치는 1945년을 통틀어 많이 잡아도 1500명을 넘지 않았다.[40]

성폭행이 소련 점령지보다 서구 점령지에서 더 적었던 이유는 몇 가지가 있다. 프랑스를 제외하고 연합국 군대들은 소련군만큼 복수심에 불타지는 않았다. 또 연합군 상부도 군인들에게 독일 여성과 하고 싶은 것이라면 뭐든 하라고 독려하지도 않았다(반면 스탈린은 피와 전화戰火를 넘어 수천 마일을 행진한 군인들이라면 '여성과 재미를 즐길' 권리가 있다고 언급한 바 있다). 게다가 독일 여성들은 연합군들과 '친교'하려는 의지가 강했기 때문에 굳이 성폭행이 필요하지도 않았다. 1945년 여름 당시 미군들 사이에 돌던 농담은 독일 여자가 '타히티 이외의 지역 중에서'(타히티 여성들이 풍만한 엉덩이와 문신으로 남자를 유혹하는 관행을 에둘러 표현한 것 —옮긴이) 가장 '헐렁하다'였다.[41]

물론 의심할 여지 없는 과장이었지만 이런 인식은 미군 사이에서 꽤 많았고, 이미 조각난 국가적 자존심을 더욱 망가뜨리는 모욕으로 간주한 독일인들의 분노를 불러일으켰다. '프라울라인스frauleins'(아가씨에게 붙이는 경칭 —옮긴이)나 '퍼라인즈furlines' '프라트커나지스fratkernazis' 등으로 다양하게 불렸던 독일 여성들이 프랑스 여성들에 비해 미군들과 섹스하기를 더 원했다고 많은 군인이 주장했다. 미국으로 막 귀향한 한 미군은 이 현상에 대해 모두 정확하다고는 볼 수 없는, 다소 잔혹한 분석을 하고 있다. "내 이야기가 비밀을 누설할 위험이 있긴 하지만, 미군들은 유럽에서 원하는 모든 것을 상당 부분 얻을 수 있었다. 거기에는 가능한 한 자주 (현지 여성들과) 친교할 기회도 포함되어 있었다." 그는 이어서 썼다. "미군은 자연스럽게 독일에서 매우 좋은 거래를 발견했다. (…) 프랑스와의 거래는 좀 달랐다. 미군은 프랑스에서 독일에서 그랬던 것처럼 전면적인 '사탕발림'을 할 수는 없다. 프랑스에서는, 아버지로부터 들었고, 1944년 해방 당시 진군했던 군인들로부터 들었던 '노리개'를 만들 수 없었다."[42]

당연히 당시 독일에서는 16 대 10의 비율로 여자가 남자보다 더 많았다. 게다가 남겨진 남자들은 대개 늙었거나, 절뚝거리거나, 괄시받았다. 로베르토 로셀리니가 베를린의 폐허를 촬영한 영화 「독일 0년Germany Year Zero」에서 한 젊은 독일인은 "우리는 전에는 남자였고 국가사회주의였다면 지금은 그냥 나치일 뿐이다"라고 말하고 있다.

브누아트 그루는 해방된 프랑스에 대한 문학적 회고록에서 "아름다운 미국인"에 비하면 "내게 프랑스 남자들은 깡마르고, 뒤틀리고, 거무스름한 데다 영양 부족 상태로 보였다"고 적었다.[43] 독일과 일본 남자들의 사기는 더 떨어졌다. 1946년 주미 대사관 문화 담당 주재관으로 머물다가 귀국한 독일 극작가이자 시나리오 작가인 카를 추크마이어가 인터뷰한 독일 여성 종업원의 태도가 전형적이다. 이 종업원은 독일 남성과는 접촉하지 않았는데, 그녀는 "독일 남자들은 너무 연약해서 이제 더는 남자도 아니다. 과거에 그들은 너무 많이 으스댔다"고 말했다.[44]

남성의 수치라는 면에서 내게 기억에 가장 남는 것은 1945년 당시 십대 나이에 오사카 암시장 주변을 들락날락했던 소설가 노사카 아키유키野坂昭如가 묘사한 내용이다. 아키유키는 1967년 「미국 히지키」(히지키는 일본 해조류의 일종─옮긴이)라는 훌륭한 소설에서 남성성뿐 아니라 인종 문제도 다루고 있다. 소설의 주인공은 십대였는데, 그는 전시에 학교에서 서양인은 일본인보다 키가 더 크지만 일본인처럼 다다미에 앉지 않고 의자에 앉는 연약한 습관 때문에 신체적으로 약하며, 특히 엉덩이가 약하다고 배웠다. 서양인들은 근육질 허벅지를 가진 키 작은 일본인에게도 육체적으로 패배한다고 배웠다. 학교는 목이 굵고 땅딸막한 야마시타 도모유키山下奉文 장군을 자주 언급했다. 야마시타 장군은 카키색 군복 바지로도 잘 안 가려지는 다소 가느다란 다리를 가진 영국 장군 아서 퍼시벌에게서 싱가포르의 항복을 받아낸 '말레이 반도의 호랑이'였다.

하지만 곧 일본 십대들은 미군의 실물을 처음으로 가까이서 보게 되었는데 그 인상은 잊을 수 없는 것이었다. "그의 팔은 통나무 같았고 허리는 박격포같이 굵었다. (…) 남성적인 엉덩이는 빛나는 제복 바지에 딱 들어맞았다. (…) 아, 일본이 전쟁에 졌다는 것은 의심의 여지가 없었다."[45] 모든 연합군이 매우 크거나 건장한 것만은 아니었고, 일본 남성들도 결코 볼품없지는 않았다. 그러나 배고픈 십대 소년에게 미군의 첫인상은, 전쟁을 고귀한 아시아 전사와 오만한 백인 간의 인종 대결로 여겼던 일본인에게는 특히 전쟁에 대한 멜랑콜리한 기억으로 남았다. 이는 전후 승자와 패자 간의 첫 대면이었는데, 충격은 독일보다 일본이 더 심했다.

독일에서 (소련을 제외한) 서구는 처음에 비非친교 정책을 강제하기 위해 최선을 다했다. 미군 네트워크American Forces Network는 "예쁜 여성은 연합군 승리에 방해가 될 수 있다"고 공포했다. "현명한 군인은 (현지 여성과) 친교하지 않는다"며 군 기관지 『성조기Stars and Stripes』가 경고하기도 했다. 심지어 "삼손이 되지 말라. 데릴라가 당신의 머리카락을 자를 수 있다"는 내용도 있었다.[46] 런던의 『타임스』는 금지 조치 해제가 "고향에 있는 여성들을 고통스럽게 할 것"이라고 썼다.[47] 하지만 그 어떤 것도 현장에 있는 남성들을 설득하지 못했다. '정부情婦의 군대 Mistress Army'는 당시 연합국 군인에게는 유명한 표현이었다. 이는 많은 독일 여성이 미군 장교에게 애정을 가지고 있다는 의미였다(영국군 장교에게는 정부가 더 많았는데, 영국인들이 음주를 더 선호하는 등의 몇 가지 이유에서였다). 이런 현상은 계급이 낮은 군인들의 질투를 불러일으켰고, "모든 정책이 고위 간부들에게 먼저 예쁜 여성들을 공략할 기회를 주고 있다"라는 다소 쓰린 농담이 회자되기도 했다.[48]

조지 패튼 장군은 맥아더 장군처럼 금지 조치가 아무런 장점도 없다고 봤다. 잘 먹는 미군들이 배고픈 아이들에게 사탕을 주지 말아야 하는가? 모든 독일인이 나치인가?(패튼은 공산주의 동맹국이나 유대인보다 독일인에게 더 관대하다는 평가를 받았다. 독일인이 나치였는데도 말이다.) 항상 여론의 선두에 있었던 건 아니지만 『뉴욕타임스』조차 점령지에서 보내온 기사를 통해 친교 금지 조치를 비판했다. 현장 특파원은 6월에 작성한 기사에서 "런던 출신이든, 미시시피 계곡이나 앨버타 밀밭 출신이든 간에 금지 조치가 지속되어야 한다는 군인을 아직 만나지 못했다"면서 금지 조치 강화의 부당성을 폭로했다. 미국이 점령한 지역의 한 마을에서는 '독일 여성과 노닥거린' 군 경찰을 감독하는 보안대를 감시하는 방첩팀이 파견되기도 했다.[49]

6월 8일 아이젠하워 장군은 아이들과의 친교 금지 조치를 해제했다. 그래서 미군이나 토미Tommy(영국군을 가리키는 애칭—옮긴이) 사이에서는 젊은 여자에게 "좋은 날 보내, 어린이!"라고 인사하는 게 유행이 되었다. 8월 연합국 군인들은 (현지) 성인들과도 이야기를 나눌 수 있다는 허가를 받았고, 안전한 야외 지역에서 성인 여성과 손을 잡는 것도 허용되었다. 마침내 10월 1일 점령을 수행했던 4개 강대국의 관리 기구인 연합국 통제위원회는 모든 관련 조치를 해제했다. 이런 조치가 내려진 데에는 소련군이 자유롭게 친교 행위를 했던 베를린에 영국군과 미군이 도착했기 때문이기도 했다. 서유럽 군인들은 소련군과 차이를 두는 것에 불만을 터트렸고, 어떤 면에서 독일인들과의 친교 허가는 강대국 간의 경쟁이 부른 초기 결과물이었다. 하지만 조치 해제에는 한 가지 조건이 달려 있었다. 독일 여성과 결혼하는 것이나 군대 임시숙소에 여자를 들이는 것은 여전히 금지되었다. 하지만 이것마저도 나중에는 사문화되었고, 수만 명의 독일 여성이 새로운 미국인 남편과 함께 더 나은 삶을 약속하는 미국으로 떠났다.

독일에도 독일식 '판판'이 있었는데, 최하위 계층이자 가장 절망적이었던 여성들이 '폐허의 생쥐'가 되었다. 하지만 군사적 정복을 당한 모든 나라에서 그렇듯 로맨스와 욕망, 성매매 간의 경계가 항상 분명하지는 않았다. 소련 점령지인 베를린에서 매우 어리거나 나이를 많이 먹은 여성 등 소수만이 성추행이나 성폭행을 겨우 피할 수 있을 정도로, 전쟁 직후 몇 달간 성폭행이 한층 더 발생하는 상황에서 외국 군대와 성적 관계를 갖는 일이 그리 깔끔한 문제는 아니었다. 이런 비참한 상황을 가장 잘 다룬 것이 30대 초반의 여성 저널리스트가 작성한 일기인 『베를린의 한 여인Eine Frau in Berlin』이다. 책 속의 화자는 군인 무리한테서 집단 성폭행을 당할 위기에서 한 러시아군 장교의 보호 덕분에 겨우 도망칠 수 있었다. 그리고 이 신사 같은 러시아군 아나톨 중위는 그녀의 단골 연인이 되었다. 그녀는 "그는 단순한 성적 만족보다 인간적이며 여성적인 동정을 갈구하고 있었다. 그리고 그건 쾌락과 함께 내

가 그에게 기꺼이 제공하려고 하는 것이다"라고 썼다.[50]

　서구 점령지에선 미군 남자친구한테서 물자를 받는 여성에게 곧 창녀라는 이름이 붙여졌다. 독일 남자한테서 선물을 받는 여자라면 그런 평판을 쉽게 얻지는 않을 것이었다. 당연히 피엑스px에서 나오는 물건에 접근할 수 있다는 것은 많은 사람에겐 생존의 문제였다. 차가운 겨울 집에 비해 난방이 잘된 나이트클럽은 낯선 사람들이 함께 보낼 수 있는 좋은 피신처였다. 러키 스트라이크나 초콜릿, 실크 스타킹과 스윙 음악, 미군의 느긋한 매너는 현지 여성들과 젊은 남성들에겐 제3제국의 억압적 상황에 비하면 훨씬 더 바람직한 문화를 의미했다. 사람들은 비록 상스러울지는 몰라도 새로운 세계의 모든 것을 갈망하고 있었다. 이미 구세계는 불명예 속에서 물리적으로만이 아니라 문화적, 지적, 영적으로 몰락했기 때문이다. 프랑스나 네덜란드 등 해방된 국가들에서도 마찬가지였다. 하지만 독일과 일본에서 '친교'와 함께 시작된 전후 문화의 미국화는 다른 곳보다 훨씬 더 심했다.

　하지만 적어도 한 명의 여성은 이 모든 꿈이 몇 가지 흔적을 남기겠지만 결국에는 실망으로 끝날 것이라고 보았다. 브누아트 그루는 미국인 남자친구 커트의 청혼을 거절한 뒤 "미국인을 사냥하는" 게임을 중단하기로 결정했다. 그러면서 그녀는 "구유럽은 홀로 서 있다. 나도 마치 유럽 같았다. 매우 늙고 절망적인 느낌이었다"라고 적었다. 그러고는 "오늘 저녁 나는 미국과 관련된 모든 것과 작별했다. 그리고 매우 편안한 웃음으로 내 삶에 들어왔던 스티브와 돈, 텍스, 울프, 이언 등에게도 작별을 고했다. 이제 나는 문을 닫는다"고 했다.

일본의 '수치'와 독일의 '명예'의 정체

도쿄의 어두운 이면을 드러낸 회고적 소설로 유명한 일본 소설가 나가이 가후永井荷風는 일본이 패배하고 두 달이 지난 10월 9일 일기에 이렇게 썼다. "사노 호텔에서 저녁을 먹었다. 장교로 보이는 7, 8명의 젊은 미군을 주시했다. 교양이 부족해 보이지는 않았다. 저녁식사 뒤에 그들이 바에 앉아 술을 마시면서 젊은 여성 종업원에게 일본어를 배우는 것을 지켜봤다. 일본군에 비하면 그들의 행동은 매우 겸손했다."[51]

한 달 전 일기에서 가후는 미군 병사들이 뻔뻔스럽게 일본 여성들과 노닥거리고 있다고 쓴 신문 기사를 인용했다. 이에 대해 그는 "그게 사실이라면, 일본군이 중국에서 한 행동에 대한 보복이다"라고 적었다.[52]

가후는 통속적인 생각을 별로 좋아하지 않는, 매우 세련되고 별난 친프랑스주의자였다. 그의 이런 반응은 일본에서는 상당히 이례적이었다. 교육 수준이 높은 작가나 지식인들 사이에서 미군과 일본 여성의 친교 행위를 극히 비판적으로 보는 것이 일반적이었기 때문이다. 가후보다 젊고 비교적 진보적이었던 작가이자, 전시 체제에서 군사 국가주의를 옹호했던 자신의 행동을 부끄러워했던 지식인 다카미 준高見順은 10월 어느 날 저녁, 도쿄 기차역에서 보았던 장면을 일기에 회상하고 있다. 시끄러운 미국 병사들이 일본인 여성 역무원 두 명과 같이 앉으려고 수작을 걸고 있었다. 여성들은 낄낄거렸고 꺼리지 않는 듯했다. 다카미의 표현에 따르면 "그들은 이런 식으로 수작을 거는 게 참을 수 없는 즐거움인 듯했다. 또 다른 역무원이 그들에게 다가왔고 그녀 역시 그런 집적거림을 좋아했다. 이 얼마나 말할 수 없이 수치스러운 장면인가!"[53]

당시 이런 장면과 반응은 꽤 일반적이었다. 하지만 다카미는 정말 누가 수치스럽다고 말하는 것인가? 수작 자체가 수치스러운가? 아니면 일본 여성들이 외국인과 노닥거리는 것이 수치스러운가? 그것도 아니면 일본 남성으로서 스스로 수치스러운가? 친교 행위에 대한 이런 식의 거부는 좀 더 폭력적인 방법으로도 표출되었다. 홋카이도에서 미군을 위해 고용된 일본 여성들은 외국군과 교제하고 있다는 이유로 주기적으로 남성들에게 두들겨 맞았다고 신고했다. 결국 군대가 그 남성들을 무장한 군사 트럭에 태워 귀가시켜야 했다.

남성들의 분노는 분명 질투와 시기가 원인이었다. 상당한 질투와 시기가 만연했다. 패배한 남성들의 승자에 대한 질투, 여전히 친교가 금지된 미군의 소련군에 대한 질투, 사병의 장교에 대한 질투 등이었다. 「미국 히지키」에서 노사카 아키유키는 이런 과정이 얼마나 끈질긴지 설명하고 있다. 소설 속 십대 주인공은 자라서 가정을 이뤘는데, 하와이 휴가에서 아내가 중년의 미국인 부부와 친구가 되었다. 이 부부가 일본을 방문했다. 일본 점령군으로 3년간 복무했던 히긴스 씨에게 일본은 좋은 기억을 불러일으키는 나라였다. 훌륭한 집주인이 되어야 한다는 일본인 아내의 강력한 권유에 따라 남편은 히긴스 씨를 도쿄의 한 라이브 섹스 쇼에 데려갔다. '넘버 원'으로 알려진 정력이 센 공연자가 일본 남성이 뭘 할 수 있는지 관객에게 보여주겠다고 약속했지만 아뿔싸, 그날 밤 넘버 원은 센 정력을 발휘하는 데 실패했다. 일본인 남편은 오사카 폐허에서 눈부셨던 개버딘 제복에 딱 맞는 튼튼한 엉덩이와 통나무 같은 팔뚝을 가진 미국인과 처음 마주쳤던 십대 시절을 떠올렸고, 다시 한번 넘버 원 대신 수치심을 느꼈다.

히긴스 씨는 백인이다. 전시의 일본 정부는 적을 불신하게 만들기 위한 선전의 일환으로 미국의 인종주의를 설명할 때 말고는 흑인을 언급하지 않았다. 하지만 다인종 군대의 점령은 단지 성적 경쟁심뿐 아니라 훨씬 더 혼란스러운 일을 끌어들였다. 미군의 감시 감독 과정에서 압수된 한 일본 여성의 편지는 소문에 대해 언급하고 있는데, 그 내용은 "요코하마에서 2만 명의 여성이 연합군 병사들과 친밀한 관계를 맺고 있다. 이 때문에 지방 현 사무소가 간사이 지방에서 1만3000여 명의 혼혈아가 출생하는 사태에 대해 주의를 집중하고 있다. 특히 요코하마에서 3000여 명의 일본 여성이 흑인 아이를 낳았다는 이야기를 들으면 누구든 전율할 수밖에 없었다"[54]였다. 이런 분노의 실제 근원은 부도덕한 행위 자체나 성매매가 아니라 인종적 순수성의 오염이었다.

1945년 말 독일에서도 친교 금지 조치가 해제되고 젊은 독일 남성들이 포로수용소에서 풀려나기 시작하면서 비슷한 감정이 일어났다. 일본과 같이 젊은 재향군인들도 '친교' 문제에 특히 민감했다. 뉘른베르크에서는 '흑인의 여자'라는 비난이 담긴 전단이 뿌려졌다. "야한 화장에 요란한 치장, 빨간 손톱에 구멍 난 스타킹을 신고는 흐트러진 폼으로 주둥이에 두툼한 체스터필드(미국의 담배 브랜드—옮긴이)를 꽂고는 흑인 기사騎士들과 으스대며 걸어가고 있다."[55] 연합국 군인들과 친교하는 독일 여성들은 '초콜릿 여자'라는 별칭도 가지고 있었다. 물질적 욕망과 유색 인종 애인에 대한 수치스러운 취향을 모두 담고 있는 별명이었다.

점령기를 다룬 일본 및 독일 영화 여러 편이 현지 여성을 흑인 미군이 성폭행하는 내용이라는 사실은 인종이 패배자의 수치심을 더욱 악화시킨다는 점에서 결코 우연이 아니다. 한 독일 전단은 이렇게 경고하고 있다. "우리가 지금 당신에게 말하는데, 당신 머리를 다 깎아버리겠다. 블랙리스트도 이미 준비되었고, 시간이 모든 것을 바꿀 때만을 기다리고 있다."[56] 사실 일부 여성은 1945년에 이미 머리가 깎였다. 바이로이트에서는 한 여성이 화형을 당한 일도 있었다. 뷔르츠부르크에서는 남성 세 명이 "유색 인종과 함께 걸어다니는 모든 독일 여성"의 머리를 깎아버리겠다고 위협하면서 '검은 표범'이라고 불리는 테러 집단을 조직한 혐의로 체포됐다.[57] 20세의 전직 나치 남성은 외국군과 친교하는 여성을 두고 "독일인들에게 명예가 남아 있는가? (…) 누구는 전쟁에 질 수 있고, 누구는 수치스러울 수 있다. 하지만 스스로 명예를 더럽혀서는 안 된다!"고 적었다.[58]

위의 언급은 다카미 준의 '수치'와 같은 '명예'를 말하고 있다. 여성의 명예는 (여성 스스로 결정할 권리가 있다는 점은 차치하고) 쟁점이 아니었다. 여기서 중요한 것은 남성의 명예였다. 수치심을 느낀 것은 남성이었다. 이런 반응은 전통적으로 남성이 우세한 모든 사회에서 공통적으로 터져나온다. 전후 상황은 구질서를 엎었다. 여성은 더는 남성의 지배하에 있지 않다. 아마도 그것이 여성들의 가장 큰 죄악이었을 것이다.

이런 분노를 살펴보는 한 방법은 이것이 어떻게 정치적 반응으로 직결되느냐이다. 이는 막 승리한 연합국이 자국에서 불필요하다면 최소한 상대국에서라도 몰아내고 싶었던 것이기도 했다. 나중에 『라이프』지 편집자로 일했던 줄리언 서배스천 바흐라는 미 육군 중위는 독일의 점령 상황을 이렇게 설명했다. "독일 남성들이 '친교를 얼마나 수용하는가'가 패배를 인정하고 국가적 자존심을 지키면서 새롭고 협력적인 삶의 방식을 얼마나 희망하는가를 가늠하는 척도다. 확실히 미군 정복자와 함께 있는 독일 여성의 모습은 우리와의 협력을 걱정하는 독일인보다 '개조될 수 없는' 독일인들을 더 격분시켰다."[59]

다카미 준도 기차역에서 미군들이 여성 역무원과 노닥거리는 모습에 수치스러웠다는 초기 반응을 보이고 며칠 뒤 일기에서 매우 비슷한 의견을 내놓고 있다. 장면은 또다시 기차역이었다. 한 일본 여성이 다른 일본 승객들의 증오에 찬 시선도 아랑곳하지 않고 창밖으로 몸을 내밀며 미군 남자친구에게 "안녕, 안녕"을 외치고 있었다. 이 상황에서 다카미는 페이소스를 봤다. 그를 포함한 구경꾼들의 눈에 그 여성은 '특별 위안시설'에 있는 여성처럼 느껴졌다. 하지만 사실 성매매 여성도 아니었고, 그녀는 그렇게 보일 수 있다는 것에도 신경 쓰지 않았다. 실로 그녀는 "미군 남자친구와 그렇게 망측하게 행동하는 걸 자랑스러워하는" 듯 보였다. 다카미는 이런 장면이 앞으로 일본에서 일상적이 될 거라고 예측했다. 게다가 그는 "좋은 것일 수 있다. (…) 무엇보다도 이런 장면이 넘쳐나게 될 것이다. 일본인들에게는 좋은 훈련이 될 것이다. 그때는 아마도 이게 더 자연스럽고, 심지어 아름다운 사회적 관계가 등장할 것이다"라고 썼다.[60]

다카미의 사례에서 내가 인간적이면서도 분별력이 있다고 느꼈던 것이, 점령군 미군 중위였던 줄리언 바흐가 묘사한 사례에서는 다소 순진하면서도 자기 잇속을 차린 것처럼 표현되고 있다. 자국민이 적과 친교할 때 느끼는 질투와 분노는 아직 개조되지 않은 파시스트들에게만 생기는 것이 아니었다. 물론 패전국 국민이 수모와 수치를 더 느꼈음은 의심할 여지가 없다. 하지만 연합군이 성자 같은 승리자로 처음 도착했을 때 꽃다발을 안겨주면서 환영했던 해방된 국가에서도 이런 감정은 일반적이었다.

전후 네덜란드에서 인기 있었던 유행가 제목은 '여성이여, 스스로를 조심하라'였다.

용감한 소년들, 자랑스러운 전사들
저 멀리서 여기까지 왔다.
그들은 우리에게 자유를 가져다주었고
그래서 좀 재미를 봐야 한다.

하지만 많은 '네덜란드 여성'은

금세 명예를 던져버렸다.

담배 한 갑을 위해

그리고 초콜릿 한 조각을 위해······

훈족과 함께 밀려왔던 많은 이는

이미 대가를 치렀다.

여성이여, 그대는 조국의 명예를 배신했다.

우리가 치른 대가만큼이나······

남자들은 널 다시 보지 않을 것이다.

네가 차갑게 그를 떠났기 때문에······

이 노래에 모든 것이 들어 있다. 국가적 명예, 헐렁해진 도덕, 물질적
욕망, 퇴짜 맞은 지역 남성들. 독일 점령자들과 관계를 맺었던 여성들
과, 영국이나 북미에서 온 해방자들과 관계를 맺은 여성들이 직접적으
로 비교되었다. 이것이 시사하는 바는 명백하다. 문제가 된 것은 바로
여성의 비도덕성이었다. 캐나다 군인들과 친교한 일부 네덜란드 여성은
화난 군중에게 '제리 창녀들Jerry whores'(Jerry는 독일인을 지칭하는 속어
―옮긴이)처럼 머리가 깎였다.

패전국뿐 아니라 해방된 나라에서도 외국의 점령으로 인해 몇 가지
사건이 도덕적 공황 상태를 야기했다. 잘못된 점령 정책은 지역 남성들
의 분노를 잠재우지 못했다. 연합국 군대는 군인들을 위한 극장, 카페,
댄스장, 수영장 등을 요청했는데, 이 장소들이 현지인들에게는 출입금
지 구역이었다. 다만 현지인 중 연합국 군인을 선택할 수 있는 여성들

에겐 허락되었다. 이는 당연히 분노를 촉발했다. 위트레흐트에서는 젊은 네덜란드 남성 일부가 캐나다 군인과 함께 있는 여성들을 붙잡아서 머리를 깎으려고 했다. 캐나다 군인들이 그녀들을 보호하려 했고, 이 과정에서 칼이 나오고, 돌이 던져지고, 총이 발사되었다. 몇몇이 다치긴 했지만 다행히 사망자는 없었다.

연합군 당국의 조직화된 성매매 금지는 높은 성병 발병률에도 기여했다. 종전 선언 뒤 독일에 주둔한 미군들 사이에서 유행했던 표현이 "성병이 승전일 뒤에 따라온다"였다. 미군이 점령한 독일에서 성병 발병률은 승전일부터 1945년 말까지 235퍼센트까지 올랐던 것으로 전해진다. 연간 성병에 걸리는 군인이 1000명당 75명에서 250명으로 늘어났다는 얘기다.[61] 기차역이나 적십자 단체에서 미군들에게 콘돔과 과망간산칼륨 알약이 포함된 '브이 꾸러미V-packets'를 나누어주었다. 네덜란드에서는 독일 점령기에 이미 성병 발병률이 급등한 데 이어, 전쟁 직후에는 더 크게 올랐다. 언론은 1만 명의 여성이 성병에 걸렸는데도 이를 알지 못하고 있다는 무서운 이야기를 밝히기도 했다. 프랑스에서도 비슷한 공포가 있었다.

쿠르치오 말라파르테의 유명한 작품 『피부The Skin』에는 남부 이탈리아가 직면한 도덕적 공황과 국가적 수치, 성병의 위험 등이 연극적으로 표현되고 있다. 이야기꾼이었던 말라파르테는 파시스트가 되는 것에 상당히 공감했고 이를 결코 부정하지도 않았다. 극적 효과를 위해 과장했을지는 몰라도 그는 대중의 분위기를 묘사하는 데 탁월한 재능을 갖고 있었다. 그는 책에서 연합군의 침략을 "겉으로는 사지가 멀쩡해 보이지만 정신은 곪아 터져 썩어 있다"면서 페스트에 비교하고 있다. 그에 따르면 독일 점령기에는 "성매매 여성만이 점령자들과 관계를 하고 있었다." 하지만 미국과 영국의 점령하에서는 "혐오스러운 페스트에 걸리면서 여성들의 명예와 품위가 먼저 부패"되었고, 모든 이탈리아 가정이 수치심에 감염되었다고 적었다. 이유가 뭘까? "매춘이 칭찬받을 만한 행동이 되고, 애국심의 증거가 되고, 모든 남성과 여성이 그런 생각에 얼굴이 붉어지기는커녕 자신들을 비하하고, 광범위한 타락 속에서도 이를 영광으로 여기게 만드는 전염병의 사악한 힘" 때문이라고 그는 분석했다.[62]

이런 분석은 과장이리라. 하지만 작가인 말라파르테를 포함해 많은 사람이 그렇게 느꼈다. 외국 군인과 동침하는 것은 성매매와 같았다. 만일 그게 자발적인 것이라면 더욱 심각하다고 사람들은 느꼈다.

다큐멘터리 영화 「좋은 여자들은 성병도 있다Good Girls Have VD Too」에는 프랑스에 주둔한 미군들이 등장한다. 암스테르담이나 도쿄 등 연합국 점령 도시에서 여성들에게 또 다른 수모를 안긴 것은 무작위로 행한 성병 정기 검사였다. 전후 혼란한 상황에서 의료시설이 부족한 데다, 젊은 남녀들이 불결한 위생 환경과 보수적, 청교도적 사회에서 자라면서 비교적 성적 경험이 적다 보니 의학적 문제가 심각해졌다. 하지만 말라파르테는 잔뜩 걱정하면서 가장 아픈 부분을 명확하게 지적하고 있다. 여성들이 저마다 다양한 이유로 그들이 좋아하는 것을 하고 있다는 것이다.

모든 사람이 이 점을 못마땅해한 것은 아니다. 독일 부인과 의사이자 성 개혁자인 빔 스토름처럼 진보적 시각을 견지한 몇몇은 친교 행위에 장점이 있다고 봤다. 여성 해방을 위한 돌파구이자 남성의 권위와 아내의 복종 같은 낡은 관념의 환영할 만한 종말. 여성들은 "새로운 언어와 지르박(1940년대에 유행한 빠른 춤—옮긴이), 사랑을 배울 수 있는" 캐나다 군인의 "카키색 군복을 입은 팔"에서 행복을 추구하면서 "그들이 뭘 원하는지 정확하게 알 수 있었다". 여성들이 초콜릿과 담배 몇 개비를 위해 스스로 성매매에 나섰다고 주장하는 것은 "지독한 모욕"[63]이라는 것이었다. 성병에 대한 최선의 해결책은 여성들에게 더 많은 콘돔을 배포하고, 젊은이들에게 성교육을 해야 한다는 주장이었다.

하지만 스토름 같은 사람은 소수였고 상당 기간 동안 논쟁에서 패배할 것이었다. 도덕을 재건하고, 전통적 도덕 기반 위에 사회를 다시 일으켜야 한다는 목소리가 도덕적 공황 상태에서 더 강력했다. 네덜란드에서도 이런 견해가 우세했다. 반나치 레지스탕스가 창간한 진보지 『헷파루Het Parool』('선언'이라는 의미―옮긴이)마저도 여성에게 피임 도구를 나눠줘야 한다는 의견에 긍정적인 기사를 썼다는 이유로 편집자를 해고했다. "우리는 좀 더 높은 도덕 규범을 향해 국민을 교육할 의무가 있다. (…) 모든 종류의 방종에 저항해야 한다."[64] 프랑스에서도 마찬가지였는데, 드골 장군 아래의 임시정부는 전시 점령과 해방이 공중도덕을 심각하게 침해하면서 '프랑스 인종'[65]에 치명적인 위협이 되고 있다고 깊이 우려하고 있었다. 해방된 프랑스에서 낙태와 간통을 규제하는 법률은 비시 정부만큼이나 엄격했고, 일부는 더 심했다.

도덕성 붕괴로 여겨지는 세태에 대한 청교도적 반응은 결코 종교적 보수주의나 정치적 우파들만의 것이 아니었다. 프랑스에서는 레지스탕스였던 수많은 남녀가 낭만적, 이상적 이유로 공산당에 가입했다. 전시 상황은 관습적인 도덕률을 상당히 느슨하게 만들었다. 하지만 전후 모리스 토레즈 지도하의 프랑스 공산당은 이런 상황에 급속히 종지부를 찍었다. 공산당에 대한 헌신과 안정적인 가정생활이 열렬하게 장려되었다. 전쟁 혹은 외국군과의 친교의 결과인 '방탕'은 경멸당했다. 독일 공산당도 소련 치하의 동독 지역에 통제를 강화했고, 새로운 도덕 질서를 위한 정치적 억압이 시행되었다. 독일 공산청년동맹의 지도자 에리히 호네커는 공산주의에 대한 지지를 얻으려 하면서도 스윙 음악이나 섹스 같은 경솔한 행동으로부터 여성들을 떼어내기 위해 최선을 다했다. 하지만 그는 이내 절망감을 느꼈다. 그에게 문제는 명확했다. "우리는 삶의 즐거움을 찾으려는 그들의 욕망을 극복해야만 한다."

에리히 '호니Honni' 호네커 역시 삶의 쾌락을 모르는 문외한은 아니었다. 한참 어린 여성들과 몇 번이나 스캔들이 있었다는 점에서 그는 괜한 걱정을 할 필요가 없었을 것이다. 환호의 분위기는 오래 지속되지 않았다. 1945년 말 해방을 향한 질주는 이미 사그라지기 시작했다. 외국군 상당수가 집으로 돌아갔다. 독일과 일본에는 여전히 많은 군사기지가 남아 있었고, 영국과 이탈리아에도 작은 규모의 외국군이 주둔하기는 했지만. 도덕적 공황 상태는 보수적 반동이 탄생하는 기반이 되었다. 위험과 혼란, 궁핍의 세월이 지난 뒤 여성의 성적 방종에 대한 두려움과 부르주아의 안정에 대한 희구 등은 곧 해방된 국가뿐 아니라 패전국에서도 더 전통적인 삶의 질서로 되돌리게 했다. 1950년대에는 이미 1945년 여름이 희미한 먼 기억처럼 보였다. 성적 해방은 제2차 영미 방식의 쾌락주의와 함께 피임약이 도입되고, 비틀스와 롤링스톤스, 글렌 밀러와 베니 굿맨이 오직 꿈꾸었던 무언가를 촉발할 때까지 20년을 더 기다려야 했다.

전후 무질서가 일시적이기는 했지만 긍정적인 결과가 아예 없었던 것은 아니다. 자신만의 자유를 다시 만들고 싶어했던 브누아트 그루의 소원이 완전한 환상만은 아니었다. 프랑스 임시정부는 해방되기도 전인 1944년 3월 여성에게 투표권을 부여했다. 이 권리는 전쟁으로 남성이 부족해진 탓에 가능했다. 부인들이 부재중인 남편의 의견을 대표할 수 있다는 전제에서였다. 이탈리아 여성들도 1945년 참정권을 행사할 수 있었고, 일본에서는 1년 뒤 여성에게 투표권이 부여되었다. 루마니아와 유고슬라비아는 1946년, 벨기에는 1948년 여성에게 투표를 허용했다.

어떤 이들이 얼마나 더 희망했는지를 떠나, 세상은 이미 결코 과거로 돌아갈 수 없게 되었다.

[기아]

Hunger

네덜란드인들이 5월에 도착한 캐나다군을 신처럼 여겼다면, 이것에 필적할 만한, 해방으로 연상되는 영원히 고귀한 이미지가 또 있다. 바로 '만나 작전Operation Manna'('만나'는 여호와가 이스라엘 민족에게 내려준 양식—옮긴이)이다. 1945년 5월 영국 공군과 미군 폭격기가 네덜란드 상공에서 떨어뜨려준, 적십자가 기증한 '스웨덴의 흰 빵'을 사람들은 수십 년이 지나도록 감사의 눈물을 흘리며 이야기한다. 어린 나는 말 그대로 하늘에서 비처럼 하얀 빵 덩어리가 떨어지는 그런 특이한 사건을 상상하기도 했다. 실제로 애브로 랭커스터와 B-17 폭격기가 빨간 타일 지붕 위로 낮게 날면서 키친타월을 흔들어 환호하는 사람들에게 밀가루 포대와 초콜릿, 마가린, 콘비프, 달걀가루, 담배, 커피, 껌 등이 가득 담긴 상자를 떨어뜨렸다. 영국군은 '만나 작전'이라 했고, 미군은 '대식가 작전Operation Chow Hound'이라고 불렀다.

미군과 영국군 폭격기 조종사들에게 네덜란드 상공에서 음식을 떨어뜨리는 일은 환영할 만한 작전이었다. 한 영국군 조종사는 초콜릿 캔과 밀가루 포대 사이에 이런 쪽지를 적어넣기도 했다.

네덜란드인들에게.

독일과의 전쟁은 걱정 마세요. 전쟁은 거의 끝나갑니다. 이번 출격은 우리로서도 폭격과는 다른 방향의 전환입니다. 우리가 자주 새로운 양식을 가져다드릴게요. 힘내세요.

—한 영국 군인[1]

사람들에게 이런 식량은 단순한 감사 이상의 것이었다. 사람들 대부분이 굶주리고 있었다. 해방 직후인 5월 『뉴욕타임스』 기사는 로테르담의 '기아 병원'을 언급했는데, 병원에는 '탈진한 사람들'이 '매일 여섯 끼의 가벼운 식사'를 제공받고 있었다. 기사는 30세 남성과 여성이 "그 나이보다 두 배는 더 늙어 보였다. 푹 꺼진 눈과 노래진 피부, 심각하게 부어오른 사지는 이들이 구조됐을 당시 얼마나 극심한 고통의 상태에 있었는지를 보여주고 있다"고 적었다. 반면 도시에는 "잘 차려입은 고객들에게 정성 들인 식사와 다양한 음료를 제공하는" 레스토랑이 여전히 존재했다. "또 다른 극단적인 양상을 아는" 한 네덜란드인은 분개하면서 빠르게 대꾸했다. 그 극단은 '암시장'이었다.[2]

대부분의 유럽 대륙이 비슷한 상황이었다. 로테르담보다 상황이 더 나쁜 곳도 많았다. 소련에서는 수백만 명이 굶어 죽었다. 하지만 네덜란드의 기아 사태에는 뭔가 좀 특별한 점이 있었다. 네덜란드는 의도적인 집단 형벌로 기아 사태가 발생한 유일한 서구 유럽 국가였다. 슬라브족(소련을 말한다—옮긴이)이 이런 의도적 형벌을 받기는 했지만, 서구 유럽은 대상이 아니었다.

1944년 9월 네덜란드 철도 노동자들은, 아른험에서 무리하게 라인강을 건너려던 몽고메리 장군의 작전을 돕는 차원에서 파업에 들어갔다. 독일은 그에 대한 보복으로 아직 점령지였던 네덜란드 서부 지역에

식량 공급을 끊었다. 전기도 끊었고, 논밭을 침수시켰으며, 네덜란드인들의 기차 이용도 금지했다. 무엇보다 1944~1945년 '굶주린 겨울'은 너무나 추웠다. 1만8000여 명이 영양 부족 상태로 굶어서, 또는 관련 질병에 걸려서 사망했다. 살아남은 사람들은 추위를 이겨내기 위해 남은 가구를 태웠고, 그때까지 살아 있는 게 있다면 애완동물까지 잡아먹었다. 길거리에 쓰러진 죽은 말을 도축하거나 쐐기풀로 끓인 수프와 튤립 봉우리 튀김 등으로 연명했다.

기아의 또 다른 문제는 갑자기 너무 많은 음식을 먹거나 잘못된 음식을 먹으면 사람이 죽을 수도 있다는 것이다. 캐나다 군인들이 친절하게 건네준 쿠키조차도 때로는 치명적일 수 있었다. 쿠키는 극심한 고통을 줄 수 있는데, 소화되지 않은 비스킷이 부풀어 오르면서 위를 터트리며, 이는 급작스러운 사망으로 이어질 수 있다. 이 경우 찬물을 벌컥벌컥 마셔야 고통이 해소된다.

굶주림은 해방된 나라든 패전국이든 관계없이 전 세계 도처에서 발생했다. 모든 사업이 무너졌고, 정상적인 경제가 작동을 멈췄기 때문이다. 네덜란드 말고도 하늘에서 식량을 떨어뜨려야 하는 곳은 많았다. 노사카 아키유키의 「미국 히지키」에서 십대 주인공은 미군 폭격기가 낙하산이 달린 양철통을 떨어뜨리는 것을 지켜봤다. 마을 사람들은 처음엔 이것이 어마어마한 파괴를 가져오는 또 다른 폭탄이라고 생각했다. 히로시마에 떨어진 폭탄 이야기를 들었기 때문이다. 하지만 폭탄이 터지지 않았고, 배고픔과 호기심이 두려움을 이겼다. 마을 사람들은 양철통 뚜껑을 열고 그 안에서 식량 꾸러미를 발견했다. 처음에는 인근 포로수용소로 가는 식량이라 여겼다. 하지만 절망적인 시대에는 낯선 이한테 가는 자선이 너무 과할 수 있다고 생각하게 된다. 꾸러미에는 빵과 초콜릿, 껌이 들어 있었다. 아이들은 껌을 며칠간 씹었고, 딱딱해

질 정도로 굳고 아무 맛도 없게 된 껌조차도 돌아가면서 씹었다. 꾸러
미에는 갈색의 뭔가도 있었는데, 주민들은 일본에서 인기 있는 해조류
인 '히지키'(해조류의 일종인 '톳'을 말한다—옮긴이)라고 생각했다. 하지
만 끓여봐도 맛이 없었고, 너무 딱딱해서 소화도 안 됐기 때문에 미국
인들이 이걸 어떻게 먹는지 궁금했다. 사람들은 찻잎을 '미국 해초'라
고 생각하고는 모든 보급품을 그들의 방식대로 요리해 먹었다.

최악의 기아 사례는 수용소에서 일어났다. 동남아시아의 일본인 수
용소는 참담했다. 노예노동자들(강제 징용으로 끌려온 이들—옮긴이)과
죽음의 행진Death March에서 살아남은 생존자들이 대거 감금되어 있
던 독일의 수용소 상황은 더 참혹했다. 상황이 가장 심각한 곳은 역
시 베르겐-벨젠이었다. 여기는 원래 독일 포로와, 좋은 연줄이 있는 유
대인 남녀를 '교환'하기 위해 세워졌다. 하지만 실제 교환은 거의 이루
어지지 않았다. 이후 정치범과 포로들이 이곳으로 보내졌다. 그러다가
1944년 말 소련 적군이 진군하는 도중에 '죽음의 수용소'에서 살아남
은 유대인들을 버리는 장소가 되었다. 이 수용소에서 안네 프랑크는 해
방을 겨우 한 달 앞두고 티푸스로 숨졌다. 그렇듯 시작부터 암울했던
벨젠 수용소는 1945년 초에는 어떤 위생시설도 없이 말 그대로 사람들
이 다른 사람 위에서 자야 할 정도로 인원이 넘쳐났고, 결국에는 음식
과 물이 동이 났다. 아직까지 힘이 남아 있던 일부 절망적인 사람들은
오두막 밖에 쌓여 있던 시체를 먹었다. 나치친위대 요원들만이 충분한
음식을 공급받았다. 수용소 사령관인 요제프 크라머는 자기에게만 요
리로 제공되는 돼지들을 소유하고 있었다.

영국군들은 이런 참혹함을 이전엔 본 적이 없었기 때문에 처음엔 뭘
해야 할지 전혀 몰랐다. 굶주린 사람들에게 제공할 수 있는 것이라곤
햄과 베이컨, 구운 콩, 소시지, 스테이크, 키드니 파이 등과 같은 군대

배급식량이었다. 이미 줄어들 대로 줄어든 인간의 위장은 더 이상 그런 음식을 섭취할 수 없다. 이런 음식은 몸을 통과해서 곧바로 배출되어버렸다. 그런데도 사람들은 군 배급식량을 받으려고 울부짖었다. 소화가 되지 않는 음식을 먹은 탓에 2000여 명이 숨졌다.

영국은 1943년 벵골에서 이런 대규모 기아를 경험한 적이 있었다. 당시 벵골에서는 홍수와 흉작, 정부의 무능, 부패, 전시 혼란, 공무원들의 무신경 등이 복합적으로 작용하면서 최대 300만 명이 아사했다. 당시 영국군 군의관들은 '벵골 기아 혼합물'이라고 부르는 것을 공급했는데, 이는 사카린 설탕과 분유, 밀가루, 물로 만들어졌다. 이외에도 아미노산을 코로 연결된 튜브로 공급하거나 주사하는 방법도 실험되었다. 벵골 기아 혼합물은 그때까지 음식을 삼킬 수 있는 사람에게 공급되었고, 음식을 삼킬 수조차 없는 사람들에게는 아미노산이 투여되었다. 하지만 이 두 방법이 캠프에서는 모두 실패했다. 혼합물은 너무 달았다. 사람들은 토했다. 죽음의 수용소의 생존자들은 주사 및 투여 같은 의학 실험과 비슷한 것이라면 그 어떤 것도 두려워했기 때문에 주사 및 투여 방식은 결국 중단되었다. 생존자들은 이런 방법으로는 자신들이 죽을 거라 확신하면서 독일어로 "화장터는 안 돼"라고 울부짖었다.[3]

많은 사람이 생존한 것은 영국 의사들과 의대생, 수용소에서 살아남은 의사들의 비상한 노력 덕분이었다. 수많은 시험과 실패 끝에 그들은 사람들을 살릴 수 있는 영양식 혼합물을 찾아냈다. 생존한 의사 중 한 명인 하다사 빔코는 폴란드 치과의사였다. 벨젠에 있던 그녀는, 아우슈비츠로 이송되는 도중 탈출한 폴란드 유대인 요제프 '요셀레' 로젠사프트와 결혼했는데, 그는 나중에 수용소의 핵심 시오니즘 지도자가 되었다. 나중에 그의 이야기를 더 할 수 있을 것이다. 두 사람의 아들 메나헴은 벨젠에서 태어났다.

라마단 식단과 먹거리 암시장

영국에서의 삶은 네덜란드, 이탈리아, 폴란드, 유고슬라비아, 독일보다는 나았다. 하지만 안락한 삶과는 거리가 멀었다. 영국에서 전시 식량 배급은 사실상 1945년 5월쯤 끊겼다. 요리용 기름과 베이컨의 배급이 줄어들더니 이듬해에는 빵마저도 배급품이 되었다. 많은 사람이 계속 런던의 지하철역 터널에서 자야 했다. 1년 뒤에는 난방마저 힘들어지면서 1946~1947년 겨울은 연료전력부 장관인 이매뉴얼 신웰의 이름을 따서 '신웰과 함께하는 추위', 식품부 장관 존 스트레이치 이름을 딴 '스트레이치와 함께하는 굶주림'이라는 별명이 생겨났다.

미국의 비평가 에드먼드 윌슨은 1945년 여름, 영국 방문길에 친구와 함께 런던의 홀본 지역을 거닐다가 더러운 냄새를 맡게 되었다. 주위를 돌아본 그는 "작은 시장을 발견했는데, 시장 좌판에는 죽은 까마귀들이 나란히 진열되어 있었다. 명백하게 시장에서 판매되는 물건이었다"고 했다.[4]

12월에는 브리스톨에 바나나와 오렌지(뿐만 아니라 배에 몰래 올라탄 네 명의 자메이카 밀항자도 있었다)를 실은 배가 도착하자 시장이 주도한 공식 환영위원회가 선착장에서 배를 맞았다. 전쟁 개시 이후 영국에 처음으로 선보인 바나나였다.

전승 축하 이후 몇 개월간 런던을 우울하게 만든 것은 단지 고급 음식의 부족만이 아니었다. 에드먼드 윌슨은 자기 방식대로 일반적인 영국인들의 태도를 설명하고 있다. "전쟁이 끝나자 모든 게 갑자기 얼마나 공허하고 메스꺼우며 무의미해졌는가! 적을 우리 마음에서 몰아낸 이후 우리에게는 궁핍하고 수치스러운 삶만이 남았다. 우리의 모든 노력이 파괴로 향해 갔고, 우리는 스스로의 폐허 속에서 기댈 만한 그 무엇도 만들 수 없었다."[5]

프랑스의 상황은 훨씬 더 나빴다. 조달청 장관 폴 라마디에는 무슬림 단식에서 이름을 따와 '라마단'이라 불렸고, 빈약한 하루 배급식량에는 '라마단 식단'이라는 이름이 붙었다.[6] 프랑스인들은 뭐든 편리한 생활을 가져다주는 암시장 없이는 살 수 없게 되었고, 프랑스 농부들은 전국 도처에 있는 암시장에서 부자가 되자 더는 농산물을 정가로 판매하지 않았다. 독일로부터 막 독립한 프랑스에서 몇 달을 보낸 시인 스티븐 스펜더는 영국 정부를 위해 보고서를 썼다. 영국에서는 암시장에 가지 않고도 먹고 입는 것이 항상 가능했다. 스펜더는 프랑스의 빈곤층이 아닌 소르본 대학 교수 등과 교유했는데, 한 교수에 대해 이렇게 묘사했다. "자기 몸집보다 두 배는 더 큰 양복을 걸치고는 암시장에 의지하지 않고도 2개월째 살아가고 있다면서 희미한 미소를 지었다."[7]

한편 적어도 프랑스의 대부분 지역은 여전히 물질적으로 온전한 편이었다. 위대한 역사 도시, 교회, 대성당 등이 살아남았다. 스펜더의 눈에는 파괴된 독일과는 전혀 달랐고, 이런 측면이 오히려 모든 것을 더 으스스하게 만들었다. 스펜더의 설명에 따르면 프랑스는 "보이지 않는 폐허"였다. 독일처럼 프랑스도 "0에서부터 재건되어야 한다. 하지만 이런 느낌이 공기에 퍼져 있다 해도 벽들은 여전히 세워져 있고, 카페는 커피가 없는데도 사람들로 북적였으며, 그리고 항상 암시장이 있었다."[8]

독일이 조직적으로 돈을 뜯어간 이래 프랑스 암시장은 몇 년간 자체적으로 움직이고 있었다. 해방 이후의 주된 문제는 식량 부족뿐 아니라 시골에서 굶주린 도시로 음식을 운송하는 것이 어렵다는 데 있었다. 트럭과 연료는 턱없이 부족했다. 누구든 이런 핵심 운송 수단에 접근할 수 있다면 매우 빠르게 부자가 될 수 있었는데, 이들이 바로 미군들의 오락활동에 관여하거나 범죄 기록을 갖고 돌아온 전과자, 군대 탈영자, 파리의 조직화된 폭력배 등이었다. 군대 트럭을 훔친 뒤 군대 석유 창고에서 위조 문서나 뇌물을 이용해 석유를 빼내는 사기 수법이었다. 이렇게 얻어진 석유는 프랑스 폭력 조직에 팔렸다. 이런 식으로 큰돈을 벌었지만, 일부 미국인 협잡꾼들은 노골적인 소비를 했다가 경찰에 잡히기도 했다. 미국으로 송금하는 것은 노출될 위험이 있었기 때문에 이들은 파리에서 왕처럼 살았다. 유럽 대륙에서 왕처럼 살며 암시장이라는 반半 범죄세계에서 레스토랑과 나이트클럽을 운영했다. 이 레스토랑들에는 샴페인과 고급 와인이 넘쳐났고, 온갖 종류의 산해진미가 제공되었다.

런던에서 로마로 건너간 에드먼드 윌슨은 로마가 "훨씬 더 악취가 진동하며 부패해 있었다"고 보았다.[9] 그는 미국에서 온 친구와 함께 암시장 레스토랑의 야외 식탁에서 저녁식사를 하고 있었다. 윌슨은 처음에 음식과 대화에 몰두하느라 알아채지 못했는데, 나중에 그들 뒤로 수많은 군중이 몰려와서 "식탁 위의 음식을 잡으려고 애쓰고 있었다". 그때 레스토랑 경비원이 나타나 한 노파를 바닥으로 밀친 뒤 대부분 여성과 아이들인 군중을 뒤로 물러서게 했는데도 "일부는 사라졌지만 일부는 먼 거리에 서서 음식을 쳐다보고 있었다".[10]

로마도 파리처럼 물리적으로는 여전히 멀쩡했다. 팔레르모(시칠리아의 주도—옮긴이)나 나폴리 같은 도시는 그렇지 않았다. 밀라노도 연합군의 폭격과 내전으로 심하게 상처를 입은 상태였다. 5월에 밀라노를 방문했던 윌슨에게 밀라노는 "지옥의 단면 같았다. 초라한 녹색 전철 몇 대가 운영되고 있었고, 일부 거주자는 일상으로 돌아가는 것처럼 보였지만 전 지역이 충격을 받아 멈춘 듯했다. 핏기 없이 영양 부족 상태에 있는 사람들은 피부를 보호하기 위해 아무 옷이나 꺼내 입었는데, 영원히 끝나지 않을 중압감에 눌려 있는 것처럼 보였다."[11]

헝가리 소설가인 산도르 마러이는 해방 당시 부다페스트에 살았다.

심각하게 파괴된 도시는 두 달 이상 소련군 치하에 있었다. 1945년 2월 소련 적군에 의해 해방된 뒤에는 심각한 인플레이션이 뒤따랐다. 1달러나 금 조각이 하룻밤 만에 수십만 달러의 가치로 폭등했다. "자신들의 시대가 온 것을 안" 농부들은 "페스트(부다페스트로 통합되기 전의 도시 이름—옮긴이) 시장에서 물로 불리거나 살찌운 돼지를 피아노나 나폴레옹 금 조각품으로 교환했다". 반면 "지식인들이나 노동자, 공무원들은 더 창백해지고 배고파하며 무기력한 상태로 매일 매일을 기다렸다." 인플레이션이 일어난 몇 달간을 마러이는 "대부분의 부다페스트 거주자들은 어떤 살이나 지방도 없는, 해부학 교과서에서나 볼 수 있는 인간 골격 스케치처럼 해골 모양으로 말라갔다"고 회고했다.[12]

베를린이나 다른 독일 도시들과 비교해보면 부다페스트는 그래도 모양새가 좋은 편이었다. 베를린과 프랑크푸르트, 함부르크, 브레멘, 드레스덴, 그리고 1945년 폭격 계획에 추가되면서 파괴된 뷔르츠부르크나 포르츠하임 같은 지방 소도시들은 검게 그을린 잔해 무더기였고, 여전히 죽음의 악취로 가득했다. 전후 초기 몇 개월간 이들 지역을 찾은 방문자들이 처음 마주한 건 괴기스러운 침묵이었다.

극작가 카를 추크마이어는 전쟁 이전의 베를린 시내를 회상했다. 바이마르 시대, 한때 가장 유행했던 로마네스크 카페가 있던 자리를 차지한 폐허 더미와 (폭격으로) 처참해진 카이저 빌헬름 기념교회 사이에 선 채로 그는 끊임없는 자동차 경적 소리, 쇼핑하고 술 마시고 식사하는 군중의 수다 소리를 기억해냈다. 이제 그는 정적이 흐르는 폐허 가운데 홀로 서 있는 것처럼 느꼈다. 그는 가벼운 딸가닥 소리를 들었다. 나무 샌들을 신은 깡마른 소년이 자갈이 깔린 거리의 잔해 사이로 작은 손수레를 끌고 있었다. 가벼운 바람이 황폐해진 풍경 사이를 지나갔고, 추크마이어는 자신의 심장이 뛰는 소리를 들을 수 있었다.

그는 이렇게 쓰기도 했다. "동시에 독일의 모든 곳에서 마치 거대한 거미집처럼 끊임없이 움직이고, 소리를 내고, 손으로 뭔가를 더듬고 있는 듯한 그런 느낌이 존재했다. (…) 끝없이 오가고, 헤매고, 걷고, 건너다니는 그런 느낌. 수백만 개의 신발이 질질 끌리고 뭉개지는 그런 느낌. 그것은 바로 '암시장'이다. (…) 노숙인, 난민, 군중, 그리고 약탈거리를 찾는 젊은이들의 세상이자 그들의 행진."[13]

스티븐 스펜더는 만신창이가 된 또 다른 도시, 쾰른을 방문했다. "도시의 폐허는 거주민들의 내적 폐허를 그대로 반영하고 있다. 그들은 도시의 상처를 치유하는 삶을 사는 대신, 숨겨진 음식을 찾아 폐허 더미를 헤집고 성당 인근의 암시장에서 생업을 이어가며 사체를 빨아먹는 기생충 같은 삶을 살고 있다. 생산적인 거래가 아닌 파괴의 거래."[14]

쾰른이나 베를린의 상황이 나빴다고 한다면, 히로시마는 물론 도쿄나 오사카의 상황은 더 나빴을 것이다. 마닐라나 바르샤바, 스탈린그라드와 기타 여러 도시가 추축국樞軸國에 의해 황폐해졌음은 두말할 나위도 없었다. 영국 정통파 랍비인 솔로몬 숀펠드는 12월 바르샤바 여행에 대해 기자들에게 설명했다. 바르샤바의 게토 지역은 "문자 그대로 벽돌과 잔해로 가득한 거대한 황무지였다. 거리는 그 자체로 종말의 마지막 날이었다. 수천만 구의 시체가 거대한 벽돌 더미와 인간의 뼈 무더기 밑에 깔려 있었다. 일부는 내가 직접 수습하기도 했다."[15]

바르샤바 게토 지역의 파괴는 거대한 범죄 계획의 일환이었다. 반면 일본의 도시를 폭격한 동기는 그와 달랐지만, 참혹한 결과는 크게 다르지 않았다. 일본의 거주지는 대개 나무로 지어져 있었다. 광범위한 지역을 겨냥한 폭격은 급속한 화재로 이어져 공중 목욕탕의 석조 굴뚝 몇 개 외에는 아무것도 남겨놓지 않았다. 석조 굴뚝만이 불에 그을린 폐허 더미 사이에서 애잔하게 서 있을 뿐이었다. 일본 역시 침묵에 빠진 상태였다. 미 해군 중위였던 셔우드 모런은 나중에 일본 문학 분야의 석학이 된 친구 도널드 킨에게 보낸 편지에 이렇게 썼다. "내가 목격한 첫 번째 전쟁 피해지인 도쿄는 참혹하고 엉망진창이라네. 하지만 가장 인상적인 것은 침묵이지. 경적 소리도, 고함도, 덜그럭거리는 소리도 나질 않아. 우리가 혐오스러워할 거라고 생각했던 그 어떤 것도 없다네. 도쿄, 그리고 모든 일본인에게 재앙은 과거이지만, 모두가 지독한 침묵만은 공유하고 있네."[16]

패전국에서 기아와 전염병의 가능성은 상당히 현실적인 문제였다. 독일에서는 이미 장티푸스와 티푸스, 결핵이 발병했다. 일본에서는 1945년에 2만여 명이 이질에 걸려 사망했다. 1948년까지 70만 명에 가까운 인구가 장티푸스, 티푸스, 결핵, 콜레라, 소아마비에 전염되었다.[17] 먹을 게 있었던 시골 지역은 그나마 나았다. 하지만 도시 상황은 독일보다 더 나빴다. 독일에서 일할 수 있는 사람들은 식량 배급 카드를 받았다. 미군 잡지인 『양크Yank』는 베를린발 보도에서 자식 여섯을 둔 육체 노동자의 하루 식단을 소개했다. 아침으로는 차 한 잔과 검은 빵 한 조각, 저녁은 양파 한 개와 감자 한 개, 우유 반 파인트(1파인트는 473밀리미터—옮긴이)와 약간의 꽃양배추로 만든 감자 수프였다. 부족하지만 생명을 유지하기에는 충분했다.

일본인들은 전쟁이 끝나기 전부터 굶주려 있었다. 정부 당국은 도토리와 곡식 껍질, 톱밥(부침개용), 달팽이, 메뚜기, 쥐 등으로 어떻게 음식을 만들 수 있는지를 국민에게 홍보했다. 전쟁에 패배한 뒤 대규모의 군인들이 귀향하자 나빴던 상황은 급격히 위기로 전환되었다. 수많은 노숙인이 마치 빅토리아 시대의 좁고 미로 같은 런던 빈민가와 흡사한 기차역 지하 통로에서 살았다. 이 찰스 디킨스 소설 같은 세상에선 고아가 된 아이들이 먹을 만한 것과 교환하기 위해 담배꽁초를 모으거

나, 소매치기를 하거나, 영양 부족 상태인 자신의 몸을 팔았다. 특히 도쿄의 우에노 역은 노숙인으로 가득 찬, 현대판 도시 벌집으로 악명이 높았다. 배고픈 아이들의 집단은 자린코ちゃりんこ라고 불렸는데, '자린'은 동전이 땡그랑거리는 소리다.[18] 사진에서 누더기를 걸친 채 담배꽁초를 담은 주머니를 질질 끌고 있는 이 거친 어린 존재들보다는 차라리 도둑고양이들이 더 인간처럼 보였다. 영국군이 독일인을 묘사한 바도 비슷하다. 그들은 폐허가 된 지하 통로나 기차역에 살면서 "오물로 완전히 가려져 있어서 그들이 거기에 존재하고 있다고 말할 수도 없을 정도"였다. 외국군이 등장하면 슬금슬금 달아났다가 돌이나 철봉을 들고 다시 나타났으며 "그들의 치아는 검고 부서져 있었다". 그들 몸에서 가장 깨끗한 부위는 "하얀 눈"이었는데, 마치 "우리의 적은 사람"이라고 말하는 듯한 병든 표범 새끼의 눈이었다.[19]

균형 잡힌 시각을 유지하기 위해서는 처참한 전쟁에서 살아남은 수많은 중국인의 삶이 어땠는지 살펴봐야 한다. 장제스蔣介石의 국민당 정부가 지배하고 있던 지역에 주둔한 미군들은, 음식을 구하러 막사에 몰래 들어와서는 쓰레기통을 뒤지는 아이들 때문에 충격을 받았다. 한 미군 상사는 "엄마들이 어린 딸들을 부대에 데려와서 딸을 사탕이나 담배와 교환하려고 했다"고 회고했다.[20] 반면 중국 남자들은 군대 임시 변소 밑으로 몰래 들어와 바닥 틈 사이로 떨어지는 대변을 받으려고 했다. 농부들에게 대변은 비료였다.

전쟁 이후 인간이 겪은 고통의 규모는 너무 거대하고 너무 넓게 퍼져 있어서 비교가 무의미할 지경이었다. 독일은 자국민과 귀환한 병사들은 물론, 연합국의 승인 아래 체코슬로바키아와 폴란드, 루마니아에서 쫓겨난 수천만 명의 독일어를 사용하는 난민들도 감당해야 했다. 많은 난민이 죽거나, 대부분은 태어나서 한 번도 가본 적이 없는 독일로 향하는 과정에서 살해되었다. 또 대부분은 소유했던 모든 것을 다 잃었다. 거대한 규모의 난민은 음식과 쉼터를 찾아 헤매는 무리가 되었다.

일본과 독일에서 식량 위기를 가중시킨 것은 1945년의 심각한 흉작이었다. 농업은 전쟁으로 막대한 해를 입었다. 가축이 대거 줄었고, 논밭은 폐허가 되었으며, 농기계는 파괴되었고, 인력은 부족한 데다 나쁜 날씨는 재앙이었다. 독일 동부 지역의 농기계 상당수가 전쟁 막바지 몇 달 동안 파괴되거나 약탈당했다. 전시에 독일인을 대체했던 외국인 농장 노동자들은 떠나갔다. 일본도 한때 자신들의 아시아 식민지에서 조달받았던 식량마저 끊겨버렸다.

10월 일본 재정부 장관은 미국 기자들에게 즉각적인 식량 수입 없이는 일본인 수천만 명이 다가올 겨울에 아사할 것이라고 말했다. 이처럼 독일에서도 재앙적인 예측이 나왔다. 니더작센 주의 한 사회민주주의 행정가는 "과거의 적이 원조하지 않는다면 독일인들이 언제부터 굶주리게 될지는 누구든 계산해낼 수 있다"고 언급했다.[21] 영국 의회에서는 임박해오는 독일 붕괴에 대한 보고서가 논의되었다. 국제연합 구호 관료인 아서 솔터는 "지금 예상되는 바처럼 이번 겨울에 수백만 명이 추위에 떨거나 굶주리게 된다면, 이는 물질적 파괴와 전 세계적 물자 부족에 따른 불가피한 결과 때문만은 아닐 것"이라고 경고했다. 영국 하원의원들은 "인류가 경험한 최악의 재앙"이 될 거라는 경고를 받았다.[22]

이는 과장으로 판명되었다. 독일을 여행한 몇몇 사람은 상황이, 특히 서부 지역은 다른 서유럽 국가들보다 더 나쁘지 않고, 동유럽보다는 다소 낫다고 판단했다. 하지만 점령지에서 약탈해온 식량이 여전히 남아 있다고 해도, 독일에서의 삶은 충분히 나빴다. 베를린은 특히 음울했고, 다른 지역도 마찬가지로 심각했다. 한 미국 기자는 함부르크 인근에서 다음과 같은 광경을 목격했다. "어느 날 저녁 습지에서 정장을 입은 한 나이 든 독일인이 지팡이로 오리를 때려 죽였다. 식량 상황에 대해 더 말할 수도 있지만, 이것이 바로 실체다."[23]

모든 상황이 비참했다. 하지만 나치 독일의 피해자와 전쟁포로들이 여전히 베르겐-벨젠이나 일본의 전쟁 포로수용소 등에서 굶주리고 있었고, 수백만 명의 난민이 본국 귀환을 원하고 있었으며, 영국과 네덜란드, 프랑스, 폴란드, 이탈리아에서는 수많은 사람이 빈약한 배급에 의존하고 있었다. 또 필리핀과 중국, 인도네시아 사람들은 그보다 더 못한 상황에서 살고 있었고, 소련 국민은 독일군과 나치친위대에 의해 조직적으로 굶주린 기억이 여전히 생생한 상황이었기 때문에 독일, 일본에 대한 공식적인 동정이 제한적일 수밖에 없었다. 독일과 일본 지역의 희생자들을 구제하기 위해 국제연합구제부흥사업국United Nations Relief and Rehabilitation Administration·UNRRA 같은 국제 구호 조직에 기금을 대라고 미국 의회를 설득하는 일은 매우 어려웠다. 특히 고립주의를 지지하는 공화당을 설득하는 건 더 어려웠다. 세금을 더 쓰거나, 영국에서 배급을 줄여 과거의 적에게 식량을 공급하자는 견해는 도모하기 쉬운 정책이 아니었다.

야수를 먹여 살리라고?

하지만 도덕적인 이유에서만이 아니라 실질적인 측면에서 뭔가를 해야했다. 독일과 일본의 완전한 붕괴는 연합국에는 감당하기 힘든 부담이었고, 민주적 질서까지는 아니더라도 전후 질서 재건을 불가능하게 만들 수 있었다. 군인들이 많이 읽었던 영국의 친노동당 신문 『데일리 미러』는 간단명료한 제목으로 구호 문제를 다뤘다. "야수를 먹여 살리라고?" 신문은 독일인이나 고향에서 쫓겨난 독일 난민들에게 연민을 느낄 필요가 없다고 명확히 지적했다. "이 상황을 해결할 필요성을 강조하는 것은 동정심 때문이 아니다." 문제는 이것이다. "유럽이 수렁에 빠져들수록 다시 끌어올리는 데는 시간이 더 많이 들 것이다. 점령 기간도 더 길어질 것이다."[24]

미국 하원을 설득하는 데 유용한 몇 가지 사항도 있었다. 국제주의자적 이상을 가진 국제연합구제부흥사업국이 공산주의에 동정적이라는 의심을 받을지라도, 소련과의 경쟁이 심화되면서 발 빠른 행동이 필요해졌기 때문에 국제연합구제부흥사업국의 역할은 필수불가결하다는 것이었다. 펜실베이니아 주의 민주당 하원의원 대니얼 플러드는 동료 의원들에게 "기아와 빈곤, 질병 등은 불안과 공산주의의 망령을 양산할 것이다. 굶주린 사람들은 반그리스도 철학과 전능한 국가(공산주의를 말한다—옮긴이)를 신격화하려는 사람들을 위한 비옥한 토양이다"라고 말했다.[25]

그리하여 많은 조치가 취해졌다. 영국이 점령한 독일 지역에서 11월 초 제럴드 템플러 장군은 '보리알' 작전을 실행했는데, 독일군 포로 80만 명을 석방하여 추수철에 농장 일을 할 수 있도록 시도한 계획이었다. 영국민들은 독일에 더 많은 식량을 수출하기 위해 벨트를 더욱 조였다. 1946년 빵이 배급품이 되었던 이유였다. 미국도 1944년 '북·서유럽에 억류된 전쟁포로를 위한 합의'와 관련한 합동참모본부 지시 1067호에 따라 '질병과 소요를 방지하기 위해' 충분한 경제 원조를 제공했다. 그 방안은 적어도 독일인의 삶을 가장 기본적인 수준으로 유지한다는 것이었다. 문제는 가장 기본적인 수준이 어느 정도인가였다. '강력한 평화hard peace'(물리력을 동원해서라도 평화를 유지하자는 주의—옮긴이)를 원하는 정치인들은 독일 산업을 해체하고 독일인을 최저 생활에 묶어두는 방법으로 처벌하기를 원했다. 주요 강경파 인사는 루스벨트 정부의 재무부 장관인 헨리 모건도였는데, 그는 다시는 전쟁을 일으킬 수 없도록 독일을 목축업 국가로 전환시키는 계획을 세웠다. 가혹한 지시가 일본에 주둔하는 연합군 행정부에도 전달되었다. 합동참모본부 지시 1380/15호는 맥아더 장군에게 "질병과 불안정이 만연하는 것을 방지하고, 점령군을 위험에 빠뜨리거나 군사작전을 방해하는 일이 발생하지 않는 선까지만 (…) 식량 수입은 최소한으로 한정될 것이며 (…) 연료와 의약품, 위생품 공급도 마찬가지"[26]라면서 일본인 구호 제한을 지시했다.

독일인과 일본인에게는 운 좋게도, 실제 피점령국을 통치하고 있던 사람들은 이런 징벌적인 지시를 무시하거나 약화시켰다. 이런 조치들이 얼마나 재앙이 될지 알았기 때문이다. 미국 고등판무관 루셔스 클레이 장군의 재정고문은 합동참모본부 지시 1067호를 "경제적 바보"의 작품이라고 불렀다. 워싱턴의 전쟁부 장관 헨리 스팀슨 같은 강력한 인사의 지지를 받은 클레이 장군은 독일 산업경제를 파괴해서 더 큰 혼란을 야기하는 대신 독일인의 경제 재건을 도왔다. 스팀슨은 "유대주의자들의 불만에 편향되어 있다"[27]는 의심을 받았던 재무장관 모건도보다 독일의 역경을 더 잘 이해하고 있었다. 유대주의 편향은 미국과 영국 정부 상층부에서는 불편하지만 흔한 감정이었다. 하지만 당시 유대인들의 감정에 많이 쏠리면 핵심을 놓칠 수 있었다. 상층부에서 두려워한 것은 독일인들의 분노가 친공산주의로 향하거나 영토를 되찾으려는 복수 분위기를 촉발할 수도 있다는 점이었다. 맥아더 장군은 일본 산업의 재건을 도우려 하지는 않았지만, 스팀슨이나 클레이같이 "굶주림은 (…) 생명을 부지하는 음식을 가져다주기만 한다면 그 어떤 이데올로기도 사람들을 쉽게 먹잇감으로 삼을 수 있다"고 확신했다.[28]

소련 당국은 농업뿐 아니라 산업도시(라이프치히, 드레스덴, 켐니츠)가 위치한 독일 동부 지역에서 독일의 경제 능력을 재건하기 위한 그 어떤 노력도 하지 않았다. 남은 공장과 자산은 약탈당했다. 기계와 기차, 전차, 트럭 등은 모두 수송 차량에 실려 동쪽으로 사라졌다. 금과 채권이 있었던 은행 금고는 텅텅 비었고, 조사 기관 문서도 다 실려나갔으며, 예술작품들은 전쟁 배상금으로 몰수되었다. 나치 감옥에서 방금 나왔거나 모스크바에 망명 중이던 독일 공산당 지도자들도 소련 후원자들의 이런 행동을 멈추게 할 수 없었다.

지금은 중국 둥베이東北 지방이 된 만주에서도 같은 일이 일어났다. 일본은 1930년대 초부터 이곳에서 만주국이라는 식민 꼭두각시 국가를 통치했다. 만주국은 일제 산업 분야의 동력이었다. 소련은 미국의 강력한 요구에 따라 종전 직전인 8월 8일 일본에 전쟁을 선포했다.

히로시마에 폭탄이 떨어지고 3일 뒤인 8월 9일 소련 군대는 만주국을 침략했다. 일본 정부가 지역 주민을 무자비하게 동원해 건설한 중공업 공장과 현대식 철도, 광산 등이 체계적으로 약탈당하고 물자들은 소련으로 이송되었다. 전체 산업 공장이 분해되어 끊임없이 이어지는 열차에 실려갔다. 마지막에는 열차 차체, 그리고 철도 침목까지 약탈당해 소련으로 옮겨졌다. 이 모든 작업이 중국인들이 만주국을 되찾기 전에 행해졌다. 중국 공산당도, 장제스의 국민당도 이런 대규모 수탈을 멈추게 할 수 없었다. 소련이 일본 북부를 점령할 시간이 있었다면 아마 같은 일을 했을 것이다. 소련이 일본 북부에 진입하지 못한 것은 미국이 태평양전쟁을 빨리 끝내는 데 주력하고 있었기 때문이다.

공산주의자를 포함한 소련 점령지역의 독일인들은 독일 경제가 약탈당하고 있는 상황에서도 독일인뿐 아니라 소련 점령군에게 식량을 대야 하는 어려운 상황이었다. 많은 사례를 보면, 독일 노동자들이 남아 있는 부품으로 공장을 재조립하려고 노력했지만, 그들은 또다시 해체되어 있는 공장을 볼 수밖에 없었다. 노동자들이 항의했다면 아마 두들겨 맞았을 것이다. 이 때문에 독일 노동자들은 공산주의에 크게 공감하지 못했다. 다음은 당시 인기 있었던 짤막한 노래다.

환영합니다. 해방자들이여!
당신들은 우리에게서 달걀과 고기, 버터, 소와 여물,
그리고 시계, 반지와 다른 것들을 빼앗아갑니다.
당신들은 우리를 차부터 기계까지 모든 것으로부터 해방시키네요.
당신들은 열차 차량과 철도시설까지 가져갑니다.
이 모든 폐허 더미에서 당신들은 우리를 해방시켰습니다!
우리는 기쁨에 겨워 울부짖습니다.
당신들이 우리에게 얼마나 친절한지.
과거에 얼마나 참혹했는지, 그리고 지금은 얼마나 좋은지.
이 경탄할 만한 사람들이여![29]

하지만 소련 점령지에서 삶을 이어갈 수 있도록 해주던 배급량이 연합군 점령지보다 더 적지는 않았다. 노동자의 필요량은 하루 1500칼로리 내외였다. 성인이 건강을 유지할 수 있는 최소한의 필요 식량은 일반적으로 1200칼로리 정도다. 사실 1945년에 대부분의 도시 사람들은 그 절반만 얻어도 운이 좋은 편이었다. 빵은 충분했다고 하더라도 신선한 음식이라고 할 만한 것은 거의 없었다. 전후 첫해에 독일인과 일본인을 재앙으로부터 구한 것은 군 배급식량이었다. 일본에 주둔하는 연합군이 같은 해 가을 60만 명에서 20만 명으로 줄어든 뒤 콘비프나 콩 같은 대규모 군대 식량이 주민 배급용으로 일본 정부에 인도되었다.

이 음식들은 일본인들에게 익숙한 것이 아니었다. 고상한 일부 일본 여성들은 당황스럽게도 콩 때문에 뱃속이 부글거리고 이상한 소리가 난다고 불평했다. 한 여성은 "새 배급식량 때문에 예의 없는 사람이 돼요"라고 불평했다.[30] 하지만 그 배급품이 없었다면 굶주려야 했을 것이다. 1946년 여름, 도쿄 시민들은 여전히 일본 정부가 조달하는 식량을 150칼로리밖에 받지 못하는 상태였다.[31]

연합국의 원조를 받는데도 유럽과 일본 사람 대부분은 거대한 범죄 조직망인 암시장에 의존해야 했다. 화폐경제는 많은 지역에서 주된 통화가 담배로 이뤄지는 물물교환으로 대체되었다. 점령군 입장에서도 저항하기 힘든 기회였다. 네덜란드에서는 캐나다 담배, 특히 스위트 캐퍼럴 상표가 가장 가치가 높았다. 암시장 딜러들은 개비당 1길더에 사서 다시 5길더에 내다 팔았다. 캐나다 군인들이 고국에서 3달러에 1000개비를 받는다면 거의 1000길더의 이득을 얻을 수 있었다.[32]

담배로 거의 모든 것을 살 수 있었다. 고급 골동품 시계, 오페라글라스, 다이아몬드 반지, 라이카 카메라 등과 같이 사람들이 음식과 연료를 위해 교환할 수 있는 그런 물건들. 담배로 더 필요한 물건들도 살 수 있었다. 5월 오스트리아 시골에 머물고 있었던 독일 작가 에리히 케스트너는 다리를 절고 처진 몸을 흐느적거리면서 동부전선에서 고향으로 돌아가는 끝없는 독일군 행렬을 목격했다. 그는 일기에 "적은 현금이라도 구하기 위해 그들은 담배를 팔았다. 가격은 개비당 1마르크에서 3마르크까지 다양했다. 평상복 수요가 많았다. 하지만 공급은 거의 0이었다. 한 이웃 사람은 낡은 바지를 팔아 담배 450개비를 벌었다. 나도 바지 한 벌 정도 교환하는 것에는 개의치 않았지만, 내가 가진 건 내가 입고 있는 바지 한 벌뿐이었다. 거래는 부도덕하다. 단 한 벌의 바지로는 누구도 장사를 할 수 없다"고 적었다.[33]

냉소적인 일본 에세이스트이자 단편소설 작가인 사카구치 안고坂口安吾는 천황을 위해 명예롭게 죽도록 훈련받은 군인들이 얼마나 빨리 암시장 매매자로 변하는지를 잘 묘사하고 있다. 사카구치 안고는 전쟁 직후 몇몇 작가와 함께 '악당', 또는 '타락한 자'로 분류되곤 하는 작가였다. 군인들만큼이나 전쟁 미망인들도 전쟁터에서 숨진 남편에 대한 의리를 아예 잊어버리고 새로운 애인을 찾았다. 안고는 "원래 그런 것"이라고 적었다. 그것이 그에겐 문제 되지 않았다. 원초적 상황에서 인간 욕망을 맛보면서 형성되는 수치심을 통해 일본인들은 공통된 인간성을 재발견할 것이었다. 바보 같은 천황 숭배에서 벗어나라! 자살 전투기의 영웅적인 죽음에서 벗어나라! 그는 "우리가 전쟁에 졌기 때문에 이런 바닥으로 떨어진 게 아니다. 우리가 인간이고, 살아 있기 때문에 추락한 것이다"라고 적었다.[34]

일본 제국 군대에서 제대한 군인들도 한국과 타이완계 조직폭력배나 일본 하위계층의 건달, 그리고 파괴된 사회의 부랑아들처럼 암시장으로 들어가는 길을 찾아냈다. 당시 "여자는 판판이 되고, 남자는 암시장 짐꾼이 된다"라는 속담도 있었다.[35] 일본 전역에, 주로 기차역을 중심으로 1만5000개 이상의 암시장이 퍼져 있었다. 일부 잔재는 도쿄 우에노 역 인근 철도를 따라 작은 음식점과 옷가게가 길게 늘어서 있는, 아마도 '아메리칸'에서 이름을 딴 '아메요코-조' 같은 이름으로 지금도 존재한다. 사람들은 생존에 필수적인 물건을 얻거나, 수천 개의 엉성한 가판대에서 음식을 먹기 위해 그곳을 찾았다. 가판대에는 개구리 튀김에서부터 다양한 동물의 내장으로 끓인 탕국까지 팔았다. 인육 일부가 탕국에 들어가 있다는 소문도 있었다.

어떤 물건도 사고팔 수 있었다. 하다못해 핏자국 얼룩이 남아 있는 병원 담요도 거래되었다. 만주에서는 15년 전 중국에 온 일본인이 소련군 침공으로 허둥지둥하다 본국으로 못 들어가고(대부분의 운송 수단이 일본 군대나 고위 일본 관료를 위한 것이었기에) 암시장에 기모노와 가구, 골동품 등 온갖 물품을 내다 팔면서 살아남았다. 어떤 경우에는 갓난아이까지 팔았다. 일본인 지능이 천부적으로 높다는 식민 시대의 신화 탓에 일본 아이들은 인기가 있었다. 특히 미래에 사용할 인력이 필요한 중국인 농부들에게는 더욱 그랬다. 나중에 일본은행 부총재가 된 후지와라 사쿠야藤原作彌는 전쟁이 끝났을 때 만주에 살던 어린아이였다. 사쿠야 부모는 암시장에 가재도구를 팔았다. 그는 중국인들이 "아이들도 팔아요? 아이들도 팔아요?" 하고 소리치던 장면을 기억하고 있다. 가격은 300~500엔이었다. 가끔 아이들을 더 비싼 값에 되팔기도 했다.[36]

일본 암시장 물건 대부분은 연합군 군속들이 일본 조직폭력배들에게 판매한 것이었다. 언젠가 나는 은퇴한 일본 조직폭력배를 만난 적이 있는데, 그는 물건이 미군 피엑스에서 암시장으로 흘러드는 경로를 이용해 많은 돈을 벌었다. 그렇게 크디큰 미국 자동차에 천장까지 돈을 쌓아놓고 다녔던 과거를 회상하며 눈시울을 적셨다. 하지만 그는 더 유리한 위치에 있었던 일본인에 비하면 상대적으로 작은 손이었다. 그는 전쟁 말기에 군대 보급품의 70퍼센트를 숨겨둘 수 있었다. 미군은 공공의 목적으로 사용하라며 모든 기계와 건축자재들을 포함해 남은 물자들을 일본 정부에 인도했다. 약탈 물자를 포함해 이 중 상당수가 사라졌는데, 이 물자 덕에 일부 전범을 비롯한 많은 일본 관료는 부자가 되었다.

독일과 일본은 문화, 정치, 역사적인 면에서 명백한 차이가 있다. 하지만 유사한 조건 아래서 행해진 인간 행동이라는 점에서 독일과 일본은 공통점이 매우 많다. 인간의 고난을 착취하는 범죄화된 경제의 결과는 사회적 연대의 붕괴였다. 사카구치 안고가 묘사한 '수치'의 일면이다. 각자의 몫은 각자가 책임져야 했다. 하인리히 뵐의 말을 빌리면 "모든 사람은 오직 각자의 삶이 있고, 석탄이든 목재든 책이든 건설자재 등 무엇이든 간에 자기 손에만 들어오면 선취권을 가진다. 그렇게 되면 모든 사람은 자신이 아닌 모든 사람을 도둑이라며 정당하게 고발할수 있다."[37]

실제로 많은 사람이 타인을 고발했다. 독일에서는 유대인과 난민들이 폭력과 공갈 혐의로 공격받았다. 일본에서는 일본인도 미국인도 아닌 '제3국 국적자'로 불린 한국인과 중국인, 타이완인들이 최악의 범죄자로 간주되었다. 이들 중 상당수는 일본행 배에 실려 노예노동자로 왔다. 독일 암시장의 유대인과 난민들처럼 한국과 타이완의 폭력배들도 전리품 확보를 놓고 일본인과 경쟁했다. 그들도 생존하기 위한 방법을 찾아야 했다. 베르겐-벨젠은 암시장 활동의 주요 중심지가 되었다. 유대인과 폴란드, 우크라이나, 유고슬라비아 난민들은 제대로 된 시설도 없이 캠프에 수년간 갇혀 지냈다. 카를 추크마이어는 독일, 오스트리아에 대한 보고서에서 "난민 문제에 대한 국제적 해결책이 없는 한 독일에서 반유대주의를 근절할 방법이 없다"[38]고 경고했다. 독일인들도 사실 난민들을 종종 구분하지 못했다. 히틀러 제3제국에서 일하기 위해 자발적으로 온 라트비아인이나 유대인 등은 모두 '외국인'이었다. 때로 독일인들은 지나치게 비싼 값이라 해도 물품을 사려면 이들 외국인에게 가야만 했다. 하지만 사실 대다수의 모리배, 그리고 확실히 가장 막강한 협잡꾼들은 유대인도 외국인도 아닌 독일인들이었다.

어빙 헤이몬트 소령은 악명 높은 란츠베르크 등 대규모 유대인 난민 캠프가 위치한 바이에른 지역을 담당한 미국 장교였다. 란츠베르크는 히틀러가 감옥살이를 했던 마을이기도 하다(히틀러는 여기서 자서전 『나의 투쟁』을 썼다). 헤이몬트는 "많은 독일 거주민처럼 캠프 사람들도 암시장에서 활동했다. (…) 대부분은 편의용품이나 신선한 음식을 얻기 위한 간단한 물물교환이었다"라고 보았다.[39] 그는 암시장의 "극소수의 큰손"은 전직 사업가나 범죄자였다고 적었다. 사업가나 범죄자들 입장에서는 오랫동안 해왔던 일을 한 것뿐이었다. 그 일이 그들의 전문 분야였다.

유대인, 제3국 국적자, 외국인을 유달리 지독한 범죄자로 보는 것은 단순한 편견 때문이다. 이러한 일반적인 인간 특성은 혹독한 환경 조건에서 더 악화되었고, 연합군이 외국인에게 특혜를 준다는 인식이 공유되면서 더욱 날카로워졌다. 예를 들면 일본에서 미국 헌병들이 한국인들에게 행동할 자유를 준다든지, 연합군 당국이 무고한 독일인들이 내는 돈으로 유대인들을 호화롭게 살게 해준다는 소문이었다. 난민 캠프 유대인은 물론이고 호화롭거나 편안하게 사는 유대인이 거의 없었는데, 여기에는 일면의 진실도 있었다. 하지만 정말 일부일 뿐이었다. 사실은 연합군 장교들도 반유대주의나 인종주의를 극복한 상태는 아니었다. 패튼 장군은 대다수 사람들보다 좀 더 극단적이었다. 다하우 수용소에서 유대인 생존자들을 발견했을 때 그는 "동물보다 못하"다며 유대인들을 경멸할 정도로 확실하게 의견을 말하는 유형이었을 뿐이다.[40] 아이젠하워 장군은 점령지 독일에서 독일인보다 유대인 난민들을 더 우선시하라고 미군에 지시했지만, 이는 종종 무시되었다. 많은 미국인은 트라우마를 겪고 있는 유대인보다 독일인이나 발트 해 국가에서 온 전직 협력자들, 난민들과 가까워지는 게 더 쉽다는 사실을 알게 된 듯하다.[41]

유대인 같은 이방인에게 혐의를 두는 행위는 독일, 일본이 다른 나라에 했던 만행을 직시하는 걸 거부하거나 부정하는, 당시 넓게 퍼져 있던 감정의 일면이었다. 『양크』 기자는 8월 베를린 시내를 걸어다니다가 누더기 옷에 커다란 남자 신발을 신은 한 독일 여성이 러시아 여성 군인에게 혀를 쑥 내밀어 보이면서 "넌 잘 먹었구나. 우리 독일인들은 굶는데"라고 말한 뒤 바닥에 침을 뱉는 장면을 목격했다.[42] 하지만 그 당시에도 이런 분위기에 반대하는 목소리는 있었다. 『베를리너 타게스슈피겔』 신문 기사는 "(독일인들은) 폴란드인과 유대인. 죄수들에게 했던 끔찍한 범죄에 대해 자기 스스로를 지키려고만 하는 보호벽을 치고 있다. 미국과 영국이 베푼 식량의 고마움을 모르는 멍청한 오만함이다"라며 못마땅해했다.[43]

시간이 흐르면서 암시장 경제는 점차 규제된 경제로 바뀌었다. 하지만 당시 무법 시대가 낳은 장기 후유증의 타격은 매우 컸고, 특히 독일과 일본에서 그랬다. 전후 경제 몰락과 뒤이은 암시장은 옛 계급 구분의 거대한 파괴자였다. 대가족을 가진 여성들은 음식과 바꾸기 위해 집안 가보를 들고 시골길을 터덜터덜 걸어가야 했다. 가난한 농부들은 갑자기 현금 부자가 되었다. 일본에서는 한때 엄청 값비싼 아름다운 전통 기모노를 입은 여성이 진흙투성이 논을 걸어가는 광경을 보는 것이 드문 일이 아니었다. 몰락한 귀족 가문 여성은 많은 경우, 양심적이지 않은 신흥 벼락부자와 결혼하라고 강요받았다. 그러나 전후 혼돈은 기득권 경쟁자들로부터 방해받지 않고 기업을 일굴 수 있는 기회이기도 했다. 1945년 이부카 마사루井深大는 폭격으로 손상된 도쿄의 한 백화점 가게에서 라디오 수리점을 열었고, 이게 바로 소니의 시작이었다.

전쟁 이전 시절을 다룬 걸작 『베를린 알렉산더 광장』(1929)의 작가 알프레트 되블린이 주목한 바는 인용할 가치가 있다. 미국 캘리포니아로 망명해 살아남은 되블린은 독일로 돌아왔는데, 독일에서도 또다시 망명이 시작되는 느낌을 받았다. 그가 바덴바덴의 온천 마을에 도착한 뒤 쓴 글이다.

독일에서 받은 주요 인상은 사람들이 파괴된 둥지 사이로 개미처럼 왔다 갔다 하고, 파괴의 한가운데에서도 기쁨과 절망 속에서 일하러 간다는 것이었다. 필요한 도구와 지시 없이는 곧바로 일하러 갈 수 없다는 것이 그들의 유일한 걱정이었다. 파괴에 관해서는 덜 암울해했고, 더 열심히 일할 희망에 고무되어 있었다. 만약 그들이 오늘 결핍되어 있는 수단을 얻게 된다면 내일은 크게 기뻐할 것이다. 그것은 심하게 망가진 옛것을 다 철거하고, 거기다 최고 수준의 현대적인 뭔가를 만들어낼 기회를 얻었다는 기쁨이다.[44]

[복수]
Revenge

1945년 여름, 맥주로 유명한 체코슬로바키아의 버드와이저(정식 명칭은 체스케부데요비체Ceské Budějovice)는 수용소였다. 정문에는 "눈에는 눈, 이에는 이"라고 적힌 현판이 걸려 있었다. 수용소는 이제 체코의 통제 아래 있었다. 내부는 독일인 죄수로 꽉 차 있었는데, 대부분은 민간인이었다. 잔인하다는 평판이 자자했던 젊은 체코 사령관은 최소한의 식량만 배급하면서 독일인들을 12시간씩 노역시켰고, 한밤중에 깨워서 노래를 시키거나 바닥을 기게 하거나 서로를 때리게 하는 방식으로 체코 경비대를 즐겁게 하는 각종 고문, 아펠플라츠Appelplatz(점호—옮긴이)를 명령했다.[1]

복수에 대한 열망은 섹스나 음식에 대한 갈망만큼이나 인간적인 욕망이다. 폴란드 작가 타데우시 보로프스키만큼 이런 욕망을 정교하면서도 잔인하게 표현한 작가는 드물다. 1943년 비밀 매체에 시를 발표한 혐의로 체포된 뒤(전시에 바르샤바에는 학교, 신문, 극장, 문학 잡지 등을 포함한 거대한 지하 문화가 살아 있었는데, 여기에 참여한 사람들은 수용소행이나 즉결 처형의 위험에 노출되어 있었다) 보로프스키는 게슈타포 감옥에 이어 아우슈비츠, 다하우 수용소에서도 살아남았다. 다하우에서 해방을 맞은 보로프스키는 뮌헨 인근의 전 나치친위대 막사에 난민으로 잠시 갇혔다. 이러지도 저러지도 못하는 구속 상태에서 겪은 지저분한 경험은 수용소에서의 삶과 죽음에 대한 짧은 스케치로 구성된 『신사숙녀 여러분, 가스실로This Way for the Gas, Ladies and Gentlemen』[2]라는 명저에 담겨 있다.

그중 하나가 「침묵」이라는 이야기다. 난민 몇몇이 창문으로 도망치려던 나치의 심복을 붙잡아서 "욕망으로 똘똘 뭉친 손으로 잡아 뜯기" 시작했다. 그들은 미군들이 캠프로 달려오는 소리를 듣자 이 독일인을 침대보 밑의 짚으로 만들어진 매트리스 안으로 밀어넣었다. 막 다림질한 제복을 입은 젊은 미군 선임 장교는 통역자를 통해 말했다. 나치 수용소 생존자들이 독일인을 얼마나 미워하는지 잘 이해하고는 있지만, 규칙을 지키는 것이 가장 중요하다고 했다. 또 죄는 적법한 절차를 거친 뒤에만 처벌할 수 있으며, 미국인들이 그렇게 처리하겠다고 약속했다. 난민들은 고개를 끄덕이며 환호했다. 미군 장교는 남은 밤을 잘 자라고 인사한 뒤 "정답게 와자지껄한 소리를 들으면서" 막사를 살피는 일정을 마무리하고 떠났다. 난민들은 미군 장교가 떠나자마자 독일인을 콘크리트 바닥으로 끌어낸 뒤 발로 차 죽였다.

해방의 즉각적인 후유증으로, 그리고 특히 난민 사례에서는 반半 해방이었던 측면에서 당시 이런 일은 아주 흔했다. 다른 문헌에 따르면, 독일의 만행이 명백하게 드러난 증거에 충격을 받은 해방군 군인들도 적법 절차라는 규칙에 크게 구속되지 않았다. 미군은 다하우에서 나치친위대 경비대가 린치당하고, 물에 빠지고, 심하게 다치고, 목 졸려 죽고, 삽으로 맞아 죽어도 이를 방관했다. 죽일 의도를 눈치챘으면서도 미군이 캠프 수용자들에게 총검을 빌려주어 한 독일인이 참수된 사례도 있다. 가끔은 미군 스스로 독일 경비대를 총으로 쐈다. 한 미군 중위는 기관총으로 300명 이상의 독일 경비대원을 처형했다. 이 중위의 분노는 이해할 만했다. 그는 직전에 캠프 화장터에 쌓여 있는 시체 더미를 목격했다.[3]

1945년 베르겐-벨젠에서 한 영국인 간호사는 독일 간호사들이 처음 수용소에 들어갈 때 어떤 소동이 벌어졌는지 목격했다. 위중한 생존자들을 돌보라는 지시를 받은 독일 간호사들이 한 병동에 들어서자 죽어가는 생존자들 사이에서 즉각 '집단적 아우성'이 터져나왔고, 독일 간호사들을 밀쳐내면서 할퀴고, 칼과 포크, 의료용 손수레에서 낚아챈 의료 기구로 해치려 했다.[4]

영국은 독일 민간인들을 보호해야 했다. 그들의 존재가 수용자들의 생존에 결정적이었기 때문이다. 자연스러운 보복의 욕망, 특히 눈에는 눈 식의 법외 심판에 잘 대처하는 것이 연합군 장교와 망명에서 돌아온 정부 관계자, 구호 기관 관계자, 그리고 절망적인 유럽 대륙에 어느 정도 질서나 정상을 되찾는 데 관심이 있는 모든 사람이 직면한 가장 심각한 문제였다. 하지만 보로프스키 이야기의 불온한 미군처럼 더 이상의 대혼란을 멈추게 하기에 그들은 너무나 무기력했다. 특히 내전으로 찢긴 나라들에서는 더욱 어려웠다. 상당수의 사례는 다른 곳을 바라보면서 방관하거나, 미군이 다하우에서 총검을 빌려준 것처럼 덜 야만적인 방식으로 적극 공모하는 방식이었다. 사실 대부분의 조직화된 복수는 공식적인 독려가 없다면 일어나지 않는다. 성적 욕망이 곧바로 난잡한 성관계로 이어지지 않듯이, 대규모 집단 폭력도 한 개인이 주도한다고 발생하지는 않는다. 이 역시 리더십과 조직화를 요한다.

적절한 타이밍도 필요하다. 놀라운 전후 후폭풍 중 하나는 많은 독일인이 다른 독일인을 공격하지 않았다는 것이다. 나치에 적극적으로 저항했던 몇 안 되는 독일인 중 한 명인 베를린의 한 여성 기자는 "응징의 기회가 무르익었다"고 전후 일기에 적었다. 상당수 독일인들에게 절망의 기간이었던 몇 달간의 전쟁 막바지에 "가장 멍청한 바보도 나치즘에 얼마나 악랄하게 속았는지 이해할 수 있었다". 그래서 "붕괴와 (연합군) 정복 사이에 3일의 기간이 있었다면 나치에 실망하고 수모당하며 유린당한 수십만 명은 그들의 적에게 복수했을 것이다. 각자의 독재자에게 복수했을 것이다. 사람들은 '눈에는 눈'을 맹세했다. '붕괴 뒤에 맞는 첫 시간은 피의 숙청이다!' 그랬다면 운명은 달라졌을 것이다."⁵

그녀는 옳았다. 이방인의 점령으로 고난을 공유했기 때문에 독일인들은 서로의 목을 겨누고 달려들지 못했다. 독일인의 독일인에 대한 보복은 다른 민족에 의한 독일 보복으로 이어질 수 있기 때문이다.

한스 그라프 폰 렌도르프는 옛 동프로이센의 도시 쾨니히스베르크에서 병원을 운영하고 있었다. 이 도시는 1945년 4월 소련 군대가 점령했을 때 칼리닌그라드로 개칭되어 지금은 러시아 도시다. 그는 일기에서 소련 군대가 인근 주류 공장을 습격한 뒤 완전히 취한 상태로 비틀거리면서 병실에 들어와 노소는 물론, 간호사, 환자 할 것 없이 보이는 대로 여성들을 어떻게 성폭행했는지를 명석하고도 매우 종교적인 어조로 묘사하고 있다. 일부 여성은 너무 심하게 다쳐서 거의 의식을 잃을 정도였다. 또 일부는 차라리 총으로 쏴달라고 애원했지만, 이런 자비는 여성들이 수차례 폭행당하기 전에는 베풀어지지 않았고, 소련군은 그런 처형이 대부분 불필요하다고 여겼다.

렌도르프는 나치가 아니었다. 사실 그가 속한 귀족 가문 상당수가 그랬듯이 나치를 혐오했다. 그의 모친은 게슈타포에 연행됐고, 사촌은 1944년 7월 20일 히틀러 암살 음모에 가담했다는 이유로 처형되었다. 고향이 불타고, 여성들이 강간당하고, 남자들이 색출되고, 문을 연 상점들이 조직적으로 약탈당하는 것을 지켜보면서 그는 이 모든 것이 무엇을 의미하는지 고민했다. "이 모든 게 자연의 삶과 연관된 것인가, 아니면 보복인가? 아마도 보복일 것이다. (…) 혼란에서 벗어나기 위한 노력이란 말인가! (…) 이 광란의, 15~16세를 넘지 않은 아이들이 이게 뭘 의미하는지도 전혀 모른 상태에서 늑대처럼 여성들에게 온몸을 던지고 있다. 러시아와는 아무 관계가 없고, 특정 민족이나 인종과도 관련이 없다. 신이 없는 인간이며, 인간성의 기괴한 특징이다. 그렇지 않다면 이 모든 것이 자기 자신의 죄인 양 누군가에게 이토록 격렬히 상처 입힐 수는 없을 것이다."[6]

렌도르프의 고민은 고결하다. 인류에겐 어디서든 다른 인류의 고통을 통해 즐길 수 있는 지나친 자유가 있고, 가끔은 의지를 가지고 최악의 행동을 저지를 수 있다고 본 것은 확실히 옳다. 하지만 최악의 사례는 신을 느낀다고 생각하거나, 세속적인 신의 대리자가 자기편이라고 느끼는 사람들 사이에서 종종 행해진다. 막연한 보복이란 건 거의 없다. 대개 개인적이거나 집단적인 역사적 배경을 갖는다. 유대인은 물론 소련인들도 다른 어느 민족보다 독일의 야만성으로 고통받았다. 수치, 수모는 상상하기 어려울 정도였다. 800만 명이 넘는 소련군이 죽었고, 3300만 명이 교묘한 방식으로 야외 캠프에서 극한의 더위와 겨울 추위 속에서 굶어 죽었다. 민간인 사망자는 1600만 명이었다. 일본 점령기에 1000만 명 이상의 민간인이 숨진 중국만이 이 숫자에 가까울 따름이다. 하지만 이건 통계일 뿐이다. 숫자는 전체 이야기를 들려주지 않는다. 살인과 기아는 끊임없는 수모, 수치를 동반했다. 나치 독일의 운테르멘셴untermenschen(열등 인간―옮긴이) 관점에서 보면, 다른 슬라브족처럼 러시아인은 완벽한 인간이 결코 아니었다. 러시아인들의 유일한 역할은 독일 주인들을 위해 노예처럼 일하는 것이었다. 그런 노예로서 노동하는 데 부적합한 러시아인들에게는 음식을 줄 가치도 없었다. 실제로 나치 독일은 독일인들에게 더 넓은 생활공간, 즉 레벤스라움 Lebensraum(나치가 주창한 독일인을 위한 생활공간을 말한다—옮긴이)과 음식을 제공하기 위해 소련인들을 굶기는 이른바 '기아 계획'이라는 작전이 있었다. 만일 이 괴물 같은 경제정책이 제대로 실행되었다면 수천만 명이 굶어 죽었을 것이다.

하지만 보복은 단순히 분노나 기강 해이 문제만이 아니었다. 장교에게 심하게 대우받은 병사들은 종종 민간인에게 화풀이를 했다. 이는 중국인에 대한 인종적 경시를 차치하면, 중국에서 일본 군인들의 잔혹성을 설명하는 하나의 단초다. 소련군 상층부와 정치위원, 비밀경찰이 군인들을 무자비하게 대우했다는 사실은 익히 알려져 있다. 이와 별개로 독일군이 소련에서 후퇴하기 시작하고 소련 적군이 독일 땅에 들어서자마자 소련 군인들은 최악의 행동을 해도 된다는 분명한 지시를 받았다. 국경 도로 표지판에는 러시아어로 "병사여, 당신은 지금 독일에 있다. 히틀러주의자들에게 복수하라"[7]고 적혀 있었다. 일리야 에렌부르크 같은 선동주의자의 언어가 매일 병사들의 머릿속에서 울려댔다. "하루에 한 명의 독일인을 죽이지 않으면 그날은 낭비한 것이다. (…) 한 명을 죽이면 하나 더 죽여라. 우리에게 독일인 시체 더미보다 더 재미있는 것은 없다." 게오르기 주코프 원수는 1945년 1월 명령에서 "살인자의 땅에 비통을 안겨라. 우리는 그들에게 끔찍한 복수를 가져다줄 것이다"라고 했다.[8]

수년간 운테르멘셴으로 수모를 받고, 종종 끔찍한 상황에서 가족과 친척을 잃은 사람들에겐 조그만 자극으로도 충분했다. 여기에 또 다른 요소가 하나 더 있다. 소련인들은 이미 부르주아 자본주의의 탐욕에 관한 선동에 길들여져 있었다. 혁명적인 폭력을 행사할 기회였다.

손목시계 같은 사치품은 물론, 제대로 작동하는 전기조차도 경험하지 못했던 소련군이 가장 놀란 것은 폭격 맞은 도시와 전시 물자 부족 상황에서도 독일 민간인들이 누리고 있는 상대적 풍요였다. 탐욕, 인종적 분노, 계급적 질투, 정치적 선전, 독일의 잔혹 행위에 대한 생생한 기억 등이 보복에 대한 갈증을 더 키웠다. 한 소련 장교는 "독일로 진군해 들어갈수록 어디서나 발견할 수 있는 풍요에 속이 더욱 메슥거렸다. (…) 난 그저 정연하게 정돈된 깡통과 병들에 주먹을 날리고 싶었다"고 적었다.[9]

보복 욕망이 타오르지 않을 때조차 이런 감정은 심각한 공격 성향으로 이어졌다. 소련 적군은 중국 동북부인 만주를 일본 항복 일주일 전인 8월에 침략했을 때 하얼빈과 펑톈奉天(지금의 선양瀋陽), 신징新京(지금의 창춘長春) 등 주요 도시에서 총기를 난사했다. 중국인은 물론 대규모 일본 민간인에게 복수하는 것에 이유는 없었다. 일본은 1905~1906년 만주 지역을 놓고 싸운 러일 전쟁에서 수치스러운 패배를 안겨주기는 했지만 소련의 어느 지역도 침략한 적이 없었다. 일본이 1939년 몽골과의 국경지대에서 어리석게 소련을 공격한 사건이 있긴 했지만, 당시 일본은 결정적으로 패했다. 하지만 중국 동북부에서 소련군의 행동은 15세기 콘키스타도레스conquistadores(신대륙 발견과 함께 중남미 대륙에 침입한 16세기 초의 에스파냐 정복자들―옮긴이) 같았다.

동유럽의 독일인처럼 일본 민간인들도 몇 가지 이유로 완전히 속수무책이었다. 독일 나치친위대나 군 장교, 나치 고위 관리들이 서부로 도망간 것처럼, 일본군 장교와 정부 관리들은 자신들의 안전을 위해 대규모 민간인을 남겨둔 채 일본으로 돌아가는 배에 타려고 마지막 기차에 탑승했다. 거의 200만 명의 일본 민간인이 어떤 보호도 없이 만주에 갇혔다. 1932년 만주가 일본의 꼭두각시 국가인 만주국이 된 이래 많은 일본인이 대륙으로 이주했다. 일본 정부는 농촌 인구를 위한 레벤스라움을 추구하면서 이민을 장려했다. 펑톈이나 신징, 지린吉林, 하얼빈 등에서는 일본인 공동체가 부상했고, 일본인들은 일본인을 위한 은행과 철도, 백화점, 학교, 예술학원, 극장, 레스토랑 등을 운영했다. 일본인 정착을 위한 공간을 마련하기 위해 중국인들은 농촌에서 쫓겨났다. 이 모든 것이 일본인 주인들이 지배하는, 옛 서구 제국주의 질서보다 더 현대적이고 효율적이며 정의로운 용감한 새 동양, 즉 '아시아인을 위한 아시아'라는 일본의 선전으로 정당화되었다.

일부 중국인은 일본 패배 이후 일본 민간인들을 약탈해 이득을 취했다. 중국인들이 분개할 만한 이유가 있었다. 일본 관동군이 설립하고 통제한 만주국에서 중국인은 한국인보다도 못한 3등 시민이었고, 그들의 운명은 대부분 일본인 손에 달려 있었다. 하지만 많은 일본인의 회고록을 보면 소련은 중국인들보다 훨씬 더 나빴다. 한 문헌은 "그들(소련군)은 일본인 집에 침입해 총을 쏘고, 그들이 원하는 건 어떤 물건이라도 가져갔으며, 그들이 좋아하는 어떤 여성이라도 성폭행했다"[10]고 묘사하고 있다.

소련 군대를 피해 거의 맨손으로 남쪽으로 달아난 일본인들도 상황은 별로 좋지 않았다. 음식은 동나고 이가 득실거리는 사람들 사이에서 티푸스가 발병했다. 우는 아이들은 복수심에 가득 찬 중국인, 한국인, 소련군에게 발각될 수 있기 때문에 울음을 멈추게 하는 과정에서 숨이 막혀 죽었다. 적어도 살아남을 수 있을 거라는 희망으로 어린아이들을 중국인 농부들에게 맡기기도 했다. 결국 1만1000명 이상의 일본인 정착민이 이 과정에서 목숨을 잃었다. 이 중 3분의 1은 자살했다. 소련의 폭력성에 대한 소문이 빠르게 퍼지면서 적군을 유화하기 위한 이상한 조치가 취해졌다. 만주와 한반도의 국경에 위치한 안둥(지금의 단둥―옮긴이)에서 일본인 공동체는 환영위원회를 구성, 소련군 입성을 환영하기로 결정했다. 아이들은 작은 붉은 깃발을 받았고, 기차역에는 환영 아치가 세워졌다. 아치는 소련과의 깊은 우호를 표현하는 슬로건과 붉은 깃발로 장식되었다. 지역의 일본 저명인사들은 과장된 환영사까지 준비했다. 그들은 기다리고 또 기다렸다. 아이들은 여전히 깃발을 움켜쥔 채로 잠이 들었다. 소련 적군이 다른 경로를 택하면서 결국 안둥에 오지 않을 거라는 소식을 들었을 때는 매우 늦은 밤이었다.

일본 문헌들은 중국인들이 소련군 통제 아래서 얼마나 고통받았는지를 생략하는 경향이 있기는 하지만, 일본 민간인들이 (중국인들보다) 더 고통받은 것은 사실이다. 일본인들이 가지고 있는 재산이 자극제였다. 앞서 인용한 목격자는 "소련군은 마치 제 것인 양 손목에 손목시계를 차고 어깨에 카메라를 걸치고는 시내를 으스대며 걸어다녔다. 만년필이 코트 주머니에 일렬로 꽂혀 있었다."[11] 독일에서의 소련 군대처럼, 이곳에서도 소련 군인들은 현대세계의 휴대품에 익숙하지 않았다. 그들은 태엽을 감지 않아서 시계가 멈추면 화를 내면서 내던졌다. 중국 부랑자들은 그걸 줍기만 하면 됐고, 암시장에 내다 팔았다. 일부 군인들은 천장에 달린 전기 선풍기가 그들에게 총을 쏠 수 있다는 두려움에 빠지기도 했다.

공식적인 독려가 없었다면 소련 군대가 이 같은 규모로 민간인을 약탈할 수는 없었을 것이다. 시계 몇 개 훔치는 것이 일본 공장과 광산, 철도, 은행을 통째로 약탈하는 것에 비하면 무슨 의미가 있겠는가. 소련이 이를 정당화할 수 있는 유일한 방법은(사실 소련은 정당화하려는 노력도 별로 하지 않았다) 공산주의 선전물에 나오는 것처럼, 이런 시설들이 자본주의의 확장이라면서 파시즘에 대항하는 민중의 전쟁이 갖는 권리라고 이야기하는 것이었다. 도둑질은 혁명 사업의 일부였다. 상대

적으로 부유한 세상을 접하게 된 가난한 자의 수치심이 아니었다면, 그
저 단순한 수치심만으로는 중국 동북부에서 일어난 소련군의 행동을
설명할 수 없다. 독일은 다른 문제였다. 독일에서 소련군의 폭력성은 훨
씬 더 심했다.

수모를 수모로 갚는 가장 확실한 방법은 공공장소에서, 특히 제지
할 능력이 없는 남성들 앞에서 여성들을 성폭행하는 것이었다. 이는 인
류 전쟁에서 가장 오래된 공포의 형태였으며, 러시아인들만 특별난 게
아니었다. 그런 점에서 렌도르프 박사의 관점은 옳다. 하지만 야만성
에 대한 정당화 방식은 항상 같은 게 아니다. 부富의 격차와 인종주의
가 서로 적대적인 선전·선동을 강화하는 악순환을 낳았고, 이는 독일
에서 소련의 행동을 특별히 잔혹하게 만드는 원인이 되었다. 독일인들
은 독일 여성들이 '아시아'나 '몽골' 야만인들의 먹잇감이 되는 것을
목격하느니 죽을 때까지 싸우라고 배웠다. 독일인들이 더 강하게 저항
할수록 '야만인들'은 이전에 독일인들에게 했던 것보다 훨씬 더 큰 규
모로 잔혹한 행위를 가해 독일인들이 대가를 치르게 하려 했다. 하지
만 여기서도 보복은 자본주의에 대한 전쟁과 연관되어 있었다. 소련의
선전, 선동에서 독일 여성은 남자들만큼이나 나쁜 나치주의자일 뿐 아
니라, 뚱뚱하며 제멋대로인 부유한 나치로 묘사되었다. 한 러시아 만화
에서는 부유한 독일 여성이 그녀의 딸, 하녀와 함께 약탈한 러시아 물
건들로 가득 찬 방 안에서 항복을 위한 흰 깃발로 사용할 물건을 미친
듯이 찾고 있다. 역설적이게도 미국 육군 잡지에 등장한 독일 여성('미
스 베로니카 당케쉰') 캐리커처는 독일 나치 십자 표시 자수가 놓인 치마
를 입은 뚱뚱한 금발 여성으로 묘사되는데, 표현 방식이 러시아와 동일
하다. 유일한 차이는 미군이 성병 예방을 위해 미스 베로니카로부터 멀
리 떨어지라고 경고하고 있는 반면, 소련군들은 자기 몫을 챙기라고 독

려받고 있다는 것이다. 또 다른 소련 만화에서는 노예노동자였던 러시아인이 그녀의 전 여자 주인에게 이렇게 말하고 있다. "이보세요, 부인. 이제 수금하러 왔어요."[12]

그리고 실제로 그들은 수금을 해갔다. 『베를린의 한 여인』이라는 체험기를 쓴 익명의 여성은 부르주아 독일 가정의 정돈되고 번지르르한 모든 것에 주먹을 날리고 싶어하는 소련군의 혐오감이 여성에게 어떤 수모를 가져다주는지 잔혹하게 묘사하고 있다. 그중 하나는 한 군인에게 성폭행당하고, 나머지 군인들이 순서를 기다리는 상황을 묘사한 이야기다. 그녀는 공격자들이 자신을 거의 인지하지 못하고 있다고 적었다. 그녀는 물건이었다. 그녀는 "그가 갑자기 나를 침대로 던졌을 때 더욱더 놀란 것은 (…) 내 입속에서 손가락들을 느꼈다. 말 냄새와 담배 악취가 났다. 눈을 떴다. 능숙하게 손가락들이 내 턱을 벌렸다. 눈과 눈이 마주쳤다. 이후 내 위의 남자는 천천히 내 입속으로 침을 질질 흘리기 시작했다."[13]

독일 여성에 대한 성폭행, 특히 거세된 '지배 민족'의 옛 전사 앞에서 무제한의 부富를 보유한 듯 보이는 독일 여성을 성폭행하는 것은 무시당한 운테르멘셴이 다시 남자가 되는 것 같은 느낌을 줬다. 베를린에 있던 소련 선임 장교의 말을 빌리면 "승리의 첫 번째 감격 속에서 우리 동료들은 의심할 여지 없이 헤렌폴크Herrenvolk('선택받은 민족'이라는 나치 독일의 선민주의―옮긴이) 여성들을 난처하게 만드는 데서 만족을 찾았다."[14] 하지만 이는 첫 승리의 흥분 뒤에도 계속되었다. 공식적인 규제 없이 난폭한 방식으로 독일 여성에 대한 성폭행은 1945년 여름까지 계속되었다. 이후 소련 군대와 민간인 관료들은 간헐적으로 성폭행을 단속하기는 했다. 때로는 과격한 조치를 취했는데, 형벌에는 사형까지 포함되었다. 소련 군인에게 성폭행당할 위험이 중단된 것은 1947년 군대가 기지에만 머물게 된 뒤였다.

프랑스: 광풍의 숙청

수모를 극복하고 남성적 자존심을 재건하려는 희망이 독일에서 소련 군인들이 가했던 폭력에 대한 설득력 있는 해석이라면, 이는 동시에 소련보다 덜 고통받은 사람들의 보복 행위에 대해서도 설명할 수 있을 것이다. 전쟁이 끝나기도 전인 1944년 프랑스에서 일어난, 이른바 '광풍의 숙청' 기간에 6000여 명이 독일의 협력자나 반역자라는 이유로 살해되었다. 주로 공산주의자였던 레지스탕스와 연계된 다양한 무장단체가 벌인 일이었다. 이 숫자의 두 배나 되는 여성이 발가벗겨지거나 머리가 깎이고 온몸에 나치 십자 모양이 칠해진 채로 거리를 걸어야 했다. 비웃음거리가 되고, 침 세례를 받고, 괴롭힘을 당했다. 일부는 즉석에서 만들어진 감옥에 감금되었고, 간수에게 성폭행당했다. 2000명이 넘는 여성이 이 과정에서 살해되었다. 같은 규모는 아니지만 벨기에와 네덜란드, 노르웨이, 그리고 독일 점령으로부터 해방된 나라들에서도 비슷한 장면이 연출되었다. 일부 여성들은 전통적인 보복 방식대로 알몸에 타르 칠을 당하고 깃털을 붙여야 했다.

　여성이 적과 협력한 혐의는 대부분이 섹스였다. 이는 반역죄와 다르다. 기존의 어떤 법률에 근거해도 범죄가 아니었다. 눈치 없고, 이기적이고, 외설적이며, 모욕적이라고 비난할 수는 있어도 범죄는 아니었다. 그래서 이런 사례를 다루기 위해 1944년 프랑스는 새로운 법안을 만들었다. 점령자와의 동침은 비애국적인 행위로, 국가의 사기土氣를 침해한 자는 '국가적으로 가치 없는 자'라는 점에서 유죄이며, 모든 시민권을 박탈한다는 내용이었다.

1945년 5월 프랑스에서는 남녀를 막론하고 각종 유형의 사람들이 때론 극단적인 폭력을 당하며 숙청당했다. 4000여 명이 목숨을 잃었다. 상당수는 반역죄 혐의였다. 나머지는 개인적 복수나 공산당의 장애물이라는 정치적 이유로 숙청당했다. 하지만 대중적 분노는 대개 불평등하게도 '매춘 협력' 혐의로 고발된 여성들에 집중되었다. 이 현상 역시 수치, 수모라는 상식 선에서 어느 정도 설명할 수 있다. 우월한 독일군에 굴복한 프랑스는 종종 성적 용어로 묘사되었다. 강력하며 정력적인 국가를 대표하는 독일 군대는 약하고 부패하며 여자 같은 프랑스를 굴복하게 만들었다. 매춘 협력자인 젊은 **프랑세즈**française(프랑스 여성—옮긴이)가 낄낄거리면서 독일놈Boche 무릎에 앉아서 고급 프랑스 샴페인을 마시는 장면은 이런 굴복의 가장 고통스러운 상징이었다. 이 때문에 최고 수준의 불명예로 처벌받아야 하는 대상이 바로 이런 여성이었다.

해방과 '광풍의 숙청' 전에 이미 프랑스 여성들에게는 1944년 4월 처음으로 참정권이 부여되었다. 레지스탕스 신문인 『르 파트리오트 드루오Le Patriote de l'Eure』는 1945년 2월 발표한 기사에서, 나쁜 사람 품에 안겼던 여성들에 대한 당시 사람들의 태도를 잘 드러내고 있다.

우리는 곧 좋은 엄마이자 전쟁포로의 아내들로, 평범하면서도 용맹한 프랑스 여성들이 줄지어 투표하는 모습을 보게 될 것이다. 하지만 우리를 무시하면서 킥킥거리고 웃고, 우리를 위협하고, 독일놈 품에서 실신 상태에 빠져 있던 여성들이 프랑스 재탄생의 운명에 대해 한 마디라도 의견을 표하는 것을 용납해서는 안 된다.[15]

킥킥거리면서 안겨 있는 난잡한 여자를 고결한 어머니와 전쟁포로 아내들과 비교하는 것은 수치심만 강조하는 것이 아니라 강한 청교도적 경향도 드러낸다. 매춘 협력자들은 비애국적일 뿐 아니라 부르주아 가정의 도덕에 대한 위협이었다. 여기에 경제적 측면에 대한 질투와 정당한 분노가 더해지면 실로 폭발성이 커졌다. 마녀사냥에서 어떤 게 더 나쁜 것인지는 항상 명확하지 않지만, 성적 비도덕성과 물질적 혜택은 언제나 함께 따라왔다. 적과 동침하는 것은 충분히 나쁘지만, 남들보다 잘사는 것은 더 큰 범죄였다. 님(프랑스 남부 지중해 연안의 지방 도시―옮긴이)에서 유명한 축구선수의 아내였던 마담 폴주가 대표적인 암울한 사례다.

점령 기간에 폴주는 프랑스 성姓이 생폴Saint Paul이었던 지역 독일 사령관의 정부가 되었다. 사령관에게 제공한 서비스 덕에 그녀는 온갖 물질적 혜택을 받았다. 당시 『르 포퓔레르Le Populaire』라는 신문의 표현에 따르면 폴주는 "매일 2~3리터의 우유를 배달받았고, 독일놈 사령관으로부터 일주일에 두세 번의 신선한 고기를 제공받았다. 그 덕에 그녀는 집을 깨끗하고 따뜻하게 유지할 수 있었으며, 머리 모양도 단정하게 할 수 있었다. 상팀(프랑스의 화폐 단위, 100분의 1 프랑―옮긴이) 한 푼 지불하지 않고 이 모든 걸 할 수 있었다. (…) 반면 노동계층과 어린이들은 굶어 죽어가고 있었다"[16]고 적었다. 폴주에게는 사형이 선고되었다. 머리가 깎이고 옷이 벗겨진 채로 거리를 지나 처형장까지 가야 했다. 그녀가 총살당한 뒤 시체는 님 시市의 선량한 시민들에게 전시되었고, 시민들은 시체에 침을 뱉고 빗자루로 찔러대면서 현대판 마녀에 걸맞게 폴주를 모욕했다.

독일놈 여자를 고발하는 데 가장 열성적인 사람들이라고 해서 전시에 걸출하게 용기 있는 행동을 했던 자들도 아니었다. 피점령국이 해방되자 모든 남자는 자신이 레지스탕스 일원이었다고 주장하거나, 새로 획득한 완장을 찬 채 (영국제) 스텐 경기관총을 들고는 배신자와 나쁜 여자들을 사냥하는 영웅인 척하면서 으스대며 걸어다녔다. 복수는 위험한 시절에는 과감히 떨쳐 일어나지 못했던 데 대한 죄책감을 덮는 일종의 방편이었다. 이 역시 모든 시대에 관찰할 수 있는 보편적 현상이다. 정말 영웅적이었던 폴란드 반체제 인사인 아담 미흐니크가 언급했던 것처럼, (미흐니크도 그랬듯이) 1989년 공산주의자 출신을 숙청하는 데 항의하는 과정에서 타인을 손가락질하는 방식으로 자신이 영웅이라는 사실을 증명할 필요가 없었다. 이전에 수치스러운 행동을 한 적이 전혀 없기 때문이었다. 미흐니크 같은 인간의 태도는 언제나 드물며, 1945년에는 결코 흔치 않았다.

탐욕과 편견, 죄의식은 1945년 가장 왜곡된 방식의 보복이었던 폴란드에서의 유대인 고발을 이해하는 단초다. 폴란드의 옛 유대인 공동체는 거의 전멸했다. 폴란드에서 살았던 유대인 300만 명이 나치 점령기에 총에 맞거나 가스실에서 살해되었다. 대부분 폴란드 영토에서였다. 유대인의 10퍼센트만이 살아남았는데, 비유대계 폴란드인이 숨겨주거나 멀리 떨어진 소련에 망명해서 성공한 경우다. 친구나 친지를 잃고 육체적, 정신적으로 상처 입은 채로 휘청거리면서 고향에 돌아온 이들이 발견한 것은 누구도 자신들을 환영하지 않는다는 사실이었다. 오히려 그보다 더 심했다. 위협받았고 마을에서 쫓겨났다. 다른 사람들이 유대인들의 집에 들어와 살고 있었다. 유대교회는 파괴되었다. 그들이 남겨두고 갔던 재산은 이미 오래전에 도난당했다. 대부분이 이웃의 소행이었다. 가져갔던 물건을 돌려주려는 사람은 극히 드물었다.

이는 유럽의 다른 지역에서도 마찬가지였다. 암스테르담과 브뤼셀, 파리로 돌아온 상당수 유대인들은 더는 자기 집이 없다는 사실을 발견했다. 하지만 폴란드, 특히 주요 도시 외곽에서 유대인들은 육체적으로도 위험한 상황에 놓였다. 유대인 가족이 기차에서 끌어내려져 모든 물건을 도난당한 채 현장에서 살해된 사례들도 있었다. 1000명이 넘는 유대인이 1945년 여름과 1946년 사이 폴란드에서 살해되었다. 도시에 서조차 그들은 안전하지 않았다.

1945년 8월 11일 유대인들이 유대교회에서 기독교 어린이를 살해했다는 소문이 크라쿠프에서 퍼지기 시작했다. 오래된 반유대 유언비어의 새로운 버전이었다. 사람들은 유대인 생존자들이 기독교인의 피로 자신들의 황폐화된 건강을 되살리려 한다고 몰래 쑥덕였다. 곧 경찰관과 민병대 주도로 군중이 집결했다. 유대교회가 공격당하고, 유대인 집들이 망가지고, 유대인 남자와 여자, 아이들이 거리에서 두들겨 맞았다. 몇몇 유대인이 살해당했다(정확한 숫자는 알려져 있지 않다). 인종 학살에서 겨우 살아남은 사람들에 대한 피로 물든 집단학살이었다. 심하게 다친 유대인들이 병원에 옮겨진 뒤 수술을 기다리는 상황에서 다시 폭행을 당하기도 했다. 한 여성 생존자는 "환자를 운반하는 군인과, 생명을 살려야 하는 간호사가 우리를 유대인 쓰레기라고 욕하면서, 유대인들이 아이를 살해했기 때문에 살리지 않을 것이며, 모두 총으로 쏴야 한다"고 말했다고 회고했다. 또 다른 간호사는 수술이 끝나면 유대인들을 찢어발기겠다고 다짐하기도 했다. 병원에 있던 철도회사 직원은 "폴란드인들에게 무방비 상태의 유대인을 구타할 시민의 용기마저 없다면 그건 충격적이다"[17]라고 말했다. 실제로 이 남자는 자기가 말한 대로 부상당한 유대인을 두들겨 팼다.

폴란드인들도 독일 점령기에 지독하게 고통받았다. 러시아인들처럼 운테르멘셴으로 노예화되고, 수도는 완전히 파괴당하고, 100만 명이 넘는 비유대계 폴란드인들이 살해당했다. 독일이 폴란드 땅에 죽음의 수용소를 건설한 것에 폴란드인들의 책임은 없다. 하지만 폴란드인들은 그들이 받았던 고통을 훨씬 더 고통받았던 사람들에게 풀려고 했다.

폴란드인들의 보복은 그들이 겪은 공산주의의 억압이 일부 유대인의 책임이라는 인식에 기반하고 있다는 게 통설이다. 소련 군대가 폴란드를 점령했을 때 일부 유대인은 소련이 폴란드의 반유대주의자나 그보다 더 위험한 독일인들로부터 자신들을 보호해줄 거라고 믿었다. 공산주의가 인종적 민족주의의 해결책이 될 수 있다는 믿음은 항상 취약한 소수자들을 끌어들이는 요인이었다. 하지만 많은 공산주의자가 유대인이었던 반면, 유대인 대부분이 공산주의자는 아니었다. 그래서 이른바 '유대-공산주의'에 대한 보복은 지독히도 잘못된 대상을 향해 있었고, 따라서 정치가 보복의 주요 동력도 아니었다. 많은 유대인이 공산주의자였기 때문에 공격당한 게 아니라, 유대인이었기 때문에 공격당했다. 유대인은 반유대주의 민간 전통에서 볼셰비즘과 연관되어 있을 뿐아니라, 자본주의와도 관련되어 있었다. 유대인은 돈을 갖고 있고, 다른 사람들보다 잘살며, 특권을 가지고 있다고 여겨졌다. 공산주의자들도 이런 반유대주의에서 벗어날 수 없었고, 그래서 많은 유대인 생존자는 고향인 폴란드를 떠났다.

폴란드 유대인 대부분이 사실은 가난했는데도 이들이 부자라는 인식은 오래도록 남았다. 이는 죄책감과도 관련이 있는데, 유대인 자본가를 공격하는 공산주의의 선전과 맞물리면서 사람들은 죄책감을 덜 느꼈다. 폴란드인들은 모든 유대인을 몰살하려 했던 독일의 계획에 대해 책임질 필요가 없다. 하지만 많은 폴란드인이 유대인들이 사라진 뒤 게토 외곽에서 물건을 약탈할 기회만 노리면서 마차를 세우고 기다리는 방식으로 이를 방관했던 게 사실이다. 일부 폴란드인은 다른 많은 유럽인과 마찬가지로 정당한 소유자인 유대인이 강제로 송환되자 텅 빈 집으로 이사하면서 기뻐했다.

폴란드 동북부의 비알리스토크 인근 마을에서는 유대인들을 직접 살해하기도 했다. 1941년 7월 라지워프의 유대인들은 이웃들이 약탈한 물건을 가방에 채우는 동안 헛간에 갇혀 산 채로 타 죽었다. 목격자는 이렇게 기억했다. "폴란드인들이 유대인을 잡으려고 쫓기 시작하면서 즉각 유대인 집들에 대한 약탈이 개시되었다. (…) 사람들은 미쳤고, 유대인 집에 들어가서 이불을 잡아 뜯었다. 이불 속 깃털이 허공에 날리고, 사람들은 가방을 채운 뒤 집으로 갔다가 다시 텅 빈 가방을 들고 나타났다." 핀키엘스테인스 가족은 겨우 도망쳐 나왔다. 다시 돌아온 뒤에 그들은 생존하기 위해 성직자에게 개종시켜달라고 부탁했다. 이 가족의 딸 하야는 마을 사람들이 나누던 대화를 기억했다. "그들은 항상 한 가지만 이야기했어요. 누가 얼마나 많이 약탈했고, 유대인이 얼마나 부자인지를요."[18]

정반대로 행동한 비유대계 폴란드인들도 있음을 결코 잊어서는 안된다. 유대인을 숨겨주거나 생존을 도와주는 일은 당사자뿐 아니라 가족에게도 엄청난 위험이었다. 서유럽 국가에서 발각됐다면, 유대인을 도와줬다는 이유로 강제수용소로 송환될 수 있었다. 이는 폴란드에선 교수형에 처해질 일이었다. 그럼에도 일부 유대인은 용감한 비유대계 폴란드인들 덕분에 살아남을 수 있었다. 몇몇 유대인 가족이 레오폴트 소하라는 이름의 도둑 덕분에 리보프(지금은 우크라이나의 리비프—옮긴이)의 하수구에서 1년간 숨어 지낼 수 있었다. 어둠 속에서 쥐 떼를 물리치면서 소하가 건네준 빵 부스러기를 먹고 지냈다. 집중호우로 하수구에 물이 차서 익사할 뻔한 상황을 이겨내고 20명 이상이 살아남았다. 이들이 맨홀 구멍에서 배설물이 묻고 이가 득실거리는, 창백하고 쇠약한 몰골로 나타났을 때, 지상에 있던 사람들은 무엇보다도 유대인들이 아직 살아 있다는 사실에 놀랐다. 몇 개월 뒤 소하는 술 취한 소련 군인이 운전한 트럭에 깔려 죽었다. 그러자 이웃들은 유대인을 도왔

기 때문에 신이 형벌을 내린 거라고 수군거렸다.[19]

이는 어쩌면 전후 폴란드에 관한 가장 충격적인 이야기일 것이다. 유대인들을 보호해줬던 사람들은 그 사실을 다른 이에게 말하지 말라는 충고를 들었다. '예수를 살해한 자'인 유대인을 돕는 것은 신의 분노를 살 뿐 아니라, 약탈 대상이 될 수 있기 때문이었다. 유대인이 돈을 많이 가지고 있고, 유대인을 도운 구원자들 역시 상당히 보상받았을 것이라고 사람들은 추측했다. 그래서 유대인을 숨겨줬다고 말하는 사람은 누구든 약탈 대상이 될 수 있었다.

이미 오래전에 사망한 유대인에게서도 뭔가 가져올 게 있다고 사람들은 생각했다. 1945년 가을, 유대인 80만 명 이상이 살해된 트레블링카의 강제수용소는 진흙투성이의 거대한 무덤이었다. 지역 농부들은 혹시 나치가 제대로 못 봐서 여전히 남아 있을지 모르는 금니를 찾아낼 생각에 땅을 파고 해골을 찾기 시작했다. 수천 명이 삽을 들고 잿더미를 샅샅이 뒤졌다. 그 결과 거대 무덤은 깊은 구멍들과 부서진 뼈로 가득 찬 거대한 평원으로 변모했다.

다시 강조하는 바이지만 폴란드인들만이 독특한 것은 아니었다. 욕심은 야만적인 정복의 흔한 결과로, 수많은 유럽인에게 영향을 끼쳤다. 역사가 토니 주트는 "나치가 보여준 생명과 신체에 대한 태도는 매우 악명 높다. 하지만 이렇게 소유물을 다루는 방식은 아마도 전후 세계를 형성하는 데 가장 중요한 실제적인 유산을 남겼을 것이다"[20]라고 지적했다. 누구든지 재산을 차지할 수 있다는 게 야만적 행위를 촉발하는 최대 동기였다. 폴란드만의 특이한 점은 약탈의 규모다. 전쟁을 통해 이전에 없던 완전히 새로운 계급이 생겼는데, 살해당하거나 쫓겨난 사람들의 재산을 챙긴 사람들이었다. 오래된 죄의식은 삐딱한 결과를 낳을 수 있다.

현대 폴란드 주간지 『오드로제니에Odrodzenie』는 1945년 9월을 간결하게 정리하고 있다. "우리는 한 완전한 사회계급(새롭게 탄생한 폴란드 부르주아)을 알고 있다. 그들은 살해된 유대인 자리를 차지했고, 문자 그대로 아마 손에서 피 냄새를 맡기 때문에 그전보다 더욱 강렬하게 유대인을 혐오한다."[21]

이는 왜 가끔 피의 복수가 히틀러 제국의 주요 피해자를 대상으로 행해졌는지를 잘 설명해준다. 유대인 약탈은 어떤 면에서는 거대한 사회 혁명의 일부였다. 이런 유형의 보복은 폴란드 관료사회와 경찰 내 강력한 기회주의자들의 암묵적이면서도 때로는 적극적인 방조 없이는 일어나지 않았을 것이다. 유대인을 쫓아내라는 것은 1945년 공산주의가 지배적이었던 폴란드 정부의 공식 정책은 아니었지만, 정부 중간계급 관료들의 독려만으로도 충분했다.

폴란드인들이 가한 보복의 성격

독일인에게 직접 보복하고 싶어한 폴란드인들 심리는 더 이해하기 쉽다. 하지만 이마저도 일부는 계급적인 이득 때문이었다. 수 세기 동안 독일인들은 지금은 폴란드 영토가 된 실레지아나 동프로이센 지역에서 살아왔다. 브로츠와프나 단치히 같은 주요 도시에는 대규모 독일인 주민이 있었다. 독일어는 의사나 은행가, 교수, 사업가 등 도시 엘리트의 언어였다. 1945년 400만 명이 넘는 독일인들이 여전히 소련 군대가 침략한, 예전의 독일 영토에 살고 있었다. 거의 같은 숫자의 인구가 러시아인들의 행동을 전해 듣고는 겁을 먹고 서쪽으로 도망갔다. 남아 있는 독일인 인구를 추방하려는 계획은 1945년 5월 이전에도 이미 명확했다. 1941년 런던에 망명 중이던 폴란드 총리인 시코르스키 장군은 "수 세기 동안 동쪽으로 진출했던 독일인 집단은 파괴되어야 하고, (서쪽으로) 강제 송환을 해야 한다"[22]고 선언했다.

연합국 지도자들도 이 정책을 승인했다. 이에 더해 스탈린은 폴란드 공산주의자들에게 "독일인들이 스스로 도망갈 수 있는 환경을 만들어야 한다"고 조언했다. 처칠도 1944년 12월 영국 하원에서 "가능하다면 추방도 하나의 방법으로, 가장 만족스럽고 오래 지속될 방법이다"[23]라고 말했다.

소련 적군이 통제권을 갖는 한 폴란드인들도 다소간은 스스로를 제어할 수 있었다. 포메라니아 지역의 지주 가문 출신 자손인 리부사 프리츠-크로코프는 비록 "러시아인들에게 대량 성폭행과 약탈에 대한 책임이 있지만" 당시 러시아인들로부터 실제로 어떻게 보호받는다고 느꼈는지를 회상했다. 그녀는 "러시아인들의 폭력은 그것이 '눈에는 눈' 법칙이든, 완전한 즐거움의 표현이든, 아니면 정복자의 권리든 간에 다소 이해할 수 있었다. 반면 폴란드인들은 단순한 동조자였다. 폴란드인들이 쥔 권력은 성격이 달랐다. 뭔가 차갑고 음흉한 면이 있었고, 대개 교활해서 원초적인 권력보다 훨씬 더 사악해 보였다"[24]고 적었다.

크로코프 가문은 나치가 아니었다. 누이인 리부사의 메모를 바탕으로 회고록을 쓴 크리스티안 폰 크로코프는 이 고통이 "우리 게르만족의 광기의 결과"[25]라는 사실을 잘 이해하고 있는 자유주의자였다. 하지만 리부사의 발언에서 반폴란드적 편견이나 신랄한 평가, 또는 배신감의 흔적 같은 게 느껴진다. 이건 특이한 감정이 아니었다. 독일의 개신교 목사 헬무트 리히터도 같은 점을 지적하고 있다. 그는 항상 폴란드인들이 좋은 사람이기를 원했다. 독일인들이 과거에 폴란드인들에게 잘 대해주지 않았던가? 하지만 그는 이제 "이 동부 사람들의 끔찍한 천성"을 알게 되었다. 그들은 "머리 위로 주먹이 날아다닌다"고 느끼는 한 예의 바르게 행동했지만 "다른 사람들 위에서 권력을 휘두를 기회가 왔을 때는 야만적으로"[26] 변했다. 이게 바로 식민주의자들이 원주민에 대해 항상 이야기하는 바다. 아프리카·아시아의 유럽 식민지와의 차이는, 비록 특권 계층이기는 하지만 이 전직 식민주의자들이 여기서는 바로 원주민이라는 점이다.

어쨌든 폴란드인들은 이제 공식적으로 폴란드 영토가 된 지역에서 소련 군대가 필요 이상으로 장기간 머무는 것을 원하지 않았다. 강대국들이 1945년 2월 얄타 회담에서 결정한 독일 인구의 대규모 축출과 강제 이주에 동반된 잔혹 행위는 폴란드인의 보복에 따른 결과만은 아니었다. 폴란드와 소련 국경지대, 지금은 우크라이나 영토 일부가 된 동쪽에서부터 200만 명의 '폴란드인 회의Congress Poles'(1815년 빈 회의 결과, 제정 러시아 내에 독자적인 정치 체제와 군사력을 갖추게 된 왕국 출신의 폴란드인 집단—옮긴이) 인구가 독일인들이 깨끗이 청소된 실레지아와 그 인근 지역으로 이주했다. 그들은 대개 신사적이지 않은 방법으로 독일인의 집과 직업, 재산을 가졌다.

물론 인종청소가 1945년에 시작된 것은 아니었다. 히틀러는 실레지아와 다른 국경지대에서 독일인 이민자를 위한 공간을 마련하기 위해 폴란드인들을 추방하고 유대인들을 살해했다. 하지만 영토 분쟁은 그보다 더 먼저였다. 내전의 역사가 앞서 있었는데, 대개 피로 물든 인종청소가 내전과 함께했다. 1918년 독일과 오스트리아·헝가리 제국의 패배로 실레지아에서 독일 등이 보유했던 자산의 운명을 결정해야 했다. 일부는 오스트리아, 일부는 체코슬로바키아, 또 일부는 폴란드·독일에 넘어갔다. 하지만 상上실레지아는 분쟁 지역으로 남았다. 지역 폴란드인과 독일인들이 주도하는 강력한 상실레지아 독립운동이 있었다. 연합국은 1919년 이 지역이 폴란드에 속해야 할지, 독일에 속해야 할지정하는 국민투표를 실시하기로 했다. 이 결정은 심각한 폭력사태를 초래했다. 무장한 폴란드 민족주의자들은 아우슈비츠에서 멀지 않은 카토비체 인근 공업지대에서 독일인들을 폭행했다. 이는 다시 유혈 보복을 불러일으켰는데, 공격을 주도한 국수주의 무장단체인 프라이코어 Freikorps('자유 군단'이라는 의미―옮긴이)는 1918년 독일 패배 이후 형성된 나치 운동의 양성소가 되었다. "흑·적·황(독일 삼색기 색깔―옮긴이)! 폴란드인들을 박살 내라!"라는 구호가 그들의 슬로건이었다. 다수가 상실레지아를 독일이 지배해야 한다고 투표했고, 이는 더한 폭력을 불러일으켰다. 결국 상실레지아 일부는 폴란드 영토가 되었다. 하지만 나치 점령하에 폴란드인들이 겪은 부당한 처우가 더해지면서 1945년에 이 기억은 더욱더 노골적이 되었다.

요제프 회니슈 가문은 수 세대 동안 상실레지아에 살았다. 1945년 회니슈는 나치당에 가담한 적이 없었기 때문에 집에 머물러도 안전할 거라고 생각했다. 하지만 잘못된 결정이었다. 그는 소련 군대 대신 장악한 폴란드 무장조직에 체포되었다. 무장조직 심문자가 나치였느냐고 물었을 때 그는 아니라고 답했다가 얼굴에 발길질을 당했다. 수 차례 같은 과정을 거친 뒤에 온몸이 피에 젖은 채 가로 6피트, 세로 9피트인 감방에 끌려갔다. 감방에는 아홉 명의 다른 독일 죄수가 있었는데, 공간이 좁아서 앉아 있기는커녕 서 있기도 힘들었다. 폴란드 무장조직 인사들은 남자고 여자고 죄수들의 옷을 벗기고 서로가 서로를 때리도록 하는 것을 즐겼다. 8일이 지난 뒤 회니슈는 1919년 상실레지아의 운명을 놓고 독일인에 대항해 싸웠던 폴란드 목수이자 학교 동창인 게오르크 피사르치크와 조우했다. 피사르치크에게는 복수의 기회였다. 이제 독일인들이 응분의 대가를 치를 때였다. 하지만 이 이야기에는 이보다 더한 실레지아 사람 특유의 꼬인 부분이 있다. 이 두 사람이 다시 만났을 때 회니슈는 피사르치크의 아버지가 1920년대 초반 어떤 독일인도 그를 고용하지 않을 때 회니슈 아버지의 도움을 받은 적이 있다는 점을 상기시켰다. 피사르치크는 답례로 그를 도와줬을까? 4주 뒤에 회니슈는 풀려났다.

불행하게도 회니슈 이야기처럼 독일인 희생자의 기억은 다른 사람들이 겪은 고통과 비교당할 때면 대개 반감된다. 회니슈는 석방 뒤에 "(전후에) 어떤 독일인도 살아나온 적이 없는 그 유명한 폴란드 죽음의 수용소"[27] 중 하나인 아우슈비츠로 보내지지 않은 게 얼마나 행운이었는지 밝히고 있다. 이같이 섬뜩한 말은 다른 독일인 보수주의자들의 글에도 스며들어 있다. 군인 작가였던 에른스트 윙거는 1945년 일기에서 러시아 "몰살 캠프"에 대해 언급하면서 "반독일주의"를 반유대주의에 비교하고 있다. 그는 신문들이 "광란처럼"[28] 반독일 감정에 빠져들고 있다고 적었다.

많은 폴란드인이 즉각적으로 집단 보복에 탐닉했다는 사실은 자기연민에 빠져 있는 독일인들의 문헌에서조차 거의 증거로 남아 있지 않다. 하지만 무고한 많은 독일인이 나치 가담 또는 나치친위대 소속이었다는 잘못된 혐의로 고발당했고, 끔찍하게 고통받았다는 것은 명백하다. 이전의 나치 수용소였던 임시 억류 수용소는 매우 잔혹했다. 실레지아의 독일인들은 폴란드 국민이 되기에 적합하지 않으면 모든 시민권을 잃었다. 폴란드어를 못 하면 폴란드 국민이 되는 것이 불가능했다. 어떤 권리도 없이 독일인들의 생명은 무장조직이나 말단 관리의 손에 놓여 있었다. 수용소에서 단지 점호를 따르지 못했다는 이유로 주먹 세례나 몽둥이질 또는 그보다 더한 것도 각오해야 했다.

리부사 프리츠-크로코프는 폴란드인 시장 부인에게 카펫을 팔려고 하던 참이었다. 시장 부인은 전에도 귀중품을 몇 차례 구입하면서 아주 적은 값만 냈다. 리부사는 카펫을 팔려던 찰나에 무장조직에 딱 걸렸다. 독일인들에겐 소유물의 판매도 금지되어 있었다. 리부사는 이 범죄로 쇠고랑을 찬 채로 공개적인 인신공격을 당했고, 사람들이 그녀 얼굴에 침을 뱉었다. 하지만 그녀는 "폴란드인들은 대개 헛기침을 하거나 바닥에 침을 뱉었다. 반면 독일인들은 도로 반대편으로 건너갔다"[29]고 술회했다.

반독일인을 내세운 폭력 사례 중 최악은 의심할 여지 없이 무장조직이 저질렀다. 그들은 강제수용소를 운영하고 죄수들을 고문할 뿐 아니라 무작위로 죽였으며, 때로 아무 이유 없이 죄수들을 공개 비판대에 세웠다. 무장조직은 급조되다 보니 대부분 비도덕적인 인사들을 모집했는데, 거기에는 나이 어린 범죄자들도 대거 포함되었다. 가장 악명 높았던 살인자는 람스도르프 수용소의 사령관 세자로 짐보르스키로, 그는 겨우 18세였다. 어린이 800명을 포함해 6000명 이상이 그의 지휘 아래 살해되었다. 그와 관련된 모든 문헌에 따르면 짐보르스키는 파리의 날개를 뜯어내며 즐거워하는 어린애처럼 자신의 권력을 즐겼다.

가장 악랄한 무장조직 인사 중 일부는 독일 수용소에서 살아남은 사람들이었다. 확실히 복수가 하나의 중요한 이유였다. 하지만 역시나 피에 대한 욕망은 물질적이면서 계급적인 질투로 인해 더욱 타올랐다. 교사나 교수, 사업가 그리고 기타 상위 부르주아 계급이 인기 있는 목표물이었다. 독일인 변절자로부터 정보를 받은 폴란드 경비대는 특히 고위 계층 죄수들을 고문할 때 즐거워했다. 람스도르프에 수감되었던 한 교수는 '지적으로 보이는 안경'을 썼다는 단순한 이유로 맞아 죽었다. 경비대 청년들과 그들이 선호한 희생자들을 보면, 캄보디아의 크메르루주나 중국의 홍위병이 연상된다. 십대들이 선생님이나 다른 권위 있는 인사를 겨냥하는 것은 절대 어려운 일이 아니다. 반독일 사례에서 보면 인종 갈등의 역사가 가학증을 더 심화시킨 요소였다.

다소 비슷한 일이 옛 오스트리아·헝가리 제국의 다른 지역에서도 일어났다. 이 지역에는 독일어를 하는 시민이 많았는데, 이들은 1919년 비독일 정부에 넘겨진 뒤 다시 히틀러 제국의 특권층이 되었다가 결국 마지막에는 옛 이웃이나 피고용인, 때론 친구들에게 추방당했다. 이 독일계 사람들은 체코슬로바키아에서 전면적인 보복 행위로 고통을 받았다. 여기서 가장 위협적인 존재는 어른들에게 고무된 십대 소년들이었다. 이 중 일부에게는 정당한 보복이라는 이유가 있었다. 많은 체코인과 슬로바키아인은 1938년 히틀러가 주데텐란트를 합병하면서 큰 고통을 받았다. 일부는 다하우나 부헨발트 등 독일 강제수용소에서 살아남았다. 상실레지아의 경우처럼 이런 피의 보복에는 역사가 있다. 17세기 개신교 보헤미안 귀족이 기독교 신성 로마 제국에 의해 축출된 시기까지 거슬러 올라간다. 그 뒤로 독일인들은 체코와 슬로바키아인들보다 우위를 점하게 되었다. 비독일계는 하인이나 농부계급이었다. 그래서 1945년 여름은 계급적으로나 인종적인 측면에서 복수의 시기였다. 그리고 역시 상층부가 복수를 장려했다.

한때 조화로운 다인종 체코슬로바키아를 꿈꿨던 민족주의자였으며, 전시에는 망명 중이었던 체코 대통령 에드바르트 베네시도 독일인 문제가 일거에 모두 해결돼야 한다고 결정했다. 그는 1945년 라디오 방송에서 "비애, 비애, 비애, 독일인들에게 세 번의 비애를! 우리는 독일인들을 제거할 것이다"[30]라고 선언했다. 4~6월 독일인의 재산권을 박탈하는 다양한 법령이 공포되었다. 나치 전범과 반역자, 나치 지지자들을 심판하기 위한 '특별 인민재판'이 들어섰다. 10월에는 모든 독일인에게 적용될 수 있는 '국가적 명예'에 반하는 행동을 한 자들도 처벌 대상이 되었다.

다른 인류처럼 체코인들도 무방비 상태의 독일인들에게 뭔가 할 수 있다는 공식 허가를 받았다면 최악의 행동을 했을 것이다. 프라하와 다른 도시들에 고문 감옥이 세워졌다. 나치친위대 출신으로 의심되는 사람들은 길거리 가로등에 목이 매달렸다. 1만 명 이상의 독일 민간인들이 스트라호프 축구경기장에 수용되었고, 이 중 수천 명은 단순히 오락거리로 기관총 세례를 받았다. 혁명수비대Revolutionary Guards·RG는 폴란드 무장조직의 체코 버전이었는데, 젊은 건달들에게는 폭력적인 환상을 채울 수 있는 행동을 할 공식 허가증이었다. 그들은 폭도를 이끌면서 길거리에서 독일인들에게 돌팔매질을 했고, 그렇지 않으면 한때 특권층이거나 '지적인 안경'을 쓴 민간인들을 폭행했다. 그들은 군대와 새롭게 해방된 국가의 최고위급 관료들의 지지를 받았다.

가장 무시무시한 사례는 다른 유럽 지역에서 성적 방종과 같은 폭력적 광란이 줄어들고 새로운 질서가 자리 잡기 전까지의 야만적인 여름의 몇 달간이다. 그 당시가 어땠는지를 보여주는 몇 가지 사례만으로도 충분히 분위기를 짐작할 수 있을 것이다. 마르가레테 셸이라는 독일 여배우에 대한 이야기다. 프라하에서 태어난 셸은 전쟁 전에는 극장과 라디오를 통해 알려진 유명 배우였다. 5월 9일 그녀는 혁명수비대원 네 명에게 체포되었는데, 그중 한 명은 이웃 정육점 주인이었다. 다른 독일 여성들과 함께 그녀는 공습으로 무너진 잿더미가 치워진 기차역으로 끌려갔다. 그녀는 무거운 보도 벽돌을 들고 가면서 개머리판으로 맞고 군홧발에 차였다. 군중은 고함을 질렀다. "이 독일 돼지들아! 수년간 배불리 먹었으니 이제 너희 총통(히틀러를 말한다—옮긴이)에게 감사해라!"

상황은 순간적으로 급격히 악화되었다. "내 머리 스타일이 군중을 더 화나게 만드는 것 같았다. 머리를 가릴 것도 없었다. (…) 몇 사람이

날 알아보고는 소리 질렀다. '저 여자는 배우다!' 불행하게도 내 손톱은 잘 다듬어져 매니큐어가 칠해져 있었고, 손목에 찬 은팔찌는 군중을 더 광란 상태로 몰아갔다."[31]

독일 여성들은 히틀러 사진을 삼켜야 했다. 잘린 머리카락을 입에 물어야 했다. 셸은 노동수용소 노예로 보내져 거기서 알 수 없는 이유로 혁명수비대에게 뭇매를 맞았다. 그래도 그녀는 중부나 동부 유럽의 다른 독일인들에 비하면 이런 처우에 둔감하지 않은 편이었다. 모든 체코 경비대가 나쁘게 행동한 것은 아니었다. 한 경비대원은 그녀가 낡은 신발을 신고 일하면서 제대로 걷지도 못하는 것을 보고는 샌들 한 짝을 가져다줬다. 그녀는 "이 경비대원이 독일 강제수용소에서 7개월간 지냈던 이야기를 들었는데, 그와 비교해 우리가 이렇게 대접받는 것은 정말 놀랄 일도 아니다"[32]라고 적었다.

셸은 체코인들이 품고 있는 분노의 본질을 이해하고 있었다. 어느 날 그녀는 왜 자신만 심하게 얻어맞았는지 궁금해하다가, 사령관이 그녀를 "너무 세련됐다"고 생각한다는 사람들의 말을 떠올렸다. 같은 날인 8월 8일 그녀는 일기 앞부분에 수용소 부엌에서 일하는 악랄한 여성 경비대원을 언급했다. 그녀는 "이 여성"은 "어디에서나 최악이었다. 뭔가 분노와 관련되어 있다는 것은 명백한데, 아마도 지금 우리가 노동 노예 상태인데도 그대로 살아남아 있다는 사실을 눈으로 보고 있기 때문인 것 같다"[33]고 분석했다.

에드바르트 베네시는 공산주의자가 아니었다. 하지만 그는 스탈린과 친해지려고 노력했고, 과거에 조국이 서구 민주주의 때문에 추락한 사실을 염두에 뒀다. 그래서 현명하지 않게도 소련과 동맹관계를 구축했다. 이 악마의 협정은 결국 1948년 공산당이 체코슬로바키아를 장악하는 것으로 결말이 났다. 하지만 혁명의 씨앗은 셸이 수용소 부엌에서 목격한 대로 이미 분노의 형태로 뿌려져 있었다. 1945년의 체코슬로바키아, 특히 수 세기 동안 독일인들이 우세했던 이 지역은 2세기 전 프랑스혁명과 달리, 공포정치가 혁명 이전에 왔다는 점만 제외하면, 프랑스 공포정치 시대와 똑같았다.

유대인의 비범한 자제력

셸이 쓴 일기의 다른 부분도 언급할 가치가 있다. 그녀는 일기에서 한때 게슈타포가 점유했던 집에 어떻게 끌려갔는지를 묘사하고 있다. 그녀와 일부 죄수들은 페인트칠이 된 집을 청소하고 가구를 들여놓으라는 지시를 받았다. 공교롭게도 감독 업무는 유대인이 맡았다. 그런데 이 유대인은 그녀와 다른 독일인 죄수들을 관대하게 다뤘다. "그는 강제수용소에서 5년을 보내면서 부모와 여동생들을 잃었지만, 다른 사람을 괴롭히고 싶지 않다고 말했다. 그는 죄수가 된다는 것이 뭘 의미하는지를 알았다. 그는 모든 독일인을 미워할 만한 완벽한 이유가 있었지만, 우리에게 화풀이를 하지 않았다."[34]

이런 행위는 비인간적인 행위가 허용된 당시에는 전형적이지 않았을뿐 아니라 보기 드문 연민을 보여주는 사례다. 하지만 실제로 전 유럽에서 독일인과 배신자, 국가적 명예를 훼손한 여성들, 계급의 적, 파시스트들을 상대로 보복이 행해지는 와중에도 가장 고통받았던 사람들은 비범한 자제력을 보여주었다. 복수하겠다는 유대인들의 원초적 본능이 부족해서가 아니었다. 1945년의 유대인들이 자신들을 전멸시키려 했던 사람들에게 일말의 호감이라도 있었기 때문은 더더욱 아니었다. 대다수 수용소 생존자들은 너무 아팠거나 감각마저도 없는 상태여서 보복 행위를 할 기력조차 없었다. 물론 일부 수용소에서 조악한 수준의 정의가 행해지기는 했다. 일부 유대계 미국인들은 나치 가담 용의자들을 심문하면서 직업적 열정을 넘어 행동했다. 슈투트가르트 인근 교도소의 독일 나치친위대 장교들을 가혹하게 다룬 사안을 조사하는 질의에서 독일인 응답자 137명은 "미국 전범조사팀의 발길질 때문에 고환이 영구적으로 손상됐다"[35]고 답했다. 미국인 심문자 대부분은 유대계 이름을 가지고 있었다.

하지만 이는 개별적 사례일 뿐이다. 유대인들이 조직적으로 '눈에는 눈' 법칙을 시도한 적은 없었다. 다시 이야기하지만 이유는 욕망의 결핍이 아니었다. 정치적 이유였다. 1945년 보복 욕망은 상당했다. 1944년 영국군 내부에 유대인 여단이 결성되었다. 독일 패배 이후 이 여단은 이탈리아와 오스트리아 국경지대인 타르비시오에 주둔했다가 나중에 독일 지역 내에 주둔한 점령군 병력으로 편입되었다. 홀로코스트로 가족을 잃은 사람들에게는 자연스러운 유혹이었을, 독일인에 대한 개인적 보복 행위를 멈추게 하기 위해 여단은 명령을 하달했다. "혈수blood feud(가문이나 종족 간에 되풀이되는 피의 복수전―옮긴이)는 모든 사람의 것이라는 점을 기억하라. 개인의 무책임한 행위는 모든 이의 보복을 실패로 이끌 것이다." 또 다른 명령은 독일에서 시오니즘 깃발을 휘날리는 것만으로도 충분히 달콤한 복수가 된다는 점을 상기시키고 있었다.[36]

개개인이 법외 심판을 행사하게 하는 대신, 여단은 틸하츠 티지 게셴프텐Tilhaz Tizi Gesheften. TTG('내 엉덩이를 핥아라'라는 뜻의 히브리어 속어―옮긴이)으로 알려진, 보복을 위한 단체를 만들었다. 이 단체는 이스라엘 카르미라는 지도자가 이끌었다. 이들은 죄수나 군부 정보원으로부터 입수한 정보를 근거로 밤마다 타르비시오를 떠나 악명 높은 나치친위대 장교나, 유대인을 살해한 책임을 져야 할 사람들을 암살하는 임무를 맡았다. 영국군이 이들의 활동을 파악했을 때 여단은 독일을 떠나 좀 덜 선동적인 분위기였던 벨기에와 네덜란드로 이동한 뒤였다. 정확히 얼마나 많은 나치가 살해됐는지는 모르지만 200~300명을 넘지는 않았을 것으로 추정된다.

개인적 보복을 포기하라는 지시를 거부한 사람 중 한 명이 리투아니아 출신 유대인 아바 코브너였다. 혼이 담긴 듯한 눈빛과 긴 곱슬머리는 코브너를 살인자라기보다 시인처럼 보이게 했는데, 실제로 그는 지금도 이스라엘에서는 시인으로 유명한 인사다. 세바스토폴에서 태어나 빌나, 지금의 빌뉴스에서 성장한 코브너는 전쟁 전에 사회주의 시오니즘 조직에 입회했다. 1941년 그는 빌나의 유대인 게토에서 도망치는 데 성공했고, 수녀원에 숨어 지내다가 파르티잔(좌파 무장 세력 또는 빨치산—옮긴이) 조직에 가담했다. 독일의 항복 이후에 코브너와, 대부분이 폴란드와 리투아니아 유대인들인 다른 몇몇 생존자는, 전쟁은 실제로 끝나지 않았으며, 끝나지 않아야 한다고 확신했다. 그는 '유대인들이 흘린 피를 갚아야 한다'는 의미의 담 예후디 나캄Dam Yehudi Nakam을 결성했다. 이 조직은 줄여서 '나캄'으로 불렸다. 코브너가 고안한 몇 가지 원칙 중 하나는 "유대인이 보복 없이 피를 흘려도 괜찮다는 생각은 인류의 기억 속에서 지워져야 한다"였다. 적절한 보복이 없다면 누군가가 유대인을 다시 멸종시키려 할 것이라고 코브너는 믿었다. "보복 이상이어야 한다. 살해된 유대인들을 위한 법률이어야만 한다! 그 이름은 DIN(히브리어의 약어로 '이스라엘의 피는 복수심에 불타고 있다'라는 의미)으로, 후세들은 이 무자비하고 동정심 없는 세상에도 판사와 판결이 있다는 사실을 알게 될 것이다"[37]라고 적었다.

코브너가 1945년에 만든 암울한 구약성경 같은 관점은 소수의 나치 친위대 가담자들을 암살하는 데서 훨씬 더 나아갔다. 만일 그의 계획이 성공했다면 아마 국가 간 보복전이 일어났을 것이다. 독일인 600만 명이 죽어야만 유대인들에게 자행했던 악행에 대한 충분한 보상이 될 것이었다. 몇 년 뒤 키부츠에 살고 있던 코브너는 그 계획이 광란의 징후였음을 인정했다. 그가 말한 대로 "분별 있는 사람이라면 미친 생각이었음을 알았을 것이다. 그러나 당시에는 사람들이 거의 미쳐 있었다. (…) 아마도 미친 것보다 더한 것이었을지도 모른다. 끔찍한 생각이었고, 절망 속에서 태어난, 뭔가 자살적인 요소가 있었다."[38] 흥미로운 것은 "조직적이며 유일무이한 복수"를 하겠다던 코브너의 신념이 왜, 어떻게 실패했느냐다.

계획은 몇몇 주요 독일 도시의 상수도관에 치명적인 화학물질을 투여하자는 것이었다. 독약을 확보하기 위해 그는 팔레스타인을 방문했다. 그곳에서 일부 동조적인 입장도 접했지만, 나치 출신을 대규모로 살해하자는 열의는 별로 감지할 수 없었다. 다비드 벤구리온(이스라엘 초대 수상—옮긴이)과 기타 시오니즘 지도자들의 우선순위는 유대인을 위한 새로운 국가 건설이었고, 이를 위해서는 연합국의 호의가 필요했다. 유럽에 남아 있는 유대인들을 구하고, 그들을 이스라엘의 자랑스러운 시민으로 변모시키는 게 그들의 목표였다. 유럽에서 더는 정상적인 삶으로 복귀하는 것이 불가능했다. 유럽은 과거를 상징했다. 독일인들을 살해하는 계획에 사로잡히는 건 시간 낭비였다. 따라서 코브너가 전면적인 계획을 알려줬더라도 시오니즘 운동 산하 민병대인 하가나 Haganah는 지원할 생각이 전혀 없었을 것이다.

나머지 이야기는 거의 코미디에 가깝다. 공식적인 협력이 부족한데도 코브너는 그럭저럭 예루살렘 히브리 대학의 화학연구소에서 독극물을 얻어내는 데 성공했다. 나중에 이스라엘의 4대 대통령이 된 에프라임과 아론 형제가 당시 연구소 조교로 일하고 있었다. 형제는 당시 사람들에게 이론의 여지가 없었던 목표물인 나치친위대를 살해하는 데에만 사용할 거라는 생각에 코브너에게 치명적인 독극물을 줬다. 1밀리그램으로도 상당수 사람을 죽일 수 있는 독극물이었다.

1945년 12월 코브너는 분유 라벨이 붙은 독극물 캔을 가방에 꽉 채우고는 로젠크란츠라는 동료와 함께 프랑스행 배에 승선했다. 그들은 신분증을 위조했고, 코브너는 영어를 전혀 할 수 없는데도 영국 군인으로 위장했다. 코브너는 꽤 오랫동안 뱃멀미를 했다. 툴롱에 가까워졌을 때 선내방송에서 코브너의 이름이 흘러나왔다. 신분이 발각됐거나 임무가 위험에 처했다고 생각한 코브너는 '분유' 절반을 바다에 쏟아부은 뒤 로젠크란츠에게도 만일 일이 잘못되면 나머지를 다 폐기하라고 지시했다.

사실 코브너는 신분이 발각되지도 않았을뿐더러 전체 계획이 발각된 것도 아니었다. 위조문서로 여행한다는 혐의로 체포됐을 뿐이었다. 그럼에도 독극물은 유럽에 도착하지 못했다. 공황 상태에 빠진 로젠크란츠가 나머지를 바다에 버렸기 때문이다. 뉘른베르크의 상수도는 안전했고, 수만 명의 독일인은 해를 입지 않았다. 코브너의 몇몇 친구가 나치를 구금한 수용소의 음식에 독을 집어넣는 신통치 않은 시도를 하기는 했다. 하지만 이마저도 별 효과는 없었다. 몇 명이 아팠지만 누구도 죽지 않았다.

유대인들의 복수는 정치적 지지가 없었기 때문에 결코 실행되지 못했다. 시오니즘 지도자들은 전쟁과 피로 얼룩진 유럽에서 멀리 떨어진 곳에서 영웅적인 이스라엘인들이 사막의 땅을 개간하고, 자랑스러운 시민 군인으로서 적들과 싸우는, 다른 유형의 정상正常을 창출하려고 했다. 그들은 미래에 대해 강한 자의식을 가진 것처럼 보였다. 하지만 이 역시 인종적, 종교적 충돌과 더불어 피로 물든 미래가 될 참이었다.

물론 그 피는 독일인들의 것이 아니었다. 아바 코브너는 미래를 지향하는 삶에 결코 적응할 수 없었다. 그는 과거에 홀린 상태에서 비극적인 시를 썼고, 밤마다 소리를 지르면서 잠에서 깼다. 그는 여동생에 대해 이렇게 적었다.

약속된 땅에서 난 너를 불렀다
난 너를 찾아 헤맸다
작은 신발들의 더미 속에서
주말이 다가올 때마다

아버지에 대해서는 이렇게 적었다.

우리 아버지는 빵을 꺼냈다, 신의 축복이여
똑같은 오븐(나치 수용소의 시체 소각실―옮긴이)에서 40년간. 그는 결코 상상한 적이 없었다
많은 사람이 오븐에서 사라질 수 있다는 것을
그리고 세상이, 신의 도움으로, 계속될 수 있다는 것을[39]

적은 독일인이 아니었다

토니 주트는 전시 프랑스의 레지스탕스 활동가나 나치 부역자에 대해 "그들의 적은 대개 서로였다. 독일인이 아니었다"[40]고 적었다. 외국 군에 점령된 유고슬라비아, 그리스, 벨기에, 중국, 베트남, 인도네시아와 같은 국가도 마찬가지였다. 모든 식민 정부가 그랬던 것처럼 점령군은 이미 존재하는 갈등과 긴장을 악용했다. 독일이 없었다면 프랑스 비

시 정부의 반동적인 귀족들이 권력을 잡을 수 없었을 것이며, 크로아티아의 살인적인 안테 파벨리치Ante Pavelić와 파시스트 우스타샤Ustaša(극우 민족주의 단체—옮긴이)도 실권을 쥘 수 없었을 것이다. 플랑드르(벨기에, 네덜란드 남부, 프랑스 북부에 걸친 지역—옮긴이)에서 플랑드르 국민연합Flemish National Union은 독일어가 지배하는 유럽에서 프랑스어를 사용하는 왈론 족을 해방할 수 있다는 희망을 갖고 나치 점령자들에 협력했다. 이탈리아와 그리스에서도 파시스트와 우파들이 자신의 이익은 물론, 좌파를 물리치기 위해 독일인들에 협력했다.

그렇다면 중국은 어땠을까? 1972년 일본 수상 다나카 가쿠에이田中角榮가 전시에 일본이 중국인들에게 저지른 행위를 마오쩌둥 주석에게 사과했을 때, 섬뜩한 농담을 즐기던 마오 주석은 외빈을 진정시키면서 이렇게 말했다. "당신들에게 감사해야 할 사람들은 우리입니다. 당신들 없이 우리는 결코 권력을 잡을 수 없었을 겁니다." 마오 주석 이야기는 옳았다. 중국에서 일어난 일은 의도하지 않은 결과가 낳은 가장 극적인 사례였다. 일본인들은 공산주의에 대한 공포를 국민당의 장제스와 공유하고 있었다. 일본과 국민당 사이에 몇 번의 협력 시도도 있었고, 실제 국민당의 한 파벌은 일본과 협력했다. 하지만 일본은 국민당에 치명적인 손상을 입힌 뒤 내전 발발 직전인 1945년 공산주의자들을 도왔고, 이후 얼마 지나지 않아 내전은 절정에 달했다.

중국 내전도 그리스에서와 마찬가지로 외국군의 침략 이전에 이미 개시되었다. 프랑스와 이탈리아에서도 내전이 수면 위로 떠오르기 직전이었다. 아시아 식민지에서 유럽의 분할 통치 전략은 사회적 갈등을 촉발하기에 충분했다. 여기에 독일과 일본은 분할 통치 전략을 구사하면서 상황을 파국으로 몰고 갔다.

독일과 일본이 제국 건설 과정에서 부패한 우익 인사들을 대거 협력자로 이용한 반면, 공산주의자들과 좌파는 반나치나 반파시스트 레지스탕스 활동에서 중요한 역할을 했다. 레지스탕스 활동을 자랑스러워했던 프랑스 공산당은 스스로를 처형된 자들의 정당이라고 불렀다. 스탈린에게 저항했던 동료 좌파들을 흡수하고도 공산당은 그들을 부역자, 즉 '히틀러-트로츠키주의자'라고 부르면서 비애국적이라고 비난했다. 좌파의 무장 저항 역사는 새로운 질서를 향한 혁명적 요구로 이어졌다. 전후 서구 연합국들이 독일과 일본에 맞서 연합국 편에서 싸워주었던 병력 일부를 무장해제하고 탄압하는 것을 도왔다면, 소련은 소련 영향력 하의 동구권 국가들 사이에서 일어났던 새로운 질서에 대한 강력한 요구를 악용했다. 서구 연합국들은 무장해제와 탄압뿐 아니라 부역자 출신의 일부 엘리트들이 다시 권력을 잡는 것을 도왔다. 이는 나중에 냉전으로 발아하는 씨앗이었다.

그렇다 하더라도 적과의 협력 문제는 항상 간단치 않았다. 유고슬라비아의 티토 공산당 파르티잔은 세르비아 왕당파인 체트니크Chetnik(세르비아 민족 독립운동 집단—옮긴이)를 공격할 재량권을 가지려고 1943년 독일과 협상을 했다. 그해 가을 체트니크는 티토 당파를 축출하기 위해 독일에 협력했다. 보스니아 무슬림들은 보호만 받을 수 있다면 크로아티아 파시스트나 세르비아 공산당, 하물며 나치 등 누구와도 협력했다. 이 모든 일시적 동맹은 외부가 아닌 국내의 적에게 대항하기 위한 것이었다.

프랑스에서 대부분의 부역자는 독일 점령자들을 위해 직접 일한 게 아니고, 사령관인 필리프 페탱이 이끄는 프랑스 정부를 위해 일했다. 비시 정부는 독일의 도움을 받아 진짜 프랑스, 지극히 프랑스적인 것La France profonde에서 자유주의자들과 유대인, 프리메이슨 등과 같은 얼룩을 제거하고 교회와 가족, 애국주의로 뭉친 프랑스를 재건할 수 있다고 믿었다. 이탈리아 파시스트들은 1943년까지는 부역자라고 부르기 어렵다. 1943년은 이탈리아가 독일군에 점령된 뒤 베니토 무솔리니가 이끄는 파시스트가 가르다 호수 변에 작은 나치 괴뢰 정부로 자리를 잡고 연명하던 때다. 그럼에도 1943년 이전 20년에 달하는 이탈리아 파시즘 통치가 너무 많은 증오를 일으켰기 때문에 독일이 떠나자마자 좌파가 맹렬한 보복전을 펼치기에 충분했다.

나중에 영국 총리가 된 해럴드 맥밀런은 처칠의 지중해 국가 전권대사였다. 1945년 4월 맥밀런은 전쟁에도 전혀 훼손되지 않은 웅장한 시청 건물에 막 자리를 잡은 연합군 사령관을 만나기 위해 군용 지프를 타고 볼로냐로 향했다. 그곳에서 그 지역의 유명한 자유주의자 두 명의 시체가 놓여 있는 것을 발견했다. 눈물을 머금은 군중이 두 사람에게 마지막 존경을 표하고 있었다. 이 자유주의자들은 검은 여단Black Brigade 이라는 파시스트당 조직원들의 총에 맞았는데, 그들은 하루 전날 이미 달아난 뒤였다. 맥밀런은 일기에 적었다. "관은 열려 있었고, 친구와 지지자들은 마지막으로 지도자들의 얼굴을 볼 수 있었다. 그들은 시 청사 벽에 기댄 상태에서 총을 맞아 벽에는 핏자국이 그대로 남아 있었다. 그들이 서 있었을 곳에 이미 꽃이 놓여 있었고, 안타깝게도 최근 몇 달간 검은 여단이 살해한 남녀노소의 사진들이 있었다."

곧이어 이렇게 썼다. "파시스트였던 시장은 달아나는 데 실패했다. 시장은 그의 마지막 희생자들 옆에서 총을 맞았다. 벽에 시장의 뇌가 튀어 바닥에는 피가 흥건했다."[41] 맥밀런은 점심을 먹기 위해 그 자리를 떠났다. 전에는 독일 장교에게 이탈리아 음식을 내놓았던 이탈리아 요리사가 이제는 연합군 장교들을 위해 미국 음식을 만들고 있었다. 맥밀런은 "여기에도 도덕률은 있다"고 적었지만, 어떤 도덕인지에 대해서는 언급하지 않았다.

1945년 4월 파르티잔 보복의 희생자 중에는 무솔리니와 무솔리니의 정부情婦 클라라 페타치도 포함되어 있다. 무솔리니는 독일군 방공부대와 함께 오스트리아로 도망치려다 붙잡혔다. 무솔리니 일행이 파르티잔이 점거하고 있던 방어망에 막혔을 때 독일군들은 제 길을 가라는 허가를 받았다. 파르티잔은 이제 더는 독일군에게 관심이 없었다. 하지만 이탈리아인들은 그 자리에 남아야 했다. 무솔리니는 붉은 줄무늬가 들어간 이탈리아 장군용 승마 바지 위에 독일군 그레이트코트(군인용 외투—옮긴이)를 입었는데도 바로 누구인지 알 수 있었다. 4월 28일 무솔리니와 클라라, 그리고 무작위로 선택된 파시스트 15명은 가르다 호수의 시골 별장 앞에서 총살당했다. 다음 날 무솔리니와 파시스트들의 시체는 밀라노의 한 작은 광장에 위치한 에소 주유소 앞 대들보에 거꾸로 매달렸고, 군중의 분노에 그대로 노출되었다. 무솔리니 얼굴은 금세 거의 식별할 수 없는 지경이 되었다.

에드먼드 윌슨은 이 일이 있고 한 달 뒤 바로 그 장소에 있었다. 처형된 자들의 이름이 주유소 앞 버려진 대들보에 검은색으로 쓰여 있었다. 윌슨은 "전체 도시에 무솔리니와 추종자들을 죽이고, 공공장소에 시체를 전시하고, 군중이 시체를 더럽히는, 그런 분위기가 감돌고 있었다. 이탈리아인들은 술집에서 사람들을 붙들고는 자기들이 찍은 사진을 보여줬다"[42]고 적었다.

하지만 이는 4~6월 이탈리아 북부에서 대략 2만 명의 파시스트와 부역자를 살해한 사례 중 하나일 뿐이다. 피드몬트에서는 8000명이 살해당했다. 롬바르디아에서는 4000명, 에밀리아에서는 3000명이 죽임을 당했다. 밀라노에서도 3000명이 살해되었다.[43] 상당수가 공산주의자였던 파르티잔이 즉결 처형을 단행했다. 일부는 재판광장으로 불린 임시 인민재판소에서 즉결 재판을 받았다. 처형은 신속했다. 무고한 사람들이 연루되기도 했다. 파시스트로 알려지면 아내와 자녀들도 함께 총살당했다. 법외 심판 대상은 대부분 경찰관이거나 파시스트 정부 관료였다. 감옥에 갇힌 사람들도 안전하지 못했다. 7월 17일 비첸차 인근 스키오 감옥은 복면을 한 파르티잔에게 습격을 받아 파시스트 죄수 55명이 살해되었다. 보복을 행한 일부 사람은 레지스탕스 출신이었다. 이 중 일부는 실질적인 전투가 끝난 뒤에 레지스탕스에 가담했다가 계급이 급격히 상승한 막판 승차 영웅들이었다. 또 일부는 새로운 '애국적' 자격을 들먹이며 부유한 사업가 혹은 지주를 협박하거나 물건을 약탈한 범죄자들이었다.

하지만 이탈리아에서 복수는 종종 정치적 목적을 품고 있었다. 혁명을 위한 보복이었다. 공산주의 파르티잔들은 숙청을 자본주의에 대항하는 필수불가결한 투쟁으로 간주했다. 토리노의 피아트 같은 대기업은 무솔리니 정권과 일하기 시작한 이후 정당한 보복 대상으로 여겨졌다. 토리노나 밀라노의 가장 유력한 사업가들은 스위스 국경을 넘거나 혹은 언제고 자신을 죽일 수 있는 사람들에게 암시장 물건을 주고 매수하는 식으로 위기를 모면했다. 하지만 지위가 낮은 기업가들은 죽임을 당한 뒤 지역 공동묘지에 버려지는 식으로 삶이 끝나는 게 흔했다.

연합군 당국은 이탈리아에서 공산혁명이 일어날까봐 심각하게 우려해 파르티잔을 신속히 무장해제하려 했다. 하지만 파르티잔 상당수가 독일을 상대로 용감하게 싸운 사람들이었다. 보수 성향의 이탈리아 정치인들은 당연히 연합군의 노력을 지지했는데. 이들 중 일부는 파시스트와도 가까운 인사들이었다. 로마 지역 정부가 파시스트 처벌에 뜸을 들인 것도 (정부 법정보다) '재판광장'이 먼저 열렸던 이유 중 하나였다.

연합군 사령관들의 협조 속에 파르티잔 출신들이 자부심을 드러낼 수 있는 가두행진이 다양한 지역에서 조직되었다. 이탈리아 주요 인사들이 파르티잔 군사조직들의 경례를 받았는데, 이들 조직은 각기 다른 분파에 대한 충성을 상징하는 색깔의 스카프를 목에 두르고 있었다. 좌파는 빨간색, 기독교인은 푸른색이고 나머지 대부분을 차지하는 이탈리아군 탈영병인 자치주의자들은 녹색 스카프를 맸다. 상당수는 무기를 버렸지만, 모두가 그런 건 아니었다. 급진 좌파는 여전히 강했고, 때로는 무장한 상태였다. 하지만 보수들이 걱정할 필요는 없었다. 나중에 판명됐듯이 이탈리아에서 혁명은 일어나지 않았다. 스탈린이 제국을 중부 유럽으로 확장하는 대가로 지중해 지역은 서구 연합국에 남겨두기로 합의했기 때문이다. 하지만 살인적인 보복은 여전히 계속됐고, 이탈리아 공산당에 대한 두려움과 좌파의 쓰디쓴 배신감의 일부는 21세기까지 그대로 이어졌다.

좌파에 동정적인 에드먼드 윌슨은 이런 과정을 불쾌하게 바라봤다. 윌슨은 미국이 전후 이탈리아 민주주의에 가장 크게 공헌한 바는 "전화 통화로 나눈 대화에 '자유'라는 이름을 붙인 것뿐이었다. 그리고 우리 목적에 부합할 때에는 파르티잔을 무장시키고 격려했다가, 이제는 그들에게서 무기를 빼앗고, 정치적 발언을 금지하고, 문제가 생기면 감옥에 집어넣는다"라고 적었다. 윌슨 역시 좌파의 손에 피가 묻어 있다는 사실을 알고 있었지만 "새로운 이탈리아 혁명은 잔인한 보복 그 이상이기에, 나는 이 시점에서 그 추동력이 억제될 수 있는 운동이 아니라고 확신한다"[44]고 주장했다.

하지만 좌파의 추동력은 왜곡되었다. 한국에서, 프랑스에서, 베트남 남부에서, 일본에서, 그리고 1945년 여름 윌슨이 도착한 그리스에서 그랬다. 윌슨은 아테네 헌법광장의 그랜드 브레타뉴 호텔에 묵었다. 친절로 따지면 호텔 서비스는 나빴다. 윌슨은 객실 벽에서 총알 구멍을 발견했다. 여기에는 이유가 있었는데, 아테네 시내에 걸려 있는 냄새, 즉 또 다른 배신의 악취였다.

호텔 방에 왜 총알 구멍이 있는지 설명이 필요하다. 1944년 12월에 그리스인민해방전선Ethnikón Apeleftherotikón Métopon·EAM 지지자들이 벌인 대규모 시위가 있었다. 그리스인민해방전선은 공산주의자들이 지배하는 파르티잔 조직이었다. 당시 영국군은 해방된 그리스를 형식적으로만 책임지고 있었다. 아테네에는 보수주의자와 왕당파, 일부 좌파가 포함된 국민통합National Unity이라는 그리스 지역 정부가 자리 잡고 있었다. 상당수 다른 지역은 여전히 그리스인민해방전선과 그 무장 세력인 그리스인민해방군Ethnikós Laïkós Apeleftherotikós Strátos·ELAS 휘하에 있었다. 해방전선과 해방군은 정부 권력을 이양받은 뒤 그리스 혁명을 달성하려 했다. 영국의 지원을 받는 보수주의자들은 어떤 대가를 치르더라도 이를 막으려 했고, 해럴드 맥밀런에 따르면 이것이 바로 1944년 12월 3일 "내전 발발"[45]을 촉발한 원인이었다.

맥밀런이 분명히 알았듯이 내전은 이미 오래전에 시작된 상태였다. 그리스는 제1차 세계대전 당시부터 이미 깊이 분열되어 있었다. 당시 엘레프테리오스 베니젤로스 총리는 연합국을 지지하고 싶었지만, 콘스탄틴 1세와 군부 사령관 요안니스 메탁사스는 그렇지 않았다. 왕당파와 베니젤로스 지지자들 간에 신랄한 비난을 주고받은 지 몇 년이 지났다. 1936년 메탁사스는 은행가의 얼굴과 함께 파시스트의 잔인함을 갖춘 독재자가 되었다. 히틀러의 제3제국을 숭상한 메탁사스는 국부國父 자격으로 모든 정당활동을 금지하고, 공산주의자들과 정권 반대자들을 감옥에 집어넣는 방법으로 그리스를 '통일'했다. 1941년 메탁사스가 죽자 대다수 그리스인은 안도의 한숨을 내쉬었다.

이후 독일이 그리스를 침략했다. 옛 메탁사스 정권 인사들은 대부분 독일에 협력했고, 레지스탕스는 메탁사스 정권 시절 투옥됐던 공산주의자들이 이끌었다. 독일인들이 지원했던 그리스 파시스트 전투단은 초기에 연합국의 원조를 받은 좌파 게릴라들과 싸웠다. 양쪽 모두 야만적 폭력을 막대하게 행사했고, 희생자 대부분은 양측 교전 사이에 갇힌 무고한 민간인들이었다.

맥밀런이 옳았다. 이탈리아 지원 병력으로 보강된 영국군은 불과 몇 달 전까지만 해도 독일과 싸웠던 좌파 파르티잔과 1944년에 실제로 전투를 시작했다. 하지만 이 사실을 부인한 에드먼드 윌슨의 견해가 더 넓리 알려져 있었다. 윌슨의 견해는 특히 미국에서 더 널리 인정됐는데, 미국이 그리스 내 영국군의 활동을 전형적인 영국 제국주의의 또 다른 개입으로 간주하는 경향이 강했기 때문이다. 상당수 영국인도 그렇게 느꼈고, 이 때문에 대독일 저항을 이끈 리더십으로 존경받았던 처칠 또한 공산주의 파르티잔에 대응하는 호전성으로 불신을 받게 되었다.

해럴드 맥밀런은 다른 국가처럼 그리스의 "레지스탕스 활동도 우리 스스로가 만든 선전 덕분에 조국의 자유를 위해 헌신한, 바이런식의 비장하고 낭만적인 이상주의자들로 묘사됐다"[46]고 지적했다. 바이런식 영웅에 가장 닮은 인사는 아리스 벨루치오티스라는 남자였다. 아리스는 검은색 베레모에 검은 재킷을 입고 검은 턱수염을 기른 채 검은 무리의 파르티잔을 이끌고는 말을 타고 산속을 누볐다. 1945년 공산주의자들과 결별한 아리스는 살인자이기도 했다. 나중에 아리스가 작전을 벌인 곳에서 거대한 무덤이 연이어 나왔고, 거기에는 정적들의 뼈가 함께 뒹굴고 있었다.

이탈리아(와 중국 및 기타 많은 지역) 등지에서 해방 뒤 가장 실질적인 문제는 무력 행사의 독점이었다. 그리스인민해방전선과 해방군은 나치 점령기에 결성되어 악명이 자자했던 안보대대 같은 우파 무장 세력이 무기를 내려놓으면 자진해서 무장해제하겠다고 오랜 협상 끝에 합의했다. 그리스 정부의 목표는 좌우파 무장 세력에 속해 있던 최정예 인력을 정식 군대에 편입하는 것이었다. 그리스인민해방전선과 해방군에 따르면 정부는 합의를 지키지 않았다. 좌파가 어느 정도 무장을 해제한 반면, 우파는 화력 보유가 허용되었다. 많은 그리스인민해방군 전사가 이를 완전한 배신으로 기억하는 것은 충분히 이해할 만했다. 한 파르티잔의 회고에 따르면, 1944년 부역자 일부가 강제 소집되었다. 하지만 부역자들은 죽임을 당하는 대신 경찰에게 넘겨졌다. 더 몹쓸 짓은 경찰이 부역자들에게 총을 건넨 뒤 그들을 풀어줬다는 것이었다. 1945년 패배한 파르티잔들에게 도덕은 명확했다. "부역자들을 죽이라고 했던 사람들은 이렇게 말할 수 있다. 우리가 모든 파시스트를 없애버렸다면 두 번째 전쟁, 즉 내전은 일어나지 않았을 거라고."[47]

1945년 에드먼드 윌슨이 호텔 방에서 금세 알아챘던 것처럼 당시 아테네의 분위기는 과열되어 있었다. 1944년 12월 3일 여자와 아이들을 포함한 대규모 군중이 헌법광장에서 당시 지역 정부가 점유하고 있던 그랜드 브레타뉴 호텔 앞을 행진해갔다. 당시 그리스인 대부분이 공유하고 있었고, 또한 좌파에 동정적이었던 윌슨이 목격한 장면은 평화로운 시위자들의 행진이었다. 하지만 그때 왕당파 경찰들이 총기를 발포해 사상자 100여 명이 속출했다. 다음 날 시위대가 다시 장례 행렬에 맞춰 호텔 앞을 행진할 때 경찰은 또다시 호텔 창문에서 총을 발사하여 200명이 넘는 비무장 시민을 살해했다.

맥밀런의 시각은 다소 다르다. 맥밀런은 "이른바 민간인 군중 속에는 상당수의 무장한 그리스인민해방군 게릴라들이 포함되어 있었고" 치명적인 총격은 공산주의 선동가가 발사한 것으로 봤다.[48]

비극의 진실이 무엇인지 알기 힘들다고 할지라도 최소한 두 가지는 논쟁의 여지가 별로 없다. 공산주의자가 이끄는 파르티잔들은 1944년 10월 그리스가 독일에게서 해방되기 전부터 부역자이거나 부역 혐의를 받은 사람과 '계급의 적'들을 상당수 살해한 무자비한 행정가였고, 전후에도 상당 기간 숙청과 살인을 계속했다는 것이다. 두 번째 진실은 그럼에도 그리스 좌파가 배신감을 느낄 만한 충분한 이유가 있었다는 것이다.

공산주의자와 좌파는 상당수 국가에서 반나치와 반파시스트 저항의 중추였다. 그들은 그리스에서 자신들을 제외한 다른 모든 이를 숙청하면서 저항운동을 독점했다. 그리스인민해방전선과 해방군은 농촌 지역에 일종의 게릴라 국가를 세웠고, 인민재판을 통해 혁명의 모든 적을 처리했다. 1944년 9월 그리스에 주둔한 영국군 장교는 아티카와 비오티아에서 공산주의자들의 '공포 정치'에 대해 썼다. 그는 "500명 이상이 지난 몇 주간 처형당했다. 시체가 부패하는 냄새 때문에 기지 옆에 위치한 그 장소를 지나가기 힘들었다. 알몸 시체들이 땅 위에 그대로 버려졌고, 머리는 크게 훼손되어 있었다. 사람들로부터 강력한 반응을 끌어낼 수 있다는 점 때문에 그리스인민해방군은 이 장소를 택했다"[49]고 적었다.

이 때문에 그리스에서의 혁명은 두려워할 만했다. 군주제를 옹호하여 그리스 보수주의자들로부터 비난받은 처칠이 선호했던 계획인 게오르게 2세의 국왕 복귀는 좋은 아이디어가 아니었다. 1930년대 말 게오르게 2세의 짧은 통치 기간은 요안니스 메탁사스의 잔혹한 우파 독재가 자행된 시기였고, 그 시대에 대한 대중적인 향수는 전혀 없었다.

하지만 공산주의에 대한 두려움 때문에 영국은 좌파 파르티잔과 싸우는 아테네 정부를 지원하는 방법 말고는 다른 대안이 없다고 여겼다. 전투는 1945년 초에 5주간 지속되었다. 그리스인민해방군은 2만 명 이상의 '계급의 적'들을 추방하고 때론 산 위로 끌고 가 처형했다. 반면 좌파로 의심받은 상당수가 아프리카에 주둔해 있던 영국군에서 추방되었다. 양쪽의 전투가 너무 치열해서, 2월 평화협상이 체결되자 상당수의 대중이 안도할 정도였다. 처칠은 그리스정교회 대주교와 함께 그랜드 브레타뉴 호텔 발코니에 몸을 내밀어 환호하는 대규모 군중에게 "그리스여, 영원하라! 모두를 위한 그리스!"[50]라고 외쳤다.

하지만 이건 일시적 소강이었을 뿐이다. 그리스 내전은 재개되어 3년간 더 이어졌다. 그뿐만 아니라 처칠의 열렬한 연설이 끝나자마자 또 다른 형태의 보복전이 개시되었다. 보복에 대한 재보복이었는데, 이번에는 보복 대상이 좌파였다. 우파의 준군사조직과 경찰은 광범위한 보복전을 펼쳤다. 공산주의자나 좌파로 의심받은 인사들이 영장 없이 체포됐고, 두들겨 맞았고, 수많은 사람이 살해되거나 갇혔다. 그리스인민해방전선은 국제적 관심을 끌기 위한 호소문을 발표했다. "공포의 정권은 메탁사스 독재보다 훨씬 더 끔찍하다"[51]는 내용이었다. 1945년 말이 되자 6만 명에 가까운 그리스인민해방전선 지지자들이 투옥되었다. 여기에는 여자와 어린이들도 포함됐고, 여성을 위한 특별 수용소가 세워졌다. 통상적인 혐의는 피점령 기간에 저지른 범죄였다. 하지만 나치 부역자나 우파 안보대 대원 등이 저지른 범죄는 대개 처벌받지 않았다.

해럴드 맥밀런과 에드먼드 윌슨은, 한쪽이 영국 대사로서 다른 한쪽이 미국인 문학 저널리스트로서 전혀 다른 시각을 보여주고 있다. 하지만 의견이 일치하는 게 하나 있다. 민주적 좌파를 공산주의 혁명가들과 분리하는 노력이 필요하다는 것이었다. 맥밀런은 "온건하고 합리적이며 진보적인 정책이 공산주의의 강경한 핵심에서 불분명하고 급진적인 요소들을"[52] 제거할 수 있다고 생각했다. 윌슨이 보기에 영국은 "그리스인민해방전선 지도자들이 소련과 결별하고 레지스탕스 시절의 난

폭함 같은 야생적 요소를 정리할 수 있도록 도와야 했는데, 오히려 보복을 사주하는 데에만 들떠 있었다."[53] 안타까운 것은 영국이 의지를 갖고 있었다 하더라도 그런 노력들이 복수심에 즉각 묻히고, 각 정파가 이익을 좇으면서 이를 부추겼으리라는 점이었다.

종전은 해방이 아니다:
동인도제도, 인도차이나, 말레이 반도의 복마전

식민지 사회에서 해방은 어쩌면 종전을 묘사하기에 적절한 단어가 아닐 수 있다. 대부분의 아시아인들에게 서구 제국주의는 해방으로 대체되었고, 결국 이보다 더 불행한 것으로 판명난 일본으로부터의 '아시아 해방'은 일본에서 벗어나는 것 이상의 행복을 가져다주었다. 하지만 네덜란드가 1945년 네덜란드령 동인도제도에서, 프랑스가 인도차이나에서, 영국이 말레이 반도에서 생각했던 해방과는 거리가 꽤 멀었다.

아시아인들이 생각했던 해방은 미국인들이 필리핀에서 준비했던 계획과 더 들어맞았다. 동남아시아 지역 연합군 최고사령관이었던 루이스 마운트배튼 경(마지막 인도 총독을 지낸 영국 군인—옮긴이)도 아시아인들의 독립 열망에 다소 공감했다. 하지만 네덜란드와 프랑스는 가능한 한 빨리 전전戰前 질서를 회복하길 원했다. 인도네시아의 독립 열망에 동정적이었던 네덜란드 사회주의자들조차도 독일 점령기에 극히 손상된 네덜란드 경제가 아시아 식민지를 잃게 되면 붕괴될 것이라며 두려워했다. 당시 인기를 끌었던 슬로건은 "만약 인도를 잃게 되면 재앙에 대한 비용은 우리가 치러야 한다"였다. 비교적 가장 진보적이었던 네덜란드도 자국의 군주정부 아래 인도네시아 민족주의자들에게 얼마간 자치를 인정하는 선에서 그쳤다. 그리고 일본인들에게 협력했던 인도네시아인들은 절대 받아들이지 않을 것이었다.

이 때문에 적과의 협력 및 보복 문제가 다소 복잡해졌다. 전쟁 초기에는 동남아인들 사이에서 일본이 선전한 '아시아인을 위한 아시아' 논리가 상당히 인기 있었기 때문이다. 인도네시아의 수카르노 같은 활동가들에게 일본과의 협력은 네덜란드 식민주의를 제거할 수 있는 최상의 방안이었다. 하지만 네덜란드인들 눈에 수카르노는 적의 협력자였다. 네덜란드 입장에서 전후 인도네시아 독립을 수카르노와 협상하는 것은 말도 안 되는 일이었다. 네덜란드는 수카르노를 반역자로 처벌해야 한다는 입장이었다.

1945년 아시아인들은 복수의 분노로 타오르고 있었지만, 이 분노가 항상 유럽 식민주의자들에게 직접 향한 것은 아니었다. 복수는 종종 간접적이었고, 일본 점령 이전의 다양한 부역자들을 겨냥하고 있었다. 일부 유럽 국가에서 그랬듯이 아시아에서도 복수의 희생자는 인기 없는 소수파였다. 특히 소수파가 서구 식민 강대국에 붙어 특권을 가졌거나 더 부유하다고 간주될 때 그랬다.

'아시아의 유대인'으로 불리는 동남아시아의 중국인들은 일본 때문에 가장 큰 타격을 받았다. 예를 들면 말레이시아에서 중국인을 신뢰하지 않은 일본은 말레이인들을 더 선호했다. 중국 상인들이 서구 식민주의의 혜택을 받았다고 여겼다. 그래서 말레이계 엘리트들은 정부나 경찰에서 진급하면 중국인들을 분쇄해야 한다고 생각했다. 말레이나 인도네시아 농민들은 비참한 대우를 받았다. 일본의 군사 프로젝트로 강제 노역을 나간 인도네시아인들은 서구 전쟁포로보다 더 처참한 상황에 놓였고, 대량의 인구가 사망했다. 농촌은 피폐해지고 수백만 명의 농부가 빈곤에 허덕였다. 도시는 약탈당했고, 최소한의 서비스도 없었으며, 거리는 범죄조직이 다스렸다.

동남아시아에서 일본의 통치는 잔인했는데도 과거 식민국에 순응했던 현지 주민들에게 새로운 공격적 성향이 스며들었다. 서구 강대국들은 일본에 꺾였고 취약성을 드러냈다. 수십만 명의 젊은 말레이인과 인도네시아인들이 일본의 예비군 병력이나 준군사조직, 다양한 청년 군사조직에서 훈련을 받았다. 이를 통해 이들에게는 절대 익숙지 않았던 자부심이 생겨났다. 일본은 피식민국 사람들이 갖는 수치심과 열등감을 교묘히 악용해서 반서구, 반중反中 감정을 자극했다.

　　전시에 말레이 반도의 반일 저항 세력 상당수는 중국에서 왔다. 레지스탕스는 중국 공산당과 당시 소수파에게 매력적이었던 공산주의의 국제주의internationalism에 고무받았고, 말레이공산당Malayan Communist Party이 주도했다. 말레이공산당이 특별히 반反말레이인 것은 아니지만 당원 대부분이 중국계였다. 말레이공산당의 군사조직은 반일말레이인민군Malayan People's Anti-Japanese Army이었는데, 1945년 8월 무장병력 10만 명을 보유하고 있었다. 이들은 농촌지역을 장악, 자신들의 법과 규칙으로 국가 내에 국가를 형성했고, 그리스 공산당 게릴라처럼 공산주의에 동정적이지 않은 관료들을 대상으로 광범위한 숙청을 단행했다.

　　전후에 반일 군대는 일본인에게 부역한 지역민에게 신속한 보복을 개시했는데, 보복 대상 대부분이 인도계나 말레이계였다. 시장과 경찰, 기자, 정보원, 일본 장교들의 정부情婦, '반역자와 주구走狗' 등이 길거리에서 질질 끌려다녔고, 철창 안에 갇힌 채 대중에게 전시되거나 신속한 '인민재판'에서 선고를 받은 뒤 공개 처형되었다. 많은 말레이인이 공포에 빠졌다. 반일 투쟁에서 반일말레이인민군과 긴밀하게 공조한 영국 식민 정부가 10월 중국인들에게 말레이계와 동등한 시민권을 인정하자 말레이계는 조국에 대한 지배력을 잃을까 우려했다. 이는 오늘날까지도 말레이계 정치인들을 사로잡는 두려움이다.

결국 말레이계는 중국계에 반격하기로 결정했다. 지도자는 터번을 두른, 잔인한 인상의 전직 갱단 보스인 키야이 살레흐였다. 그는 전후에 성전聖戰이라는 의미의 '사빌라 레드밴드Red Bands of The Sabilillah'를 이끄는 지도자로 급부상했다. 목표는 중국인 이교도로부터 이슬람 신앙을 보호하고, 일본 패배 이후 중국인들에게 살해당하고 멸시받았던 말레이계를 위해 복수하는 것이었다. 중국인에게 대항하는 성전이 겉으로는 이슬람적이라고 할지라도(그들은 코란을 읽고 수피즘 성인들을 내세웠다) 살레흐는 자신을 어떤 위험에도 취약하지 않은 말레이 신비주의자로 선전했다. "그는 총알을 맞아도 멀쩡하고, 물에 젖지 않고 강을 걸어서 건널 수 있으며, 그를 묶고 있는 어떤 밧줄도 풀 수 있고, 목소리만으로도 공격자를 마비시킬 수 있다."[54] 그의 추종자들은 금침으로 스스로를 찌르거나 성스러운 전사 지도자가 축복한 물약을 마시면 그비슷한 능력을 부여받을 수 있다고 믿었다.

레드밴드가 선호한 살인 방식은 마체테machete(날이 넓고 무거운 칼로 잡목 등을 베는 데 주로 사용된다—옮긴이)나 크리스kris(말레이인과 인도네시아인들이 쓰는 단도로 날이 물결 모양이다—옮긴이)라고 불리는 말레이 단검, 즉 전사들 자신처럼 신비한 힘이 가득한 무기를 사용하는 것이었다. 11월 6일에 일어난 사건이 전형적이다. 말레이의 전사들은 파당르바르 지역의 중국인 마을을 급습한 뒤 남자 5명, 여자와 아이들 35명을 단도와 마체테로 난도질했다. 아이들의 시체는 우물에 버려졌다. 말레이 정치인들이 이런 식의 살인을 지지한 것은 아니었지만 제지는 없었다. 영국군 첩보 보고서에 따르면 "교육받은 말레이인들은 말레이 반도에서 장차 말레이계의 신분에 관해 상당히 걱정하면서 중국인들이 경제적 주도권을 잡도록 내버려두면 결국 정치적 지배로 이어질 거라고 널리 확신하고 있었다."[55]

인도네시아인들도 같은 두려움에 사로잡혀 있었다. 레드밴드의 주요 위관급 인사 3명이 네덜란드령 동인도제도에서 온 인도네시아인이었다는 사실은 절대 우연이 아니었다. 1945년 가을 네덜란드령 동인도제도의 상황은 말레이보다 훨씬 더 심했다.

남아프리카 출신의 영국왕립해군 소령인 G. F. 제이컵스는 1945년 8월 수마트라에 낙하산으로 착륙한 첫 연합국 군인 중 한 명이었다. 제이컵스의 임무는 일본군 당국과 접촉선을 구축, 일본군의 항복을 준비하고 연합군의 착륙을 돕는 것이었다. 또한 제이컵스는 질병에 걸려 쇠약해지고, 두들겨 맞고, 굶주림에 허덕이고 있는 수천 명의 민간인을 가둔 일본군 전쟁포로 수용소를 목격한 첫 연합국 군인이기도 했다. 수용소에 갇혀 있던 네덜란드 죄수들은 왜 제이컵스가 법외 심판을 하지 않는지 이해하지 못했다. "왜 우리를 막는가. (…) 당신은 우리가 이 쪼그만 일본 황인종 놈들을 혼내주고 싶어한다는 걸 모르나?"[56]

전쟁포로들이 일본군 경비대에게 폭력을 휘두르는 걸 제이컵스 소령이 제지한 것은 더 큰 위험을 두려워했기 때문이다. 인도네시아인들은 "백인에게 죽음을!"이라고 외치면서 총과 단검, 창을 들고 전국을 누비고 있었다. 앞서 일본인들이 감금했던 죄수들을 경호하려면 그 일본군 경비대가 필요했다.

일본이 항복하고 이틀이 지난 8월 17일 아침, 수카르노는 바타비아(지금의 자카르타—옮긴이)에서 소규모 군중을 앞에 두고 짧은 선언문을 낭독했다. "우리, 인도네시아인들은 독립을 선언한다. 권력 이양 등에 관한 문제는 성실하고 신속하게 진행될 것이다."

수카르노가 직접 선언문을 작성하고 스스로를 신생 인도네시아공화국의 대통령으로 지명했다. 부통령은 일본 육·해군 사령관들과 가까웠던 모하맛 하타였다. 1945년 여름, 패배가 불가피해지자 일본은 인도네시아에 반서구 독립국이 들어서는 게 자신들한테 유리한 최선의 선택이라고 결론 내렸다. 대부분의 일본인은 자기들이야말로 우수한 민족으로서 아시아인들을 통치하기를 희망하지만, 동시에 '아시아인을 위한 아시아'라는 슬로건도 매우 진지하게 받아들이고 있었다. 일본 치하에서 짐승 취급을 받으면서 타이-버마 철도 건설 등 지옥 같은 강제노역 건설장에서 돌아온 생존자들은 질병에 취약했고, 폭력과 굶주림에 지친 상당수 인도네시아인들은 뭘 해야 할지 아직 잘 모르는 상태였다. 실제로 일본 항복 이후 처음 몇 주간은 네덜란드인에 대한 적대감이 거의 없었다. 수카르노와 하타, 그리고 네덜란드에서 교육받은 사회주의자이자 일본에 결코 협력하지 않은 엘리트였던 샤히르 같은 지도자들은 통제할 수 없는 잠재적 폭력을 억누르기 위해 최대한 노력하고 있었다.

하지만 인도네시아의 새로운 지도자들은 젊은이들을 통제하지 못했다. 젊은이들은 일본 군대에서 예비군 교육을 받았고 그만큼 과격했다. 싸우겠다는 의지가 충만했다. 이들은 동조적인 일본군 장교에게서 무기를 건네받거나 구입했고, 일본군 창고에서 무기를 훔쳤다. 추정치에 따르면 소총 5만 정과 경·중 기관총 3000정, 탄창 수억 개를 가지고 있었다.[57] 네덜란드인들이 해야만 했고 다른 서구 연합국들이 제안한 방안은, 혁명적 폭력에 관심이 없는 수카르노 및 다른 인도네시아 지도자들과 협상을 하는 것이었다. 마운트배튼 경이 바랐던 "유일한 방안은 네덜란드인과 인도네시아인들이 서로 입 맞추고 친구가 되는 것이고, 그 이후에 네덜란드인들이 철수하는 것"[58]이었다. 하지만 네덜란드인들의 선택은 '이른바 수카르노 정부'를 친나치 부역자 정권에, 독립을 원하는 젊은 인도네시아 전사들을 히틀러유겐트이자 나치친위대에 비유하면서 영국 외교부에 청원을 낸 것이었다. 네덜란드는 수카르노의 독립 선언을 네덜란드령 동인도제도에서 파시스트 정권을 유지하려는 일

본의 음모로 간주했다.[59]

수카르노가 일본에 협력한 것은 의심의 여지가 없다. 수카르노는 1930년대의 대부분을 네덜란드 식민지 감옥에서 보내거나 인근 섬에 망명 중이었다. 그런 수카르노를 일본은 네덜란드보다 훨씬 더 존중해 줬다. 수카르노가 일본과의 협력이 인도네시아 해방을 위한 가장 빠른 길이라고 판단한 데에도 이유가 있었다. 수카르노는 1942년에 "내 인생에서 처음으로 아시아라는 거울을 통해 내 자신을 볼 수 있었다"[60]고 말했다.

하지만 수카르노의 일본 협력 노선은 여느 인도네시아인과 비교해봐도 너무 나갔다. 수카르노는 전시 일본이 벌인 인도네시아인 강제 동원을 지지했고, 이는 수카르노의 평판에 금이 가게 했다. 젊은 급진파들은 수카르노가 독립선언에서도 일본과의 연계를 언급한 것에 매우 분노했다. 급진파들은 일본과 관련된 것이라면 그 무엇도 원하지 않았다. 그렇다 해도 그 누구도 명망 높은 인도네시아 민족주의자로서 수카르노의 자격을 문제 삼지는 않았다.

네덜란드는 수카르노와 직접적인 협상을 하기보다 네덜란드령 식민지에서 인도네시아의 자치를 허용한다는 모호한 약속만 했다. 반면 9월 초부터 네덜란드 동인도제도의 퇴역 군인들은 총을 쏘고, 붉은색과 흰색으로 이뤄진 인도네시아 국기를 찢고, 사람들을 위협하는 방식으로 누가 주인인지 보여주기 위해 인도네시아 마을을 어슬렁거리면서 돌아다녔다. 가장 악명 높은 네덜란드계 자경단은 'X대대'로 불리는 조직이었는데, 네덜란드계와 유라시아계 사령관들이 이끌고 있었다. 하지만 자경단원 대부분은 짙은 피부색의 인도네시아 암본 지역 기독교인이거나 메단 지역 등의 소수민족이었는데, 이들은 식민 체제의 충성스러운 하인으로서 네덜란드 정부보다 다른 인도네시아인들이 지배하는 것을 더 두려워했다. 네덜란드와 영국 함선들이 주로 인도인으로 구성된 연합군과 네덜란드·인도제국행정부Netherlands Indies Civil Administration 요원들을 싣고 도착한다는 소식이 알려지고, 옛 질서를 재건하는 방향으로 나아가는 경향이 짙어지자 동남아시아는 피로 물든 폭력이 예고되었다. 이런 폭력의 일부는 혁명이고, 일부는 보복이었으며, 또 일부는 범죄 성격을 띠고 있었는데, 이는 같은 해 초반 중부 유럽에서 폭발했던 것과 같은 치명적인 뒤범벅이었다.

1945년 10월과 11월, '브르시압bersiap'(준비하라)이라는 구호로 공포의 물결을 촉발한 극단주의자 조직들은 주로 일본이 이끌던 무장조직 출신이거나 길거리 깡패 또는 자카르타와 수라바야 같은 도시의 갱 조직에서 모집된 십대들로 구성되어 있었다. 청년 조직 프무다pemuda('청년'이라는 의미—옮긴이)에는 학생과 공장 노동자, 마을 주민들도 포함되어 있었다. 일부 지도자는 갱단 두목이었는데, 부자들의 물건을 강탈한 뒤 살해하는 행위는 정치적이라기보다 욕망과 더 관련 있었다. '호랑이 아버지'라 불리던 강도단 두목 등 카리스마 넘치는 일부 지도자는 부하들에게 부적을 팔기도 했다. 자바 섬 특유의 신비주의에 일본 식민 정부가 주입한 전사 정신이 혼합되면서 젊은 전사들은 무분별한 영웅주의에 빠져들었다. 이는 '메르데카 아타우 마티Merdeka atau mati'(자유 아니면 죽음을 달라!)라는 말에 스며 있다. 그저 마체테 칼과 죽창만 가지고 탱크와 싸우는 청년들도 있었다.

혁명적인 보복의 주된 희생자는 사업을 하거나 배신행위로 의심을 받는 중국인이나 유라시아인, '인도계' 또는 네덜란드 편에 섰던 다른 소수민족들이었다. 게다가 네덜란드·인도제국행정부 간첩으로 불렸던 상상의 존재가 있었다. 이들 첩자에 대한 정의는 상당히 자의적이었다. 사룽sarung(인도네시아 등에서 남녀 구분 없이 허리에 둘러 입는 천—옮긴이)

에 (네덜란드 국기 색인) 적색과 흰색, 푸른색이 너무 많은 사람도 네덜란드 행정부의 첩보 요원으로 찍힐 수 있었다.

자카르타의 속 빈 금속 가로등주를 두들기며 다가오는 죽창 소리를 들으면서 중국인들과 인도계, 암본 사람들은 고난이 다가오고 있다는 사실을 알아챘다. 연합군 부재 상황에서 민간인 보호 임무를 부여받은 무장 일본군들은 탕 치는 소리가 들리기 시작하면 슬그머니 사라졌다. 상점들이 습격받았고 집들이 불탔다. 집 안에 있던 가족들은 광기 어린 청년들에게 난도질당했다. 이 청년들은 폭력에 취했고, 문자 그대로 단검과 사랑에 빠졌다. 때로 희생자들의 피를 마시기도 했다. 자카르타 인근의 한 지역에서는 부패한 중국인 시체로 우물이 막히는 바람에 더는 마실 물이 없었다.

가장 흔한 살인 방식은 인도-네덜란드 문구인 '트찟트짱하다getjintjangd'였다. '트찟트짱'은 크리스나 마체테로 사람을 벤다는 의미다. 일본인들이 보호하고 있는 수용소를 떠난다는 것 자체가 어리석은 일이었는데, 네덜란드 민간인들은 수용소 밖에서 자주 '트찟트짱'되었다. 저항군을 도우라는 요구를 거절하거나 무기 인도를 거부하는 일본인들도 칼을 맞았다. 병자와 굶주린 사람들로 가득 찬 옛 수용소 역시 공격 대상이 됐지만, 일본군 경비대가 지키고 있는 한 그래도 가장 안전한 곳으로 여겨졌다.

인도네시아에서 태어난 네덜란드인 페터르 판베르쿰이라는 청년은 어느 밤, 수라바야에서 죽창을 든 흥분한 십대 무리에게 무작위로 지목되어 지역 감옥으로 가는 트럭으로 끌려갔다. "트럭이 천천히 다가오자 군중은 소리를 지르면서 트럭을 에워쌌다. 내가 본 건 일그러지고 입을 크게 벌린 채 땀을 흘리고 있는 흐릿한 갈색 얼굴들이었다. 그들은 떨리는 주먹을 불끈 쥐고 모든 종류의 무기를 휘두르고 있었다."

"백인에게 죽음을!"이라는 외침이 들리는 가운데 죄수들은 트럭에서 밀쳐졌다. "군중이 즉시 폭력을 가하기 시작했다. 막대와 총검, 도끼, 소총 개머리판, 창으로 때리고 베고 찔렀다."[61]

인도네시아 지도자들은 '브르시압'을 결코 원치 않았지만, 상황은 지도자들의 통제를 완전히 벗어나 있었다. 자바와 수마트라 섬 전역에서 전투가 발발했다. 식민주의자들과 그들의 협력자들에 대한 보복뿐 아니라 저항군과 일본인들 간의 전투도 벌어졌으며, 보복과 보복이 이어지는 피의 악순환이었다. 스마랑에서 기도 신이치로 소령이 이끄는 일본군 부대는 일본이 수도 공급을 사보타주한다고 믿고 있던 프무다와 격돌했다. 일본은 자신들이 여전히 위협적이라는 것을 증명해 보이기 위해 인도네시아 무장조직원 몇 명을 죽였다. 그러자 인도네시아인들은 감옥에 갇혀 있던 일본 민간인 200명 이상을 살해했다. 영국군 보고서는 "시체들이 지붕이나 창문에 매달려 있었고, 죽창에는 시체 여러 구가 한꺼번에 꿰여 있었다. (…) 어떤 이가 벽에 피로 마지막 메시지를 남기려 한 흔적도 있었다"[62]고 기록했다. 분노한 일본인들은 보복으로 2000명 이상의 인도네시아인을 살해했다.

10월, 최악의 폭력이 인도네시아인들의 손에 완전히 넘어간 수라바야 공업도시를 집어삼켰다. 감옥은 텅 비었다. 프무다 자유전사들과 하찮은 깡패들, 낭만적인 청년들로 구성된 군중은 '도모 형Brother Tomo'이라 불렸던, 카리스마 있고 장발長髮을 한 유력가가 세운 '저항 라디오'의 방송 "대담한 자바인들의 행동"을 듣고는 훨훨 타올랐고, 거리로 뛰쳐나왔다. 중국인과 암본, 인도계, 그리고 네덜란드·인도제국행정부 첩자 혐의를 받은 사람들이 단검과 창 공격을 받았다. 자신들의 목숨마저 위협받을까 두려웠던 일본은 군중에게 더 많은 살상 무기를 제공했다.

페터르 판베르쿰의 여동생 카를라가 인근 수용소를 나와 다른 네덜란드 난민들과 함께 도착했다. "우리는 원주민들의 공격을 받았다. 그들은 죽창을 우리에게 휘둘렀다. 그러면서 계속 '메르데카! 메르데카! 메르데카!'(자유)라고 외쳤다. 누더기를 입은 상태였다. 그들의 짙은 검은색 눈이 무서웠다. 나는 겁이 났다."[63]

연합군은 상륙을 준비하기 위해 네덜란드 해군 대령인 P. J. G. 하위여르를 도시로 파견하기로 결정했다. 하위여르의 도착은 당연하게도 추가 도발로 보였다. 무기가 끊임없이 일본군 병기창에서 프무다 전사들에게로 흘러갔다. 10월 25일 주로 인도인과 네팔 구르카인들로 구성된 영국군 4000여 명이 상륙했다. 이 병사들이 얼굴에 검은 칠을 한 네덜란드인이라는 소문이 돌았다. 오합지졸의 인도네시아 군대가 이들을 공격했다. 자국 군대가 몰살당할 게 두려웠던 영국은 수카르노와 하타에게 군중을 통제해달라고 요청했다. 수카르노는 이에 응했고, 다소 성과가 있었다. 덕분에 전쟁이 잠시 중단됐지만 10월 31일 영국군 사령관인 A. W. S 맬러비 준장이 인도네시아인의 총에 맞았다.

영국군이 응징할 차례였다. 11월 10일부터 3주간 수라바야에는 공중 폭격에 포격, 기총 사격 등이 쏟아졌다. 당시 목격자는 도심의 상황을 이렇게 묘사했다.

사람 시체와 말, 고양이, 개들의 사체가 웅덩이와 깨진 유리 조각, 가구, 뒤얽힌 전화선 등과 함께 도로 위에 널브러져 있었다. 교전 소리가 빌딩 사이로 메아리처럼 퍼져나갔다. (…) 인도네시아 저항군은 두 단계를 거쳤다. 하나는 단검만 든 채로 서면 탱크 앞으로 돌격하는 광란의 자폭이었다. 두 번째는 더 조직적이고 효과적인 방법이었는데, 일본군 매뉴얼을 따르는 것이었다.[64]

11월 말이 되자 수라바야는 인도네시아와 인도, 영국, 네덜란드, 인도계 사람들, 중국인들의 시체로 악취가 진동했지만, 폭격으로 완전히 파괴되는 대가를 치른 뒤에야 안정을 되찾았다. 물론 인도네시아가 완전한 독립을 획득한 1949년 이전까지는 여전히 추가 보복 행위가 이어졌다. 1946년 네덜란드가 파견한 '터크Turk'라는 별명의 라이몬트 베스테를링이 이끄는 암살단은 남南술라웨시에서 수천 명의 민간인을 살해했다(베스테를링은 제2차 세계대전 당시 북부 아프리카에서 독일군과 싸우기도 했고 나중에는 신실한 무슬림이 되었다).

하지만 피는 피를 부르기 마련이다. 네덜란드는 수카르노에게 배신자 혐의를 씌웠을 뿐 아니라 공산주의자들의 대외용 인사로 간주했다. 공교롭게도 수라바야 전투 이후 정확히 20년 뒤 인도네시아 군부는 군사 쿠데타를 통해 수카르노를 축출했는데, 역시 공산주의자들이 인도네시아를 차지하는 것을 방지한다는 명목이었다. 이는 전국 규모의 공산주의자 숙청으로 이어졌다. 무슬림 자경단원과 무장한 청년, 군 부대원, 자바 신비주의자, 평범한 시민들이 50만 명을 살해하는 데 동참했다. 희생자 대부분은 중국인이었다. 나중에 인도네시아 대통령이 된 쿠데타 지도자는 육군 소장인 수하르토였다. 일본 군대에서 훈련받고 반서구 제국주의 사상을 주입받았던 수하르토는 1945년 네덜란드에 대항해 싸웠다. 수하르토는 32년간 대통령으로 재임했다. 재임 기간에는 확고한 반공산주의자로서 서구 강대국의 따스하고 변함없는 지지를 받았다. 당연히 거기에는 네덜란드도 포함되어 있었다.

"프랑스인의 피를 마셔라"

1945년 프랑스는 네덜란드가 식민지 지배권을 잃어가는 것을 지켜보면서 두려움에 빠졌다. 1940년의 패배뿐 아니라 일본과 공식적인 협력관계를 맺어온 역사 때문이었다. 프랑스령 인도차이나는 일본 점령기에도 비시 정권의 식민 정부가 행정적으로 지배했다. 일본은 식민지를 군사기지로 사용한 반면, 프랑스인들은 사이공 스포츠 클럽에서 아페리티프나 마시면서 사업을 챙기는 데만 신경 쓰고 있었다. 하지만 달콤한 인생은 1945년에 끝이 났다. 프랑스가 해방되자 일본과 협력한 프랑스인들은 더는 용납되지 않았고, 프랑스 군인과 관료들은 사이공과 하노이 감옥에 수감되었다.

8월 첫째 주 패배가 확실해지자 일본은 정치적 권한을 베트남 왕정에 넘겼고, 베트남 북부는 공산주의 베트민(베트남독립동맹League for the Independence of Vietnam)이 장악했다. 몇 주 뒤 중국군이 북부 국경을 넘어 진격해오고, 남부에서는 영국군의 도착이 임박해오자 베트남 황제인 바오다이와 공산주의 지도자 호찌민은 어떤 일이 일어나더라도 프랑스 지배가 재개되는 것은 수용할 수 없다는 점을 명확히 했다. 프랑스 식민 정부의 고위관리 동상들은 이미 하노이에서 끌어내려진 상태였다. 9월 2일 30만 명 이상의 베트남인이 프랑스 총독 궁전 인근의 하노이 바딘 광장에 결집해 호찌민의 독립선언을 경청했다. 악단이 공산주의자들의 행진에 맞춰 "프랑스인의 피를 마셔라"라는 과격한 표현이 들어간 곡을 연주했다. 총으로 무장한 베트민 군인들이 붉은 깃발로 치장된 연단을 보호했다. '엉클' 호찌민의 머리 위로 국왕용 우산이 받쳐졌고 호찌민은 부드러운 목소리로 마이크에 대고는 "동포 여러분, 내 목소리가 들리나요?"라고 물었다. 군중은 소리를 지르면서 응답했다.

행사를 목격한 미군 정보장교는 중국 남부 도시 쿤밍에 위치한 본부에 보고했다. "내가 본 광경은 이 사람들이 매우 진지하다는 것이며, 프랑스가 이들을 다루는 게 쉽지 않으리라는 두려움이 들었다. 우리 모두가 이 문제를 다뤄야 할 것이다."[65] 이 정보장교 역시 자신의 발언이 얼마나 예언적이었는지를 아마 몰랐을 것이다.

일본 경비대가 관할하고 있는 감옥에 여전히 상당수 프랑스인이 갇힌 상태였는데도 프랑스인들은 이 행사를 보고 기겁했다. 알제리의 프랑스 식민주의자들 역시 공포에 빠졌다. 알제리와 인도차이나는 1945년 초 가뭄과 군용 식량 비축으로 심각한 기아 사태를 겪었다. 당시 인도차이나에서는 100만 명 이상이 굶어 죽었다. 알제리에서는 굶주림이 대중적 분노에 기름을 부었는데, 프랑스인들은 이를 폭력적인 혁명의 시작으로 봤다.

사실 알제리 공산주의자와 급진적 민족주의자 간에 약간의 소요가 있었지만, 대부분의 알제리인은 단지 동등한 권리를 원했을 뿐이었다. 하지만 무슬림들이 프랑스 정착민들에게 돌을 던질 때마다 프랑스인들은 '아랍의 반란'이 목전에 있다고 생각했다. 1945년 새로운 식민 정부는 프랑스 좌파가 이끌었는데, 이들 상당수는 독일인에 대항해 싸운 레지스탕스 출신이었다. 반면 많은 프랑스 정착민은 비시 정권과 가깝거나, 극렬한 반유대주의자들이었다(프랑스의 지배하에서 유대인 권리를 옹호한 유일한 사람들은 알제리 무슬림들이었다). 알제리 독립이나 동등한 권리를 요구하는 무슬림들은 재빨리 '나치'로 분류되었다. 인도네시아와 베트남인의 독립 요구가 일본의 파시즘 음모라고 불린 것과 같은 셈이다. 이것이 좌파 식민 당국과 비시 정권 출신들에게는 현지인을 진압하는 가장 쉬운 방법이었다.

알제리에서 폭력은 점점 늘어갔다. 기아가 심각했던 동북부의 세티프 인근 지역이 특히 그랬다. 프랑스인 정착민과 알제리 유목민이 충돌했고, 오만한 경찰관들은 마을에서 쫓겨났으며, 우파 유럽 젊은이들은 "페탱 만세"나 "히틀러 만세"를 외치면서 무슬림을 조롱했다. 5월 1일 프랑스 경찰은 시위에 참여한 무슬림 군중을 향해 발포했다.

무슬림 선동과 알제리 민족주의의 중심인 세티프는 심각한 폭력이 터지기에 적합한 장소였다. 5월 8일 프랑스인들은 과거의 충성(비시 정권에 대한—옮긴이) 전력이 있긴 했지만 애국적 치장을 총동원해 독일에 대한 연합국의 승리를 축하하기로 결정했다. 같은 날 아침 일찍 남녀노소를 막론하고 대부분 농촌 출신인 무슬림들이 모스크 앞에 모였다. 일부 남자들은 젤라바(모로코 등 북부 아프리카에서 남성이 착용하는 헐렁한 가운—옮긴이) 밑에 전통 단검을 숨기고 일부는 권총을 소지하고 있었다. 동등한 권리를 요구하는 무슬림 조직이었던 '선언과 자유의 친구들Amis du Manifeste et de la Liberté' 지도자들은 이번엔 정치적 시위가 아니라는 사실을 재확인했다. 민족주의자들이 주장하는 내용이 담긴 현수막은 시위에 등장하지 않을 것이었다.

군중은 8시 정각에 3000여 명으로 불어났고, 전쟁기념관에 화환을 놓기 위해 조르주 클레망소 대로를 따라 행진하기 시작했다. '선언과 자유의 친구들'과의 약속을 어기고 일부 민족주의자는 "우리는 당신과 같이 동등한 권리를 원한다"라는 내용의 현수막을 펼쳤다. 바리케이드 방어벽 너머에 있던 경찰이 "알제리 독립 만세"라고 적힌 현수막을 발견하곤 이 불쌍한 알제리인의 손에서 현수막을 빼앗아 찢어버렸다. 이 알제리인은 현장에서 죽임을 당했다. 프랑스 민간인들은 마치 이 순간을 기다렸던 것처럼 '카페 드 프랑스'의 발코니와 창가에서 군중을 향해 경기관총을 발사하기 시작했다. 20~40명이 죽었다. 총격에 놀란 무슬림들은 길거리 안쪽으로 몸을 숨긴 뒤 권총과 단검을 꺼내들고 유럽인들을 공격했다. 프랑스 공산주의 지도자인 알베르 드니에는 칼에 심하게 베여 양손을 다 잃었다.

한 프랑스 교사는 당시 학교 맞은편 카페에서 차를 마시다가 목격한 장면을 이렇게 회고했다. "함성을 지르는 원주민 물결이 사방에서 나타났는데, 그들의 손에는 단검이 들려 있었다. 그들은 아랍 시장을 향해 뛰어가고 있었다. 잔혹 행위가 일어났다. 나는 아랍인 10여 명이 아랍인의 오랜 친구인 바양 씨를 곤봉으로 때리는 것을 보았다. (…) 생각만 해도 소름 끼치는 일이었다. 이상한 점은 희생자 대부분이 바로 친親아랍 인사들이었다는 것이다."[66]

살해 소식이 곧바로 마을로 퍼졌다. 보복은 간헐적이었지만 매우 잔혹했다. "우리는 칼과 권총으로 무장했다. 빵집 주인을 죽인 사람은 우리 아버지였는데, 빵집 주인이 프랑스인이기 때문이었다. 우리는 문을 부수고 들어가 휘발유를 뿌리고 집을 불태웠다."[67] 프랑스 정착민들은 지역 경찰서로 도망갔다. 잡힌 사람들은 칼로 심하게 난도질당해서 신체가 훼손되었다. 일부는 젖가슴이 잘렸고, 일부는 잘린 생식기가 입에 물려졌다. 3일 만에 유럽인 100여 명이 살해당했다.

사회주의자 총독인 이브 샤테뉴는 안정을 꾀하는 대신 군대 1만여 명의 증파를 요청했다. 이들은 모로코인과 서부 아프리카인으로 구성된 외인부대였다. 질서를 재건하기 위한 작전이 아니었다. 알제리인들에게 교훈을 줘야 한다는 게 작전의 목표였다. 프랑스 국민을 살해하면 보복을 받을 것이라는 교훈이었다.

프랑스 정착민들도 군사조직을 만들어서 지역민들을 공격하기 시작했다. 가장 용맹한 알제리인 보병연대가 히틀러를 치기 위해 열심히 싸웠던 독일에서 군함을 타고 돌아왔다. 그들은 태어난 조국에서 동포 알제리인들을 사냥하라는 지시를 받고 내륙지역으로 파견되었다. 6월 말이 되자 농촌지역은 섬뜩한 침묵과 함께 겁에 질렸다. 마을은 수주일 동안 공중폭격과 해상으로부터 날아온 포격을 받았다. 수천 명이 체포되고, 고문받고, 때로 처형되었다. 알제리인 사망자의 정확한 숫자는 알려져 있지 않다. 어떤 사람은 최고 3만 명이라고 이야기한다. 살해뿐 아니라 교묘하게 수치심을 자극하는 행위도 뒤따랐다. 원주민들이 정복자에게 복종을 표하는 19세기 의식이 되살아났다. 굶주린 농부 수천 명은 더 이상 폭격을 견딜 수 없어, 프랑스 국기 앞에 무릎을 꿇고 용서를 빌었다. 또 바닥으로 내동댕이쳐진 상태로 "우리는 유대인이다. 우리는 개다. 프랑스 만세!"를 외쳐야 했다.

일부 프랑스인은 마침내 알제리가 정상으로 돌아왔다고 판단했을 수 있다. 하지만 드골 장군처럼 좀 더 교양 있는 인사들은 원주민 대량 학살이 나치의 악에 대항해 용감하게 싸운, '프랑스여 영원하라'라는 공식적 신화의 당황스러운 얼룩이자 오점이라는 사실을 명확히 알고 있었다. 그래서 세티프와 그 인근 지역에서 일어난 일은 수년간 공식적인 침묵으로 은폐되어 있었다.

하지만 사이공의 프랑스인들은 세티프 사건을 놓고 베트남의 독립 열망을 빨리 억누르지 못하면 자신들에게도 같은 일이 일어날 수 있다는 경고로 읽었다. 8월의 상황은 프랑스인들에게 좋아 보이지 않았다. 여전히 많은 사람이 일본 수용소에 감금되어 있었다. 베트민은 갈수록 일본군 무기를 더 많이 보유했다. 일부 일본군 장교들은 확신('아시아인을 위한 아시아') 때문에 혹은 중대한 전쟁범죄 혐의로 기소되는 것을 피하기 위해 베트민 활동에 참여했다. 여전히 장제스의 국민당 통치 아래 있던 중국은 프랑스의 인도차이나 지배를 반대하지는 않았다. 미국인들에게도 프랑스의 제국주의 모델은 인기가 없었다. 온전히 프랑스 편에 섰던 유일한 국가는 의문의 여지 없이 영국이었다.

폭동은 종종 소문 때문에 발발한다. 9월 20일의 하노이가 그랬다. 프랑스가 프랑스 식민 보안경찰에 소속된 베트남인들의 지원을 받아 베트남 지배권을 되찾으려는 음모를 짜고 있다는 소문이 돌았다. 무기

은닉처가 곧 발견될 것이며, 독가스가 있다는 이야기도 나왔다. 일본이 프랑스 병사들을 감옥에서 풀어주어, 이들이 곧 재무장할 것이라는 소문이었다. 프랑스의 음모를 분쇄하기 위해 칼과 창, 마체테 등으로 무장한 베트남인 수천 명이 프랑스인들 집을 뒤졌고, 거리에서 프랑스인들을 폭행했다. 일본군은 제지하지 않고 그저 지켜보기만 했다.

하노이의 최고급 호텔인 메트로폴의 종업원들이 객실 손님을 공격한 뒤 식당에 감금하기도 했다. 겨우 도망쳐 나온 한 프랑스인은 갇힌 프랑스인들을 구하고 질서를 재건해달라고 일본군에 요청했다.

프랑수아즈 마르탱은 "돈이 목적이 아니라 인도주의적 이상으로 충만한 상태에서" 하노이에 도착한 젊은 프랑스 여성이었다. 마르탱은 "중국-베트남 문화에 대한 존경심"을 가진 사람이었다. 하지만 독립을 요구하면서 거리 시위를 벌이는 베트남인들을 본 마르탱의 감정은 아마도 대부분의 프랑스 식민주의자들에게도 일반적이었을 것이다. "저들 사이에 진짜 애국자들이 있을 수는 있다. (…) 하지만 깃발을 들고 거리에 북적이는 저 범죄자와 얼간이 무리라면 총 예닐곱 정만 있어도 금세 쥐구멍으로 달아날 것이다. 불행하게도 우리는 총 몇 정도 소지한 게 없고, 당분간 보유하기도 어려울 것이다."[68]

8월에는 프랑스 마을에서 무기가 무더기로 쌓여 있다는 소문이 돌았다. 시위대는 프랑스 제국주의를 비난했다. 농촌지역에서 살인사건이 발생하기는 했지만 베트남에서 프랑스인에 대한 폭력이 그리 많지는 않았다. 그럼에도 프랑스인들은 자신들이 아직 무기력하다는 것 때문에 더욱 겁에 질렸다. 드골 장군이 인도차이나 개발을 두고 "새롭게 태어난 힘과 재발견된 위대함 속에서 프랑스 활동의 주요 목표 중 하나"[69]라며 약속했는데도 그랬다.

"모든 사람이 완전 무장했다"라고 프랑수아즈 마르탱은 당시 하노이의 상황을 회고했다. 마르탱은 "미국인, 중국인, 안남인(베트남인—옮긴이). 오직 프랑스인만이 막대기와 빈병 외에는 스스로 방어할 어떤 것도 갖지 못한 상태였다"[70]라고 적었다. 시위대를 '얼간이'라고 봤던 것처럼 베트남인들의 독립투쟁을 보는 마르탱의 분석은 그 시대, 그 장소에서는 전형적인 생각이었다. 모든 것을 음모로 봤다. "공식적으로 일본인들은 무기를 내려놨다. 하지만 인도네시아와 말레이 반도에서는 유럽인 경쟁자를 방해할 수 있는 여러 방식으로 전쟁을 계속하고 있었다. 어디에서든 일본의 방식은 똑같다. 믿을 수 없을 정도의 계획과 존경할 만한 준비 과정, 신중한 이행. (…) 새로운 아시아인의 이중성으로 백인을 속이는 데 실패한 적이 없다."[71]

폭력은 결국 터져 나왔다. 하노이는 아니었지만 사이공에서 그랬다. 심각한 사태를 알리는 첫 신호는 알제리에서 발생한 사건과 놀랍게도 매우 흡사했다. 9월 2일 베트남인, 아니면 서구 언론에서 지칭한 '안남인' 수십만 명이 하노이 라디오가 방송한 호찌민의 독립선언을 듣기 위해 사이공에 모였다. 상당수는 농촌에서 올라온 사람들이었다. 그날 아침 일찍 무장한 베트남 젊은이들은 프랑스 군인들이 여전히 감금되어 있던 군사기지 정문 앞에서 시위를 벌였다. 프랑스 군인들은 베트남인들의 시위에 격분해 모욕적인 말로 소리를 질렀고, '마르세예즈'를 불렀다. 기술적인 문제로 군중은 호찌민의 연설을 들을 수 없었다. 프랑스가 방송을 막았다는 의심이 퍼져 군중은 더욱 화가 난 상태였다. 행진이 성당 앞에 도착했을 때 어디선가 총성이 울렸다. 군중은 공황에 빠졌다. 프랑스인들이 발포했다고 의심한 폭도들이 눈에 보이는 프랑스인을 닥치는 대로 공격하기 시작했다. 중국인과 유럽인 상점들은 약탈당했고, 성직자들도 살해당했으며, 여성들은 몹쓸 짓을 당했다.

프랑스인들은 베트남 선동가들이 대혼란을 일으킬 노림수를 썼다고 비난했다. 2주일하고 좀 더 지난 뒤 영국군 장군 더글러스 그레이시가 경찰서와 공공기관에서 베트남인들을 쫓아내고, 프랑스인들을 재무장 시키라는 명령을 내렸다. 영국의 식민주의 연대의식이었다. 9월 23일 이 명령은 사이공에 다시 질서를 가져다주는 것처럼 보였다. 프랑스인 들은 다시 한번 지배권을 되찾았다. 몇 주일간, 몇 달간, 아마도 몇 년 간 수모를 겪었던 프랑스인들은 승리를 자축하면서 광란 상태로 빠져 들었다. 이제 베트남인들이 프랑스 폭도들에게 린치를 당할 차례였다. 영국군 장교는 "난폭한 총질이 있었고, 공개적으로 안남인들을 거리에 서 질질 끌어 감옥에 가뒀다"[72]고 보고했다.

베트남인들의 보복이 금세 찾아왔다. 다음 날 베트남인들은 프랑스 인 집에 들어가 거주자들을 폭행했다. 강둑에서 고문이 행해졌다. 프랑 스인의 베트남인 아내들은 칼로 난자당했다. 임신 8개월인 여성의 내장 이 꺼내졌다. 거의 두 달간 사이공에서 보복전이 격렬하게 일어났다. 영 국과 프랑스, 일본인들이 베트남인들과 싸웠다. 일부 일본인은 베트남 편으로 넘어갔다. 프랑스 외인부대에는 북부 아프리카에서 연합군과 싸웠던 독일인들도 있었는데, 아마도 이들 일부는 나치친위대 출신이었 을 것이었다. 수천 명의 베트남인들이 감옥에서 고문받고, 단 5분의 '재 판' 끝에 가혹한 징역형이나 사형을 선고받았다.

11월 중순이 되자 프랑스인들은 삶이 곧 정상으로 돌아갈 것이라고 확신하면서 다시 한번 스포츠 클럽에서 아페리티프를 즐길 수 있게 되 었다. 이런 착각은 얼마간 지속되었다. 남부에서는 1949년 남부 베트남 이 사이공을 수도로 정해 독립하기 전까지, 북부 베트남에서는 1954년 호찌민과 동료 공산주의자들이 하노이를 수도로 하여 사회주의공화국 통치자로 인정받기 전까지만이었다. 하지만 맥베스가 아내에게 언급한 "피는 피를 부른다"는 말이 한때는 3개국이었고, 다시 2개국이 됐다가

마침내 하나가 된, 이 좁고 기다란 동남아시아 국가처럼 잘 들어맞는
곳은 전 세계 어디에도 없었다.

YEAR ZERO

잔해를 걷어내며

4

[귀향]

Going Home

1945년 5월 독일에서 나의 아버지는 고향으로 이송되기를 기다리다가 발이 묶여버린 800만 명의 '난민' 중 하나였다. 유럽의 다른 지역에도 약 300만 명 이상의 난민이 있었다. 그중 일부는 고향으로 돌아가기를 원했지만 일부는 고향이 아닌 다른 어느 곳이든 가기를 원했고, 또 일부는 더 이상 돌아갈 집조차 없었다. 우크라이나의 폴란드인, 오스트리아의 세르비아인과 크로아티아인, 유고슬라비아의 백러시아인, 카자흐스탄의 유대인 난민 등이었다. 아시아에서는 충격적일 정도로 난민 수가 많았다. 일본인 650만 명이 아시아·태평양 지역에서 발이 묶였는데, 이 중 절반은 민간인이었다. 100만 명이 넘는 한국인은 여전히 일본에 거주하고 있었다. 수천 명의 호주, 영국, 미국의 전쟁포로들이 중국과 일본, 타이완, 동남아 등지에 고립되어 있었고, 이들 지역에는 일본군이 강제 동원한 인도네시아 및 다른 아시아인들도 있었다. 최대 18만 명의 아시아인이 타이—버마 철도 건설 현장에서 노역했고, 이 중 절반이 살아남았다.

이 모두가 난민이었다. 2003년 미국이 주도한 침략으로 시작된 이라크전은 500만 명의 이재민을 발생시켰다. 제2차 세계대전 이후 난민 규모가 대단히 충격적인 수치를 기록한 것은 실리적, 이데올로기적 이유로 무분별하게 집행된 의도적 결과물이 '난민'이었기 때문이다. 노예노동 프로그램과 인구 교환, '인종청소', 독일과 일본이라는 지배 민족의 레벤스라움을 찾기 위한 이주, 내전 발발, 전체 주민의 절멸을 위한 추방이나 망명 등이 원인이었다. 주범은 유럽에선 독일인이었지만, 소련과 그 주변 지역의 스탈린 정책도 히틀러 정책만큼이나 살인적이었다.[1]

내 아버지에게 고향으로 돌아간다는 생각은 복잡한 것이 아니었다. 1944년 연합군이 네덜란드 일부를 해방시키면서 독일과의 통신수단을 끊었고, 이 때문에 가족으로부터 어떤 연락도 받지 못했지만, 아버지는 돌아갈 집이 있었다. 1945년 여름, 아버지는 영국군 트럭과 기차, 버스로 마그데부르크의 영국군 난민 캠프에서 네덜란드 국경지대로 이송되었다. 네덜란드 엔스헤터 국경 마을의 접수위원회는 아버지와 다른 복귀자들에게 독일에서 했던 노동이 자발적이었는지 아니었는지를 물었다. 자발적 노역을 했다고 의심받은 사람은 식량 배급권이 몰수되었다. 하지만 그들이 맞닥뜨린 고난은 향후 수십 년간 네덜란드를 강박에 빠뜨리는 문제의 작은 징조였을 뿐이었다. 그건 계속해서 반복되는 국가적인 상처 딱지 같은 것이었다. 누가 '좋았고' 누가 '나빴나'? 누가 용감했고, 누가 겁쟁이였나? 협력자였나, 저항자였나. 영웅이었나, 나쁜 놈이었나?(당연하게도 실제 이런 범주에 딱 들어맞는 사람은 거의 없었다.) 귀환을 환영하는 방식치고는 꽤 지루했다. 하지만 아버지는 예의 바른 심문자에게 감동을 받았다. 물론 짖어대지 않는 관료를 더는 만나지 못했지만 말이다.

고향인 네이메헌에 도착했을 때 아버지는 상황이 생각보다 복잡하다고 느꼈다. 아버지가 떠나온 베를린은 완전히 폐허였기에 파괴된 모습에는 이미 익숙해 있었다. 하지만 건축 시기가 중세까지 거슬러 올라가는 멋진 건물들이 1944년 미군의 공습 착오로 파괴된 네이메헌 시내를 걷는 시간은 혼란스러웠을 것이다. 수년간 귀향을 열망했던 아버지는 갑자기 겁이 났다. 집으로 돌아가는 지름길을 찾지 못했다. 아버지는 지금도 그 이유를 명확히 떠올리지 못한다. 아마도 부모님이 여전히 살아 계실지, 집이 그 자리에 있을지도 확신하지 못했기 때문이을 것이다. 아니면 오랫동안 갈망해온 가족과의 만남이 어색해져 두려운 느낌이 들었을 수도 있다. 당시에 그런 일은 흔했다.

마침내 아버지는 집으로 돌아왔다. 가족 모두가 생존해 있었다. 가족과의 재결합은 기쁜 일이었다. 아버지는 옛 자리를 금세 찾아갔다. 예전 그 자리에 딱 어울렸다. 운이 좋은 편이었다.

하지만 다른 이들에게 이산離散은 더 오래 이어졌고, 귀향이 실망으로 바뀌기도 했다. 사람들은 극단적 상황을 경험하면서 서로 오해의 골이 깊어졌다. 모든 사람이 자기만 할 수 있는 이야기가 있다고 생각했다. 아우슈비츠에서 살아남은 사람이, 죽음의 수용소에 대해 들어보지도 못하고 집에 돌아온 사람에게, '어떻게 살아 돌아왔는지'를 설명할 수 있을까?

헝가리 작가인 임레 케르테스는 1992년 발간한 소설 『비운Fateless』(한국어판 제목은 '운명'—옮긴이)에서 사람들 간의 오해에 대해 묘사하고 있다.[2] 작가 자신은 헝가리에 완전히 동화된 부다페스트 유대인이었고, 아우슈비츠와 부헨발트 강제수용소에 감금된 적이 있었다. 열네 살에 수용소로 강제 이송되어 그곳에서 성년을 맞았다. 작가의 소설적 자아인 죄르지는 부다페스트로 귀향했는데, 부헨발트 수용소에서 입던 낡은 줄무늬가 들어간 재킷을 입고, 얼굴은 노인처럼 초췌하고 얼룩진 상태였다. 죄르지가 살던 옛 아파트에는 낯선 사람들이 살고 있었다. 그들은 옛집에 온 죄르지를 불쾌하고 의심스러운 표정으로 문전박대했다. 이는 수용소 생존자들에겐 특이한 경험이 아니었다. 특히 돌아오지 않을 것으로 여겨졌고 미움 받았던 유대인들에게는 더욱 그랬다. 하지만 부다페스트에서 숨어 살았던 옛 유대인 이웃들과 만나는 것이 더 고통스러웠다. 그들은 죄르지에게 "여기 고향에서 사는 것도 결코 쉽지 않았어"라고 말했다. 죄르지가 수용소에 있었다는 사실을 들은 그들은 친절하게 충고를 건넸다. 그저 "과거의 공포를 잊어라", 그리고 오직 미래만 생각하라는 것이었다. 이 말들은 전차 안에서 만난 배려 많은 '민주적인' 저널리스트가 그에게 한 조언과 같았다. 중요한 점은 바로 "나치 지옥의 불구덩이"는 이제 끝났다는 것이었다.

죄르지가 이들을 이해할 수 없었던 것은 그가 '지옥'에 있었던 게 아니라는 점이었다. 죄르지의 경험은 지옥 같은 그런 형이상학적인 것이 아니었다. 그는 '강제수용소'에 있었다. 어떻게 과거의 모든 삶을 악몽이나 공포영화라고 치부한 채 과거를 잊고 미래만 생각할 수 있을까? 수용소에서의 삶은 자발적인 것도 유쾌한 것도 아니었지만, 그래도 삶이었고, 바로 그의 삶이었다. 삶의 연속성을 무시할 순 없다. 문제는 수용소 비슷한 그 어떤 것도 경험하지 못한 사람들은 수용소의 삶이 어떤 것인지 상상조차 할 수 없다는 것이고, 게다가 상상하고 싶어하지도 않는다는 점이었다. 그래서 그저 '지옥'이나 '공포'처럼 재빨리 잊을 수 있는 추상적 개념을 사용해 현실에서 도피했다.

케르테스의 소설 마지막에 묘사된 사람들, 저널리스트인 슈타이너와 이웃인 플라이슈만 부부는 선의를 가진 이들이었다. 고향에서 전쟁을 겪은 사람들이 수용소 생존자나 전쟁포로, 제3제국 강제징용 피해자 등과 같은 귀환자들을 대면했을 때 항상 이들처럼 친절하지는 않았다. 고통은 개인의 문제였다. 인간 대부분은 자신의 고통만을 바라보려고 한다. 타인의 고통은 그것이 명확히 더 끔찍하다 하더라도 짜증이나 때로 죄책감의 원천이었다. "고향에서도 삶은 쉬운 게 아니었다."

귀환한 유대인 생존자들을 냉대한 것은 폴란드나 중유럽의 피로 물든 다른 나라뿐 아니라 네덜란드 같은 서유럽 국가에서도 마찬가지였다. 모호하면서도 완전히 가라앉히지 못하는 죄의식이자, 점령기에 선동으로 고착된 반유대주의 편견 때문이기도 했다.

이런 의식은 결코 나치 협력자나 동조자들에게만 해당되는 것이 아니었다. 네티 로젠펠트라는 젊은 여성은 남부 네덜란드가 해방된 1944년 은신처에서 나와 네덜란드 레지스탕스가 운영하는 라디오 방송국에 일자리를 신청했다. 그곳에서 '로젠펠트'(전형적인 유대인 이름—옮긴이)가 공중파 방송에 적합하지 않은 이름이라는 이야기를 들었다. '재탄생한 네덜란드'라는 이름의 라디오 방송국에는 이미 충분히 많은 유대인이 일하고 있다는 말도 들었다. 그래서 이 방송국은 '재탄생한 예루살렘'이라는 별명도 붙어 있었다. 유대인들이 불행했던 경험에서 확실하게 배운 교훈은, 유대인들이 더는 앞줄로 나가거나, 사회에서 다시금 지배적인 부류가 될 거라는 생각을 해선 안 된다는 것이었다. 이 역시 우정 어린 충고였다.

지크프리트 하우트스미트라는 남자는 1945년 9월 네덜란드 레지스탕스가 발간하는 좌파 신문 『파라트Paraat』에 이렇게 썼다.

버스 정류장. 사람들은 암스테르담으로 가는 버스를 기다리고 있었다. 기다리는 사람 중 유대인 두 명이 있었다. 한 명은 벤치에 앉아 있었다. (…) 유대인이 아닌 '부인'이 이를 용인하지 못하고 그에게 서 있으라고 말했다. "다른 사람들이 이 자리에 앉을 권한이 있어요." "네, 부인, 다른 상황이라면 저도 서 있었을 겁니다. 하지만 전 독일 강제수용소에서 돌아온 뒤 탈진해서 병원에 입원해 있다가 방금 나왔습니다. 당신이 보다시피 전 아직 허약해요." "독일인들이 당신만 강제수용소에 가뒀다면 그렇겠죠. 하지만 지금 여기에도 당신과 같은 사람이 충분히 많아요."[3]

나치 강제수용소의 생존자들은 자신들만 고통받은 사람이 아니라는 말을 끊임없이 들어야 했다. 네덜란드인들도 굶주렸고 자전거와 같은 뭔가를 잃었다. 유대인들은 너무 많은 주장을 하지 말고 너무 공세적으로 굴지 말라고 요구받았다. 유대인들은 제자리가 어딘지 알아야 하고, 무엇보다 감사한 마음을 보여야 한다는 것이었다.

왕년에 레지스탕스 신문이었던 『애국자De Patriot』는 전후 네덜란드의 반유대주의 문제에 관한 한 서신을 게재했다. 이 서신은 1945년 7월 2일에 실렸다.

독일의 학대로 유대인들이 네덜란드 사람들의 동정을 받고 있다는 사실은 의심할 여지가 없다. 이제 유대인들은 스스로를 자제하고 월권을 피하는 적절한 행동을 해야 한다. 그들은 고마운 마음을 끊임없이 표현해야 하며, 유대인을 대신해 희생된 사람들에게 보상할 수 있도록 감사를 기본적으로 표해야 한다. 유대인들은 생존 자체를 신에게 감사할 수 있을 것이다. 물론 (네덜란드인들의) 동정을 허투루 쓸 수도 있다. (…) (유대인들만이) 고통을 겪은 유일한 사람들은 아니다.[4]

놀라울 것도 없이 대부분의 유대인 생존자들은 침묵의 길을 택했다. 먼저, 1940년 네덜란드에서 살던 유대인 15만 명의 75퍼센트가 살아남지 못했다는 사실에 침묵했다. 수용소에서 돌아온 유대인이 5000명밖에 안 된다는 사실에도 침묵했다. 끝없는 기차 행렬로 유대인 후송 작업이 진행되는 동안 네덜란드 관료들과 경찰, 법조인들이 나치 살인자들에게 베푼 도움에도 침묵했다.

전후 초기 몇 년간 네덜란드에서는 레지스탕스 전사들과 숨진 용사들, 국가적 고난, 용감한 개인들의 희생을 기리는 전쟁기념비 건립 바람이 불었다. 유대인 대참사에 대한 첫 번째 기념비는 1950년 17세기 포르투갈식 유대교회에 세워졌다. 유대인들이 집에서 끌려나가 버려지면서 처참하게 변한 암스테르담의 옛 유대인 시장 인근에 세워졌다. 흰 돌로 만들어진 기념비 꼭대기에는 다윗의 별이 장식되었고, 표면에는 5개의 양각 조각이 새겨졌는데, 사랑과 저항, 불굴의 용기, 비유대계 네덜란드 사람들에 대한 애도를 묘사했다. 이를 '유대인 사례 기념비 Monument of Jewish Gratitude'라고 불렀다.

사실 유대인 생존자들은 당황스러웠다. 전쟁의 파괴 속에서 네덜란드와 프랑스, 그리고 불편하고 고통스러운 과거의 진실을 잊으려 하는 어느 나라에서든 쉽게 급조했던 영웅적 후일담을 유대인들은 받아들이기 힘들었다. 피점령기 동안 타인에게 나쁜 일이 닥치면 최대한 머리를 숙이고 다른 곳을 바라보는 방법으로 살아남았던 사람들이 마치 내내 영웅적이었던 것처럼 행동했다. 나는 1950년대에 초등학교를 다녔는데, 선생님들도 아주 사소한 저항 행위를 자랑하곤 했다. 길을 묻는 독일군에게 일부러 다른 길을 가르쳐줬다는 그런 저항들이었다.

학창 시절에 내가 가장 좋아했던 작가는 K. 노렐이었다. 『폭압에서 벗어나기』 『대기하라, 소년들이여』 『레지스탕스와 승리』 같은 용감무쌍한 제목을 단 노렐의 책에는 젊은 레지스탕스들의 용기 있는 행동으로 가득 차 있었다. 실제 영웅은 물론, 상상적인 영웅의 명단에서조차 유대인들은 없었다. 다음은 『폭압에서 벗어나기』에 나오는 구절이다. "유대인들은 영웅이 아니며, 빈틈없는 사람들이었다. 나치가 유대인의 돈과 재산을 움켜쥘 때에만 유대인들은 들고일어났다. 그리고 복수했다. 그런 교활함으로 유대인들은 적에게 돈을 크게 빼앗기지 않을 수 있었다."

드골주의자의 전쟁포로 무시

프랑스 드골 정부는 야만적인 보복전이 휩쓸고 간 뒤에 국민 대부분이 독일의 적에 대항해 용감하게 저항했다고 간주하는 방식으로 사회에 깊이 새겨진 균열을 메우려 했다. 하지만 귀환한 전쟁포로들은 당시로선 필수적이었을 '가식적인 태도'로 자기 잇속만 챙기는 사회 분위기에 적응하지 못했다. 1940년 올이 다 드러나는 낡은 옛 군복에 초라한 행색으로 귀환하는 전쟁포로들을 환영하는 축하행사는 어디에도 없었다. 이들에게는 패배의 책임이 있었다. "투쟁했던 프랑스, 유일한 프랑스, 진짜 프랑스, 영원한 프랑스"(파리가 해방된 다음 날 드골이 했던 연설 문구)에서 전쟁포로들을 위한 공간은 없었다. 사람들이 희망하는 것은 식량 배급표와 현금, 의료 검진, 마르세예즈를 연주하는 몇 개의 술집이었다(단체 손님이 충분히 많아야 환영 음악이 연주되었다).

전쟁포로들을 프랑스의 위대한 영광을 위해 투옥도 견뎌낸 용감한 전사로 묘사했던 비시 정부의 선전도 전후에는 전혀 도움이 되지 않았다. 나중에 유명 작가가 된 로제 이코르는 1940년 5월 감옥에 갇혔고, 유대인 혈통임에도 포메라니아에서 프랑스 전쟁포로들과 함께 감금되었다. 이코르는 회고록에서 "말할 수도, 저항할 수도 없는 상황에서 우리는 페탱과 그 무리를 위한 완벽한 파르티잔의 대표가 되었다. 페탱이 우리를 순수 프랑스 혈통과 연결하려는 건 너무 당연하지 않은가? 그리고 정확히 반대 이유로 드골주의자들은 우리를 업신여기고 무시했다. 200만 명의 전쟁포로, 페탱주의에 길들여진 죄수들은 독불장군(드골을 말한다—옮긴이)과 그가 규정한 프랑스에는 당황스러운 존재였다. 그들(드골주의자)처럼 우린 용감하게 저항하지 않고 감옥에 잡혀 들어가지 않았던가? 그래서 우리는 순수 혈통이 아니라 겁쟁이여야만 했고, 가장 오염된 사람들이어야만 했다"[5]라고 적었다.

그런 까닭에 전쟁포로들이 돌아왔을 때 냉대나 침묵 속 무시, 아니면 기껏해야 겸연쩍어하는 듯한 대접을 받는 게 일반적이었다. 전쟁포로들은 본국 송환 기관에서 제복을 입고 보스 행세를 하는 장교들을 만났는데, 가끔 여자도 있었다. 그들은, 전쟁 기간 대부분을 가시철조망 뒤에 갇힌 채 보내고 이 사실을 부끄러워하지 않았던 전쟁포로들보다도 계급이 높았다.

레지스탕스에 몸담았던 작가 마르그리트 뒤라스는 회고록 『전쟁The War』에서 이를 묘사하고 있다.

사람들이 끊임없이 도착했다. 트럭이 줄을 이었다. (…) 포로들이 50여 명씩 기관에 내렸다. (…) 불쌍한 소년들은 모두 웃는 얼굴이었다. 본국 송환 기관의 장교들이 그들을 에워쌌다. "소년들아, 서둘러! 줄을 서!"라고 소리 질렀다. 소년들은 줄을 서면서도 계속 웃고 있었다. (…) 이들은 며칠간 파리 동역에 있었는데, 한 여자가 자신의 계급장을 가리키며 "왜 경례 안 해? 내가 대위라는 게 안 보이냐?"라면서 한 병사를 꾸짖었다.[6]

뒤라스는 극좌파 성향인 데다 위에서 묘사한 대로 지위를 이용한 강압적인 명령을 특히 혐오했다. 뒤라스의 연인이자 좌파 레지스탕스 사령관이었던 디오니스 마스콜로, 이른바 'D.'의 분석에 따르면, 그들은 "직계 드골주의자를 제외한 다른 모든 레지스탕스 운동에 반대하는 반동 분자들이었으며, 프랑스를 점령할 것이다. 그들이 생각하는 프랑스의 기초는 바로 프랑스의 권위일 것이다."[7] 그들은 "영원한 프랑스"라는 영웅적 서사를 자신들에게 유리하게 이용할 것이었다.

뒤라스의 회고록에는 이보다 끔찍한 묘사가 하나 더 있다. 뒤라스의 남편이자 좌파 저항 세력이었던 로베르 앙텔므가 체포되어 부헨발트로 이송되었다. 뒤라스는 이미 전쟁 기간에 D.와 사귀기 시작했지만, 남편 이 생존해 있기를 염원했다. 그녀는 남편이 살아 있는지 여부를 알기 위 해 본국 송환 기관과 파리 동역을 분주하게 오갔다. 나중에 대통령이 된 프랑수아 미테랑이 독일 수용소에서 우연히 앙텔므를 만났을 때, 앙 텔므는 걷기는커녕 말도 거의 못 하는 지경이었다. 그리고 오랫동안 갈 망했던 재회가 마침내 파리에서 이뤄졌다.

보상과 D.가 양어깨에 그의 팔을 얹어 부축하고 있었다. 1층에 내린 뒤 잠시 멈췄다. 그는 위를 올려다보았다.
난 정확하게 무슨 일이 일어났는지 기억할 수 없다. 그가 나를 올려다보 고 웃었던 게 틀림없다. 나는 이건 아니야, 라면서 소리 질렀고 그를 보 고 싶지 않았다. 난 위층 계단으로 달아났다. 나는 비명을 지르고 있었 다. 그건 확실히 기억할 수 있다. 내가 전쟁을 겪었다는 게 이 비명 속에 서 드러났다. 한 번도 울지 않고 6년을 보냈다. 정신을 차리고 보니 이웃 집 아파트에 있었다. 이웃들이 럼주를 마시라며 내 입속에 술을 부었다. 내 비명 속으로.

그러고 나서 시간이 좀 지난 뒤에야 여전히 웃고 있는 그를 다시 볼 수 있었다.

난 그 웃음에서 그가 겨우 내 남편이라는 사실을 알아챌 수 있었다. 하지만 그건 마치 내가 터널 맨 끝에서 그를 바라보는 것처럼 아득히 먼 느낌이었다. 어색한 웃음이었다. 그는 이렇게 망가진 상태로 여기 존재하고 있다는 사실을 사과하는 듯했다. 그러고는 웃음이 사라졌고, 그는 다시 완전히 낯선 사람이 되었다.[8]

내 아버지는 부헨발트에 감금되진 않았다. 연인이 있거나, 남편과 곧 이혼하려는 레지스탕스 아내가 있지도 않았다. 아버지의 귀향은 훨씬 덜 극적이었다. 그럼에도 뒤라스의 회고록에 담긴 위 구절에는 남편의 귀향에 대한 두려움, 그리고 남편이 이방인이 되는 것에 대한 두려움의 근원이 뭔지 알려주는 암시가 깔려 있다.

암시장 깡패가 된 가미가제 특공대

프랑스군 전쟁포로에게 귀향이 힘든 일이었다면, 독일과 일본군 전쟁포로는 더욱더 고통스러웠을 것이다. 독일과 일본 전쟁포로는 국가적 패배라는 사실만으로도 충분히 버거웠을 텐데 동족의 경멸과 증오까지 감당해야 했다. 재앙을 초래한 전쟁에 책임이 있다는 것, 그리고 말할 수 없이 나쁜 최악의 범죄를 저질렀으며, 오만한 전사로 국가 위에 군림하더니 비굴한 패자로 돌아왔다는 경멸과 증오였다. 물론 이는 온당치 않다. 여성 수백만 명을 비롯해 수많은 사람이 국가를 부르면서, 일부는 진실이고 일부는 국가적 선전으로 위장된 승리를 찬양하면서 전쟁 길에 나서는 군인들을 환호했다. 지도자의 히스테리가 만들어낸 광란이 휘몰아쳤던 권위주의 국가에서 요란하게 군인들을 격려하고 응원한 보통 시민보다 일반 사병이 패배의 책임을 더 져야 하는 건 아니다. 그런 면에서 적어도 독일에서는 나치가 전적인 비판을 받았다. 일본식 나치 버전이 없었던 일본에서는 모든 비극에 대한 비판이 '군국주의자들'에게 향했고, 이는 군부와 관련된 누구에게도 적용될 수 있었다. 이런 시각은 전후 미군의 선전으로 더욱 조장되었고, 충실한 일본 언론을 통해 전국에 퍼졌다.

일본 작가 사카구치 안고는 가미가제 특공대(돗코다이)가 "오늘날 이미 암시장의 깡패들이 됐다"[9]고 적었다. 이런 위신 추락과 국가적 망상으로부터 깨달은 집단 자각은 천황을 위해 죽으러 갔다가 수치스럽게 살아 돌아온 군인들에 대한 비판으로 곧장 이어졌다. 전쟁 직후 일본에서는 돗코다이 구즈레特攻隊くずれ, 즉 '타락한 가미가제'(병적인 이상주의가 붕괴되면서 흥청망청 술과 매춘에 빠져든 젊은이)라는 표현이 있었다.

일본군의 거만한 태도에 대한 분노는, 목소리를 내는 것조차 위험했던 1945년 패배 이전에도 이미 있었다. 평화가 찾아오자 군인들이 전시 폭력에서 범죄로 신속히 갈아타는 것을 목격하면서 제국 군대에 대한 자부심은 더욱 손상되었다. 전쟁 막바지에도 군 창고에는 여전히 식량과 무기에서부터 담요와 의복까지, 빈곤한 주민들에겐 필수품이었던 것들로 가득했다. 하지만 군 선임장교와 공모한 민간인, 때로 전시에 끔찍한 범죄를 저지른 내력이 있는 폭력배들까지 합세해 대규모로 조직화된 약탈이 이어지면서 군 창고는 텅텅 비었다. 약탈 물건들은 천천히 암시장으로 스며들었고, 일반 사람들이 살 수 없을 만큼 가격이 올랐다.

국가를 위해 적을 살해하라고 훈련받은 수백만 명의 젊은이를 민간인의 삶으로 다시 돌려보내는 일은 결코 순탄할 수가 없다. 수치스러운 패배가 이 과정을 더 어렵게 만들었다. 1946년 여름, 실종자 정보를 제공하기 위해 시작된 한 라디오 프로그램이 매일 두 차례 방송되었는데, 혼란에 빠진 참전 군인들을 위한 특별 코너가 있었으며 제목은 바로

「나는 누구인가?」[10]였다.

　군사적 실패로 남성성이 무력화되고 사기가 저하된 군인들은 집에 돌아온 뒤에도 파괴된 집과 헝클어진 결혼생활로 또 한 번 타격을 받았다. 전쟁 직후 독일과 일본의 영화 및 저서에서 가장 흔한 주제는 집으로 돌아온 군인과, 외로움 해소나 생존을 위해 애인을 두었던 아내와의 불화였다. 이 주제는 전쟁만큼이나 역사가 길다. 판본마다 이야기 차이는 있지만 트로이에 돌아온 아가멤논은 자기 집에서 아내, 아니면 아내의 정부情夫, 아니면 둘 모두에게 살해된다. 라이너 베르너 파스빈더의 영화 「마리아 브라운의 결혼The Marriage of Maria Braun」(1979)이 가장 잘 다룬 독일 사례다. 공포의 동부전선에서 갓 돌아온 마리아의 남편은 말 그대로 아내가 흑인 미군의 팔에 나체로 안겨 있는 것을 발견한다. 이 경우에 살해당하는 것은 연인인 흑인 미군이다. 훨씬 덜 알려지기는 했지만 일본의 대표적 사례는 오즈 야스지로小津安二郎의 작품 「바람 속의 암탉風の中の牝鶏」(1948)이다. 오즈 작품답지 않게 영화는 질투에 빠진 남편이 자신이 없는 동안 다른 남자와 섹스를 한 아내를 계단에서 밀어버리는 극단적인 멜로드라마로 끝난다. 아내는 다리를 절게 되었지만 여전히 남편의 용서를 구한다. 그리고 마침내 모두가 눈물을 쏟아내면서 화해로 마무리된다.

　이런 식의 진부한 결말로 끝나는 이야기는 당시에 매우 전형적이었다. 아내 도키코는 남편의 생사 여부도 모르는 상황에서 재봉사로 일하며 받는 쥐꼬리만 한 월급으로 어린 아들과 함께 겨우 먹고산다. 어느 날 아들이 갑자기 심하게 아팠는데 병원비를 댈 수 없었던 그녀는 하룻밤 낯선 남자에게 몸을 팔기로 작정한다. 남편 슈이치가 마침내 집에 돌아왔을 때 도키코는 매춘을 했던 단 한 번의 일탈을 고백한다. 아내의 부정에 화가 난 슈이치는 괴로워한다. 하지만 아내의 부정은 사실 핵심 쟁점이 아니다. 실제 핵심은 패배한 군인이 자존감을 되찾기 위해 벌이는 투쟁이다. 눈물 끝에 극적 화해로 결혼생활을 구한다는 사실을 제외하면 영화는 매우 현실적이다.

신문사들이 받은 편지들은 이런 귀환 문제가 얼마나 심각했는지를 잘 보여주고 있다. 유명 소설가인 시가 나오야志賀直哉는 1945년 12월 16일 『아사히 신문朝日新聞』에 글을 하나 발표하는데, 그는 정부가 전직 가미가제 조종사들을 재교육할 의무가 있다고 주장했다. 국가의 영광을 위해 스스로 목숨을 바치라고 교육받은 젊은이들이 1945년 서로가 잡아먹으려고 안달인 냉소적인 세상에서 어떻게 삶을 재건할 수 있겠는가? 이 젊은이들이 절망의 나락으로 떨어져 타락하는 것을 방지하기 위한 유일한 방법은 정부가 특별교육 프로그램을 개시하는 것이었다. 한 독자의 편지는 이에 동의하면서 일본 사회 전체에 재교육이 필요하다고 지적했다. 자살특공대원으로 훈련받았다고 밝힌 한 독자는 전시의 독고다이 정신과 훈련이 전후 일본의 타락한 문화에 필요하다고 언급했다.

『아사히 신문』에 배달된 가장 가슴 아픈 편지 중 하나는 12월 13일 게재된 또 다른 전직 군인의 이야기다.

동료 참전 군인들이여! 이제 우리는 자유다. 우리는 어둡고 잔인한 군 생활에서, 피로 물든 전쟁터에서 돌아왔다. 하지만 고향에서 우리를 기다리고 있는 것은 군국주의자들에 대한 증오 가득한 민간인들의 차가운 눈빛이었고, 고향은 이미 포화로 파괴됐다는 사실이었다. (…) 피로 물든 전투는 끝났다. 하지만 진짜 인생의 전쟁은 이제 막 시작되었다.[11]

실제로 국가를 향한 충성을 자랑스러워했던 청춘의 환상은 약자를 괴롭히고 제멋대로인 장교들과 함께 지낸 군생활에서 이미 내동댕이쳐졌고, 높게 날았던 이상들도 완전히 김이 빠졌다. 사병들은 기계로 전락했다. 그리고 이제 그는 "참전 군인은 나쁜 놈과 같은 단어가 됐다"고 적었다.

같은 날 다른 기고자는 "우리 참전 군인들을 향한 사람들의 진짜 감정은 무엇인가?"라고 물었다. 그는 "사람들은 군인이 군국주의자와 똑같다고 생각한다. 물론 군국주의자들은 전쟁 패배의 책임을 져야 한다. 하지만 일반 병사들은 그렇지 않다. 그저 나라를 위해 싸운 애국자일 뿐이다. 우리가 단순히 자신의 이익과 욕망을 위해 전투지에서, 태평양에서 싸우려고 젊은 목숨을 던졌다고 믿는가? 사람들이 우리 참전 군인들을 좀 더 따뜻하게 대해주기를 바란다"[12]고 썼다.

이런 감정은 확실히 베트남전에 참가했던 미군 참전용사들에게도 상당한 울림이 있을 것이다. 하지만 승전국에서도 귀환한 군인들이 민간인의 삶에 적응하는 데는 문제가 있었다. 윌리엄 빌 몰딘은 미군 사이에서 가장 유명한 만화가였다. 몰딘은 잡지 『성조기』에 윌리와 조, 두 병사가 유럽 전선에서 군생활에 대처하는 불경스러운 만화를 그려내 미군, 특히 보병 사이에서 영웅이 되었다. 윌리와 조는 진짜 일반 병사처럼 이야기하고 생각한다. 그들의 생각은 대개 고위 인사들의 입맛에 맞지 않았고, 때문에 몰딘은 패튼 장군으로부터 "엉덩이를 차서 감옥에 처넣겠다"라는 위협을 받을 정도로 비난받았다. 1945년 6월 『타임』 표지를 장식한 윌리는 머리가 헝클어진 채 면도도 하지 않은 피곤한 얼굴에, 왼쪽 입가에는 담배를 물고 있는, 영웅적인 전사 이미지와는 크게 동떨어져 있었다.

『귀향Back Home』(1947)은 몰딘이 윌리와 조의 귀환을 다룬 만화였다. 윌리와 조가 맞닥뜨린 문제에 대응하는 자세는, 일본 군인들이 신문사 편집장에게 보낸 편지에 드러난 감정보다는 좀 더 부드러운 편이다. 계급이 높은 군 인사에 대한 분노 같은 게 대표적이다. 헐렁한 민간인 복장을 한 윌리와 조는 체크인을 위해 호텔 안내 데스크 주변에 대기하고 있다. 모자에 줄무늬 바지, 견장에 금색 단추가 달린 상의를 입고 뚱한 표정을 한 짐꾼이 그들의 짐을 옮기는 것을 지켜보고 있다. 조가 말했다. "윌슨 소령이 유니폼을 다시 입은 것 같네, 내가 보기엔."

윌리와 조가 느끼는 이런 미움은 일본 군인들이 느끼는 증오만큼 활활 타오르는 수준은 아니었다. 수십만 명에게 자살 임무를 맡기고, 뉴기니와 필리핀에서 적의 공격을 받아 식량이 떨어지면 병사를 죽여 그 살을 먹었던 일본 장교들을 사병들은 증오했다. 나쁜 병사는 스스로에게만 해가 되지만 "나쁜 장교는 부하들에게 엄청난 고통을 초래할 수 있다"는 몰딘의 지적은 진실처럼 들린다.[13]

군대와 민간인의 삶 사이에 존재하는 간극을 좁히려는 노력은 전투 영웅이든, 별 전투 능력이 없던 병사든 상관없이 그들 모두에게 고통스러운 과정이었다. 돌아온 군인이 아내나 여자친구에게도 항상 영웅적으로 보였던 건 아니다. 만화에서 윌리는 꾀죄죄한 양복을 입고 한 번도 본 적 없는 전쟁둥이를 다소 어색하게 안고 있다. 모자와 장갑을 착용하고 꽤 잘 차려입은 윌리의 아내는 "당신이 제복을 입길 바랐는데. 그래야 당신이 자랑스럽죠"라고 말한다. 몰딘의 설명에 따르면 "윌리 부인은 윌리를 만났을 때 대학생이었다. 전쟁 초기에는 여자들이 군 제복에 대한 환상이 많았다. 그녀는 윌리가 핑크 바지를 입고 채찍을 들 수 있는 장교가 되지 못한 걸 항상 실망스러워했다." 윌리는 훈장조차 받지 못했다. 그래서 "그녀는 윌리의 훈장을 달고 거리를 활보하는 즐거움도 누릴 수 없었다. 게다가 민간인 복장을 한 윌리는 전에 본 적이 없는 데다 윌리가 특별하지도 않고 다소 살찐 남자라는 사실 또한 갑자기 깨달았다."[14]

민간사회의 삶에 환멸을 느끼거나 적응하지 못한, 또는 야만적인 전쟁의 트라우마를 가진 일부 참전 군인들이 폭력 행위를 저지르는 것은 놀라운 일이 아니었다. 이런 일은 모든 전쟁 뒤에 항상 일어난다. 하지만 제2차 세계대전이 끝난 첫해에는 이런 일탈 행동들이 언론의 과도한 주목을 받았다. 윌리가 팔걸이의자에서 위스키 한잔으로 실의에 빠진 기분을 달래고 있을 때, 윌리의 아내는 읽고 있던 신문에서 "참전 군인이 이모를 발로 차다"라는 기사 제목을 보여줬다. 사진 설명에는 "도끼 살해가 세 배 늘었다는 기사가 17면에 실려 있습니다. 살인사건과 참전 용사는 아무 관련이 없습니다"[15]라고 적혀 있었다. 몰딘은 이런 충격적인 기사 제목이 "전쟁 이후 어느 나라에서든 나타나기 마련인 소문('귀환 군인들이 사람을 죽이고 폭행하는 훈련을 받았으며, 사회에 잠재적인 위협이다')에 기름을 끼얹었다"는 점을 지적하고 있다.

독일과 일본의 참전 군인들에 비하면, 귀환한 미군 병사의 문제는 어떤 점에서 유사하다고 하더라도 사소한 편이었다. 미군 병사들은 승리를 만끽하면서 세상에서 가장 부유한 나라로 돌아온 영웅들이며, 조만간 제대 군인 원호법에 따라 정부가 지원한 교육 프로그램 혜택을 받을 것이었다. 하지만 미국에서도 군인들은 영웅담만으로는 생활을 이어갈 수 없었다. 그렇더라도 승전국과 패전국 군인들 사이에는 한 가지 중요한 차이가 있었는데, 그것은 파괴적인 전쟁 이후 따라오는 고난보다 훨씬 더 오래 지속되는 영향력의 차이였다. 독일인과 일본인들은 영웅적 이상에 환멸을 느꼈다. 그래서 전쟁과 관련된 것이라면 그 무엇도 하지 않으려 했다. 반면 미국과 영국은 가장 좋았던 시절에 대한 향수를 절대 없애려 하지 않았고, 이는 국가와 국민이 다시 한번 영웅처럼 살 수 있다는 무분별한 군사적 모험주의를 개시하려는 치명적인 성향으로 이어졌다.

'유럽의 하수 처리장' 대참사: 오스트리아 케른텐

귀향을 원치 않았던 사람들은 어땠을까?

오스트리아 농촌지역인 케른텐의 드라우('드라바'라고도 함―옮긴이) 계곡은 소나무와 꽃들로 덮여 있는 무성한 녹색 초원과 차가운 산악 호수가 펼쳐져 아름다운 알프스 풍경을 자랑한다. 칠흑같이 어둡고 물에 반쯤 잠긴 산악 터널 공사장에서 막 빠져나온, 독일군 치하 노예노동자였던 슬로베니아 난민들에게 이곳은 에덴동산처럼 보였을 것이다. 일부 사람들은 추위 속에서도 험난한 산길을 힘겹게 넘어 이곳에 도착했다. 한 난민은 "'삶LIFE'이라는 단어가 이 경이로운 곳에서 장엄하고 눈부시게 빛을 내며 사방으로 울려 퍼지는 것 같았다"[16]고 회고했다.

1945년의 아름다운 봄, 그림 같은 시골 교회와 마을이 들어서 있는 이 축복받은 풍경을 좀 더 자세히 들여다보면 충격적인 뭔가가 있었다. 드라우 계곡은 급조한 캠프와 판자촌으로 가득 차 있었다. 여기에는 전직 군인뿐 아니라 부녀자와 어린아이, 그들이 타고 온 말과 소달구지, 하다못해 낙타까지 포함해 수만 명이 집단 거주하고 있었다. 긴 양가죽 모자를 쓴, 자부심으로 충만한 코사크족과 슬로베니아 농부도 있었다. 세르비아 체트니크, 일부 왕당파, 파시스트도 있었는데, 그중 일부는 양쪽에 다 걸친 사람들이었다. 우스타샤 출신의 크로아티아인도 있었고, 우크라이나인과 러시아인, 다양한 유럽 국가에서 온 전쟁포로 출신 등이었다. 산악지대 판잣집에 몸을 숨긴 나치 대량 학살 책임자도 있었다. 당원들에게 '글로버스Globus'라고 불렸던, 폴란드 강제수용소 설립을 책임졌던 슬로베니아 출신의 독일인 오딜로 글로보츠니크가 대표적이었다. 런던의 『타임스』지 기자는 주로 티토의 공산당파나 소련 적군을 피해 도망쳐온 이 난민들을 "1500년 전 동고트족의 대량 이주"[17]에 빗댔다. 영국 정보장교였다가 나중에 런던의 유명한 출판업자가 된 나이

절 니컬슨의 표현을 빌리면, 케른텐은 "유럽의 하수처리장"[18]이었다.

영국군이 점령하고 있던 케른텐은 유럽에서 인도적, 문화적 대참사를 야기했던 인종적 민족주의의 전형을 보여주는 근대 정치사의 민낯이라는 점에서 대량 이주에 따른 불행이 일어나기에 딱 맞는 곳이었다. 남부 케른텐의 인구 대부분은 슬로베니아인이었다. 전시에 나치 독일의 지방 장관은 독일어를 하는 케른텐인인 프리드리히 라이너였는데, 그는 사람들에게 독일어로만 말하게 했다. 또 슬로베니아인들을 이주시키고 그 자리에 게르만족 후손들을 채워넣는 방식으로 남부 케른텐을 '독일화'하려고 했다. 전쟁 막바지에는 티토주의 파르티잔이 이 지역을 침범하고 영국군이 이들을 몰아낼 때까지 이 지역을 유고슬라비아 영토라고 주장했다.

하지만 이는 귀향을 원치 않거나 돌아갈 집이 없던 민간인 혹은 군인들로 가득 찬 '유럽의 하수처리장'에서는 작은 문제에 불과했다. 나이절 니컬슨은 이렇게 분석했다.

자신들을 보호해달라고 요청하는 사람의 국적은 수적으로 무한해 보였다. 독일인들은 티토로부터, 코사크족은 불가리아로부터, 체트니크는 크로아티아로부터, 백러시아인은 적러시아(헝가리 일대—옮긴이)로부터, 오스트리아인은 슬로베니아인으로부터, 헝가리인들은 기타 모든 국가로부터 자신들을 보호해달라고 요청했다. 그 반대도 마찬가지였다. (…) 나치 전범뿐 아니라 러시아와 티토에게서 도망쳐온 상대적으로 안전한 사람들조차도 어디를 가든 환영을 못 받고 핍박을 당했다.[19]

사실 대부분의 경우는 핍박을 넘어서는 수준이었다. 독일인 편에서 티토의 공산주의와 싸웠던 슬로베니아인과 크로아티아인, 세르비아인의 상당수는 유고슬라비아에서 적에게 넘겨져 고문을 받거나 처형당했다. 1917년 내전에서 공산주의자들과 이미 한 번 싸웠던 코사크인들은 나중에 다양한 유럽 국가에서 음식점 종업원이나 택시 운전사, 잘 알려지지 않은 망명 잡지에 글을 기고하는 작가 등으로 전전하면서 생활했는데, 소련으로 돌아가면 처형되거나 러시아 강제노동수용소인 굴라크gulag에서 천천히 죽음을 맞이할 것이라는 사실을 알았기 때문이다. 이해할 만은 하지만 어리석게도 스탈린을 제거할 수 있다는 희망 속에 히틀러 편에 붙었던 우크라이나인들도 비슷한 두려움에 사로잡혀 있었다. 이런 두려운 예감은 모두 현실화되었다. 다만 그들이 예측하지 못했던 것은 가장 용감하고 품위 있으면서 관대하다고 여겼던 영국인들이 바로 그들을 그 길로 몰아넣었다는 점일 것이다.

유고슬라비아와 국경이 접한 오스트리아 남부 케른텐에 위치한 블라이부르크의 38여단(아일랜드인으로 구성된 부대) 영국군 사령관 T. P. 스콧 준장은 5월 14일 크로아티아군 20만 명이 민간인 50만 명과 함께 영국군이 지키고 있는 전선으로 접근하고 있다는 보고를 받았다. 주변의 여러 평가에 따르면 연민이 많았던 스콧은 크로아티아군 대표들을 만난 자리에서 이들의 오스트리아 입국을 허락할 수 없다고 말했다. 받아들일 공간이 없다는 것이었다. 입국하더라도 그들은 굶어 죽을 것이었다. 그러자 크로아티아의 일부 인사들은 "좋다. 그렇다면 우리는 굶을 수 있다"고 답했다. 일부는 아프리카나 미국으로 이주할 수 없는지 물었다. 스콧은 안 된다, 그것도 가능하지 않다고 답했다. 그러자 대표들은 "볼셰비키에게 항복하느니 마지막 한 명까지 싸우더라도 이 자리에서 죽는 게 낫다"[20]고 말했다.

이러지도 저러지도 못하고 발이 묶인 상태에서 굶주림에 시달렸고, 오랜 설득 끝에 결국 크로아티아인들은 티토주의자들(영국군들을 '티츠

Tits'라고 불렀다)에게 항복하는 데 합의했다. 이렇게 항복하면 남자들은 전쟁포로로 대우받고, 여자들은 크로아티아의 집으로 돌아갈 수 있을 거라는 약속을 받아냈다. 스콧 준장은 약속을 믿으라고 여러 번 확신시켰다.

실제로 무슨 일이 일어났는지 우리는 앞으로도 정확하게는 알 수 없을 것이다. 생존자 몇몇의 증언은 너무 지독했고, 일부는 아마 과장되었을 것이기 때문이다. 하지만 크로아티아인들이 어떻게 처리되었는지는 대략 알 수 있다. 일부 증언에 따르면 5월 15~16일 크로아티아 군인과 관료 1만여 명이 유고슬라비아 국경지대에서 총을 맞았고, 시체들은 구덩이에 버려졌다. 5월 17일 '죽음의 행렬'이 슬로베니아 마리보르로 향하는 드라바 강을 따라 시작되었다. 일부 증언에 따르면 "크로아티아인 수십만 명이 철사로 손이 묶인 채 열을 지어 걸어갔다. (…) 굶주리고 목마르고 쇠약해진 상태이거나 몸이 심하게 다쳐 고통을 겪으면서도 말이나 마차에 타고 있던 '해방자들'의 전진 속도에 맞춰 먼 길을 뛰어야 했다. 이런 달리기 '행군'을 견뎌내지 못한 자는 칼을 맞거나, 맞아 죽거나, 총살당한 뒤 길가나 구덩이에 버려졌다."[21] 또 다른 증언은 "대략 1만2000여 명의 크로아티아인이" 구덩이에 묻혔다. "피가 땅속으로 스며들어 시체가 썩으면서 부풀어 오르자 땅도 부풀어 오르기 시작했다. 농부들은 알칼리성 용액을 땅에 뿌린 뒤에 흙으로 다시 덮었고, 탱크로 땅을 평평하게 만들었다"[22]고 전했다.

증오 때문에 이야기가 다소 부풀려질 수 있지만, 티토 파르티잔이 수많은 사람을 살해한 데는 의문의 여지가 없다. 크로아티아인만이 죽음의 행렬에 던져진 것은 아니었다. 세르비아인과 슬로베니아인들도 멧돼지와 스라소니, 사슴들이 여전히 뛰놀던 코체베의 아름다운 숲에서 기관총 세례를 받았다. 영국군은 이탈리아행이라고 속여 이들을 기차에 태우고는 유고슬라비아로 보냈고, 이들은 공산주의자의 포로로 그곳에 도착했다. 만일 영국이 실제 목적지를 알려줬다면 영국군이 가급적 피하려고 했던 대혼란이 초래되었을 것이다.

영국은 필요하다면 때론 속임수로, 때론 강제로 러시아인과 반공 인사들을 적들에게 넘겼다. 그러고는 크로아티아인과 세르비아인, 슬로베니아인, 백러시아인, 우크라이나인들이 독일 편에서 싸웠다며 반역자로 몰아세우면서 이 정책을 정당화했다. 요약하자면 그들은 동맹인 소련뿐 아니라 영국에도 적이라는 주장이었다. 여성과 아이들을 적의 전투원으로 분류할 수 없다는 점을 차치하더라도 사실 이 문제는 그리 간단치 않다.

노르망디 상륙작전 이후 프랑스에서 붙잡힌 독일군 제복을 입은 군인의 10퍼센트가 러시아인이었다는 것은 사실이다. 하지만 독일어 한마디도 못 하고 영국군에 항복하는 것에 오히려 안도했던 이 러시아인들은 히틀러의 명분에 열광해서 전투에 나온 게 아니었다. 상당수는 동부전선에서 잡힌 전쟁포로였다. 독일군은 소련 포로들을 굶겨 죽이는 정책을 폈고, 그 정책에서도 살아남은 러시아인들은 1943년 잔인한 선택을 해야 했다. 독일군은 병력이 절망적일 정도로 부족해지자 이들에게 독일군의 외국인 특별부대에 가담하든지, 아니면 죽든지, 하나를 택하라고 강요했다.

코사크인의 사례는 더 복잡하다. 러시아 내전에 참전했던 선임 장교들은 목하 육십대였고, 이들은 나치의 소련 침공이 과거의 코사크 영토를 다시 찾을 마지막 기회라고 생각했다. 그 땅에서 18세기 용맹한 전사의 위상을 떨쳤던 조부 세대처럼 살 수 있을 거라 믿었다. 독일은 독일 편에서 싸운다면 이를 도와주겠다고 약속했다. 그래서 코사크인들은 선조 대부터 내려온 보석 장식이 달린 단검과 날이 굽은 칼로 무장한 채 맹렬하게 싸웠다. 하지만 너무 낭만적인 오판이었고, 어쩌면 영원히 잃어버린 것인지도 모를 예전의 삶의 방식을 되찾기 위한 방법치고는 너무 무참한 모색이었다. 그들은 소련에서 싸웠고, 유고슬라비아에서는 퇴각해야 했다. 퇴각할 때는 더 이상 스탈린 치하에서 살 수 없었던 민간 피난민 수천 명과 함께였다. 전쟁 막바지에 독일은 일본이 동남아에서 그랬던 것처럼 전투를 독려하기 위해 협력한 인사들에게 영토를 나눠줬는데, 그건 마지막 순간의 뇌물이었다. 코사크인들도 이탈리아 알프스 지방에 '코사키아'를 건설할 수 있다는 약속을 받았다. 코사크인들은 영국군이 도착하자 소련 공산주의자들은 그들의 적이고, 영국은 적이 아니라고 선언하면서, 코사키아를 포기하고 케른텐의 목가적인 계곡으로 넘어왔다.

돌 같은 표정으로 유명했던 안테 파벨리치가 이끈 크로아티아 파시스트들의 행동은 독일인들조차 충격을 받을 정도로 잔혹했다. 이탈리아 저널리스트인 쿠르치오 말라파르테는 생생한 상상력으로 충일한 글쓰기를 하는 것으로 유명한데, 파벨리치를 인터뷰하면서 독재자의 책상 위 광주리에 담긴 홍합이나 굴로 보이는 작고 둥근 점액질 물건을 발견했다. 말라파르테가 이게 그 유명한 달마티아산 굴이냐고 묻자, 파벨리치는 희미한 미소를 지으며 충성스러운 우스타샤가 선물한 파르티잔들의 눈알 40파운드라고 대답했다.

우스타샤는 티토 파르티잔이나 슬로베니아 향토예비군, 세르비아의 체트니크만큼이나 잔인했다. 하지만 우스타샤가 치른 전쟁은 연합국과 독일, 민주주의 정파와 파시스트, 하다못해 공산주의와 반공산주의 사이의 전쟁이라는 범주에 깔끔하게 들어맞지 않았다. 그들은 몇몇 내전에서는 정당이었지만 동시에 인종적, 정치적, 종교적 문제 때문에도 싸웠다. 크로아티아 가톨릭 대 세르비아 정교회 대 보스니아 무슬림 대

세르비아 왕당파 대 공산주의 파르티잔 대 슬로베니아 향토예비군 대 슬로베니아 공산주의 등이었다. 파시스트니 공산주의니 나치니 하는 이 데올로기는 일부일 뿐이다. 모든 정파는 자국의 목적에 맞기만 하면 독일 침략자를 포함한 외부 강대국들과 언제든지 거래를 했다. 영국이 한때 독일에 대항할 때는 체트니크나 파르티잔과 동맹관계였지만, 언제 동맹이 아닌 이들과 다시 만났을 때 이들이 친구인지 적인지 어떻게 알 수 있겠는가?

결국 친구인지 적인지는 힘의 논리가 결정했다. 지중해 지역 전권대사였던 해럴드 맥밀런은 이렇게 표현했다. "1943년 12월이 되자 가장 많은 정보는 파르티잔이 결국 유고슬라비아를 통치하게 될 것이며, 군주제의 미래는 희박하고 통일시킬 힘이 없다는 것이었다. 동시에 이 지역이 군사적으로 가장 중요해졌다. 적절히 지원만 된다면 티토 병력은 대규모 독일 사단을 묶어놓을 능력을 갖출 것이며, 이는 이탈리아뿐 아니라 나중에 프랑스 전선에도 큰 이점이 될 것이었다."[23] 체트니크 왕당파는 잘못된 편에 섰다는 점에서 불운했던 셈이다.

1945년 서구 동맹국이 티토를 중요하게 고려했던 것만큼이나 영국과 미국은 물론 당시 스탈린도 티토를 애정이 듬뿍 담긴 별명인 '조 삼촌 Uncle Joe'이라고 불렀다. 그래서 앤서니 이든 영국 외무장관이 1944년 9월 모스크바 회의에서 소련 국민이 "원하든 원치 않든"[24] 모두 러시아로 돌려보내겠다고 소련 측에 약속한 것은 과장이 아니었다. 전시 동맹과의 좋은 관계를 유지하는 데 필수적이라고 생각된 데다 영국은 소련이 점령한 영토에서 수천 명의 영국군 포로들을 위험에 빠뜨리는 어떤 행위도 하고 싶지 않았다.

영국의 윈스턴 처칠과 일부 정부 인사들은 이 정책의 결과에 다소 양심의 가책을 느꼈다. 셀본 경은 처칠에게 보낸 편지에서, 이들을 러시아로 돌려보내는 것은 "확실히 죽음을 의미하는 것"이라고 썼다. 하지만 이든은 영국 수상에게 "이 문제에 감정적이 될 여유가 없다"라고도 적었다. 이든은 또 다른 뭔가를 덧붙였는데, 이것이 문제의 진짜 본질에 더 가까웠다. "우리는 절대로 이처럼 많은 규모를 영원히 짊어지기를 원치 않는다."[25] 모두를 돌려보낸다는 정책은 1945년 얄타 회담에서 공식 확인되었다.

많은 러시아인이 강제로 독일 군복을 입어야 했고, 독일에 노예나 하류층 노동자로 끌려간 여자와 아이들은 절대 군복을 입지 않았다는 점, 그리고 상당수 코사크인들은 한 번도 소련 국민이었던 적이 없었기 때문에 법적으로도 '본국 송환'에 구속되지 않는다는 사실에도 이든이나 소련 지도부는 전혀 개의치 않았다. 특히 독일 군복을 입거나 강제 노역에 끌려간 러시아인들의 경우, 프랑스와 네덜란드에서처럼은 아니지만 소련의 영웅담 만들기 측면에서 눈엣가시였다. 많은 러시아인과 기타 소련 시민들이 자발적으로, 또는 살아남기 위해 독일에서 노역했다는 사실은 소련 당국에는 당황스러운 내용이었다. 공식적인 이야기는 소비에트 노동자 천국의 모든 국민이 파시스트 적에 맞서 싸운 것으로 되어 있어야만 했다. 항복은 범죄였다. 독일인 손에 들어간 자들은 반역자여야 했고, 그에 준해 처벌받아야 할 것이었다.

문제를 더 복잡하게 만든 요소가 또 있다. 영국인의 상상 속 고결한 농민 영웅으로서 낭만적으로 각인된 티토의 파르티잔은 나치에 대항해 함께 싸운 동맹이지만, 이들이 이탈리아 일부와 오스트리아 남부에 대한 영유권을 주장하는 것은 골칫거리였다. 서구 동맹국이 해야만 하는 마지막 업무가 무장한 옛 전우와의 전투였다. 이미 수백만 명의 전쟁포로를 책임지고 있던 사령관 해럴드 알렉산더는 티토의 진격을 좌절시키기 위해 오스트리아에서 먼저 '전투 준비'를 할 권한을 달라고 요구했다. 이는 가능한 한 빨리 유고슬라비아인들은 유고슬라비아로, 러시아인은 소련으로 인도하겠다는 의미였다.

이 '전투 준비'의 직접적인 결과는 끔찍한 장면으로 이어졌다. 속임수로 사람들을 유인하는 것으로 부족하면, 영국 병사들은 눈물을 흘리면서도 사람들을 구타하고, 때로는 총검으로 위협해서 소달구지나 트럭에 강제로 태웠다. 여자들은 영국군 발밑에 꿇어앉아 애원했고, 아이들은 공포에 빠진 군중에 깔렸다. 일부는 총에 맞고, 일부는 강제로 송환되느니 차라리 죽겠다며 스스로 목을 찌르거나 드라우 강에 투신했다.

이 중에서도 코사크인의 사례가 가장 슬프다. 영국군은 아프리카에 파병되어 가거나, 일본군과 싸우기 위해 아시아로 보내질 거라는 코사크인의 망상을 교묘하게 조장했고, 피할 수 없는 운명에 처하기 전까지 코사크인 사회가 최대한 안정을 유지하도록 모든 조치를 동원했다. 아무것도 몰랐던 코사크인들은 대단한 기마술을 선보이면서 즐거워했다. 코사크인들의 무장해제 역시 속임수였다. 코사크 병사들은 옛 무기를 버리면 신식 무기를 제공받을 거라고 약속받았다. 영국군은 코사크인들이 지휘관이 없으면 영국군 명령에 크게 저항할 수 없다는 사실을 알았다. 5월 말 코사크인 장교 1500명은 자신들의 미래를 결정하는 '회의'에 참석하라는 지시를 받았다. 저녁에는 가족에게 돌아갈 예정이었다. 하지만 다시는 그들을 볼 수 없었다. 그들은 몰래 소련 군대에 인도되었다. 곧바로 처형되지 않은 코사크인들은 굴라크로 보내졌고 거의 살아남지 못했다.

일부 코사크인은 장교들이 돌아오지 않자 영국군을 더욱 의심했다. 결국 강력한 조치를 취해야 할 시간이 왔다. 무장해제된 코사크인들을 불구대천의 적에게 항복하게 만드는 불쾌한 임무가 아일랜드계로 구성된 '로열 아이리시 이니스킬링 퓨질리어Royal Irish Inniskilling Fusiliers' 보병

연대에 부여되었다. 로버트 아버스노트 소장은 아일랜드계가 영국군 부대보다 이 작전을 덜 반대할 것 같다면서 이렇게 결정했다. 하지만 실상은 군인들이 너무 불안해했고, 거의 반란 직전이었다. 지휘관인 데이비드 쇼는 "병사들이 매우 심하게 고통스러워하면서 불평을 했다. 하지만 결국엔 명령을 따랐다. 그건 끔찍했다. 임신부를 포함한 여성들이 소리를 지르면서 바닥에서 떼구루루 구르던 것을 아직도 기억한다. 부하들은 총을 바닥에 내려놓고는 여자들을 들어올려 트럭에 실었다. 그리고는 문을 닫고, 창밖으로 몸을 내밀어 울부짖는 여성들을 태운 트럭이 멀어지는 것을 서서 지켜봤다."[26]

6월 1일 드라바 강둑에 있는 또 다른 코사크인 캠프에서는 기차에 타라는 명령이 내려지자 수천 명이, 정교회 예복을 완전히 갖춰 입은 성직자들이 기도하고 찬송가를 부르는 곳으로 모여들었다. 거대한 군중 안쪽에는 무릎 꿇고 서로 팔장을 낀 여자와 아이들이 자리 잡았다. 원의 가장자리에는 젊은 남자들이 섰다. 원형의 대형은 종교적 상징과 검은 깃발, 대형 십자가 제단으로 장식되어 있었다. 군인들도 기도하는 사람들을 공격하지는 못할 거라는 생각에서였다. 영국군은 뭔가를 해야 했다. '러스티Rusty'('반항적'이라는 의미—옮긴이)라는 별명으로 불리면서 많은 코사크인과 친하게 지냈던 데이비스 소령은 "군중의 바깥쪽에 있는 사람들을 떼어내자 남은 사람들끼리 꼭 붙으면서 대형이 안쪽으로 바짝 좁혀 들어갔다. 사람들은 공포에 사로잡혀 군인들로부터 멀어지려고 미친 듯이 안간힘을 쓰면서 다른 사람들 위로 올라가기 시작했다. 그러자 비명으로 가득한 피라미드 모양새가 됐고, 극도로 흥분한 사람들 밑으로 수많은 사람이 밟혔다"[27]고 기억했다.

한 젊은 여성은 눌리면서 창문 쪽으로 밀려 깨진 유리 조각에 두 다리를 심하게 베었는데, 운집한 군중의 한쪽 방벽이 무너질 때 어떤 일이 일어났는지를 생생히 묘사하고 있다.

사람들이 돌진하고 있었고 (…) 몹시 겁에 질려 있었다. 모든 것이 뒤죽
박죽이었다. 노래도, 기도도, 신음과 비명도, 군인들이 잡으려고 하는
가련한 사람들의 울부짖음도, 아이들의 울음소리도, 군인들의 욕지거
리도. 모두 두들겨 맞았다. 머리 위로 십자가를 올린 채 계속 기도를 하
고 있던 성직자들도 두들겨 맞았다.[28]

마침내 임무가 종료되었다. 일부는 아이들과 함께 강에 몸을 던졌다.
일부는 캠프 밖에 있던 소나무에 목을 맸다. 하지만 남아 있던 코사크
인 대부분은 작은 창문 하나에 변기용 바구니 하나만 있는 우마차에
몸을 실었다. 스콧 준장은 사령관들에게 모든 것이 "제기랄, 정말 형
편없군"이라며 심경을 표현했다. '러스티' 데이비스 소령은 "난 아직도
그때를 떠올릴 때마다 공포스럽다"[29]고 말했다.

코사크인은 고립되어 구타당하고, 결국엔 역사에 의해 사멸된 민족
중 하나일 뿐이었다. 실제로 '역사'라는 것은 너무 모호하다. 코사크인
들은 혁명과 순수 민족국가라는 이상에 따라 행동했다가 사멸되었다.
이상을 따랐다가 희생된 다른 민족들도 있다. 이 중 일부 민족은 확신
에 찬 신념가들 때문에 희생양이 되었다.

동유럽의 독일인 추방과 히틀러 프로젝트

1945년 숨 막힐 듯한 더위 속에 열린 포츠담 회담에서 영국과 미국, 소
련 등 3개 승전국의 결의 내용은 다소 온건하기는 했지만 충분히 합리
적인 듯했다. 3국은 동유럽 및 중유럽의 독일인 거주자들을 추방하는

문제에 대해 이렇게 결정했다. "모든 사안을 검토한 결과, 3국은 폴란드와 체코슬로바키아, 헝가리에 남아 있는 독일 사람들과 관련된 요소들을 독일로 이송하는 작업을 진행할 것이다. 모든 이송 작업은 질서정연하면서도 인도주의적인 방법으로 실행될 것이다."

이는 꽤 공정한 것처럼 보였다. 처칠과 루스벨트, 스탈린이 2년 전 테헤란 회담에서 폴란드 동부의 상당한 지역을 소련에 할양하기로 결정한 이래 트루먼 미국 대통령과 스탈린 사이에는 묘하게도 친밀한 분위기가 유지되어왔다(트루먼은 처칠을 별로 좋아하지 않았다. 영국 수상은 그다지 환영받지 못하는 칭찬을 하면서까지 트루먼을 설득하려고 노력했다). 트루먼이 포츠담에 위치한 '작은 백악관'에서 스탈린과 처칠을 위해 파데레프스키(폴란드 작곡가―옮긴이)의 피아노곡인 'G조의 미뉴에트'를 연주했을 때 스탈린은 "오, 음악은 훌륭한 것입니다. 인간에게서 야만성을 몰아내지요"[30]라고 화답했다.

트루먼이 스탈린을 향해 가졌던 호감은 당시 미군들도 공유한 듯하다. 『양크』지는 포츠담 회담을 보도하면서 스탈린이 "빼어난 요인要人 중에서도 가장 많은 군인의 관심을 받았다. 조(스탈린―옮긴이)의 손에 일본의 항복이 달려 있다는 소문이 돌기 훨씬 전이었다. 파라마운트 영화사의 예약 담당자였다가, 지금은 유명 인사로 가득 찬 '작은 백악관' 앞에서 경비를 서고 있는, 뉴욕 롱아일랜드 출신의 존 투오히 상병은 스탈린을 '생각보다 키는 작았지만 멋진 군복을 입은 깔끔한 남자'로 묘사했다"[31]고 적었다. 『뉴욕타임스』는 폐허가 된 독일 수도 인근 지역에서 회담을 가진 세 명의 승전국 지도자들을 "공동묘지를 걷고 있는 세 남자. 세상의 권력을 손에 쥐고 있는 남자들이다"[32]라고 묘사했다. 이 세 명은 목하 폴란드, 체코슬로바키아, 헝가리, 루마니아가 요구하고 있는 땅에 깊이 뿌리를 박고 있는 독일어권 국민 1100만 명의 운명도 물론 쥐고 있었다.

포츠담 회담에 대한 이런 유화적 수사법 뒤에는 훨씬 더 야만적인 언어로 표현될 수 있는 복잡한 정서가 숨어 있었다. 독일인 수백만 명이 이미 주데텐란트와 실레지아, 동프로이센에서 쫓겨난 상태였다. 스탈린은 포츠담 회담 직전에 즈데네크 피에를린게르 체코슬로바키아 수상에게 "집권을 방해하지 않겠소. 독일인들을 내쫓으시오"[33]라며 이를 재확인했다.

처칠이 얄타 회담에서 스탈린에게 "수백만 명을 강제 이송한다는 생각은 전혀 충격적이지 않습니다"라고 말했을 때, 스탈린은 이 영국 수상에게도 "독일인은 더 이상 (폴란드에) 없을 겁니다. 우리 군대가 폴란드에 들어가면 독일인들은 도망칠 것이고, 어떤 독일인도 남아 있지 않을 겁니다"라고 강조했다. 그래서 처칠은 "그러면 독일 안에서 독일인들을 어떻게 다룰 건지에 관한 문제만 남습니다. 우리는 이미 600만 ~700만 명을 죽였고, 전쟁이 끝나기 전까지 아마 100만 명 정도를 추가로 죽일 수 있을 겁니다"라고 답했다. 정확한 수치를 좋아하는 스탈린은 "100만 명 아니면 200만 명?"이라면서 구체적인 숫자를 원했다. 처칠은 "아, 숫자에 어떤 제약을 둘 생각은 없습니다. 그러니 독일인들의 (죽음으로 인한) 빈자리를 채울 공간은 있을 것입니다"[34]라고 말했다.

여기서 언급된 독일인 상당수는 열렬한 나치 지지자이거나 전범들이었다. 독일 제국 주변부, 특히 주데텐란트 같은 지역의 독일 민간인들은 나치당과 그 관계 기관에 호의적이었는데, 월등한 재산을 갖고도 1938년 이전에는 체코에서 2등 시민으로 대접받았다고 느꼈기 때문이다. 그렇긴 하지만 이들 상당수가 나치와 거래한 것은 아니었다. 오히려 일부는 반나치 활동에 가담했다. 하지만 처칠과 스탈린은 이렇게 정교한 구분을 할 생각이 없었다. 그저 모든 독일인은 추방돼야 했다. 범죄자든, 나치든, 반나치든, 남자든, 여자든, 아이든 간에 모두 추방돼야 했다.

스탈린과 히틀러의 정책에서 대규모 인구 이동과 추방, 국경선 변경은 흔한 일이었다. 하지만 처칠은 내심 다른 선례를 생각하고 있었다. 그리스의 무슬림은 터키로, 그리스 정교회를 믿는 터키인은 그리스로 옮기기로 합의한 1923년의 로잔 조약이었다. 사실 이 같은 인구 교환은 그리스−튀르크 전쟁의 즉각적인 결과였으며, 조약이 합의된 1923년 전에 이미 이뤄졌다. 하지만 1945~1946년 동유럽과 중유럽에서 일어난 일은 규모가 완전히 달랐다. 이제 우크라이나 영토가 된 동부 폴란드에 거주하는 폴란드인을 한때 독일 영토였지만 독일인이 떠나면서 텅 비게 된 실레지아로 이주시키는 것이었다. 그러나 실제로는 약속했던 질서정연한 인도주의적인 것과는 거리가 먼 방식으로 1100만 명을 고향에서 쫓아낸 것이었다.

인간이 신에게서 멀어졌기 때문에 야만인처럼 행동하게 됐다고 믿었던 쾨니히스베르크 출신의 의사 한스 그라프 폰 렌도르프는 폭격 맞고, 불타고, 철저히 약탈당한 고향을 도보로 떠나려고 한 적이 있었다. 주로 석탄이나 소를 실어 나르는 서부행 열차의 빽빽이 들어찬 인파에 몸을 던지는 것은 너무 위험하다고 생각했기 때문이다. 그래서 비가 내리는 어느 날 '인적 없는 땅'을 걸어가기 시작했다.

추수되지 않은 들판을 지나 (…) 폭격이 남긴 커다란 구멍과 뿌리째 뽑힌 나무, 구덩이 속에 묻힌 군용 차량, 그리고 불타버린 마을. 나는 무너져 내린 집에서 비바람을 피할 만한 공간을 찾았다. 그런데 뭔가 움직이고 있다는 느낌이 들었다. 벽돌 바닥을 뭔가가 긁는 소리였다. 돌아보니 넝마를 입은 몇몇 사람이 허공을 바라보면서 서 있었다. 무리에는 어린이 세 명도 있었는데, 다소 적대감을 지닌 채 나를 빤히 쳐다보고 있었다. 그들도 쾨니히스베르크에서 멀리 벗어나려고 했다가 여기에서 옴짝달싹 못하고 갇힌 상태였다. 러시아가 지역을 장악한 상황에서 앞으로도, 뒤로도 어디든 갈 수가 없었다. 그들이 마지막으로 먹은 것은 잠시 멈춰 있던 러시아 트럭에서 가져온 감자 몇 알이었다. 감자를 무슨 값으로 치렀는지 난 묻지 않았다. 그들이 말하는 것으로 봐서는 이번에도 여자들이 값을 치른 게 분명했다. 오, 신이시여! 어떤 자가 이런 귀신처럼 보이는 여성에게서 아직도 만족감을 얻을 수 있단 말입니까?[35]

더 나쁜 일도 많았다. 하지만 가학적 폭력과 살해, 기아에 얽힌 다른 이야기들보다 위 사례가 갑자기 집이 없어진 사람들이 느꼈을 무력감에 대해 훨씬 더 많은 것을 말해주고 있다. 그들은 앞으로도, 뒤로도 갈 수 없었다. 더 이상 자신들의 땅이 아닌, 버려진 땅에서 오도 가도 못하는 상황에 갇혀 있었다.

렌도르프가 열차 탑승을 우려했던 것도 옳았다. 기차를 탄 사람들은 과적된 화물열차, 서로 몸이 겹쳐질 정도로 좁은 공간에서 음식과 물, 화장실도 없이 온갖 날씨에 노출된 상태로 며칠간 갇혀 있어야 했다. 자칫 노동수용소로 끌려갈 수도 있었고, 도중에 도둑을 맞기도 했다. 나치에 체포된 적이 있는 사회민주주의자 저널리스트 파울 뢰베는 실레지아를 통과하는 기차여행이 어땠는지를 잘 묘사하고 있다.

러시아인이 기관차를 열차에서 떼어낸 이후 우리는 22시간 동안 갇혀 있었다. 비슷한 운행 중단이 예닐곱 차례 있었다. 기차는 네 번이나 약탈당했다. 두 번은 폴란드인, 두 번은 러시아인의 소행이었다. 방법은 단순했다. 파손된 철길 때문에 기차가 속도를 줄이면 강도들이 화물차 칸으로 기어 올라왔고, 서류 가방과 배낭을 낚아챈 뒤 기찻길 옆으로 던졌다. 30분 뒤 강도들이 기차 칸에서 뛰어내려 바닥에 떨어진 전리품을 주웠다.[36]

경찰과 관료도 종종 약탈자 무리에 합류했던 이 무법 시대에 기차역은 가장 위험한 장소였다. 강도단은 기차역에서 밤을 보내야 하는 불행한 사람이라면 누구든 희생양으로 삼았다. 나이를 막론하고 여성들은 머리를 식히는 오락 차원에서 술 취한 군인들에게 성폭행당하기 십상이었다. 집을 잃고 모든 권리를 잃은 사람의 공포감은 다른 사람에겐, 그 사람에게 뭐든 저질러도 된다는 면허증이었다.

실레지아와 프로이센, 주데텐란트에서 독일인들에게 가해진 행동은 독일이 다른 민족, 특히 유대인에게 가한 행동을 비춰주는 기괴한 거울이다. 이 지역의 독일인들은 공공장소 접근이 금지됐고, N(폴란드어 'Niemice', 즉 '독일인'을 말한다—옮긴이)이 새겨진 표식을 달아야 했으며 달걀, 과일, 우유, 치즈도 살 수 없었고, 폴란드인과 결혼할 수도 없었다.

물론 나치와 비교하기에는 한계가 있다. 보수주의 작가인 에른스트 윙거의 친구는 체코슬로바키아 감옥에서 윙거에게 보낸 편지에 "체코슬로바키아의 헝가리인이나 독일인에게 일어나고 있는 비극은 유대인에게 일어난 비극에 견줄 만하다"[37]고 적었다. 하지만 이는 터무니없다. 강제 송환 과정에서 독일인이 얼마나 죽었는지는 여전히 논란거리다. 일부 독일인 역사가들은 100만 명 이상이 사망했다고 주장한다. 그 숫자의 절반 정도라는 반론도 있다.[38] 무엇이든 간에 충분히 나쁘다. 그럼에도 모든 독일인을 말살하겠다는 체계적인 계획은 없었다. 게다가 실레지아와 주데텐란트 출신 독일인들에게는 폴란드나 체코 국민이 될 선택권이라도 있었지만, 나치 지배하의 유대인에게 이런 선택권은 결코 없었다.

소련 군대와 폴란드인, 체코인들에게 마구잡이로 성폭행 대상이 됐던 독일 여성들은 스스로를 독일어로 '프라이빌트Freiwild', 즉 '쉬운 먹잇감fair game'이라고 칭했다. 어떤 권리도 없이 고향을 잃은 사람들이 쉽게 목표물이 되었다. 실레지아는 1945년 여름 '야생의 서부'로 알려졌다. 독일령에서는 단치히Danzig로 불렸던 폴란드 그단스크Gdańsk의 신임 행정부 지역 행정관은 이를 '골드 러시'라고 불렀다. "모든 교통수단을 동원하거나 모든 도로를 통해 폴란드 각지 사람들이 클론다이크(캐나다 클론다이크 강 유역의 금광 지대—옮긴이)로 향하고 있다. 목적은 일이 아니라 강도질과 약탈을 하려는 것이다".³⁹ 독일인 집, 독일인 회사, 하다못해 독일인 자체를 포함해 모든 종류의 독일인 재산을 수확할 수 있는 기회였다.

1945년의 인종청소는 강제 송환이나 노예화보다 훨씬 더 오래 지속되었다. 상실레지아의 라티보르 거주자로, 유대인 피가 절반 섞인 헤르베르트 후프카는 비 오는 어느 날, 아버지가 라틴어와 그리스어를 가르쳤던 모교 앞을 지나친 기억을 되살렸다. 후프카는 나치가 금지했던 토마스 만, 알프레트 되블린, 프란츠 베르펠 등 작가의 책들이 빗속에서 찢긴 채 산더미처럼 쌓여 있는 것을 보았다. 나치는 이 책들을 몰수해 유대인 무덤에 던져버렸다. 후프카의 표현에 따르면 어떻든 간에 이 책들도 "학교 앞에서 주인 없이 누운 채"⁴⁰ 거리에서 생명이 끝났다.

1945년 체계적으로 파괴된 것은 많은 사람이 함께 누려왔던 독일 문화였다. 독일 제국과 오스트리아-헝가리 제국의 옛 영토이자 제국의 위대한 도시였던 브로츠와프, 단치히, 쾨니히스베르크, 렘베르크, 브륀, 체르노비츠, 프라하 등은 독일어를 모국어로 하는 유대인들이 한때 발전시켰던 독일 고급 문화의 중심지였다. 이 도시들은 이제 '탈독일화'되어야 했다. 거리와 상점 간판이 다시 걸렸고, 장소도 이름이 바뀌었고, 독일 도서관은 약탈당했으며, 기념비는 철거되었다. 교회나 공공 건물에 있던 매우 오래된 비문도 지워졌다. 독일어 자체가 제거돼야 할 대상이었다. 프라하발 『양크』 기사는 이렇게 언급했다.

독일어로 길을 물으면(체코어를 할 수 없는 경우) 어떤 답도 얻지 못하고 수상한 눈초리를 받는다. (…) 체코인들이 독일어를 알아듣지 못하는 게 아니다. 실제로 독일어는 체코에서 수년간 제2국어였다. 프라하 공장에서 독일인을 위해 노력했던 체코인은 (…) 이렇게 쓰고 있다. "제발 여기서 독일어로 말하지 마세요. 그건 야수의 언어입니다."[41]

중유럽과 동유럽에서 독일인 및 독일 문화를 지워내고, 존재 자체에 대한 기억을 지우려는 데에는 다양한 이유가 있었다. 공산주의자들에게는 이 작업이 증오스러운 부르주아를 제거하는 혁명적 프로젝트였다. 에드바르트 베네시 대통령 같은 비공산주의 민족주의자들에게는 반역에 대한 복수였다. "우리 나라 독일인들이 (…) 우리 국가를 배신했고, 우리 민주주의를 배신했으며, 우리를 배신했고, 인간성을 배신했으며, 인류를 배신했다."[42] 체코슬로바키아 가톨릭교회의 고위 성직자는 "천년 만에 독일인에게 원한을 갚을 기회가 왔다. 독일인은 사악하며, 그러므로 네 이웃을 사랑하라는 성경 계명도 적용할 수 없다"[43]고 선언했다. 하지만 모두가 공유하고 있던 이런 감정을 명확히 밝힌 이는 폴란드의 최초 공산주의 지도자인 브와디스와프 고무우카였다. 그는 폴란드 노동당 중앙위원회 회의에서 "국가는 민족을 기반으로 세워지는 것이지, 다국적 기반 아래 만들어지는 것이 아니기 때문에 모든 독일인을 추방해야 한다"[44]고 말했다.

이런 방식을 통해 독일을 증오하는 국가와 민족들은 21세기 초반 10년간 인종적 순수성과 국민주의를 내세우면서 집권했던 히틀러의 프로젝트를 완성한 셈이었다. 하지만 폴란드, 체코슬로바키아, 헝가리, 루마니아에서 행해진 전후 인종청소에 대한 공포를 고려한다 하더라도, 중유럽의 독일 문화를 파괴한 진짜 장본인은 독일인들 자신임을 잊어서는 안 된다. 고급 독일 문화에 열광적이었던 중유럽의 유대인을 절멸하는 과정에서 독일인들은 스스로가 독일 문화를 파괴하기 시작했다. 그리고 폴란드와 체코가 전후에 독일인을 재빨리 추방했던 것은 독일 문화 파괴라는 작업을 가장 빨리 완수하는 방법이었다.

유대인 난민, "우리는 어디에도 없다"

1945년 여름과 가을, 유대인 생존자들이 독일 난민 캠프에 남아 있었던 것은 독일에 대한 애정 때문이 아니었다. 유대인을 모두 살해하려고 했던 독일에 있는 편이 리투아니아나 폴란드같이 원래 살던 나라에 가는 것보다 더 안전하다고 느꼈기 때문이다. 미군과 영국군이 경비하는 난민 캠프에서는 최소한 박해당할 가능성은 거의 없었다. 폴란드의 강제수용소에서 살아남았거나 파르티잔과 싸웠거나, 또는 소련에서 망명 생활 끝에 돌아온 유대인 수만 명이 같은 해 여름 독일로 대거 유입되었다. 독일의 난민 캠프가 일시적 거처를 제공했는데, 물론 집은 아니었다. 하지만 '집'이 대체 뭐란 말인가? 대부분의 생존자에게 고향은 상상 속의 고향이었지, 실제로는 존재하지 않았다. 고향은 파괴되었다. 어떤 난민은 이렇게 적었다. "우리는 지금 바이에른에 있는 게 아니다. (…) 우리는 어디에도 없다."[45]

유럽의 다른 유대인들도 스스로를 건사하기엔 너무 심약해진 상태였고, 너무 놀라고 화난 터여서 타인의 도움도 받아들이지 못했다. 비유대계가 도움을 주려고 하면 더욱 그랬다. 유대인과 비유대계가 섞여 있고, 여기에 관료주의 특유의 혼란과 무관심 때문에, 심지어는 나치 출신과도 함께 살기 시작한 난민 캠프는 믿을 수 없을 정도로 지저분했다. 짐승보다 못한 대접을 받았던 유대인들이 어떻게 갑자기 인간으로서의 자존감을 되찾을 수 있겠는가? 유대인에게 친근하지 않았던 패튼 장군이 유대인 생존자들을 "짐승보다 못하다"고 평가한 것이 대표적이었다. 하지만 생존자들을 돕기 위해 팔레스타인(향후 이스라엘 지역—옮긴이)에서 독일로 건너온 유대인들조차도 충격을 숨기지 못했다. 하노흐 바르토프의 자전적 소설 『여단Brigade』에서 유대인 여단의 한 병사는 "나는 이 사람들이 수년간 내가 이야기를 나눴던 사람들이라는 사실을 스스로에게 끊임없이 주지시켜야 했다. 하지만 전기 철조망이 우리를 갈라놓으면 나는 가능한 한 멀리 그들에게서 떨어졌다"[46]고 말하고 있다. 한 미군은 집으로 보낸 편지에 '다하우에서 막 나온' 폴란드 유대인을 맞닥뜨린 순간을 이렇게 적었다. 한 남자가 뮌헨의 공중화장실 한쪽에서 웅크린 채 "아이처럼 울고 있었다. 나는 왜 울고 있냐고 물을 필요가 없었다. 답은 항상 똑같으니까. 언제나 이런 대답이다. 부모는 고문 끝에 죽었다. 아내는 가스실에서 죽었고, 아이들은 굶어 죽었다. 아니면 이 세 가지의 다른 조합이 답이었다."[47]

그 누구보다 영웅 이야기가 절실하게 필요한 사람들이 있다고 한다면 많은 수난자 중에서도 최악의 수난자였던 유대인들이었다. 당시엔 유대인 학살이 널리 알려지지 않았지만 말이다. 유대인 학살의 진상은 유대인 자신들도 아직 이해할 수 없는 영역이다. 영국 정통 유대교의 최고 랍비인 솔로몬 숀펠드 박사가 1945년 12월 폴란드의 유대인 생존자들을 조사했는데, 다음과 같은 문장이 나온다. "폴란드 유대인들은 (화장실과 난방, 그 이상의 적십자 구호활동을 포함한) 아우슈비츠에서의 죽음이 다른 어떤 곳보다도 가장 인도적이었다는 데 동의했다."[48] 인도적이라니!

영웅화 시도는 이미 전시에 팔레스타인의 유대계 신문에서 행한 적이 있다. 서기 73년 유대교 제롯파들이 로마에 저항하다 끝내 집단 자살한 마사다 성소를 1943년 바르샤바 게토에서 일어난 봉기에 비유한 것이다. 일간지 『예디옷 아로놋Yediot Ahronot』의 1943년 5월 16일 머리기사의 표제는 "바르샤바의 마사다가 함락됐다―나치는 바르샤바 게토의 나머지 지역에 불을 질렀다"였다. 사실 게토 봉기가 제대로 진가를 발휘한 사건은 1970년대 신생국가 이스라엘의 건국 신화다. 하지만 전쟁 직후에도 영웅적 표현으로 유대인의 사기를 진작하기 위한 시도들이 있었다. 모든 것을 잃은 유대인들을 고무, 격려하면서 고향을 꿈꾸게 하는 시오니즘과 밀접하게 연계되어 있었다. 유대인 여단이 이탈리아에서 독일로 진군할 때 군용 트럭에서는 이런 방송이 흘러나왔다. "조심하라! 유대인이 오고 있다!" 7월 25일 독일 서부 캠프 위원회의 유대인 대표들은 팔레스타인으로 들어가게 해달라는 요구 성명을 발표했다. 유대인들이 이 감동적인 일을 하기 위해 선택한 장소는 히틀러가 1923년 쿠데타를 일으켰다가 실패한 뮌헨의 맥줏집이었다.

성지(팔레스타인을 의미한다―옮긴이)의 유대인과 디아스포라(다른 나라에 거주하는 유대인, 또는 유대인 거주지―옮긴이) 간 연결고리는 미약했고, 그래서 모르데하이 아니엘레비치 등이 게토에서 죽었다고 할지라도 '에레츠 이스라엘Eretz Yisrael'(이스라엘의 땅)이라는 대의를 위해 바르샤바와 마사다를 비교할 필요가 있었다. 젊은 시오니스트 그룹은 전시는 물론 전후에도 캠프에서 유대인 생존자들을 재빨리 키부츠로 조직화하면서 연결고리를 구축했다. 어빙 헤이몬트 미군 소령은 그 자신이

유대인이었지만 캠프 내에 키부츠를 만드는 것에는 확신이 없었다. "나는 오늘, 이미 존재하고 있는 문제에 더해, 캠프의 젊고 유능한 인재들이 키부츠 조직이 되고 있다는 사실을 알았다. 키부츠는 팔레스타인으로 이주하려는 강렬한 욕망으로 뭉쳐 스스로 단련된 조직으로서 긴밀하게 결합되어 있는 것으로 보인다. 거기에서 (…) 그들은 이상적인 집단주의 노선에 따라 삶을 조직화하려고 한다. 각 키부츠는 매우 배타적이며, 캠프생활에는 거의 관심이 없다."[49]

소수의 생존자만이 미국을 새로운 고국으로 꿈꿨다. 바이에른에서 가장 큰 난민 캠프 중 하나가 있는 푀렌발트 거리에는 '뉴욕' '미시간' '위스콘신 애버뉴'[50] 같은 매혹적인 이름이 붙었다. 그것이 매력적이긴 해도, 전후에 미국은 직접 밝힌 건 아니지만 유럽 유대인의 미국 입성을 반기지 않았다. 중부 유럽에서 온 젊은 시오니스트 생존자들은 젊음과 함께 상대적으로 높은 적응력, 규율, 높은 사기, 이상주의, 그리고 스포츠와 농사일, 자기방어 등과 같은 훌륭한 특성을 갖추고 있었다. 독일이 패배하고 10일 뒤 영국군 랍비였던 레비는 런던 주간지 『유대인 연대기Jewish Chronicle』에 보낸 글에서 벨젠의 시오니스트들을 칭찬하고 있다. "내가 어떻게 잊을 수 있겠는가? (…) 헛간에 모여 앉아 히브리어 노래를 부르던 그 모임들을. 그런 끈기와 강인한 정신이 가능하다는 것을 세상이 믿을 수 있을까? 이틀 전 나는 폴란드에서 온 젊은 시오니스트들과 만났다. 그들은 가장 더러운 구역 중 한 곳에 살고 있었는데, 그들이 사는 곳엔 오물이 하나도 없었다."[51]

벨젠의 강인한 사나이 중에서도 가장 강건한 남자는 작지만 강단 있었던 요제프 로젠사프트였다. 그는 유대인 영웅 이미지에 딱 들어맞았다. 1911년 폴란드에서 태어난 그는 젊은 시절 하시디즘Hasidism(유대교 신비주의 종파―옮긴이)인 가족의 종교 교리에 반항한 뒤 좌파 시오니스트가 되었다. 1943년 7월 벵진에서 부인, 양아들과 함께 검거되어 아우슈비츠 수용소행 기차에 강제로 태워졌다. 그는 기차에서 탈출했고, 기관총 세례를 받으면서도 비스툴라 강으로 뛰어내렸다. 게토에서 다시 체포되었지만 또다시 도망쳤다. 또 잡혀서 아우슈비츠와 가까운 또 다른 죽음의 수용소인 비르케나우로 송환되었다. 채석장에서 2개월간 노역한 뒤 또 다른 수용소로 옮겨졌는데, 1944년 3월 또다시 탈출했다. 4월에 다시 잡힌 뒤 비르케나우에서 몇 달간 고문을 받았지만 누가 탈출을 도왔는지는 절대 누설하지 않았다. 그는 축축한 지하터널에서 죽을힘을 다해 V-2 로켓 조립 노동을 했던 도라-미텔바우를 잠시 경유한 뒤 베르겐-벨젠에서 해방을 맞았다.

로젠사프트는 교육받은 도시 엘리트가 아니었다. 그는 오직 이디시어(중·동유럽에서 사용했던 유대인 언어—옮긴이)만 할 수 있었다. 이런 이유로 그가 이디시어를 연합군 당국과의 협상 언어로 하자고 주장한 것은 아니었다. 영국인 심문자들은 이 문제를 매우 귀찮아했다. 유대인들에게는 자존심 문제였다. 해방된 벨젠 수용소의 유대인 중앙위원회 지도자로서 유대인들이 공통의 고향을 가진, 분명한 한 민족으로 대접받기를 원했기 때문이다. 로젠사프트의 마음속에 있던 공통의 고향은 팔레스타인이었을 것이다. 유대인들은 다른 국적의 피수감자들과 분리되기를 원했으며, 유대인 일은 스스로 결정하도록 허용돼야 하며, 유대인 땅으로 이주할 준비를 해야 한다고 주장했다.[52]

유사한 주장이 다른 수용소에서도 나왔다. 어빙 헤이몬트 소령은 란츠베르크의 유대인 위원회의 요구에 종종 짜증이 났다. 하지만 집으로 보낸 편지에서 그는 수용소 대표 중 한 명인 리투아니아 출신 농업학자 J. 올레이스키 박사의 연설 일부를 "매우 계몽적"이라며 인용했다. 올레이스키 박사는 게토에 머물던 시절, 유대인들이 "철창 사이로 빛나와 코브노, 그리고 다른 리투아니아 마을들을 바라보면서 '내 고향을 다시 보기를 원하네'라는 노래를 부르던 시절"을 회고했다. 하지만 오늘날 올레이스키는 다음과 같이 말하고 있다.

모든 일이 일어난 뒤에, 독일의 강제수용소를 나온 뒤에, 옛집이 거대한 무덤으로 변해버렸다고 분명하게 진술한 뒤에, 우리는 오직 가장 사랑하는 사람들의 그림자를 그저 손끝으로 더듬고 움켜쥐면서 고통스럽게 울고 있다. 더는 내 고향을 볼 수 없다. 20세기에 유럽의 흑사병을 물리쳤던 국가들은 이번에는 유대인 문제를 구체적으로 이해해야만 한다. 우리가 폴란드에서 태어났다고 해서 폴란드인은 아니다. 한때 리투아니아를 거쳐갔다고 해서 리투아니아인은 아니다. 루마니아에서 생애 처음으로 햇빛을 봤다고 해서 루마니아인도 아니다. 우리는 유대인이다!

헤이몬트는 시오니스트도, 종교적인 사람도 아니었다. 독일에서 다루고 있던 민감한 사안을 망칠 수도 있다는 두려움 때문에 집안 배경도 입 밖에 내지 않았다. 이렇듯 심한 과민증을 보였던 헤이몬트가 '팔레스타인 안에 유대인 연방 건설BUILDING A JEWISH COMMONWEALTH IN PALESTINE' (인용한 원전에서 이 표기를 대문자로 강조했다)이라는 목표를 포함해 올레이스키의 열정에 공감하지 않았던 것은 아니다. 헤이몬트는 "이 문제에 대해 더 숙고할수록 위원회와 함께하면서 분노가 가라앉았다. 단체로서 위원회는 사람들의 권리를 보호하고, 그들을 독일에서 **빼내는** 것이 최대 관심사였다. 사람들의 권리에 대해서 말하자면, 그건 그들을 환자나 자선 대상이 아닌 자유인으로 다루는 것을 의미했다"[53]고 적었다.

한때 자신들이 살았던 나라에서 다수를 즐겁게 했던 유대인, 동정받는 민족이었던 박해받는 소수의 유대인을 성스러운 땅을 위해 싸우는 자랑스러운 전사로 변모시키는 희망적 융화가 가능하다는 생각은 두려운 유혹이기도 했다. 이런 생각은 나치 대학살 훨씬 이전에도 존재했다. 이런 이상주의는 사회주의자, 종교인, 심지어 인종주의자에게까지 다양한 영역에 들어와 있었다. 여러 종파가 끝없이 생겨났고, 때로는 종파 간에 험악한 경쟁이 벌어졌다. 사람들이 투표를 할 정도로 제반 여건이 좋아지자 벨젠과 다른 캠프들에서 정당이 생겨났다. 또 다른 폴란드 출신의 강인한 남자인 팔레스타인의 시오니즘 운동 지도자 다비드 벤구리온은 유대인들이 겪은 고통이 자신이 열렬히 믿고 있는 프로젝트에 얼마나 도움이 될 수 있을지를 일찍이 간파했다. 1942년 10월 벤구리온은 팔레스타인의 시오니즘 행정위원회에 이렇게 말했다. "생산적인 길로만 연결된다면 재앙도 힘이다. 시오니즘의 묘책은 어떻게 하면 우리의 재앙이 디아스포라 같은 좌절로 연결되지 않고, 창의성과 개발의 원천으로 삼을 수 있는지를 알고 있다는 것이다."[54]

상당히 냉혹한 소리로 들리지만 이것이 홀로코스트를 '도구화'한 초기 사례다. 유대인을 위한 새로운 영웅담을 만들어나가는 데 필수적인 것이라면 우유부단함은 과감히 버려야 한다는 게 벤구리온의 확신이었다. 실용적인 벤구리온은 감정을 드러내는 것이 비생산적이라고 봤다. 하지만 1942년의 그 역시 유럽에서 벌어진 유대인 대학살의 규모는 정확하게 인지하지 못하고 있었다. 극소수만이 대략적인 규모를 알고 있었을 뿐이다. 당시 상황을 이해한 듯 보이는 최초 인사 중 한 명이 유럽 유대인 구명위원회의 시오니스트 일원이었던 아폴리나리 하트글라스였다. 1940년 하트글라스는 나치가 "폴란드에서 (유대인) 인구를 멸종시키고 있다"고 경고했다. 하지만 하트글라스조차도 폴란드에서 온 난민들이 그가 예상한 최악의 시나리오를 확인해주었을 때 이렇게 응답했다. "당신이 말하는 것을 모두 믿는다면 나는 자살하고 말 겁니다."[55] 벤구리온도 몇 가지 사실은 알고 있었다. 하지만 다른 모든 사람처럼 당시 그는 진실의 규모를 상상할 수조차 없었다.

하트글라스와 벤구리온 모두 인간의 불행을 정치적 목적에 이용한다는 비난을 받을 수 있을 것이다. 1943년 구명위원회에 보낸 메모에서 하트글라스는 유대인 700만 명이 학살당했을 것으로 추정되지만, 팔레스타인에 있는 유대인들(이슈브Yishuv, 유대인 정착민 공동체—옮긴이)이 할 수 있는 일은 거의 없다고 언급했다. 그러면서 만일 소수의 유대인이라도 구조할 수 있다면 "우리는 이를 통해 약간의 정치적 이득을 얻을 수 있을 것이다. 시오니즘 관점에서 보면 아래와 같은 조건에서는 정치적 이득을 얻을 수 있다. 구조된 유대인을 받아들이길 원하는 유일한 국가가 팔레스타인이며, 그들을 흡수하기를 원하는 유일한 공동체가 이슈브라는 것을 세상이 안다면"[56]이라고 적었다.

1945년 10월 벤구리온은 이전의 독일 강제수용소에 직접 가보기로 결정했다. 그는 일기에 짧고, 건조하며, 주로 사실에 근거한 글만 썼다. 다하우에 대해서는 "시체 소각로와 가스실, 판잣집, 교수대, 죄수 구역, 나치친위대 구역을 둘러보았다." 벨젠에서는 "올해 4월 15일까지 유대인 4만8000명이 여기에 있었다. (…) 그 이후 (티푸스와 결핵 등으로) 3만 1000명이 죽었다"[57]고 적었다. 전기 작가 샤브타이 테베스에 따르면, 벤구리온의 목표는 단순한 영웅담에서 더 나아가 있었다. 벤구리온은 "죽음의 수용소 생존자들이 팔레스타인 연안으로의 전진을 위해 싸우면서 영국군 바리케이드를 돌파하는 것"을 상상했다. 테베스는 건조한 문체로 "벤구리온이 뼈만 남은 생존자들을 살펴본 것은 마치 사령관이 전투에 앞서 행하는 군대 점검과 비슷했을 것이다"[58]라고 적었다.

벤구리온의 방문 소식이 금세 돌았고, 그가 가는 곳마다 난민들이 몰려들었다. 헤이몬트는 벤구리온이 란츠베르크에 있다는 사실을 이렇게 말했다. "뮌헨으로 향하는 거리에 사람들이 줄지어 몰려 나가는 것을 보고서야 알아챘다. 사람들은 꽃과 함께 급조한 플래카드를 들고 있었다. 캠프도 온갖 종류의 장식으로 치장되었다. 캠프 피수감자들에게 이런 에너지가 나오는 것을 전에는 본 적이 없었다. 트루먼 대통령이 방문한다 해도 이런 열기를 끌어내지는 못할 거라고 생각한다."[59] 캠프에서 벤구리온은 '신'이었다고 헤이몬트는 전하고 있다.

독일을 순시할 때 벤구리온의 가장 유명한 연설은 다하우에서 멀지 않은 뮌헨 인근 성 오틸리엔의 베네딕트 수도원 병동에서 수용소 생존자들에게 행한 것이었다. 딱 한 번, 유대인 고아를 봤을 때 벤구리온의 눈이 감정으로 북받쳤다. 하지만 그는 재빨리 냉정을 되찾았다. "내 속의 감정을 드러내지 않을 것입니다. (…) 그런 건 불가능합니다." 대신 그는 그 감정을 재빨리 청중에게 넘겼다. 청중의 일부는 여전히 줄무늬 죄수복을 입고 있었다.

저는 여러분께 활기 넘치는 유대 팔레스타인이 존재한다는 사실을 알려 드립니다. 팔레스타인 문이 굳게 닫혀 있다 할지라도, 이슈브는 강한 손으로 그 문을 부숴 열겠습니다. (…) 오늘날 우리는 팔레스타인에서 가장 강력한 세력입니다. (…) 우리 자신의 상점과 공장, 문화, 무기를 가지고 있습니다. (…) 히틀러는 팔레스타인에서 멀리 있지 않았습니다. 거기서도 끔찍한 파괴가 있을 수 있었습니다만 폴란드에서 일어난 일이 팔레스타인에서 일어나지 않았습니다. 그들이 우리 유대교회에서는 우리를 살육하지 못했을 것입니다. 모든 남녀가 모든 독일군을 총으로 쏘았을 것이기 때문입니다.[60]

강력한 세력, 우리 무기…… 시오니즘 지도자 입에서 나온 이 영웅적 단어들은 영국이 가장 듣고 싶지 않은 것들이었다. 1917년 아서 제임스 밸푸어 영국 외무장관이 팔레스타인에 '유대인을 위한 국가'를 만들어 주겠다고 약속했지만 말이다. 영국은 1917년 밸푸어 선언에서 팔레스타인 아랍인에게는 "팔레스타인의 비유대계 공동체의 시민적, 정치적 권리에 해를 끼치는 어떤 일도 하지 않겠다"고 약속한 내용 때문에 곤경에 처해 있었다. 아랍인들이 팔레스타인 인구 70만 명의 91퍼센트를 차지하고 있었기 때문에 유대 국가 건설은 큰 문제가 될 것이었다. 그러므로 1939년 영국 정부가 발간한 백서에는 유대인의 팔레스타인 이주를 1940~1944년 연간 1만 명으로 제한하고, 비상사태에만 2만5000명이 추가로 이주할 수 있다고 되어 있다. 그리고 실제로 비상사태가 발생했다. 할당량을 채우기에는 충분했다. 벤구리온은 이제 최소한 유대인 생존자 100만 명이 합법이든 불법이든 간에 모든 가능한 수단을 통해 팔레스타인으로 와야 한다고 주장하고 있었다. 독일 난민 캠프에서의 유대인 상황에 대한 보고서[61]를 보고 충격을 받은 트루먼 대통령은 클레멘트 애틀리 영국 수상에게 보낸 편지에서 최소 10만 명의 유대인이 이주를 허가받아야 한다고 주장했다. 트루먼은 "포츠담에서 내가 이야기한 것처럼 모든 미국인은 (유대인의) 팔레스타인 이주가 막혀서는 안 되며, 유럽에서 박해받은 유대인의 적절한 수가 희망에 따라 팔레스타인에 재정착하는 것이 허용돼야 한다고 굳게 믿고 있다"[62]고 덧붙였다.

트루먼이 편지에서 언급하지 않은 게 하나 있는데, 그것은 이 10만 명의 유대인이 미국 정착을 원하지 않는다는 사실이었다. 영국이 죽음의 수용소에서 살아남은 사람들을 대상으로 가끔은 폭력까지 사용하면서 유대인의 팔레스타인 이주를 적극 막은 데에는 실용적인 이유가 있었다. 팔레스타인은 여전히 영국의 영향력 아래 있었다. 영국 노동당 정부 조차도 인도로 가는 관문인 중동에서 영향력을 계속 유지하고 싶어했다. 영국 외무부의 동정을 더 받았던 아랍인들은 그들이 거주하는 지역에 너무 많은 유대인이 정착하는 게 허용되면 무장봉기할 것이었다. 영국 입장에서는 시기도 안 좋았다. 그래서 불법으로 땅을 경작하려는 유대인들은 영국군의 곤봉 세례를 받았고, 곧 가라앉을 것처럼 낡은 배에 실려 쫓겨났으며, 때로 총에 맞기도 했다.

하지만 영국 정부의 주장이 항상 실용적인 것만은 아니었고, 종종 부정직하기까지 했다. 시오니즘이 유대인 정체성을 찾으려는 투쟁 과정에서 형성되었다고 한다면, 영국은 이와 다른 대안적인 정체성을 유대인들에게 제시했다. 국제난민위원회에 파견된 미국 특사 얼 해리슨이 작성한 독일 내 난민에 관한 특별보고서를 두고 영국 외무부는 방향이 틀렸다고 주장했다. 특별보고서가 권장한 대로 다른 난민들과 유대인을 분리해야 한다는 주장이나 유럽에서 유대인을 위한 미래가 없다는 결론 모두 틀렸다는 것이었다. 외무부는 결국 "이는 유럽에서 유대인을 위한 자리는 없다는 나치의 주장이 옳다는 것을 인정하는 모양새가 될 것"이라고 주장했다. "유대인들이 현 단계에서 그런 조건을 만드는 게 불가능하다고 인정하게 만드는 것보다 유대인들 스스로 자연스럽게 집으로 돌아가는 게 더 낫다고 느끼는 환경을 창출하는 것은"63 연합국에 달려 있다는 것이었다.

영국 외무부는 폴란드와 리투아니아, 우크라이나 등에서 이런 조건을 만들어내기 위해 뭘 했는지에 대해서는 상세하게 설명하지 않았다. 또 모든 유대인이 시온으로 가는 적합한 방법에 합의한 것도 아니었다. 팔레스타인의 모든 시오니스트 단체를 포함하고 있는 유대기구Jewish Agency와 약자로 JDC, 또는 '조인트Joint'로 불리는 미국 합동 분배위원회American Jewish Joint Distribution 사이에는 치열한 경쟁이 있었다. '조인트'는 돈과 음식, 다른 필수품 등을 총동원해 유대인 난민과 피난민을 도우려고 애썼는데, 이들은 시오니즘이 유대인들을 세뇌한다고 혐오했다. 시오니즘에서 전체주의와 그에 따른 부작용이 보였기 때문이다. 반면 유대기구는 유대인 아이들이 유럽이나 미국 가정에 입양되는 것을 막았다. 유대 고향으로 '오는' 것을 막을 수 있다는 이유에서였다.

몇 년이 더 걸리기는 했지만 결국 시오니스트들은 방법을 찾았다. 이스라엘 국가가 건설됐고(1948), 수백만 명의 유대인이 안식처를 찾았다. 소련과 미국은 물론 유럽 대부분의 국가는 죄책감인지, 아니면 모든 민족은 자신만의 국가를 가질 수 있다는 19세기의 개념 때문인지, 그것도 아니면 많은 유대인을 위해서 이스라엘 국가만이 유일하게 설득력 있는 선택이라는 인식 때문인지 이스라엘 건국에 동정적이었다. 이든이 코사크인에 대해 언급한 것이 유럽의 유대인들에게도 그대로 적용되었다. "우리는 그들이 여기에 있는 것을 원하지 않는다."[64]

[**독소 제거하기**]

Draining the Poison

전쟁이나 점령, 독재는 국가에 물질적 피해만 입히는 것이 아니다. 도덕적으로 타락하고 정치적 정당성도 사라진다. 시민의식은 냉소주의로 잠식된다. 폭정 아래서도 가장 잘사는 사람들은 평판이 가장 나쁘고 가장 쉽게 부패한다. 반면 정당성을 지키던 사람들은 과도기에 이어 독재가 지속되면 극한 상황에 처하게 된다. 제2차 세계대전에서 이 같은 대표 사례가 바로 레지스탕스에 적극 가담한 극소수의 사람들이었다. 이들은 점령된 국가에서는 극도로 위험하게, 그리고 형식적으로 '자유' 정부를 유지했던 망명지 런던에서는 좀 더 안전하게 레지스탕스 활동을 펼쳐나갔다.

레지스탕스는 전후에 묘하게 낭만화되었지만 사실 나치 독일과 일본 제국의 군사적 패배에 기여한 역할은 미미했다. 오히려 모반을 꾀하는 저항활동은 무고한 민간인들에 대한 처절한 보복으로 이어지는 심각한 문제를 야기했다. 이 때문에 저항 행위에 신중했던 일부 인사는 영웅적 인사들이 훨씬 더 잔혹한 억압을 야기했다면서 공통적으로 분노하는 경향이 있다. 물론 레지스탕스가 전혀 희망이 없는 것은 아니었으며, 전제정치를 약화시킬 수 있다는 상징적 가치도 있었다. 하지만 레지스탕스가 진짜 중요해진 시기는 전쟁이 끝난 뒤였다. 잘못된 것에 결연히 맞섰던 레지스탕스 영웅들은 살인 정권에 협력하고 묵인으로 일관했던 사회에 하나의 영웅담을 제공해주었다. 민주주의 재건은 이런 영웅담에 크게 의존했다. 민간의 사기를 높일 뿐 아니라 전후 정부의 정치적 정당성을 확립하는 데에도 도움이 되었다. 그들은 전후 유럽에서 국가 부활 신화의 초석이었다.

중부 유럽과 동유럽에서 레지스탕스의 역할은 좀 더 복잡했다. 이들이 저항해야 하는 전제주의가 두 개였기 때문이다. 스탈린을 주적主敵으로 보는 사람들은 종종 독일과 협력했다. 우크라이나에서 가장 유명한 레지스탕스 영웅은 우크라이나민족주의연맹Organization of Ukrainian Nationalists의 지도자 스테판 반데라였다. 1991년 소련 붕괴 이후 우크라이나가 독립했을 때 반데라는 미국 초대 대통령인 조지 워싱턴처럼 우크라이나의 국부國父로 추앙되었다. 반데라 동상과 반데라 기념비, 반데라 사원, 반데라 박물관 등이 전역에 세워졌다. 하지만 한때 오스트리아-헝가리 제국의 일부였던 우크라이나 서부지역 출신인 반데라는 통일 영웅으로 보기 어렵다. 우크라이나 동부의 러시아정교회 인사들은 반데라를 1941년 나치를 도운 파시스트로 간주했다. 반데라와 민족주의자들은 1944년 폴란드인 4만 명을 살해한 책임이 있다. 독일뿐 아니라 소련으로부터 독립을 선언했던 반데라는 당시 나치 강제수용소에 있었다. 1959년 독일 뮌헨에서 망명생활을 하던 반데라는 소련 국가보안위원회KGB 요원에게 암살당했다.

서유럽의 상황은 덜 복잡하다. 프랑스 같은 나라에서는 영웅 신화가 특히 중요했다. 프랑스 관료제와 경찰력, 사법부, 산업계 인사, 그리고 심지어 예술가와 작가들조차도 비시 협력 체제와 매우 깊숙이 타협했기 때문이다. 1940년 6월 18일 런던에서 라디오 방송으로 저항활동을 시작했던 드골 장군은 당시 프랑스인들에게는 잘 알려지지 않았다.

프랑스 파트리patrie('조국'이라는 의미의 프랑스어―옮긴이)의 위대한 아버지는 여전히 사령관 페탱이었다. 드골이 주저하는 말투로 했던 라디오 연설을 들은 프랑스인은 거의 없었지만, 그럼에도 그 내용은 이상하게도 감동적이었다. "어떤 일이 일어나더라도 프랑스 레지스탕스의 불꽃은 꺼지지 않아야 하며, 꺼지지 않을 것입니다."

전쟁 초기 2년간 프랑스에서는 레지스탕스 활동이 거의 없었다. 하지만 드골은 1944년 연합군이 노르망디에서 독일군을 제압한 뒤 파리를 '해방'시켰을 때 프랑스 군대의 선두에서 제복을 입고 자부심에 차서 진군했으며, 논쟁의 여지 없는 국가의 상징적 인물로 프랑스에 복귀했다. 실제로 드골은 행진 과정에서 나치 출신 저격수의 총에 맞았지만 마치 아무 일도 없었던 것처럼 행동했다. 누구도 상처 낼 수 없는 언터처블로 보였던 이 인사는 1945년 10월 전후 첫 선거전까지 임시정부를 구성했는데, 임시정부에는 비시 정권 가담자 상당수와 주로 공산주의자들이 이끄는 레지스탕스 인사들이 묘하게 섞여 있었다. 특히 공산주의자들은 몇 가지 이유로 드골의 목표를 불신했고, 마찬가지 이유로 드골 역시 공산주의자들을 믿지 않았다. 하지만 드골 장군은 레지스탕스의 자랑스러운 상징이었기에 드골의 리더십은 정당하다고 여겨졌다. 드골은 조국을 도덕적 파산 상태에서 끌어올렸다.

독일과 일본에는 내세울 만한 영웅적 상징이나 지도자들이 없었다(동독의 공산당 진영에서는 '반파시스트' 영웅 신화 같은 게 조작되고 있긴 했지만). 1944년 7월 히틀러를 암살하려고 했다가 목숨을 잃은 장교단은 대다수의 독일인들 뇌리에는 아직 영웅으로 자리 잡지 않았다. 암살 시도에 가담했던 장교들이 대부분 프로이센 군부 귀족 출신이기 때문이었다. 아마도 전쟁 책임을 중대하게 따져 묻는 프로이센 군국주의 전통을 가진 독일인이나 비독일계 군부와 연관되어 있을 것이다. 전시 정권에 저항하는 일부 일본인들도 있었지만, 그 대부분은 전쟁 기간을 감옥에서 보낸 공산주의자이거나 좌파 인사들이었다. 히틀러의 제3제국과 일본 제국 반대자들은 대부분 생각을 아예 밖으로 드러내지 않거나, 독일의 경우에는 외국으로 망명해버렸다.

하지만 독일에도 거의 완전히 고립된 채로 목숨을 걸고 싸운 소수의 레지스탕스가 있었다. 그중 한 명인 베를린의 '에밀 삼촌Uncle Emil'이라는 레지스탕스 조직에 참여했던 저널리스트 루트 안드레아스-프리드리히였다. 그녀와 친구들은 나치의 핍박을 받는 인사나 유대인들을 숨겨줬고, 비밀리에 반나치 전단을 뿌렸다. 이런 일을 하고도 살아남은 사람은 거의 없었다. 레지스탕스를 통한 국가적 신화를 만들어내는 일에 안드레아스-프리드리히 같은 사람이 충분히 많지 않았다는 게 문제였다. 하지만 일단 전쟁이 끝나고 위험이 사라지자 사람들은 일종의 도덕적 구원 같은 것을 절실하게 필요로 했다. 1945년 5월 15일 러시아가 지배하고 있는 베를린의 폐허 속에서 겨우 살아남은 뒤 안드레아스-프리드리히는 일기에 이렇게 썼다.

도처에서 열성적인 정치활동이 벌어지고 있다. 잃어버린 12년의 시간을 보상받기 위한 조급함 같았다. '반파시즘' 단체들이 버섯처럼 급속히 생겨났다. 플래카드와 대자보, 공고문과 표지판. 모든 거리의 구석에서 정치단체들이 조직되는 것 같았다. (…) 이런 반히틀러 단체들은 길었던 투쟁 과정을 되돌아볼 수 없을 것이다. 일부는 히틀러가 끝나서야 레지스탕스를 시작했기 때문이다.[1]

이렇게까지 노골적이지는 않지만, 독일 점령으로부터 해방된 국가들에서도 유사한 위선 행위를 관찰할 수 있다. 하지만 독일과 일본은 물론, 해방된 국가들에서도 영웅담이 도덕적인 붕괴를 해결하기에는 역부족이었다. 전후 질서가 정당성을 얻기 위해서는 나치와 일본 군국주의자, 부역자 등을 먼저 숙청해야 했다. 전쟁과 독재, 박해, 노예노동, 대량 학살에 대한 책임이 있는 사람들이 먼저 사라져야 했다. 하지만 어디서부터 시작할 것인가? 어떻게 처리할 것인가? 어떻게 죄를 정의할 것인가? 단순한 순응과 복종도 충분한 숙청 이유가 되는가? 어떻게 유죄 여부를 확인할 것인가? 그리고 한계는 무엇인가? 나치였거나 나치와 함께 일했던 모든 독일 관료를 숙청한다면, 이미 갈기갈기 찢긴 독일 사회는 아예 해체되어버릴 것이었다. 수가 너무 많기 때문이다. 일본에서는 전시 관료제와 정치 기득권층을 완전히 숙청한다면, 기아의 벼랑 끝에 처한 국가가 살아남을 수 있는, 지식과 기술을 가진 일본인이 거의 남지 않게 된다. 그렇다고 해도 정의가 실현되었다고 국민이 느낄 만한 뭔가는 있어야 했다.

잘못된 방향으로 나아간 사회에 대한 가장 오래되고 간단한 해결책은 (단순한 살해를 제외하면) 추방이다. 이는 벨기에의 보수주의 기독교 상원의원이 부역자들을 어떻게 할 것인지에 관한 문제를 제기하면서 내놓은 방법이기도 하다. "국내에서 이런 사람들을 통합할 만한 공간이 없다면, 그들을 다른 곳으로 가게 하는 게 가능하지 않겠습니까? (…) 그들이 새 삶을 살 수 있는, 예를 들면 라틴아메리카 같은 곳에 그런 국가들이 있습니다."[2] 실제로 이 방법이 비밀리에 일부 나치 대량 학살자들에게 적용되었지만, 정부가 실행할 수 있는 정책은 아니었다. 독일의 모든 나치뿐 아니라 유럽의 모든 부역자를 라틴아메리카로 추방하자는 생각은 공상에 불과했다.

그렇지만 1945년 7월에 열린 포츠담 회담에서 소련과 영국, 미국의 지도자들은 패전국에서 독소적인 유산을 청소하고 다시는 전쟁으로 나아가지 않는 민주주의 국가로 재건시키기 위해서는 뭔가 급진적 조치가 필요하다는 데 동의했다. 독일과 일본을 '비무장화'하고 '민주화' 하자는 것이었다. 나치 조직과 경찰은 당연히 금지되어야 하고 "독일에서 군사적 전통이 살아 있도록 한 모든 군사조직과 클럽, 협회도 금지되어야 한다." 그리고 독일 민주화의 일부로서 "명목적 가담자 이상이었던 모든 나치당의 조직원과 연합국의 목적에 적대적인 모든 개인도 공공기관이나 반# 공공기관, 더 나아가 중요한 민간 프로젝트의 책임 있는 자리에서 축출될 것이다."

소련과 다른 연합국 사이의 견해차는 당연하게도 민주주의 조직을 어떻게 구성하느냐 하는 것이었다. 불분명했던 또 다른 부분은 나치나 군국주의자, "연합국의 목적에 적대적인" 사람들을 어떻게 구분하느냐 하는 것이었다. 나치 출신이지만 연합국의 목적을 위해 일할 준비가 되어 있는 사람이나, 반나치주의자이지만 연합국 정책에 강렬히 반대하는 사람, 이를테면 서독의 공산주의자나 소련 점령지의 자유민주주의자를 상상하면 된다. 숙청을 어떻게 하느냐 역시 독일의 대참사를 어떻게 바라보는가에 달려 있었다. 이에 대해서는 강대국 간에 어느 정도 합의가 되어 있었다. 프로이센 군국주의, 또는 프로이센주의가 주된 문제였다. 뿌리를 뽑을 필요가 있었다. 하지만 이 관점이 다소 표적을 빗나갔다는 사실은 한참 뒤에야 알게 된 상식이 되었다.

포츠담 회담에서 일본에 관한 발언은 다소 다르다. "세계 정복에 나서도록 일본인들을 속이고 잘못 인도한 당국과 영향력 있는 사람들은 영원히 제거되어야 한다. 왜냐하면 평화와 안보, 정의를 향한 새로운 질서는 무책임한 군국주의가 지구 상에서 축출되지 않으면 불가능하기 때문이라고 우리는 주장한다."

이 역시 다소 모호한 데다 오해의 소지가 있다. '무책임한 군국주의'라고 말하는데, 그럼 '책임 있는 군국주의' 같은 것이 과연 존재한단 말인가? 그리고 정확히 누가 누구에게 잘못했다는 것인가? 연합국 최고사령관으로 일본에서 최고 지위에 있었던 더글러스 맥아더 장군은 전쟁에 대한 책임을 지겠다는 천황 히로히토의 제안을 수락하지 않았다. 맥아더는 혼란을 피하기 위해서는 천황이 필요하고, 천황은 모든 죄로부터도 면책되어야 한다고 확신했다.

일본에서 가장 강력한 권력자이자, 다소 억지가 있기는 하지만 '백인 국부國父'로서 맥아더는 일본 시민들로부터 많은 편지를 받았는데, 일부는 맥아더를 숭배하는 내용까지 담고 있었다. 최고사령관이 상징적인 일본 천황 밑에서 사실상 모든 권능을 가진 쇼군(과거 일본 봉건제에서 실질적 지배권을 가진 장군—옮긴이) 역할을 하는 것이었다. 어떤 면에서는 맥아더가 스스로를 성인聖人으로 만드는 것처럼 보였다. 한 편지에는 이렇게 씌어 있다. "친애하는 귀하께. 각하께서 보복 대신 취한 관대한 조치를 생각하면 저는 마치 제가 신의 존재 안에 있는 듯한 존경스러운 경외감이 듭니다."[3]

전시에 많은 일본인에게 천황은 신성한 존재였다. 하지만 좌파와 자유주의자들만은 예외였다. 맥아더 사령관에게 쓴 한 통의 편지를 보자. 기독교도인 듯 보이는 이 편지 작성자는 왜 천황을 전범으로 체포하지 않는지에 대해 의문을 제기하고 있다. "신 앞에서, 세상 앞에서 한 치의 부끄러움 없이 진정한 법적 정의와 인간의 도를 이루기 위해 우리는 당신이 현 천황을 전범으로 엄중히 처벌해줄 것을 요청한다. 만약 당신이 단지 일본 국민을 쉽게 다루기 위해 천황을 그대로 내버려둔다면, 이후 연합군이 행한 모든 선의의 정책은 당신이 이 땅을 떠난 뒤에 모두 실

패할 것임을 나는 확신한다."⁴

다른 종류의 편지도 있었는데, 천황까지 건드리면 참혹한 결과가 있을 것이라는 경고를 담고 있었다. "(천황이 처벌받는다면) 확실히 전 세계에 어마어마한 비극이 올 것이다. 8000만 명의 야마토ゃまと(일본인—옮긴이)가 완전히 멸종된 뒤에나 그런 시도는 성공할 수 있을 것이다."⁵ '야마토'라는 표현은 개조되지 않은 민족주의자를 암시한다. 맥아더는 이런 목소리에 귀를 기울여야 한다고 생각했다. 그 결과, 최악의 끔찍한 사건을 포함한 모든 전쟁 행위에 이름이 들어가 있었던 천황은 자신이 '호도되었던' 것으로 결론 내려졌다. 공개된 장소에서 이런 주장에 벗어나는 말을 내뱉으면 심각한 곤경에 처할 수 있었으며, 지금도 마찬가지다(1988년 나가사키 시장인 기독교도 모토시마 히토시本島等는 히로히토 천황이 전쟁에 일부 책임이 있다고 언급했다. 히토시는 극우파의 목표물이 되었고, 2년 뒤 등 뒤에서 살인청부업자의 총에 맞았다).

일본에는 나치당 같은 정파도, 히틀러 같은 인물도, 1933년 독일에서 일어난 쿠데타 같은 사건도 없었기 때문에 연합군 당국은 일본에서 '군국주의' '초국가주의' '봉건제'를 뿌리 뽑아야 할 독초로 보았다. 미군 작전명령서에는 "군국주의와 군사적 민족주의를 적극적으로 주창하는 인사들은 공공기관뿐 아니라 기타 공적, 사적 책임자 자리에서 쫓아내야 한다"⁶고 적혀 있다. 선동자나 전범, 군부 지도자의 경우는 직접적인 대상이 될 수 있었다. 하지만 태평양전쟁 이전부터 오랫동안 일해온 관료나, 분명 일본 전시 정부와 협력해 이득을 취한 사업가이기는 하지만 상당수는 군국주의자나 초민족주의자라고 할 수 없는 부류를 숙청하는 일은 훨씬 더 까다로운 문제였다.

'군국주의'와 '봉건제' '프로이센주의' 등을 마치 몸의 암세포처럼 도려낼 수 있다는 생각은 보수주의자보다 좌파 연합국 관료들에게서

더 폭넓은 지지를 얻었다. 독일과 일본인, 피점령 국가들에서도 지지도
가 높았다. 많은 나라에서 공산주의자를 포함한 좌파 레지스탕스들이
지배적 역할을 했기 때문에 좌파 레지스탕스 인사들은 전후 사회가 그
들이 희망하는 형태가 되어야 한다고 주장했다. 그들에게 1945년은 파
시즘에 협력했던 군부와 재계, 정계 기득권층을 마지막으로 심판할 수
있는 완벽한 기회였다.

맥아더 장군은 보수적인 공화당 인사였지만, 일본 점령 초기에는 일
본 민주화 과정의 일부로서 숙청을 강하게 추진해야 한다는 이상주의
적인 법률가와 뉴딜 개혁가들에게 둘러싸여 있었다. 이들은 전쟁 이전
의 일본 엘리트들과 유대가 없었다. 이들 관점에서는 문화적인 전문지
식이 특별히 필요하지 않았다. 어떤 나라건 올바른 헌법을 갖추고 독립
적인 노동조합 등과 같은 진보적 조치가 지원된다면 민주주의 국가로
재건될 수 있다고 생각했다. 일본에서 초기 숙청 작업은 맥아더 행정부
처에서 일했던 뉴딜주의자 찰스 케이즈 중령 등이 담당했다. 케이즈의
상사는 코트니 휘트니 준장이었는데, 친애하는 상사였던 맥아더 장군처
럼 과장된 수사법을 즐겨 썼던, 필리핀 마닐라에서 활약한 전직 법률가
였다. "과거 군사 점령 역사에 선례가 전혀 없는 맥아더의 철학은 미래
사례의 표본인 동시에 강력한 도전으로 남을 것이다."[7] 비잔틴 양식인
맥아더 최고사령부 도쿄 법정에서 맥아더의 정보참모인 찰스 윌러비 소
장은 그들의 적이었다.

독일에서 태어나 카를 폰 체페 운트 바이덴바흐라는 독일 이름을 가
진 윌러비를 맥아더는 "나의 애완 파시스트"라고 부르기를 즐겼다. 좋
은 이유에서였다. 부드러운 목소리에 매끈한 매너를 보이면서도 고약
한 심보를 가진 사냥꾼 윌러비는 미군 행정부뿐 아니라 어디에서든 유
대인과 공산주의자의 공모를 의심하는 성향이 강했다. 하필이면 러시

아 이름을 가졌던 프랑스 대사도 의심 대상에 포함되었다. 윌러비는 맥아더 사령부의 뉴딜주의자들보다 히로히토 천황 주변의 보수적 가신들과 더 가깝게 지냈다. 1950년대에 은퇴한 뒤 윌러비는 매우 존경했던 프란시스코 프랑코 장군에게 조언하기 위해 마드리드로 이주했다. 윌러비가 공식적으로 점령군 경찰을 책임지고 있었기에 그가 인정하는 공인이라면 기각 결정을 내리는 것 역시 그의 임무였다. 숙청에 반대하는 윌러비의 끝없는 고함을 들으면서 휘트니는 이렇게 말했다. "저는 이 계획에 반대하는 사람이 계획을 집행하는 것은 적절하지 않다는 의견을 제출하는 바입니다."[8] 하지만 상당 기간을 그런 자가 이 계획을 집행했다.

미국의 어설픈 독일 탈나치화와 나치 과거 세탁

독일에서 나치 숙청 업무를 지원했던 사상가는 프란츠 노이만이었다. 그는 미국 중앙정보국CIA의 전신인 전략사무국Office of Strategic Services에서 일했던 마르크스주의자였다. 노이만은 독일에서 온 유대인 난민이었는데, 전쟁 전에는 정치 이론가이자 노동법 변호사로 명성을 쌓았다. 미국 망명 기간에 프랑크푸르트학파의 마르크스주의자였던 허버트 마르쿠제와 함께 미국 정부를 위한 탈나치화denazification 지침서를 준비하기도 했다. 그들의 논문에 따르면 제3제국은 "전체주의적인 독점자본주의"[9]의 전형적 사례였다. 나치운동 뒤에는 기업가들이 있었다. 유대인 박해는 독점자본주의에 대한 대중의 불만을 돌리기 위한 술책이었다.

　　미국 점령지의 최고 군부 인사인 루셔스 클레이 장군의 지원을 받은 노이만은 모든 독일 성인이라면 작성해야 하는 131항의 질문이 담긴 악명 높은 프라그보건Fragebogen('질문서'라는 뜻의 독일어—옮긴이)을 고

안하는 데 참여했다. 과거 소속과 나치에의 동조 여부를 묻는 이 구체적인 질문지의 근간에는 민간인 최소 2300만 명에 대한 유·무죄의 기준을 확증할 수 있으리라는 희망이 들어 있었다. 전형적인 질문은 이랬다. "당신이나 당신 가족 중 누군가가 믿음이나 인종을 근거로 다른 이의 재산이나 물건을 소유한 적이 있습니까?" 또 다른 질문은 1935년 이후 금지된 대학 동아리를 마치 나치 산하 기구라는 듯 가입 여부를 묻고 있다. 당연히 답변들도 거의 진실성이 없었다. 사람들은 서류 제출을 미뤘고, 어떤 경우에는 영원히 미뤘다. 끝없는 항소가 들어왔다. 연합국은 서류를 평가할 충분한 인력도, 지식도 없었다. 독일어 독해는 물론 독일어를 말할 수 있는 미국인도 거의 없었다. 공식적으로 독일에 민주주의를 재건하는 임무를 맡고 있던 군 행정부가 이런 일로 당황한 상태에서 12월 1일 발효된 '법률 제8항'으로 문제는 더 가중되었다.

베를린의 레지스탕스 출신인 루트 안드레아스-프리드리히는 이 법에 동의하면서 일기에 이렇게 적었다.

> 3주 전 (나치당) 당원들에 대한 첫 번째 조치가 취해졌다. 산업계나 상거래 분야에서 영향력 있는 지위에 있는 모든 나치 당원 축출. 문화계에서도 당원 축출. 나치당 당원들은 오직 노동자로만 고용될 수 있다.[10]

안드레아스-프리드리히는 옛 나치들이 폐허를 치우거나 어렵고 힘든 단순 업무만 해야 한다는 생각에 동조했다. 하지만 그녀의 생각은 흔한 게 아니었다. 그녀는 주변 사람들에게서 들은 이야기도 기록하고 있다. "믿을 수가 없네. 이건 테러야! 너무나 충격적이야. 이런 부당함이란. 인구의 20퍼센트에만 특별법을 적용할 순 없잖아!" 그녀는 일기에만 비밀리에 이런 주장에 대꾸했다. "하지만 그들(연합국)은 할 수 있어! 얼마나 쉽게 할 수 있는지 독일인들은 벌써 잊었나? 이 특별법이 8년 전 유대인들에게 적용했던 것과 거의 똑같다는 사실을 잊어버렸단 말인가?"[11]

그녀는 이 특별법에 항의하는 독일인들에게 전혀 공감하지 않았다. 그러나 그녀의 지적은 문제였다. 나치 정권에서 일한 사람을 사회에서 제외시키는 것과 민주주의 재건을 위해 그렇게 하는 것은 별개였고, 훨씬 더 복잡했다. 게다가 단순히 당원으로 가입했다는 사실은 그다지 큰 의미도 없었다. 14만 명이 일자리를 잃었는데 상당수는 미관말직이거나, 두려움 혹은 야망 때문에 나치에 가입했던 기회주의자들이었다. 반면에 더 높은 자리에서 더 많은 과실을 딴 인사는 피해를 보지 않았다. 나치당 가입을 꺼리지 않고, 약탈한 유대인 자산으로 수백만 달러를 벌어들인 사업가들, 살해된 유대인들에게서 금이빨을 빼낸 은행가들, 유해한 인종 이론을 만들어낸 교수들, 나치 정부를 전복하려는 남녀와 '열등 민족'과 사랑에 빠져 '인종적 수치'를 저지른 남녀를 고발하는 방식으로 히틀러 제국의 법령을 세심하게 따랐던 법률가와 판사들은 이 조치를 피해갔다.

전쟁 전에는 자유주의 저널리스트이자 정치인이었던 테오도어 호이스는 적극적인 반정부주의자는 아니었지만, 나치를 혐오했다. 호이스는 연합국에는 믿음을 주는 독일인이었다. 1945년 미국은 호이스를 바덴뷔르템베르크(독일 서남부에 위치한 주―옮긴이) 문화장관으로 지명했다. 호이스가 직면한 문제 중 하나는 12년간 지속된 나치 선전, 선동의 영향으로부터 학생들을 벗어나게 할 만한 능력 있는 교사들이 절대적으로 부족하다는 점이었다. 호이스의 업무는 대규모 숙청 때문에 더욱 어려워졌다. 그는 군 행정부에 보낸 절박한 내용의 편지에서 숙청으로 해고된 사람의 10~15퍼센트만이 진짜 나치로 확신할 수 있다고 적었다. 너무 많은 교사가 해고되면서 아이들에게 교육 기회가 박탈됐다고 주장했다. 그는 제3제국 이전에 교육받았던 나이 든 교사들에게서 "갈색 허물을 벗겨내고 선한 힘을 깨우는" 것이 그리 어려운 일은 아니라고 주장했다. 그는 당국에 신뢰를 호소했다. "교사들을 나치즘에서 구해 내어 젊은 학생들을 올바른 정신으로 교육할 수 있는, 새롭고 더 나은 생각을 가진 교원으로 만들어낼 것을 약속합니다."[12] 하지만 그의 제안 은 거절당했다.

망명 기간에 미 육군성을 위해 보고서를 썼던 카를 추크마이어는 독 일로 돌아온 뒤, 미국이 주도한 숙청이 너무 서툴러서 종종 실제 목표 물을 놓쳤고, 이로 인해 탈나치화가 재再나치화로 이어지는 위험이 있다 고 주장했다. 독일 보수주의자들은 탈나치화를 사회주의자들의 음모 로 보았다. 보수주의자들은 연합국 당국이 교묘하게도 독일 급진파를 편들고 있으며, 이 급진파들이 파시스트와 같은 잘못이 있다고 생각되 면 누구라도 숙청하려 한다고 믿었다. 이 대목에서 추크마이어는 오스 트리아에서 들었던 농담을 들려준다. 이름을 등록하려고 지역 경찰서 를 찾아간 한 남자에 관한 이야기다. 경찰은 이 남자에게 왜 이름을 등 록하려 하느냐고 물었다. 그러자 남자가 나치이기 때문이라고 답했다. 경찰관이 그러면 1년 전에 등록했어야 했다고 말하자 이 남자는 이렇 게 답했다. "1년 전에는 나치가 아니었습니다."[13]

이런 농담이 돌 즈음에는 무고한 사람들 중에서 나치 출신을 가려내 는 작업의 상당 부분이 실질적인 필요 때문에 독일위원회로 양도된 뒤 였다. 이 조치는 '민족사회주의와 군국주의로부터의 해방을 위한 법'으 로 공식화되었다. 이후 이 일은 하나의 코미디가 되었다. 독일 정치인들 은 추가 숙청에 별 열의가 없었다. 급진적 혁명가들로 채워져야 할 숙 청위원회는 사실상 나치 출신들로 꽉 차 있었다. 가톨릭 성직자들은 독 일인들이 같은 동포에게 해가 될 수 있는 증거를 제공하는 것은 죄악이라고 경고했다. 제3제국 시기에 부를 축적한 지역 유지들은 종종 나치 박해에서 살아남은 일부 생존자를 자신들에게 우호적인 목격자로 매수하는 방법으로 곤경에서 빠져나왔다. 1946년부터 시작된, 이러한 시대상을 말해주는 핵심 용어는 퍼실샤인Persilschein(퍼실 영수증이라는 의미─옮긴이)이었는데, 여기서 퍼실은 '세탁' 세제를 말한다. 셀 수도 없는 나치 출신들이 과거의 갈색 얼룩을 씻어낼 수 있는 퍼실 서류를 샀다. 나치 수용소에 감금됐던 죄수라는 것을 보여주는 증명서를 암시장에서 살 수 있었다. 2만5000마르크 이상이었지만, 이 정도면 많은 전직 나치 친위대 장교가 충분히 구매할 수 있는 가격이었다.

공산주의자들은 '민주주의 구역'(동독을 의미한다─옮긴이)에서 숙청이 큰 성공을 거뒀다고 주장했지만, 사실 동독이라고 더 나을 것도 없었다. 1945년 늦봄, 루트 안드레아스─프리드리히가 독일 '반나치주의' 위원회라고 묘사한 조직이 숙청을 책임지고 있었다. 독일공산당German Communist Party이 권한을 넘겨받은 초여름에 이 조직은 해체되었다. 이론적으로는 동독에서의 숙청이 서독보다 훨씬 더 철저했다. 독일민주공화국German Democratic Republic(동독의 정식 명칭─옮긴이) 건국 신화는 '반나치'라는 점에서 자랑스러운 역사일 것이었다. '더 나은 독일'이자 '레지스탕스'의 독일이었다. 하지만 이 신화는 깊이 자리 잡고 있는 게르만족 특유의 질병인 집단적 죄의식 때문에 뒤죽박죽이었다. 공산주의자들도 이런 죄의식에 강박을 갖고 있었다. 실제로 공산주의자들이 밝힌 수사修辭의 일부는 이런 독일인 특유의 바이러스에 감염되어 있는 듯 보인다. 독일공산당은 히틀러 정권의 잔재를 완전히 '청산'할 것을 요구했다.[14] 브란덴부르크의 한 마을에서 나치 출신들은 나치 십자 표지를 옷에 꽂고 다녀야 했다. 가혹한 형벌이 있어야 한다는 논쟁이 일었다. 다른 지역의 치안판사는 이렇게 경고했다. "나치가 우리를 다뤘던 방식으로 나치들이 다뤄질 것이며, 그것은 냉정한 것이다. 게으름뱅이들이 일하게 만들 것이고, 필요하다면 수용소에 가둘 것이다. (…) 내년에는 독일이 나치를 일소하고 청산하기를 바란다."[15]

하지만 이 모든 엄정한 조치가 취해졌다 해도 동독의 경우에도 '자본주의 지역'(서독을 의미한다—옮긴이)에서처럼 숙청은 부적절한 것이었다. '적극적인' 나치와 '이름뿐인' 나치를 구분하라고 강요받았지만 실제로는 구분이 어려웠다. 이런 구분에 이골이 난 소련은 몇 달 안으로 업무를 종결하기 위해 모든 나치당 출신을 정부 기관 직위에서 해고하라고 명령했다. 물론 이는 불가능했다. 소련은 숙청을 담당하는 독일인들을 신뢰하지 않았고, 그래서 담당 독일인들에게는 결코 정식 지침을 하달하지 않았다. 실제로 불신할 만한 이유가 있었다. 많은 독일인이 협력을 거부했는데, 지나친 숙청은 교육과 사회 서비스, 경제의 붕괴를 초래할 것이기 때문이었다. 그래서 (서독의) 뮌헨과 쾰른처럼 (동독의) 라이프치히와 드레스덴에서도 독일인들은 나치 출신들을 복직시킬 만한 구실을 찾거나, 이들이 기소되지 않도록 방어했다. 소련 당국도 숙청 때문에 소련 통제 아래 있는 공장에서 할당된 생산량을 채우지 못하게 될까봐 이런 행위들을 묵인했다. 대부분 '미미한' 나치들은 공산당의 (공산당 스스로도 결코 익숙할 것 같지 않은) 권위주의적 방식에 편안하게 흡수되었다. 일부 주요 나치 출신 인사들에 대한 서류는 보관됐는데, 그들이 골칫거리가 될 경우를 대비해서였다.

동·서독 모두에 같은 딜레마가 존재했다. 독일 엘리트가 얼마나 혐오스럽든지 간에 실제로는 제거할 수 없으며, 공산주의자든 자본주의자든 동시에 국가 재건을 희망한다는 것이었다. 연합국도 다른 이유이기는 했지만 정의를 재건하는 것보다 경제 회복이 더 중요하다는 점을 빠르게 인지했다. 소련은 자본주의 제국주의에 대항하는 완충지대로서

'반파시스트' 독일을 원했다. 미국과 영국 및 동맹국들은 공산주의에 대항하는 민주주의의 보루로서 '자신들만의' 독일이 필요했다.

1945년 패튼 장군의 탈나치화와 나치 출신에 대한 관점("이 나치라는 건 그저 민주당과 공화당의 선거전 같은 것일 뿐"이며 "우리에겐 이런 사람들이 필요하다")은 역사적으로도 조잡하고, 패튼 자신의 직위를 감안해도 너무 서둘러 생각을 드러낸 것이었다. 아이젠하워는 패튼을 바이에른 군정 책임자 자리에서 경질했다. 패튼의 의견은 이상하다기보다 다소 조심성이 없었다고 할 수 있다. 사실 독일의 패배와 초기 숙청 이후 1년간 미군 장교 대부분은 패튼의 관점과 같았다. 특히 영국은 처음부터 독일인을 단죄하려는 미국인의 열성적 태도가 터무니없는 데다 역효과를 낳고 있다는 것을 알았다. 미국인을 '수준 낮은 광신도'라 부르며 극히 경멸했던 영국 외무부 관료 콘 오닐은 모든 나치 당원을 허드렛일 외에 어떤 직업에서도 배제한 법률 8항 규정에 대해 이렇게 말했다. "체계적이고도 지나치게 주도면밀한 바보짓의 사례로서 그 어떤 것도 이것을 이기기 어렵다."[16]

헤르만 요제프 압스의 이야기는 교훈적인 부분이 있다. 제3제국 시기에 은행가였던 압스의 범죄는 다른 사업가나 기업가에 비해 소소해 보일 수 있다. 알프리트 크루프와 달리 압스는, 여자와 어린이들은 죽어라 일해야 하는 노예노동자로는 고용하지 않았다. 강제수용소 죄수의 노동력을 악랄하게 착취해 석탄·철강 공화국을 만든 프리드리히 플리크처럼 하인리히 힘러의 친구도 아니었다. 뒤셀도르프에 위치한 기업 마네스만의 회장인 빌헬름 창겐이나 경제 관료이자 우크라이나 살해단 지도자였던 오토 올렌도르프 같은 나치당원이거나 친위대 인사도 아니었다.

압스는 절대 자기 스스로 손을 더럽힌 적이 없었다. 라인란트 토박이로서 오히려 프로이센 군인 정신을 경멸했다. 전쟁 전에는 유대인 은행에서 일했고, 유창한 영어를 구사하는 정중한 성격의 친親영국 인사이자 지그문트 바르부르크의 친구이기도 했다. 1930년대 당시 독일에서 야심만만했던 기술 관료가 되지 않았다면 압스는 아마도 나치와는 아무 관련이 없었을 것이다. 하지만 압스는 도이치은행 이사였고, 유대인 회사에서 '비非아리아인(유대인을 말한다―옮긴이)을 쫓아내는 일'에 관여하면서 부유해졌다. 압스는 히틀러의 개인 계좌를 관리하고, 아우슈비츠 인근에 거대한 노예노동 수용소를 세웠던 지멘스나 크루프, 이게 파르벤(독일의 화학공업회사―옮긴이) 같은 회사와 일한 은행가이기도 했다. 압스가 천박한 이데올로기적 욕망 때문에 그리 행동하지는 않았을 것이다. 하지만 압스 같은 사람이 없었다면 히틀러의 범죄 사업은 그리 효율적이지 않았을 것이다.

1945년 6월 압스가 귀족이었던 친구 집에서 발각되어 영국군 지프 차에 실렸을 때 그는 최악의 상황을 두려워했다. 하지만 감옥에 감금되지 않고 함부르크에서 몇 안 남은 호텔 중 한 곳으로 인도되었다. 런던의 금융지구 시티City에서 온 오랜 친구이자 은행가인 찰스 던스턴이 그를 따뜻하게 맞아주었다. 던스턴은 전쟁 전 독일에서 사업을 했고, 제복 입은 나치들이 거리를 활보하는 것을 다소 흠모했던 인사였다. 던스턴은 친구와의 재회를 "옛날로 돌아간 것 같았다"면서 "난 전쟁에 대해 묻지는 않았다. 그건 중요하지 않았다"고 회고했다. 압스는 적당한 세면도구가 없었다면서 초라한 행색을 변명했다. 하지만 던스턴에게 압스는 예전과 똑같아 보였다. 던스턴은 "그는 머리카락 한 가닥도 흐트러진 데가 없었다. 나는 즉시 독일 은행 시스템 재건을 도와줄 수 있느냐고 물었다. 그는 기뻐하면서 수락했다."[17]

하지만 일은 전혀 계획대로 되지 않았다. 미국인들은 영국인들이 항변했는데도 압스를 전범 용의자로 체포해야 한다고 주장했다. 감옥에 갇히게 되자 압스는 자신을 풀어주지 않으면 영국에 더는 재정 관련 조언을 할 수 없다고 밝혔다. 영국이 미국 당국을 설득해 압스를 풀어주는 데는 3개월이 걸렸다.

독일 에센의 시골 사유지 저택으로 체포하러 온 미군에게 "이건 내 집이오. 여기서 대체 뭘 하는 거요?"라고 말했던 알프리트 크루프는 뉘른베르크 법정에 섰다. 기업가 프리드리히 플리크도 마찬가지였다. 아우슈비츠의 노예노동에 책임이 있는 이게파르벤 이사였던 게오르크 폰 슈니츨러 남작은 체포하러 온 영국군을 점잖게 맞았다. 당시 슈니츨러는 최고급 스코틀랜드 직물로 만든 골프복을 입고 있었다. 그가 말하기를, X경과 Y경, 그리고 델라웨어에 있는 듀폰 가문 등 오랜 친구들과 다시 관계를 자유롭게 재개하는 것은 큰 기쁨이라고 말했다. 이어 정말 좋은 친구들이었고, 최근 몇 년간 그들과 관계가 끊긴 것이 가장 고통스러운 일이었다고 말했다.[18] 그는 '약탈 및 강탈' 혐의로 5년형을 선고받았다. 슈니츨러는 1년 뒤 사업에 복귀했다. 크루프는 노예노동 혐의로 12년을 선고받고 3년을 복역했다. 플리크 역시 7년형 중에서 3년을 복역한 뒤 란츠베르크 교도소의 편의시설에서 풀려났다. 플리크는 복역 기간에 헤르만 압스에게 조언을 구했고, 재정적 조언을 받았다. 압스는 도이치은행과 다임러벤츠, 루프트한자 등 많은 회사의 이사회에 참여하여 서독 재건에 지도적인 역할을 이어가고 있었다. 1960년대에 크루프 회사 경영권이 재단으로 양도되었을 당시 이 과정을 감독한 사람 중 한 명도 헤르만 압스였다.

미군정의 오류: 경제 관료 전범에 대한 면죄부

히틀러 정권 아래 활약했던 최소 몇몇 기업 엘리트는 투옥되었지만, 감옥에서도 좋은 음식과 그런대로 괜찮은 와인을 마실 수 있었다. 일본 기업 엘리트들은 이런 운명에서도 해를 훨씬 덜 입었다. 전범 체포를 차치하더라도 일본에서 숙청은 '징벌적'인 것이 아니라 '예방적'인 것을 의미했다. 예방은 '군국주의'로 다시 일어나는 것을 예방한다는 의미다. 문제는 미국인들이 누구를 숙청해야 할지 몰랐고, 일본을 동양판 제3제국으로 보는 시각이 지배적이었다는 것이다.

정확하게 누가 "일본인들을 잘못 이끌었는가?" 맥아더 사령관이 이미 무죄로 결정한 천황은 아니었다. 나치와 가장 유사한 군사조직은 겐페이타이, 즉 헌병대였는데 일본인은 물론 비일본인들도 헌병대의 고도로 숙련된 고문 방법과 살인 기술을 매우 두려워했다. 헌병대 장교 4만여 명이 직업을 잃었다. 이에 대해 눈물을 흘리는 일본인은 거의 없었다. 일본 신토神道와 천황 숭배, 무술, 전시 경제계획 등과 관련 있는 또 다른 애국주의 조직이 나치 조직과 유사해 보였지만 실제로는 전혀 그렇지 않았다. 1940년 지식인들을 전시 총력전에 동원하기 위하여 개혁주의 정치 산하 단체로 건립된 제국지배협찬회(다이세이 요쿠산카이大政翼贊會—옮긴이)도 아니었다. 이 조직은 일관성 있는 이데올로기가 부족했고, 실제로 설립자 일부는 사회주의자였다. 일본 전쟁계획위원회에도 몇몇 좌파 경제학자가 있었다. 무장한 장교들을 어떻게 처리할지에 대한 정책도 불분명했다. 먼저 소령 이상의 모든 장교를 숙청해야 한다고 결정했다. 장교 이하 계급이 누구를 잘못 이끌 위치는 아니었으니까. 참모차장이었던 리처드 마셜 소장은 이 소식을 듣고 분노를 터뜨렸다. 마셜이 경험한바 일본 대위와 중위들은 최악의 미치광이들이었다. 그들이 숙청 명단에 포함되지 않는다면 또다시 일본인들을 잘못된 길로 이끌 것이라고 그는 말했다. 그래서 그들도 명단에 추가되었다.[19] 결론적으로 말해, 맥아더 사령부의 미국인들은 전혀 실마리를 갖고 있지 못했다.

일본이 주도한 전쟁에서 주된 역할을 한 조직이 있다면, 그건 관료제다. 반대자들을 감시한 내무성内務省과 전시 산업계획을 지배했던 상공성商工省(전시에 군수성에 흡수됐다)이었다. 재무성財務省도 정복한 아시아 국가들로부터 자원을 착취하는 큰손이었다. 산업 관료들은 꼭두각시 정권인 만주국과 다른 중국 지역 그리고 일본의 공장과 탄광에서 수많은 사람을 끔찍한 노동 환경에 몰아넣어 대량 강제노역 사업을 벌인 책임이 있었다. 하지만 이런 문제를 처리하는 미군정의 지침은 모호했다. 고위직 선임 인사들은 면직되었고, 낮은 직급의 인사들은 자리를 유지할 수 있었다. 이후 숙청 담당자들은 더는 영향력을 행사하려 들지 않았다. 쫓겨난 고위직 인사들이 과거 부하 직원들을 비공식적으로 만나 조언하는 행태를 어떻게 막았는지는 불투명했다. 그래서 그들은 평상시처럼 만났다.

미군정은 일본 내 사업과 기업 엘리트들을 어떻게 처리할 것인지를 둘러싸고 분열되었다. 최고사령관은 특유의 뽐내는 말투로 이렇게 이야기했다. "봉건사회의 지배자로 태어나서 그렇게 교육받은 바로 이 사람들이 대다수 일본인을 사실상 노예와 다름없이 살아가도록 했고 (…) 의지는 물론 수단을 가지고 이 나라가 침략 전쟁을 벌이도록 만들었다." 그래서 그들은 "미래의 일본 경제가 나아갈 길에 영향을 미치는 자리에서 제거되어야 한다"[20]고 주장했다.

맥아더는 실제로 뉘른베르크 재판을 모델로 소집한 도쿄 전범재판(공식적으로는 극동 국제 군사재판) 이후 1년이 지난 1947년에 이런 입장을 밝혔다. 다른 미국인들은 완전히 다른 시각을 갖고 있었다. 미국 법무부 국장 출신인 도쿄재판 검사장 조지프 키넌은 같은 해에 이렇게 말했다. "우리는 영향력 있는 사업가와 기업가들이 전쟁을 개시하거나 주도하는 일에 대해 누군가와 공모했다는 증거를 제공받지도, 발견하지도 못했다." [21]

일본인들이 숙청에 대해 어떻게 느낄지는 일본 정치에 달려 있었다. 맥아더 사령부에 편지를 보낸 한 일본인은 "최소한 지금까지는 일본인 99퍼센트가 절대적인 광신도이자 군국주의자들" [22] 이었다는 점을 이해 해달라고 적었다. 다소 차분한 또 다른 일본인은 "전 내무성 장관과 같은 파시스트와 전범들이 자리를 차지하게 허용할 정도로 관료들이 원칙에 벗어나 있다. 관료 중에 자유주의자가 있었다 할지라도, 아마도 매우 소심하고 소극적이었을 것이다" [23] 라고 말했다.

일본의 상황이 (독일보다) 다소 단순했던 것은 연합국 강대국 중 미국만이 '비무장화'와 '민주화'를 책임지고 있기 때문이었다. 독일에는 맥아더 사령부에 견줄 만한 세력이 없었는데, 루셔스 클레이 장군은 확실히 "우리는 맥아더를 제2의 예수 그리스도처럼 우러러본다" [24] 고 말하는 편지 같은 것도 받은 적이 없었다. 그럼에도 미군정은 초반부터 관료주의 세력과 정치적 설득이라는 측면에서 내부적으로 분열되어 있었기 때문에 결코 지속 가능한 숙청 전략을 찾아내지 못했다. 실제적인 일본 통치는 일본 내각의 몫이었고, 일본 내각은 관료제에 스스로 개혁을 감행하라고 지시했다. 이들 조치는 매우 형식적이었다. 반면 검사장 조지프 키넌의 입장과 달리, 미국 뉴딜주의자들에게는 훨씬 더 심각하게 여겨지는 또 다른 목표물이 있었다. "미래 일본 경제를 오로지 평화적 목적으로만 끌고 가선 안 된다"고 생각하는 개인들은 제거되어야 했으며, "일본 무역과 산업에서 상당한 통제권을 행사하는 기업과 은행의 연합"은 해체되어야만 했다. [25] 이 연합, 즉 재벌財閥이 경제 분야의 주된 전쟁 유발 원인으로 지목되었다.

이는 일본 기업가들에게는 충격이었다. 독일 은행가 헤르만 압스가 독일 기업가 친구들과 했던 것처럼, 일본 기업가들도 런던과 뉴욕 회의실에서 나눴던 전쟁 전 교류가 소중했기 때문이다. 전쟁이 끝나기도 전에 하버드 대학 졸업생이었던 대형 철강회사 회장은 기업가들과의 비밀 모임에서 "우리 친구들이 오고 있다"[26]며 (영어로) 탄성을 질렀다. 상당수가 유럽이나 미국에서 공부하고 국제적 경험도 있었던 일본 기업가들은 마음 맞는 미국인들의 도움으로 일본 경제를 재건하는 책임을 맡게 될 거라고 내심 기대했다. 그런데 이들은 쫓겨났고 재벌 기업은 갈가리 찢겼다.

맥아더 군정 내 뉴딜주의자들에게는 이것이 가장 자랑스러운 성과였다. 재벌 해체와 토지개혁은 일본 농촌에 뿌리박힌 '봉건제'의 척추뼈를 부러뜨린 것이나 마찬가지였다. 많은 일본 좌파가 미군정의 정책에 크게 고무되었다. 점령 기간 초기 몇 년간은 워싱턴이 좌파의 가장 친한 친구로 보였다. 여성 참정권과 파업권, 노사 간 단체교섭은 미국인들이 밀어붙인 위대한 혁신이었고, 일본인들도 기꺼이 받아들였다. 사회주의자와 공산주의자들이 노동조합과 고등교육 분야에서 상당한 권력을 휘두르기 시작했다.

하지만 기업가에게 온정이라곤 없었던 좌파 성향의 일부 일본인도 재벌에 붙여진 유별난 비판에는 어리벙벙했다. 당시 해군 장교였던 시어도어 드 배리는 친구인 도널드 킨에게 보낸 편지에서 스스로를 사회주의자이자 민주주의자라고 부르는 미야우치라는 도쿄 기업가와 나눈 대화를 언급했다. 드 배리는 미야우치에게 전시 재벌의 역할에 대해 물었다. 미야우치는 군부 기득권층에 비하면 역할이 미미하다고 답했다. 그렇다. 닛산 같은 일부 새로운 재벌은 전쟁으로 돈을 많이 벌었지만 옛 '빅

4' 재벌 가문인 미쓰비시와 미쓰이, 스미토모, 야스다는 원치 않았는데도 전쟁에 끌려갔다. "그들은 힘이 없었다. 재벌은 힘이 없었다."[27]

드 배리는 반신반의했다. 일본인들에게 이런 이야기를 너무 많이 들었기에 일본 군부의 선전에 영향을 받았을 것이라고 의심했다. 그는 "1930년대에 군대가 먼저 그런 생각을 퍼뜨리고, 그런 후에 재벌을 매수하거나 위협해서 그것이 사실이라며 보여주었을 것이다"라고 적었다.

한 가지는 확실하다. 재벌은 추적한 반면, 관료제는 다소간 내버려뒀다는 점에서 미군정이 일본의 전시 시스템이 어떻게 작동했는지를 제대로 이해하지 못했다는 사실을 증명했다. 하지만 이건 단순한 무지와 오해 때문이 아니었다. 새로운 일본 건설을 지원하고자 했던 이상주의적인 미국인 입안 설계자들과, 평화적 목적이기는 했지만 전시의 경제 통제권을 그대로 유지하고 싶어했던 일본 '개혁 관료들' 사이에는 합일점이 있었다.

미군정이 아무것도 안 한 것은 아니었다. 1948년에 90만여 명의 직업 경력을 재검토했고, 150만 건 이상의 설문지를 검토했다. 내무성은 해체되었고, 무장 병력도 해산되었으며, 관료 1800명이 숙청되었다. 하지만 대부분(70퍼센트)은 전직 경찰이었고, 내무성 출신 관료들이었다. 경제 관료들은 거의 손대지 않았다. 군수성 출신은 단지 42명만 해고되었고, 재무성은 겨우 9명 해고했다.[28] 만주국 노예노동 책임자이면서 군수성을 운영했고, 또 대동아공영권으로 알려진 일본 제국주의 기업의 설립 계획에 참여했던 인사는 체포되었지만, 결코 전범으로 정식 기소되지는 않았다. 그는 기시 노부스케岸信介였다. 그의 생애는 감옥에서 풀려난 뒤 전성기를 맞았고, 나중에는 일본 총리가 되었다.

필리핀의 항일인민군 '후크발라합'을 배신한 맥아더

대동아공영권 역사에서 필리핀은 특별한 호기심을 불러일으킨다. 이 나라는 1941년 12월 8일 진주만 공격이 있은 후 10시간 뒤에 일본의 침략을 받고 점령되었다. 당시 필리핀 군대의 공식적인 원수였던 더글러스 맥아더는 이듬해 3월 호주로 퇴각했는데, 그곳에서 "나는 돌아갈 것이다"라고 천명했다. 필리핀 대통령인 마누엘 케손도 호주를 향해 떠났고, 다시 미국 워싱턴 D.C.로 옮겨 망명정부를 세웠다. 망명정부 자체가 특이한 사례다. 인도네시아나 미얀마에는 망명정부가 없었다. 타이 망명정부는 있었지만, 타이는 식민지가 된 적이 없었다. 일본 침략 당시 필리핀은 식민지도 아닌, 국가도 아닌 그 중간 어딘가에 있었다. 이미 코먼웰스commonwealth(영국과 과거 식민지 국가들로 구성된 영국 연방―옮긴이) 지위를 가지고 있었고, 1946년 완전히 독립할 예정이었다. 일본은 혼마 마사하루本間雅晴 장군이 언급한 대로, 필리핀을 미국의 억압적 지배로부터 해방시켜주겠다고 약속했지만, 실은 더 야만적 형태로 재식민지화했다. 1943년 조제 라우렐 필리핀 대통령이 독립 공화국을 공식 선언했지만 일본이 여전히 완전한 지배권을 휘두르고 있었다. 모든 필리핀 정부 관료 뒤에는 일본인 '고문'이 있었고, 그 뒤에는 일본 군대와 무서운 헌병대가 있었다. 요약하면 필리핀 공화국은 가짜였다.

하지만 일본에 저항하는 강력한 레지스탕스 운동도 있었다. 주요 섬인 루손 농촌지역에서 주로 활동하던 반일 게릴라들은 케손이나 라우렐과 뜻을 같이하지 않았다. 반일 인민군을 의미하는 후크발라합 Hukbalahap은 일본인뿐 아니라 필리핀 대지주 가문을 적으로 삼고 있는 맨발의 농부 혁명가들이었다. 설탕과 코코넛 농장으로 부자가 된 지주들은 민주주의자로 위장하고 봉건 과두제로 나라를 통치했다. 가장 유명한 후크발라합 지도자는 소작농의 아들인 루이스 타루크였다. 또 다른 기상천외한 후크발라합은 펠리파 쿨랄라라는 거대한 체구의 여성이 었다. 그녀의 가명은 다양다양Dayang Dayang이었다. 일본인조차도 다양다양을 두려워했다.

일본 점령기에 상당수의 지주가 대농장을 버리고 마닐라로 도망갔기 때문에 후크발라합은 다른 나라의 공산주의자들처럼 땅을 접수하고 국가 안에 국가를 세우는 과업을 수행했다. 엄격하게 훈련된 전투 '중대'는 일본인과 필리핀 협력자, 규율을 어긴 자를 무자비하게 죽이는 살인자들이었다. 무시무시했던 다양다양도 규칙을 어기면 벌을 받았다. 그녀는 "이 전쟁에서 부자가 되지 않는 사람은 뇌가 액체인 사람이다"라는 신조에 따라 물소든 보석이든 닥치는 대로 약탈했다. 그녀는 체포된 뒤 재판을 거쳐 총살당했다.[29]

괴뢰 정부의 조제 라우렐과 그의 지지자들인 마누엘 로하스, 베니그노 아키노 등은 후크발라합이 전복하고자 했던 엘리트 지주 가문 출신들이었다. 일본에 복무했다는 점과, 반미 감정과 범아시아주의자 명분을 강화했다는 점에서 이들도 확실히 협력자였다. 하지만 다른 서구 식민지의 아시아 민족주의 협력자들처럼 협력 동기는 복잡했다. 라우렐은 예일대 로스쿨 출신인 데다 상원의원이자 마닐라 대법원의 연방 대법관으로 매우 인상적인 인사였다. 식민 정부 엘리트의 일원이기는 했지만 일본이 내세운 전투적인 '아시아주의Asianism'가 필리핀이 미국으로부터 독립하는 데 정말 필요하다고 믿었던 듯하다. 유럽의 부역자들도 유사한 생각을 한 것 같은데, 그들은 나치가 만드는 새로운 질서가 썩은 사회에 활력을 가져다줄 거라고 믿었다. 하지만 라우렐과 수카르노 등은 일본이 상륙하기 전에도 외국 세력의 지배와 점령 아래 일하면서 독립 국가를 배신했다.

라우렐은 필리핀 게릴라들의 최우선 목표물이었다. 1943년 6월 왁왁

컨트리클럽에서 베니그노 아키노와 함께 골프를 치던 라우렐은 '작은 조Joe'를 포함한 두 명으로부터 뒤에서 총격을 받았다. 같은 해 말 라우렐은 총상에서 회복한 뒤 아시아인의 형제애와 협력을 맹세하는 도쿄 대동아회의에 참석했다. 다음 해 라우렐은 일본의 요구대로 미국에 대한 전쟁 선포에 동의했다.

맥아더 장군은 1944년 10월 필리핀으로 돌아오겠다는 약속을 지켰다. 맥아더는 극적 분위기를 자아내기 위해 비행기 조종사 선글라스를 쓴 채 주변을 노려보면서 레이테 섬 해변을 걸었다. 몇 번을 그렇게 걸었는데, 이는 뉴스 영화에 알맞은 이미지를 찍도록 하기 위해서였다. 루손 섬에서도 같은 장면을 연출했다. 맥아더는 가톨릭뿐 아니라 필리핀의 신비주의 전통에도 확실히 어필했던, 성서에서나 들을 법한 화법으로 "필리핀인들이여, 나는 돌아왔습니다. 전지전능한 신의 은총으로 우리 군대는 필리핀 땅을 다시 밟았습니다. 이 땅은 우리 미국인과 필리핀인의 피로 봉헌된 것입니다. (…) 내게로 모이십시오. (…) 신성한 신의 인도가 앞길을 정해주실 것입니다"라고 말했다.

미군은 때로 유혈이 낭자했던 길고 긴 마닐라행 여정에서 후크발라합의 적극적인 도움을 받았다. 필리핀 게릴라들은 루손의 많은 지역에서 일본인들을 몰아냈고, 필리핀 국기와 함께 성조기를 나란히 게양하고 자치 행정부를 세워나가면서 미국이 독립적인 필리핀 사회주의 공화국 설립을 지지할 것을 기대했다. 하지만 그렇지 않았다. 맥아더는 후크발라합의 전투정신을 존경한다고 몇 차례 밝히기는 했지만, 결국 그가 가장 잘 알고 있었던 옛 지주계급 엘리트들을 다시 데려왔다. "모든 비충성적인 필리핀인을 추적하겠다"는 맹세를 했음에도 맥아더는 괴뢰 라우렐 정부의 충성스러운 일원이었던 마누엘 로하스를 준장으로 임명했다.[30]

후크발라합은 무기를 버리라는 명령을 받았다. 거부하면 체포되었다. 일부는 정식 기소도 없이 감옥에 갇혔다. 이 중 한 명이 루이스 타루크였는데, 그는 일본 부역자들과도 방을 나눠 써야 했다. 농부 5만여 명의 시위대가 마닐라 말라카낭 궁전으로 행진하자 타루크는 석방됐지만, 타루크의 병사들은 여전히 감옥에 갇혀 있었다. 그다음 일어난 일이 더 수상했다. 정부가 압력을 행사했고, 돈이 돌았다. 마닐라 언론들은 라우렐과 그 동료들이 전시에 일본의 공포로부터 필리핀인들을 보호했으며, 흠잡을 데 없는 애국자들이었다는 기사를 보도했다. 맥아더는 로하스를 "게릴라 운동의 가장 중요한 요소였다"라고 말했다. 또한 필리핀인들에게 "진보를 방해할 뿐"인 "하찮은 질투"나 "필요 이상의 오해"를 하고 있다고 질책했다.[31]

제2차 세계대전 이후 첫 필리핀 대통령으로서 마누엘 로하스는 전시 부역자들에 대한 사면을 공포했다. 수천 명이 감옥에서 풀려났다. 루이스 타루크는 잠적했고, 후크발라합은 마오쩌둥주의 신인민군Maoist New People's Army의 전신인 인민해방군Army to Liberate the People이 되었다. 다시 한번 확고한 주도권을 쥐게 된 옛 지주 가문들이 필리핀 정치를 지배하기 시작했다. 전 세계에 아시아 민주주의의 희망을 고취시켰던 '피플 파워people power'(독재에 항거한 필리핀 시민혁명을 상징하는 말—옮긴이)가 페르디난드 마르코스를 전복시킨 뒤인 1986년에도 여전히 힘을 발휘했다. 피플 파워의 스타는 코라손 '코리' 아키노Corazon 'Cory' Aquino였는데, 그는 베니그노 아키노의 며느리다. 아키노의 부통령인 '도이' 라우렐'Doy' Laurel은 조세 라우렐의 아들이다. 내가 글을 쓰고 있는 지금도 필리핀 대통령은 베니그노 아키노 3세인데, 그는 코리의 장남이다.

일본군, 장제스를 위해 복무하다

황폐화된 국가에서 정당성을 재건하려면 주변 사람들이 저절로 모여드는 상징적 인사가 필요하다. 이는 존경받는 군주일 수도 있고, 레지스탕스 영웅이나 구세주로 그럴듯하게 자리 잡은 외국인 장군일 수도 있다. 더글러스 맥아더 장군의 스타일은 다소 연극적이면서 때로는 병적인 자기중심주의였지만, 그는 일본과 필리핀에서 완벽에 가깝게 그 역할을 해냈다. 그는 일본 천황을 체제 지속의 상징으로 활용하고, 본인은 임시 쇼군 역할을 수행하려고 했다. 맥아더를 포함한 이 같은 영웅주의는 종종 연극적이고, 일부 사례에서는 완전한 허구다. 예를 들면 소련 적군은 북한의 '위대한 지도자' 김일성을 한반도에서 일본군을 한 손으로 몰아낸 위대한 파르티잔 영웅으로 묘사했다. 하지만 사실 김일성은 하바롭스크 인근의 소련군 훈련장에서 전쟁의 대부분 기간을 보냈다.

전쟁 전 정권의 명목상 지도자가 신뢰를 잃고 정당성을 의심받게 되면 이는 내전을 일으키는 요인이 된다. 이런 이유로 그리스에서 전면적인 내전이 시작되었고, 혼란의 1년이 지난 뒤 중국에서도 내전이 발발했다.

전시 중국의 미군 사령관이자 '식초 조Vinegar Joe'(결코 삭거나 썩지 않는 사람이라는 의미. 엄격한 교육 방식에서 유래한 별명이다—옮긴이)라는 별명을 가진 조지프 스틸웰에게는 '땅콩 머리'(두상이 길고 얇아서 붙여진 별명—옮긴이)로 알려지고 미국인들에게는 '기모Gimo'(총사령관 'Generalissimo'의 축약—옮긴이)로 불린 장제스 총사령관은 명목상 중국을 지배하고 있었다. 하지만 상당 지역이 장제스의 영향력에서 벗어나 있었다. 장제스는 스스로를, 또 미국의 전시 선전에서 묘사된 대로 영웅적으로 일본과 싸운 위대한 지도자로 퍼뜨려졌다. 하지만 중국 서북부에서 게릴라 군대와 함께 숨어 있던 마오쩌둥은 장제스가 소극적으로 싸웠으며, 공산주의에 반하는 일본 협력자였다는 선전(완전한 거짓은 아니었다)을 퍼뜨렸다. 공산주의자들이야말로 진정한 저항자이며, 마오쩌둥이 국가적 영웅이라고 주장했다. 사실 양쪽 다 미국이 가장 관심을 가졌던 일본인 문제는 부차적 과제로 간주하고 있었다. 진짜 적은 내부에 있었다. 적대적인 양 진영이 마지막 전투를 위해 어깨를 겨루면서 양쪽 영웅담 역시 서로 맞붙게 되었다.

양 진영의 지도자는 실제로도 만났다. 전시 국민당 수도였던 충칭의 전쟁 직후 열린 확대 회담에서였다. 둘은 정말 서로를 참지 못했지만, 경쟁관계에 있는 갱단 보스처럼 상대의 능력을 상호 존중했다. 마오쩌둥은 공식 만찬에서 장제스에게 건배하면서 만세를 외쳤다. 전면적 내전을 피하기 위해 권력 분점과 함께 누가 어느 지역을 점령할 것인지, 어떤 종류의 정부를 공유할 것인지 등에 대한 점잖은 논의도 있었다. 하지만 확정적인 합의는 도출하지 못했다. 마오쩌둥은 부하들에게 평화적 목표를 언급하는 것('민주주의'나 '하나의 군대', 장제스의 '리더십')은 "단지 종잇조각일 뿐"[32]이라고 말했다. 하지만 정신적으로 불안정했던 주중 미국 대사 패트릭 헐리는 미국 인디언 촉토 족이 전쟁할 때 외치는 함성 같은 소리를 질러대서 중국인들을 당황시켰다. 중국에 대해 거의 몰랐던 헐리는 두 당파가 화합할 거라고 여전히 희망하고 있었다. 과장된 상상력에 사로잡힌 헐리의 눈에는 전문 지식을 가진 외교관들을 포함해 양 진영의 화해에 회의적이었던 미국인은 반역자이자 공산주의자였다.

『뉴욕타임스』 기자는 제대로 알고 있었다. 10월 6일 기사에 "왜 이렇게 실랑이가 많은지 궁금해하는 서양인이 다수일 텐데, 중국 정치에서는 군대가 결정적 요소라는 점을 지적하고 싶다"고 적었다. 군대뿐 아니라 무기도 결정적이었다. 장제스가 일본군을 무장해제하는 독점적 권한을 주장한 것, 마오쩌둥이 이를 묵살한 것이 바로 이런 이유에서 였다.

1945년 여름, 장제스의 국민당은 중국 중부와 남부에 400만 명의 병력이 있었다. 하지만 제대로 훈련받지 못했고, 규율을 갖추지 못했으며, 일부는 부패하고 무능한 장교들이 이끌고 있었다. 일본이 중국 북부의 만주국이나 옛 국민당 수도인 난징에서 창설한 '괴뢰 군대'가 100만 명 이상이었다. 이들은 국민당 군대보다 무장을 더 잘 갖춘 우수한 전사들이었다. 그래서 장제스는 이들을 무장해제하기보다는 자신의 군대로 흡수하기를 바랐다. 그리고 자기 이해에 따라 충성심이 왔다 갔다 하는 군벌 그룹이 있었다.

중국 민간인들은 국민당 군대가 마을에 도착할까봐 두려워했는데, 군인이라기보다는 산적처럼 행동했기 때문이다. 그들은 재산을 약탈하고, 음식을 훔치고, 여자를 성폭행하고, 농부들을 강제로 군대에 집어넣었다. 괴뢰 군대와 군벌도 더 나은 건 아니었다. 100만 명의 군인과 200만 명의 무장 조직원을 둔 공산주의자들도 무자비했지만, 그들은 적어도 규율의 중요성을 이해하고 있었다. 민중과의 관계도 더 나았다. 공산주의자들은 전쟁이 선전·선동으로도 일부 이길 수 있다는 것을 알고 있었다. 영웅적인 인민의 군대로 보이는 것이 가장 위대한 이점 중 하나였다.

중국의 상당수 지역이 심하게 훼손된 데다 외국의 점령과 군벌의 실정失政, 그리고 일본과의 전쟁만큼이나 잔학했던 내전에 따른 수년간의 숙청과 재숙청 등으로 도덕적으로도 타락했다. 일본 전문가인 도널드 킨은 황해의 항구 도시인 칭다오에 주둔했던 젊은 미 해군 장교였다. 칭다오는 해군기지와 유럽식 건축물, 독일식 맥주 제조로 유명하다. 일본 해군은 미 해병대가 도착했을 때 여전히 칭다오에 있었는데, 킨은 곧바로 "공기에서 뭔가 수상한 냄새", 사기와 부패의 냄새를 감지했다. "도시 자체가 풍기는 전반적으로 수상쩍은 분위기만큼이나 부역자들을 기소하겠다는 공기도 깊게 배어 있었다."[33]

킨은 일본인이 지명한 중국인들이 칭다오를 운영하고 있다는 사실을 알게 되었다. 이들 중국인은 외국 점령 기간에도 잘살아온, 사회적으로 용납되지 않는 인물들이었다. 일본 해군 장교들은 전시 착취를 떠벌리고 있었고, 중국인들은 단순한 오점에 불과한 기록을 가지고 다른 중국인들을 부역자라는 이름으로 숙청하고 있었다. 중국인들은 부역자로 의심받는 사람의 재산을 약탈하려고 했을 뿐이었다. 칭다오는 더러운 뜨내기들과 갱단, 충성심을 갈아타는 간첩들, 여전히 주인 행세를 하는 일본인들의 도시였다. 이 모든 것이 칭다오에서는 특이한 게 아니었다. 킨은 다른 중국 지역에서도 일본 군대가 공산주의 봉쇄를 도와달라는 국민당 측의 요청을 받았다는 보고서에 대해 듣게 되었다. 보고서 내용은 완전히 정확했다. 실제로 장제스 정부의 우파 성향 파벌들은 일본의 적극적인 원조를 받아 공산주의자들과 전쟁을 하려고 했다. 조심성 있는 '기모'는 그렇게까지 나아가는 걸 원치 않았지만, 일본군 상당수가 중국 공산당의 공격 가능성에 대비해 철길과 기타 시설을 보호하는 역할을 맡았다.

도처에서 일본인에 대한 보복이 있었지만, 전체적으로 국민당이나 공산당 모두 국내의 적에 집중했다. 그리고 국민당은 일본의 도움이 필요했다. 중일 관계는 단순한 해법을 찾기에는 너무 꼬여 있었다.

전쟁 직후 가장 기괴한 장면 중 하나가 난징에서 발생했다. 난징은 1937년 일본군의 오랜 광란으로 수만 명, 아니면 수십만 명의 중국인이 학살되거나 성폭행당한 곳이다. 난징 대학살은 제2차 세계대전에 일어난 가장 끔찍한 참사 중 하나로 기록되어 있다. 오카무라 야스지

岡村寧次 장군은 이 학살에 직접 관여하진 않았지만, 이에 상응하는 참혹한 전쟁 범죄에 책임이 있었다. 1938년 오카무라 산하 군대는 화학무기로 셀 수 없이 많은 민간인을 살해했다. 1942년 오카무라의 초토화 정책은 중국인들에게는 '삼광작전三光作戰'(모두 죽이고, 모두 불사르고, 모두 약탈하라)으로 알려졌는데, 이 정책으로 200만 명 이상이 죽었다. 15~60세의 모든 남자가 반일 행위를 했다는 혐의를 받았다. 일본은 조직적으로 젊은 여성들을 주로 한국에서 납치해 일본군 매춘굴에서 성노예로 일하게 했는데, 이 역시 오카무라가 제안한 일이었다. 하지만 오카무라가 1945년 9월 9일 난징에서 국민당 허잉친何應欽 장군에게 항복했을 때, 허 장군은 이 일본 장군에게 인사하면서 굴욕을 주는 방식으로 불명예를 겪게 한 것을 사과했다. 오카무라 밑의 도쿄 군사학교에서 훈련받은 허 장군은 오카무라를 '센세이(선생)'라고 불렀다.[34] 그래서 오카무라는 그 무엇도 변하지 않은 듯 난징의 외무부 건물을 그대로 점유했다. 오카무라가 3년 뒤 난징에서 전범으로 기소된 뒤에도 장제스는 오카무라가 더는 수모를 겪지 않도록 방어했고, 오카무라를 국민당 정부의 군사고문으로 삼았다. 오카무라 야스지는 1966년 자신의 집 침대에서 평화롭게 숨을 거뒀다.

중국 내전의 핵심은 만주였다. 일본인이 건설하고 운영해온 만주의 중공업과 핵심 광산을 먼저 확보하면 거의 난공불락의 위상을 점할 수 있을 것이었다. 이미 설명한 것처럼 소련이 먼저 이곳에 도착하여 소련으로 가져갈 수 있는 모든 공업과 재정 자산을 약탈했다. 소련 군대와 공산주의자들의 첫 조우가 항상 화기애애했던 것은 아니다. 소련 적군 장교들은 지저분한 중국군을 경멸했고, 통역이 없어서 소통도 거의 불가능했다. 게다가 스탈린은 강대국 간의 안정을 위해 상당 기간 동안 장제스를 중국의 정당한 지도자로 인정하고 있었다.

팔로군八路軍의 중국 공산주의자들이 점점 더 만주 지역으로 흘러 들어가기 시작했고, 동조적인 소련 사령관들의 도움으로 일부 지역에서는 지역 행정부를 접수했다. 중국 공산당 간부 대부분이 이 지역을 유목민과 야만족의 고향인 '야만의 북부'로 간주하면서, 이 지역에 대한 지식은 물론 연고도 없었기 때문에 쉬운 일은 아니었다. 팔로군은 소련과의 긴장관계는 제쳐놓더라도 괴뢰국 군대 출신의 사악한 갱들뿐 아니라 지역의 지하 게릴라 세력도 처리해야 했다. 이 게릴라들 일부는 소련에 붙어 있었고, 일부는 지역 군벌의 영향력 아래 있었다. 또 일부는 국민당 소속이었다. 국민당이 공산당과 싸우기 위해 일본과 미국의 도움을 원했던 것처럼 공산주의자들은 '반소련 무법자'들을 제압하기 위해 소련 원조를 요청했다.[35]

반면 공산당의 만주 진입에 불안해진 장제스는 국민당 군대를 북부로 수송해달라고 미국에 간청했다. 미국은 요청에 응했지만 내키진 않았다. 미국의 공식 정책은 '골육상잔의 분쟁'에 끼어들지 말라는 것이었다. 국민당은 동북부에 너무 늦게 도착했거나, 도착해도 숫자가 충분하지 않았으며, 때로는 전혀 의도치 않은 장소에 도착했다.

아수라장 같은 만주(만주의 상황은 더 나빠졌는데, 공산주의자들이 장악한 창춘에서는 1948년 기아와 질병으로 최대 30만 명의 민간인이 사망했다)의 본질을 가장 잘 보여주는 사례는 북한 국경에 인접한 안둥安東의 유명한 사창가 이야기다.

1945년 가을, 안둥은 만주 출신 중국인뿐 아니라 한국인과 러시아인, 또 주둔 군인과 민간인만이 아니라 괴뢰 정부의 다른 지역에서 피난 온 7만 명의 일본인으로 가득 찬, 일종의 동북아시아의 카사블랑카 같은 국제 도시였다. 만주로 진격해오는 소련 군대가 어떤 일을 할지 모른다는, 특히 여성들에게 무슨 일을 할지 모른다는 두려움에 사로잡힌 일본인 민간 지도자들은 일본 여성에 대한 러시아인들의 관심을 다른 데로 돌리기 위해 '카바레', 사실상 사창가를 세우기로 결정했다. 안네이 한텐, 즉 안네이 여관이라는 시설을 운영하는 일이 사십대 초반 여성인 오-마치에게 맡겨졌다. 일본 온천의 게이샤 출신인 오-마치는 일본 여성들을 모집했는데, 대부분은 이런 일에 전혀 경험이 없고 단지 애국심에 이끌려 찾아온 이들이었다. 여성들은 일본을 위해 스스로 몸을 희생하라고 요구받았다. 그들은 일본의 여성판 가미가제였다.[36]

오-마치의 일본 고향에 아직도 남아 있는 기념석은 그녀 덕분에 생명을 구한 일본인들이 감사의 표시로 건립한 것이다. 오-마치는 자신이 '무無정치적'이라며 자랑스러워했다. 지위 고하를 막론하고, 러시아인이든 일본인이든 중국인이든 모두 동등하게 접대한다는 것이었다. 원래는 러시아인의 오락을 위해 설치되기는 했지만, 오-마치의 카바레는 전직 일본군 장교와 공동체 지도자는 물론, 지금은 국민당 쪽에 선 전 중국인 협력자들, 심지어 중국인 및 일본인 공산주의자들까지 다양한 고객을 끌어들였다. 안네이 여관에서는 사케와 보드카, 중국술의 잔들이 오가면서 온갖 종류의 정보가 교환되었다.

오-마치는 소련 군인들한테 들은 군대 이동과 예정된 체포 계획 등을 일본인들에게 넘겼다. 이런 방식으로 사전 경고를 감지한 많은 일본인이 적당한 때에 자취를 감출 수 있었다. 거기에는 간첩과 이중간첩, '붉은 무'(공산주의자인 척하는 반공산주의자)와 '푸른 무'(반공산주의로 가장한 공산주의 잠입자) 등이 있었다. 음모가 모의되고, 이를 분쇄하는 음모가 또 계획되었다. 일본인 종업원과 중국인 공산주의자 간첩(아마도 '붉은 무'일 가능성도 있는) 간 결혼식이 안네이 여관에서 열렸고, 일본인들은 공산주의자들이 뭘 하려고 하는지 알 수 있었다. 우파의 군사 쿠데타 계획도 안네이 여관에서 조직되었다. 중국 국민당과 전직 일본 장교들은 안둥 위쪽 언덕에 대포 등을 숨겨놓고 있었는데, 이 쿠데타는 예상했던 국민당 군대가 도착하지 못하는 바람에 무산되었다.

오히려 얼마 지나지 않아 공산당 팔로군이 마을로 진군해와서는 소련 적군의 자리를 꿰찼다. 처음에는 아무것도 바뀌지 않은 듯했다. 공산주의자들은 안네이 여관에서 만찬을 접대받았다. 공산당 간부들이 허락해주지 않아 여자들과 놀아나는 그런 일은 없었다. 일본인들이 팔로군에게도 역시 도움이 될 수 있었을까? 일본 만주국 전기회사에 다녔던 한 인사는 사회주의 '인민의 연극'을 무대에 올리기를 기대하면서 '붉은 극장' 극단을 창립했다.

하지만 신혼 기간은 오래가지 않았다. 공산주의자들은 국제적 매춘굴이 새로운 질서에 부합하지 않는다고 결론 내렸다. 그들은 안네이 여관이 실패한 국민당 쿠데타와 관련되어 있다고 의심하면서 오-마치와 몇몇 일본 공동체 지도자를 국민당 간첩 혐의로 체포했다. 그다음에 무슨 일이 일어났는지는 잘 알려져 있지 않다. 오-마치는 1년간 감옥에 감금되어 있다가 1946년 9월 압록강변에서 처형되었다. 오-마치가 간첩이었는지 아니었는지, 간첩이었다면 누구를 위한 간첩이었는지는 여전히 미스터리로 남아 있다.

기득권층에 최소한의 타격만 가한 드골

프랑스는 지속성과 정당성이 실로 절실했다. 1789년 혁명 이후 내전의 불씨는 꺼지지 않고 타오르고 있었다. 왕당파와 가톨릭 반동파는 처음부터 공화파와 싸웠다. 그들은 독일 점령과 비시 정권에서 일시적 승리를 얻었다. 드골 장군은 좌파 인사가 아니었지만, 골치 아픈 다당제 민주주의도 받아들이려 하지 않았다. 드골은 지속성 차원에서 본래 경멸했던 공화국의 승계자로 자기 자신을 내세웠다. 의회가 1940년 페탱에게 새로운 헌법을 만들 권한을 부여했는데도, 비시 정권은 전쟁이 끝나자마자 불법으로 선포되었다. 1944년과 1945년 드골의 과제는 프랑스를 제대로 재통합하는 것이었다.

내전 발발에 대한 두려움은 정말 컸다. 레지스탕스에서 중요한 역할을 한 공산주의자들은 이미 오래전인 1941년 숙청 명단을 작성했다. 그들은 기업가는 물론 친나치 민병대 밀리스milice의 하급 폭력배까지 추적하려 했다. 모든 레지스탕스에게 중요한 과제는 엘리트와 지도자들을 처벌하는 것이었고, 상사가 풀려나면 대신 교수형에 처해지는 예하 '하급 직원'만이 대상은 아니었다.[37] 정의 실현을 보여줘야 하기도 했지만, 이미 분열된 사회에 더 이상 얼룩을 남기는 숙청 규모를 감당할 수 없음을 잘 알았던 드골은 가능한 한 두세 달 안에 모든 과정을 종결지으려 했다. 마감 시한은 1945년 2월이었고, 물론 이 기간에 끝내는 건 불가능했다.

하지만 기한이 되자 법외 심판들은 이미 상당 부분 시행된 뒤였다. 죄수들은 린치를 당했고, 4000명 이상이 즉결처분으로 처형되었다. 일부는 광란에 휩싸인 군중에 의해 교수형에 처해졌다. 특히 일부 프랑스 남부지역은 거의 무정부 상태였다. 드골은 이런 행위를 허용하지 않았다. 국가만이 처벌 권한을 지녀야 했다. 실제로 몇몇 레지스탕스 출신들은 부역자 처단에 과도하게 나섰다는 이유로 체포되었다. 하지만 드골이 그들을 비판할 수 있을까? 남부 지방의 저널리스트이자 레지스탕스 지도자였던 파스칼 코포는 1945년 1월 이렇게 적었다.

끔찍한 4년간 가장 훌륭한 프랑스인들은 사람을 죽이고, 암살하고, 사보타주하고, 기차를 탈선시키고, 때로 약탈하라고 배웠다. 그리고 항상 지키지 말라는 이야기를 들었던 것은 '법'이었다. (…) 누가 이 프랑스인들에게 이렇게 가르쳤는가? 누가 암살 명령을 내렸는가? 나의 장군(드골을 지칭한다―옮긴이)이여, 당신이 아니면 누구란 말이오?[38]

무력武力을 독점 사용하는 정부로 다시 돌아가기 위해 드골이 처음 시행한 것은 레지스탕스 무장해제였다. 프랑스 레지스탕스의 지하 의용대원 마키사르maquisards는 전시에 큰 위험을 무릅쓰고 무기를 획득했고, 반면 드골은 당시 영국 수도에서 안전하게 살고 있었기 때문에 이 작업은 섬세해야 했다. 공산주의 레지스탕스들은 여전히 제2의 프랑스 혁명을 꿈꾸고 있었기 때문에 총이 필요했다. 하지만 그 가능성이 갑자기 사라졌는데, 프랑스 내에서 급진적인 모험을 지지하는 힘이 약화된 데다 스탈린이 미국의 영향권에 있는 국가의 혁명을 지지하지 않겠다고 명확히 했기 때문이다. 스탈린은 할 일이 따로 있었다. 스탈린은 프랑스 공산주의자들에게 후퇴하라고 말했다. 그리고 드골은 프랑스 공산주의자들과 협상했다. 1939년 프랑스군에서 탈영해 모스크바로 도망친 공산주의 지도자 모리스 토레즈의 반역 혐의를 재판 없는 귀환으로 끝내려면 공산주의자들이 병력을 자진 해산해야 했다. 많은 무기가 여전히 인근 농장이나 창고 등에 조심스럽게 은닉되었다. 하지만 공산주의자들은 굴복했고, 국가는 점차 지배력을 되찾았다.

점령 기간에 특히 악명 높고 두드러졌던 상징적 인사들은 재판에 회부되었다. 페탱도 재판에서 반역죄로 유죄를 선고받았지만 처형하기에는 너무 연로한 데다 거물이었기 때문에 대서양 연안의 작은 섬으로 추방되었다. 페탱은 모든 군사적 업적과 명예가 박탈당한 채 망령 난 늙은이가 되어 끝내 그 섬에서 숨졌고 그곳에 묻혔다. 페탱의 수치스러운 운명에 일부 지지자는 분노했다. 1973년 페탱의 유해를 본토로 후송해 전사자 묘지에 안장해야 한다고 주장하면서 페탱에게 가해진 모욕을 시정하려고 했다. 총사령관(페탱을 말한다―옮긴이)의 유해가 변호인이 었던 메트르 자크 이조르니의 차고에서 발견되었고, 유해는 곧 원래 있었던 섬으로 급히 돌려보내진 것으로 전해졌다.

전시 페탱 정부에서 가장 강력한 장관이자 가장 호감을 얻지 못해 미움을 받았던 피에르 라발은 더 운이 없었는데, 사형선고가 바로 집행되었다. 1945년 10월 라발은 청산가리를 먹고 자살하려던 시도가 실패한 뒤 총살되었다. 라발이 가지고 있던 청산가리가 너무 오래돼서 효과가 없었던 것이다.

다른 전범재판들도 있었다. 하지만 재판이 설득력 있어 보이려면 먼저 사법부에 대한 숙청이 전제되어야 했다. 전시 프랑스에서는 오직 판사 한 명만이 페탱에 대한 충성서약을 거부했기 때문에 사법부 자체가 문제였다. 판사들과 레지스탕스 출신으로 구성된 숙청위원회는 치안판사들이 고결한 프랑스인으로 행동했는지 여부를 결정해야 했다. 당시 매우 헐렁했던 정의定義에 따르면 266명이 결함이 있는 것으로 판단되었다. 같은 기준이 공무원들에게도 적용되었다. 제재는 월급의 반만 받는 일시적 정직에서 실직, 어떤 경우는 시민권 완전 박탈까지 다양했다. 대략 공무원 100만 명 중에서 1만1343명이 제재를 받았고, 5000명이 일자리를 잃었다. 다른 나라처럼 기업과 산업 엘리트들은 대개 제재를 받지 않았다. 향수회사 로레알의 창업자와 같이 악명 높은 나치 동조자들도 전혀 피해를 입지 않았다.

르노 자동차 창업자 루이 르노는 알려진 나치는 아니었다. 르노가 작성한 문건에 따르면, 독일은 르노에게 끔찍한 선택지를 줬다. 르노를 다임러벤츠가 인수하고 모든 노동자를 독일로 후송하거나, 아니면 독일 무장 병력을 위한 차량을 제조해야 한다는 것이었다. 르노는 후

자를 택했다. 공산주의 레지스탕스들에게 르노는 기업가 반역자 중 최악이었고, 제1급 주적主敵이었다. 공산주의 신문 『뤼마니테L'Humanité』는 1944년 8월 기사에서 "르노 공장의 이사들은 적이 무장하도록 도왔기 때문에 전쟁에서 살해당한 연합국 군인들의 목숨 값을 치러야 할 것"[39]이라고 적었다. 다른 기업가들이 거의 숙청당하지 않은 상황에서 르노는 드골이 좌파에게 던져준 뼈(미끼—옮긴이)처럼 희생양이 될 수 있었다. 르노는 법정에서 자신을 변호하기도 전에 감옥에서 머리 부상으로 숨졌다.

숙청당한 치안판사나 공무원들은 상당수가 금세 원래 직위로 돌아가거나, 사적 부문에서 존경받을 만한 위치에 올랐다. 전범으로 재판받은 마지막 프랑스인 모리스 파퐁의 사례는 마지막 대단원만 제외하면 모든 면에서 가장 전형적이었다. 보르도의 선임 경찰 관료인 파퐁은 유대인 1000명을 수용소로 보낸 책임이 있었지만, 1945년에는 재판을 받지 않았다. 도리어 그는 여러 정부에서 요직에 앉았다. 드골 정부에서는 내무부 국무 담당 장관 자리에 앉았으며, 코르시카 도지사, 반식민 저항 진압을 도운 알제리 도지사, 그리고 다시 드골 정부에서 파리 경찰 국장을 지내면서 국가에 대해 헌신한 공로로 레지옹 도뇌르 훈장을 받았다. 마지막으로 발레리 지스카르 데스탱 대통령 밑에서 예산장관을 역임했다. 파퐁의 화려한 경력에서 가장 특이한 점은 고약한 과거가 결국엔 드러날 정도로 오래 살았다는 것이었다. 재판이 1995년 시작되어 1999년에 수감됐다가 2002년에 석방되었다. 그리고 이미 자격을 박탈당한 레지옹 도뇌르 훈장을 불법으로 착용한 혐의로 3000달러에 상당하는 벌금을 냈다.

드골은 일본이나 이탈리아, 벨기에, 심지어 독일이 '수리된' 방식으로 프랑스를 고쳤다. 전쟁 전의 엘리트에게 최소한의 타격만 가하는 방식으로. 드골은 국가를 더는 양극화할 여유가 없었다. 사업가와 재정가, 법률가, 교수, 의사, 관료의 전문 지식과 기술이 필요했다. 그리고 그들은 살아남기 위해 적절한 인물과 접촉할 수 있었다.

남녀 레지스탕스들은 남들이 머리를 조아리며 순응할 때 목숨 걸고 싸운 용감한 독립 전사였다. 종교적 신념, 정치적 이데올로기, 권태, 분노, 모험에 대한 갈망, 또는 단순한 체면 등 여러 이유에서였다. 하지만 이들은 당시의 결정들 앞에서 기회주의자나 아첨꾼보다 사람들의 의견을 더 대변하지 못했다.

악행에 대한 처벌은 다른 나라의 사례처럼 프랑스에서도 상징적인 것이었고 처벌도 공정하지 않았다. 기득권층은 상대적으로 피해를 덜 봤다. 반면 매춘부 출신으로 간첩이었을 확률이 높았던 마르트 리샤르는 1945년 12월 파리의 모든 유곽을 폐쇄해야 한다고 로비를 하고 다녔다. 1년 뒤 '마르트 리샤르' 법안이 통과됐고, 프랑스의 모든 사창가가 문을 닫았다. 가장 프랑스답지 않은 이런 결정을 내린 것은 매춘굴이 독일 점령기에 '협력'의 요지였기 때문이다.

6

[법의 지배]
The Rule of Law

1945년 늦가을 공산당 팔로군이 만주에 도착하여, 일본인 자리를 차지했던 국민당과 소련 적군으로부터 도시를 하나하나 점령해가기 시작하면서 이른바 인민재판이 바로 뒤따랐다. 가장 기초적인 법 의식儀式인 정의가 신속히 집행된 것이었다.

중국 신문들은 일본의 괴뢰 국가였던 만주국의 전직 관료들에게 불만을 갖고 있다면 누구든 목격자로 나서라고 홍보했다. 한반도 국경지대인 안둥에서는 초등학교에 '인민재판장'이 세워졌다. 상당수의 혐의는 사소한 것들이었는데, 오랫동안 억눌린 가운데 생겨난 쓰디쓴 증오가 이런 분위기를 몰아갔다. 한 인력거 운전자는 램프를 부수고도 보상하지 않은 일본 사업가를 고발했다. 한 젊은 남자는 아버지가 일본회사의 막노동꾼으로 일하면서 과로로 사망했다는 사실을 끄집어냈다. 피고인들은 대개 자신들의 악행을 기억해내지도 못했지만, 벌금이 과하게 부과되더라도 그나마 다행이었다.

훨씬 더 심각한 고발도 있었다. 인민재판장은 이런 사례도 매우 신속히 판결했다. 12월 일본인과 중국인 공무원 300명이 안둥의 압록강변에서 처형되었다. 모두 만주국 행정부에서 일했던 사람들이었다. 이 중 안동의 전 지사였던 중국인 차오와 일본인 부지사 와타나베에게 어떤 일이 있었는지를 목격하고 작성한 문헌이 있다.

차오와 그 일행은 머리에 검은 두건이 씌워졌고, 가슴에는 만주국 훈장(명예의 배지가 수치심의 배지로 바뀐 셈이었다)이 달려 있었다. 이후 그들은 소가 끄는 마차를 타고 안동 시내 거리를 통과해야 했다. 회개의 의미로 머리는 숙인 상태였고 모든 사람이 볼 수 있도록 손에는 진홍색 글자가 적힌 나무 표지판을 들고 있었다. 표지판에는 '반동분자' '꼭두각시' 등이 적혀 있었다. 야외에서 인민재판이 열렸고, 많은 군중이 범죄자의 얼굴을 보려고 기웃거렸다. 인민재판장이 큰 소리로 외쳤다. "이들을 어떻게 할까요?" 그러자 군중은 "죽여라, 죽여라" 하고 소리쳤다. 사형이 결정되었다. 이들은 강변으로 끌려가 무릎 꿇린 채 머리 뒤에서 총격을 받았다(와타나베는 귀가 먼저 잘려나갔다는 설이 있는데, 여전히 논쟁거리다).[1]

이 사례에서 흥미로운 점은 이런 약식재판의 우스꽝스러운 속성이 아니라 인민재판의 '필요'라는 측면이다. 왜 중국 공산주의자들은 굳이 재판을 했을까? 악당들을 간단히 총으로 쏴 죽이면 될 것을 왜 그러지 않았을까? 확실히 공산주의자들은 처형이 법치에 기초한 것처럼 보이기를 바랐다. 적법성을 확립하는 것은 정당성 확보를 위한 필수 조건으로 독재국가에서도 마찬가지다. 아니, 어쩌면 독재국가에서 더욱 그렇다. 하지만 이렇듯 여론 조작용 공개재판에서 법 관념은 완전히 정치적이다. 재판은 공산당의 권위를 보여주는 의식儀式이었다. 안동에서 고발된 피고인들은 일본 괴뢰 국가의 노리개였던 전력에다 해방 후 '반동분자'인 중국 국민당 인사들과 협력한 혐의로 기소되었다. 피고인들 입장에서는 공산주의자들이 도착하기 전 안동을 장악한 국민당과 협력하지 않을 수 없었다. 이데올로기상 공산당은 이른바 민중의 힘을 대변하는 조직이기에 이런 의례적인 행사에서 민중의 역할은 피고인들에게 이미 예정되어 있던 평결을 큰 소리로 외쳐 부응하는 것이다.

이런 점에서 중국이 이국적이거나 이례적인 건 아니었다. 유사한 형태의 인민재판이 공산주의자들이 권력을 잡은 곳 어디서나 모습을 드러냈다. 헝가리 작가 산도르 마러이는 소련 적군이 임명한 헝가리 '반파시스트'가 1945년 권력을 잡았을 때 부다페스트에 있었다. 아직 공산주의 정권은 아니었다. 스탈린이 점진적으로 권력을 이양하는 게 낫겠다고 판단했기 때문이다. 스탈린은 서구 연합국이 너무 빨리 정계를 흔드는 걸 원치 않았다. 11월 선거가 열렸는데, 공산주의자들은 별로 좋은 성과를 거두지 못했다. 하지만 소련이 이미 누가 정부를 운영할지 결정한 상태였고, 헝가리 공산주의자 지도자 마차시 라코시의 표현에 따르면, 공산주의자들은 1949년까지 라이벌 세력을 '살라미 조각처럼' 도려냈다. 마침내 1949년 헝가리 인민공화국이 건국되었다.

1945년 부다페스트는 몇 달간 계속된 소련과 루마니아 군대의 포위 공격으로 심각하게 손상되었다. 궁전은 파괴되었고, 전기는 끊겼으며, 전화는 불통이었다. 교각은 상처 입은 철강 괴물처럼 다뉴브 강으로 무너져 내렸다. 음식을 찾기 어려웠다. 낯선 자들이 아무 집에나 들어가 음식을 달라고 간청하거나, 문제를 일으켰다(마러이의 표현대로 '증오'를 드러내기 위해서). 부유한 부르주아 가정은 분노한 대중에게 가장 인기 있는 표적이었다. 새로 구성된 당국은 친파시스트 정당인 '화살 십자군 Arrow Cross'의 고문실을 점거했고, 갱들은 수입된 미국 차들을 타고 곳곳이 패어 있는 뚫린 도로를 질주했다. 당시 마러이는 이상하게도 과열된 도심의 분위기를 주목했는데, 이는 얼마 되지 않아 침울한 무관심으로 바뀌었다. 마러이는 회고록에서 "부정직이 임파선종 페스트처럼 퍼져 있었다"고 적었다. 법과 정의는 "어디에도 존재하지 않았지만, 인민재판은 이미 운영되고 있었고, 정치적 처형은 마치 로마의 칼리굴라 시대처럼 일자리를 잃은 폭도들에게 매일매일 오락거리를 제공하고 있었다"[2]고 덧붙였다.

헝가리 왕국은 1920년 이후 왕이 부재한 상태에서 섭정을 하고 있는 미클로시 호르티 제독의 통치 아래 있었다. 이런 특이한 통치 방식은 1919년 1년간 벨러 쿤의 공산당 통치 이후 형성되었다. 흰색 공포가 적색 공포 뒤에 따라왔다. 정확하게 파시스트라고 할 수는 없지만 매우 반동적인 인사였던 호르티는 평생 내내 공산주의에 대한 공포를 가지고 있었고, 다른 많은 사람처럼 유대인들과도 교류했다. 호르티는 유대인을 싫어하기는 했지만, 유대인 모두가 죽기를 바라지는 않았다. 호르티는 어리석게도 1930년대에 나치 독일과 동맹을 맺었지만, 홀로코스트를 도와달라는 히틀러의 요청에는 망설였다. 헝가리 유대인들도 많은 괴롭힘을 당하기는 했지만, 1944년 독일인들이 헝가리 문제를 직접 처리하기 위해 침공하기 전까지 대량 학살은 피할 수 있었다. 러시아에서는 독일군 보급로가 너무 긴 데다 적이 보급로를 끊으면서 물자 부족으로 독일군이 대량으로 죽어나가고 있었다. 그럼에도 나치의 우선순위가 무엇인지 증명하는 차원에서 유대인 수십만 명이 매우 효율적으로 수용소로 후송되었다. 대부분은 아우슈비츠–비르케나우 수용소에서 죽었다. 호르티는 실각했고, 열렬한 반유대주의인 화살 십자군 지도자 페렌츠 살러시가 실로 무자비하게 163일간 통치했다. 부다페스트에서 '최종 해결'의 책임자였던 아돌프 아이히만이 요구한 모든 지원을 살러시는 제공해주었다.

1945년 반파시즘 정권은 화살 십자군 정권 전체가 법의 심판을 받아야 하며, 처형만이 필연적 결말이라는 점을 명확히 했다. 통상적인 인민재판의 경우 재판 결과는 거의 의심받지 않았다. 인민재판만의 문제는 아니었다. 언론도 역할을 했다. 1938년 은행가에서 유대인 박해자 및 총리로 변신한 벨러 임레디 재판을 기사화한 유명 언론인은 "공포에 사로잡혀 손으로 이리저리 뭘 찾듯이 더듬는 막대기 같은 작은 남자" "한심하고 비열한 인사" "증거의 무게 밑에서 회색 도마뱀처럼 몸을 꿈틀거리고 있다"[3] 등으로 임레디를 묘사했다. 서구 언론 역시 나치 고발 사건에 대해서는 종종 이런 표현만큼이나 적나라하게 묘사했다.

헝가리 법률 전문가는 인민재판의 진짜 목적을 명확히 설명하고 있다. "단순한 법률 위반" 혐의로 전범을 재판하고 처벌하는 게 아니었다. "정치적 과오에 대해 복수하는 것"[4]이었다. 법정은 전문 판사들이 이끌고, 공산당 사람들과 노조 관계자들로 구성되었다. 때로 전문 판사들은, 특히 국가 인민법정 위원회라고 불린 상소법원에서, 너무 관대하다는 비판을 받았다. 공산당 신문 『사바드 네프Szabad Nép』는 "위원회에 앉아 있는 전문 판사들은 자신들이 인민의 판사라는 사실을 완전히 잊고 있다"며 비판했다. 민중은 서류로 판단하려 하지 않았다. 전범재판에서는 경감 사유를 찾지 않았고, 불행과 고통, 수모에 대한 책임을 진 전범들에게 자비 없는 복수를 요구했다.[5]

과거는 또한 새로운 권력질서 아래에서도 견고하게 남아 있었다. 아직 공산 정권이라고 할 수는 없었지만 소련이 통제하고 있는 정권에서도 과거의 유령은 자리 잡고 있었다. 판사들은 1919년 '민주주의'를 분쇄한 책임이 있는, 1941년 총리였던 라슬로 바르도시를 붙잡았다. 분쇄됐던 것은 실은 벨러 쿤의 프롤레타리아 공산주의 독재였는데, 이 역시 자신들만의 폭력 행사와 약식 재판이 있었다. 하지만 진짜 없어져야 할 것은 법정에 선 사람들이 아니라, 그들이 대표하는 시스템이었다. 화살 십자군 정부에서 법무장관을 역임했던 라슬로 부딘스키에게는 "25년

간의 억압적인 지배 시스템으로 국가를 파괴의 벼랑으로 몰고 갔기"[6] 때문에 사형이 선고되었다.

숫자로만 보면 헝가리는 가장 가혹한 국가에 속하지는 않는다. 벨기에서는 5만 7000명 이상이 부역자로 기소되었다.[7] 네덜란드에서는 5만 명의 부역자가 형을 받았다.[8] 헝가리에서는 2만 7000명에 가깝다. 그리스에서는 1945년 말까지 4만 8956명이 수감되었다. 하지만 그들은 모두 좌파였다.

그리스는 공산주의자와 반공산주의자들이 때로는 거의 동시에 정치적 목적을 위해 재판을 남용한 가장 대표적인 사례다. 1943년 그리스에서는 공산주의자들이 지배한 그리스인민해방전선의 군사조직인 그리스인민해방군이 해방시킨 지역에 인민법정이 이미 세워져 있었다. 법정은 점령지역에서 사회주의 국가를 건설하려는 노력의 일환이었다. 그리스인민해방군 전사들과 다른 '동료들', 즉 농부나 트럭 운전사 등으로 구성된 인민법정은 범죄자, 전범, 부역자 문제를 처리했다.[9] 형량은 가혹한 경향이 있었다. 많은 사람이 신속한 재판 뒤에, 어떤 경우는 재판 절차도 없이 게릴라들에게 처형되었다.

그리스 농촌지역에서 가장 흔한 범죄는 소 도둑질이었다. 그리스 중부의 데스카티 마을에서 게릴라들은 소도둑을 처리하느라 무척 바빴다. 마을 사람들은 "도둑들을 가둘 만한 감옥이 없다. 만일 누군가가 도둑질로 잡히면, 머리나 다리 중 어디를 잘릴 것인지 선택하라는 말을 들을 것이다. 결정은 자신의 몫"[10]이기 때문에 단지 소 도둑질을 멈춰야 한다는 이야기만 들었다. 이런 정책은 효과가 있었다. 어쨌든 데스카티에서 도둑질은 없어졌다. 인민법정은 한 젊은 남자의 흥미로운 사례도 처리했는데, 이 남자는 한 여자에게 사랑을 선언하고는 다른 여자에게 청혼했다. 법정은 이 남자에게 냉혹한 선택지를 줬다. 첫 번째 여자와 결혼하든지, 아니면 처형당하든지. 이 남자는 마지막 순간까지 결정을 주저하다가 결국 목숨을 부지하는 쪽을 택했다.

인민법정은 부역자들에게 무자비했다. 부역자들은 독일을 위해 일했던 경찰관, 파시즘을 전파한 자, 그리스 영토 일부를 노렸던 불가리아에 협력한 마케도니아의 슬라브족, 혁명을 방해한 계급의 적 등이었다. 1944년 봄 그리스가 독일로부터 해방된 뒤 국민통합 정부가 들어설 때까지 짧은 기간이 있었다. 하지만 정부가 부역자들을 기소하기 위해 공식 법정을 세운 뒤에도 인민법정은 1945년까지 특정 지역에서는 제 기능을 계속하고 있었다. 그리스가 두 가지 법률 시스템(하나는 공식적이지만 권한이 제한적이었고, 다른 하나는 비공식적이지만 지배하는 영토가 훨씬 더 넓었다)을 가졌다는 것은 정치적 정당성에 대한 합의가 얼마나 취약했는지를 보여준다. 공산주의자와 보수주의자, 왕당파와 자유주의자 간의 간극을 채워서 꿰맬 수 있는 그리스판 드골 장군이 없었다. 전쟁의 상처는 몹시도 생생했고, 상처의 골은 너무 깊었다.

공식적인 정부 법정도 독일 점령 치하에서 그리스 총리를 지낸 인사 같은 높은 지위의 부역자들을 재판하려고 했지만, 재판 과정이 너무 느린 데다 종종 이상했다. 부역자 총리들은 부역자들이 항상 그렇듯 총리로 재직했던 이유로 애국심을 들었다. 실제로 일부 증거도 제시되었다. 그들은 그리스 망명정부로부터 총리 자리를 유지하면서 참담한 상황에서도 나름대로 최선을 다하라는 지시를 받았다고 말했다. 망명정부의 수반은 다름 아닌 해방 이후 첫 번째 총리였던 게오르기오스 파판드레우였다. 파판드레우의 아들과 손자도 나중에 총리가 되었다.

보안대대 같은 극심한 폭력적인 부역자들도 거의 기소되지 않았다. 사실 1945년 2월 좌파가 미래 정부를 결정하는 국민투표에 참여하기 위해 무기를 내려놓게 된 이른바 '바르키자Varkiza 합의' 서명 이후 그리스 사회는 온통 뒤죽박죽되었다. 무기 양도를 거부한 우파 부역자들은 좌파 동조자로 의심받는 모든 사람을 공포에 떨게 했다. 단순히 인민 법정의 일원이었다는 이유로 사람들이 체포되었고, 때로 총에 맞았다. 이번에는 우파 무장조직들이 정부 통제력을 넘어 국가 내 국가를 운영했다. 경찰은 대개 우파 쪽이었기 때문에 법정은 부역자들을 체포하는 데 경찰력에 의존할 수가 없었다. 오히려 파르티잔 출신과 그 지지자들이 두들겨 맞고, 고문당하고, 독일을 위해 일했던 무장 세력에 잡혀 감옥에 갇혔다. 1945년 감옥에 있던 부역자들은 그리스인민해방군 내부에 적어도 지지자 10명은 심어놓고 있었다.

파나이오티스라는 한 파르티잔 출신은 1945년 2월 총을 포기했다. 몇 주 뒤 전 보안대대원들이 그를 지목했고, 파나이오티스는 인근 학교로 끌려가서 거꾸로 매달린 채 소총 개머리판으로 두들겨 맞았다. 거기다 맨발이 피투성이가 되도록 회초리로 맞아 기어서 집에 돌아가야 했다. 그는 이제 고향이 된 호주에서 당시를 곰곰히 회상하며 "파시스트 복수의 첫 번째 파고의 희생자가 된 게" 오히려 다행이라고 말했다. "파시스트들이 법정에서 수천 명에게 사형을 선고한 두 번째 파고는 피할 수 있었기"[11] 때문이었다. 그리스에서 해방은 사회적 갈등과 끝없는 보복이라는 악순환의 끝이 아니라, 훨씬 더 나쁜 것의 시작이었다.

최악의 일본 전범, 이시이 시로

대략 2500년 전 아테네는 아이스킬로스의 위대한 비극 『에우메니데스 Eumenides』('자비로운 여신들'이라는 의미—옮긴이)의 배경이었다. 작품은 모두 살인에 대한 이야기다. 오레스테스는 살해된 아버지의 복수를 위해 어머니를 살해한다. 이런 배신행위는 복수를 향한 분노에 불을 붙이고, 눈에는 눈 식의 정의가 실행되는지를 지켜보게 만든다. 지혜의 여신이자 아테네의 보호자인 아테네 여신은 오레스테스가 재판정에 서는 것을 승인한다. 아테네는 오레스테스에게 법정에서의 합리적 논쟁을 통해서만 복수에 대한 분노는 진정될 수 있다고 말한다. 하지만 법정의 합리적 논쟁조차도 항상 명확한 결론으로 이어지는 것은 아니다. 배심원들의 유·무죄 평결은 동수로 나왔고, 오레스테스가 풀려나느냐는 아테네 여신의 신성한 판단에 달렸다. 하지만 아테네 여신의 결정은 실로 분노를 잠재웠다.

> 이 성내城內에서는 절대 일어나지 않을 것이다
> 피와 범죄에도 지치지 않고
> 광란의 소동을 일삼는 일이.
> 시민들의 억울한 피를 빨아 마신 먼지가
> 복수를 원하는 노여움으로
> 죽음은 죽음으로 치워주라는
> 파멸의 소리를 하지 않게 하리라[12]
> ─『그리스 비극』, 「자비로운 여신들」 중에서(이근삼 옮김)

아테네 여신이 도시를 수호한 이래로 그다지 많은 게 바뀌지는 않았다. 보복의 악순환을 끊는 것은 여전히 재판을 하는 가장 이상적인 이유다. 하지만 전후, 그리고 독재 몰락 이후 이뤄지는 재판의 문제는 잠재적인 피고가 너무 많다는 것이다. 1943년 테헤란 회담에서 스탈린이 처칠에게 5만 명의 독일 장교를 즉각 총살할 것이라고 이야기했을 때 스스로도 아마 험악한 농담에 만족감을 느꼈을 것이다. 처칠은 이 이야기에 전혀 감동하지 않았고, 화가 나서 쿵쾅거리면서 방을 뛰쳐나갔다. 하지만 스탈린의 말에는 요점이 있었다. 집단적인 유죄라는 것은 없다고 할지라도 단순한 재판만으로는 처벌될 수 없는, 훨씬 더 죄가 많은 사람이 있었다. 정의가 행해진다는 사실을 대중에게 보여줘야만 했다. 수천 명이 저지르고, 수백만 명이 사주한 범죄에 대해 재판을 받은 개인들이 희생양이 되어야 한다는 의미는 아니다. 하지만 다른 사람들이 재판정에 설 수 없기 때문에, 또는 재판을 받아야 할 사람이 너무 많거나, 그 사람들을 잡을 수 없거나, 그 사람들이 정치적 이유로 보호받아야 하기 때문에 상징적으로 재판정에 서야 했던 사람들이 있었다.

최악의 일본 전범 중 한 명은 이시이 시로石井四郎라는 의사였다. 그는 정수 시스템 개발자로 이름을 알린, 오만하면서도 혼자 있기 좋아하는 사람이었다. 자신이 발명한 정수기 시연회에서 오줌을 정수한 뒤에 천황에게 마셔보라고 권해서 좌중을 놀라게 한 적이 있었다. 천황은 정중하게 거절했다. 이시이는 박테리아와 화학무기 개발에 초창기부터 참여한, 다소 강박증이 있는 기획가였다. 1936년 제국 군대는 이시이에게 만주국 하얼빈 인근에 거대한 비밀 시설을 세우는 계획을 허가했는데, 그는 이곳에서 마음껏 실험했다. 이시이와 미생물학자 기타노 마사지北野政次를 포함한 731부대 요원들은 임파선종 페스트와 콜레라 그리고 다른 질병들을 실험했다. 박사들은 이 실험에 수천 명의 죄수를 이용했다. 주로 중국인이었고, 러시아인과 소수의 미군 전쟁포로들이 인간 기니피그(대표적인 실험용 동물—옮긴이)로 이용됐는데, 이들은 '마루타'(통나무라는 뜻—옮긴이)나 '원숭이'로 불렸다. 일부는 냉동실험에 노출됐고, 일부는 질식할 때까지 얼마나 걸리는지 실험하기 위해 거꾸로 매달렸다. 또 일부는 마취 없이 신체 일부가 잘리거나 내장이 제거됐으며, 치명적인 세균이 주사되었다. 731부대의 또 다른 전문 분야는 쥐를 치명적 박테리아에 감염시킨 뒤 수천 마리의 벼룩과 함께 사기 용기에 담고는 작은 낙하산을 이용해 중국인 도시에 떨어뜨리는 것이었다.

하얼빈 인근의 '정수시설'은 1945년 여름 소련 적군이 도착하기 전에 함께 남아 있던 죄수들과 더불어 파괴되었다. 폐허에는 지금 '애국 박물관'이 있는데, 박물관에는 이시이와 동료들이 살아 있는 사람을 해부하는 모습을 재현한 밀랍 인형이 전시되어 있다. 이시이와 기타노 등은 일본으로 돌아가는 데 성공했다. 반면 많은 수련의는 소련 군대에 잡혀 전범으로 재판정에 섰다. 맥아더 장군이 일본 전범들을 재판하겠다고 약속하자마자(물론 천황은 제외였다), 이시이는 재빨리 대중의 시야에서 사라졌다. 이시이는 맥아더가 '나의 애완 파시스트'라고 불렀던 윌러비가 이끌던 심문단에게, 중국에서의 실험 자료가 미군에게도 큰 관심사가 될 거라고 확신시키는 데 성공했다. 윌러비는 이미 법적으로 불가능해진 인간 실험 자료가 미국 의사들에게 중요한 정보가 될 것이라 확신했다. 이런 연구조사 분야에서 미국이 소련보다 뒤처져 있다는 우려도 있었다. 미군 의학 담당 전문가는 나중에 국무부 관료에게 보낸 메모에서 인간 실험이 동물 실험보다 훨씬 낫다면서 "전범재판을 통해 이런 자료가 모든 국가에 완전히 노출될 수 있기 때문에 미국 방어 및 국가 안보 차원에서 최대한 공개를 피해야 한다"[13]고 적었다.

이시이 시로 중장은 1959년 도쿄에서 편안히 눈을 감았다. 장례위원회 위원장은 이시이의 직속 부하였다가 나중에 731부대 지휘관 자리를 승계한 기타노 마사지 중장이었다. 기타노는 혈액실험 전문가였는데, 일본의 첫 번째 상업 혈액은행인 '녹십자' 회장이 되었다. 이시이와 기타노가 만주국에 남긴 흔적은 거의 없다. 남은 것은, 하얼빈 인근 실험실의 폐허와, 더는 사용하지 않은 지하창고에서 기타노가 연구 목적으로 해부한 쥐를 기릴 목적으로 세운 기념비 하나였다.

마닐라 학살의 전범 '야마시타 도모유키 재판 논쟁'

태평양 전장에서 시행된 첫 전범재판은 '말레이 반도의 호랑이'(일본은 존경심에서, 다른 지역은 두려움에서 나온 별명이다) 야마시타 도모유키 장군에 대한 공판이었다. 야마시타 장군이 말레이 반도에 머문 것은 사실 매우 짧은 기간이었지만, 1942년 2월 훨씬 더 막강한 전력과 맞서 싸워 싱가포르를 차지하면서 이 별명을 얻었다. 3만 명의 일본군이 10만 명 이상의 영국군 및 영연방 군대와 싸웠다. 야마시타가 아서 퍼시벌 중장에게 항복할 것인지 말 것인지 즉답을 요구하면서 "예인가, 아니요인가?"라고 소리 질렀던 굴욕적인 장면은 싱가포르 센토사 섬의 놀이공원에 가면 지금도 밀랍 인형으로 볼 수 있다.

전시 총리였던 도조 히데키東條英機 장군은 야마시타를 싫어하고 불신했다. 아마도 야마시타의 군사적 기술, 아니면 서구 강대국과의 전쟁에 대한 야마시타의 회의론 때문이었을 것이다. 그래서 도조는 야마시타를 동남아에서 멀리 쫓아내 만주국으로 보냈다. 야마시타는 만주국에서 전투 능력으로 빛날 기회를 얻지 못하고, 1944년 도조가 실각한 뒤에야 동남아시아 지역으로 다시 파견될 수 있었다. 야마시타는 더 이상 방어할 수 없는 지경에 이른 필리핀을 방어해야만 하는, 누구에게도 감사받을 수 없는 임무를 맡았다.

1945년 가을 재판에서 야마시타는 제2차 세계대전에서 가장 극악한 잔혹 행위 중 하나를 허가했다는 혐의로 고발되었다. 그것은 마닐라 학살이었다.

학살 자체에 대해서는 논쟁의 여지가 없었다. 1945년 2월 미군의 진격으로 마닐라에 갇힌, 주로 해군 출신인 2만여 명의 일본군은 죽을 때까지 싸우라는 명령을 받았고, 주둔하는 동안 필리핀 수도를 최대한으로 파괴했다. 충분히 남아 있는 맥주와 일본 술을 벌컥벌컥 마신 뒤 일본 군인들은 광란의 폭력을 이어갔다. 모든 연령대의 여성들이 성폭행당하고 살해되었다. 갓난아기들과 어린애들은 벽에 내동댕이쳐지거나 총검으로 갈기갈기 찢겼다. 남자들이 오락 삼아 난자당했고 학살되었다. 병원도 습격을 받았고, 환자들은 산 채로 묻혔다. 집과 건물은 불태워졌다. 미국은 탱크와 곡사포로 도시에 폭탄을 쏟아부었고, 일본군은 화염방사기와 바주카포로 응사했다. 한 달간의 아수라장 끝에 마닐라는 불타는 폐허가 되었다. 파괴된 수준은 바르샤바에 육박했고, 필리핀인 10만 명 가까이가 피로 물든 난장판 속에서 살해되었다.

마닐라는 전쟁 전에는 더글러스 맥아더 장군이 자주 찾던 곳이었다. 마닐라 호텔의 맥아더 장군 숙소는 대학살의 와중에 심하게 훼손되었다. 맥아더는 멀리서 호텔이 공격받는 것을 지켜보면서 느낀 충격을 기록하고 있다. "갑자기 펜트하우스가 불길에 휩싸였다. 그들이 공격했다. 말로 형언할 수 없는 느낌으로 나는 내 소중한 군사 도서관과 기념품, 인생 내내 소지했던 내 개인용품들이 파괴되는 것을 목격하고 있었다. (···) 사랑하는 집이 파괴되는 모습을 보면서 충격의 쓴맛을 마지막 한 방울까지 맛보고 있었다."[14]

맥아더에게는 1945년 마닐라에서 벌어진 일과, 3년 전 혼마 마사하루 장군 산하의 일본 제국 군대로부터 쫓겨났던 일이 개인적으로 모욕이었다. 그래서 마닐라에서 열린 혼마와 야마시타에 대한 재판에는 다소 개인적인 감정이 투영되었다. 워싱턴에서 전범재판을 신속히 진행하라는 명령이 내려졌고, 1945년 6월 연합국도 같은 결정을 내렸다. 하지만 재판은 맥아더의 명령을 받는 군사위원회가 개최해야 할 일이었다. 맥아더가 판사를 지명했고, 절차도 맥아더가 통제했다. 많은 사람에게 재판은 복수의 불길을 잠재우기 위한 것이 아니라는 인상을 강하게 남겼다. 재판은 보복의 한 형태였다.

누군가는 마닐라에서 자행된 악랄한 범죄뿐 아니라 일본 점령 아래 자행된 다른 야만적인 폭력에 대한 값을 치러야 했다. 1942년 4월 '바탄의 죽음의 행진Bataan Death March', 전쟁포로 기아 사태, 파괴된 필리핀 마을들, 일본 헌병대 산하 고문 감옥 등에 대한 죗값이었다. 필리핀 엘리트 부역자들은 대거 기소를 피했고, 활동적인 필리핀 레지스탕스들은 반공산주의라는 이름으로 탄압받고 있는 상황에서 가장 많이 고통을 받았던 필리핀인에게 정의가 여전히 집행되고 있다는 사실을 보여줄 수 있는 대표적인 악인惡人이 필요했다. 이름 없는 수많은 살인자에 딱 맞아떨어지는 잔혹한 얼굴을 가진 인사가 필요했다. 누군가의 목을 매달아야 했다.

야마시타 도모유키는 확실히 악인처럼 보였다. 땅딸막하고, 짧고 굵은 목에 가늘게 찢어진 눈은 일본 전범에 대한 만화적인 이미지를 그대로 가지고 있었다. 필리핀인들은 옛 고등판무관 건물에서 열리는 재판을 참관하라고 독려받았다. 전시에 너무 쓰라린 경험을 한 노파는 괴물 같은 일본 장군에게 던지려고 주머니에 돌을 넣어 왔다. 미국 기자들은 야마시타가 유죄 평결을 받기 전부터 이미 야마시타를 비판하는 데 최선을 다했다. 『양크』 기자는 약간 좋게 기사를 썼는데, 내용은 "절차가 처음 시작될 때부터 이미 야마시타의 무죄에 2~200페소를 거는 바보는 절대 찾을 수 없었다"였다.[15]

『양크』는 이어 "총알 자국이 남아 있는 고등판무관 사무실, 한때 정복자로서 필리핀을 통치하던 그곳에서 야마시타 장군이 전범으로 5명의 판사 앞에 섰다. 그는 법에 따른 공정한 재판을 받고 있지만 자신의 희생자들에게는 절대 법 절차에 따른 재판 기회를 주지 않았다"고 썼다.

이 기사 내용은 대부분 사실이 아니다. 야마시타는 고등판무관 사무실에 있었던 적이 한 번도 없으며, 정복자도 아니었다. 야마시타가 처음 필리핀에 도착한 것은 맥아더가 레이테 섬에 착륙한 직후였다. 일본의 방어는 그때 거의 가망이 없는 상황이었다. 야마시타는 필리핀 지형을 잘 몰랐다. 명령 체계는 이미 너덜너덜해진 뒤였다. 일본 군대는 필리핀의 수많은 섬에 산재해 있었다. 전반적인 통신 체계 역시 끊어진 상태였다. 가솔린 연료는 거의 바닥나 있었다. 군대는 훈련이 제대로 안 되어 있었고, 배고픔과 탈진, 열대기후 등으로 사기가 저하되어 있었다. 필리핀 게릴라들에게 몰리고, 우세한 미군 전력에 압도당하면서 야마시타는 정복자로서 군림하기는커녕, 자신의 군대조차도 제대로 다룰 기회를 갖지 못했다.

마닐라 학살은 최소한 일부는 일본군의 혼란이 빚은 결과였다. 야마시타의 본부는 마닐라에서 거의 200마일 떨어진 산악지대에 있었다. 수도를 방어할 수 없다는 것을 알았기 때문에 야마시타는 명목상으로 지휘하고 있던 해병대를 포함한 전군 철수를 명령했다. 단 1600명만 남아서 군 보급품을 보호하라는 명령이 그대로 지켜졌다면 마닐라는 무방비 도시였을 것이다. 하지만 마닐라에 주둔한 일본 해군 사령관들은 결정을 못 내리고 주저했다. 일부는 마지막 한 사람까지 싸우기를 원했다. 다른 일부는 후퇴를 이야기했지만, 부두시설을 파괴하기 전에는 후퇴할 수 없다고 주장했다. 누가 누구에게 명령했는지 분명치 않았다. 어떻든 명령은 지켜지지 않았다. 일본군에서 흔한 일이듯 중간계급 장교들이 주도권을 쥐었고, 가장 열성적인 발호가 승리했다. 그때쯤에는 화가 난 야마시타가 다시 한번 후퇴하라고 지시했지만, 군인들은 죽음 외에는 빠져나갈 방법이 없는 상태에서 마닐라에 갇혀버렸다.

야마시타는 확실히 공정한 재판을 받지 못했다. 판사들은 군 당직 장교들로서 전투 상황에 대한 이해만큼이나 법률 지식도 얕았다. 그중

한 명은 너무 지루해하면서 재판 진행 대부분의 시간에 잠들어 있었다. 맥아더가 기소에 활용할 수 있는 모든 필요한 자원을 직접 골랐던 반면, 변호인들은 마지막 순간에 선발되었다. 60건 이상의 혐의에 대해 조사할 시간도 없는 데다 재판 개시 직전에 더 많은 혐의가 추가되었다. 혐의 조작 여부는 둘째치더라도, 증거 제시 원칙과 다른 절차들도 자의적이었다. 맥아더가 발표한 '특별 공고'는 6월 연합국이 확립한 규칙을 다시 언급하고 있었다. "재판소는 증거 제시 규정의 기술적인 부분에 구속되지 않는다. 재판소는 가능한 한도에서 신속하면서 비非기술적인 절차를 채택, 적용할 것이다. 증거로 제시할 가치가 있다고 인정되는 모든 증거를 인정할 것이다. 피의자가 주장하는 범죄 인정이나 진술도 인정된다."[16]

이 규칙에 따라 재판정은 야마시타에 관한 의심스러운 진술뿐 아니라, 일본 장군이 전체 필리핀인을 멸종시키려고 계획했다면서 터무니없는 주장을 하는, 수상한 구석이 많은 부역자들의 발언도 인정했다. 부역자들은 이렇게 주장함으로써 자신들의 나쁜 평판을 지우려 했다. 마닐라 약탈 과정에서 일어난 끔찍한 폭력으로 트라우마에 빠진 목격자들의 발언도 이어졌다. 『양크』가 보도한 기사는 "흐느껴 우는 소녀 증인은 일본놈 병사들이 수차례 성폭행을 했다고 이야기했다. 많은 소녀가 총검 앞에 굴복해야 했다고 말했다. (…) 증언 초록. '(…) 12세 소녀가 요 위에 누워 있었다. 온통 피투성이였고, 그녀가 누워 있는 이불도 피로 흠뻑 젖어 있었다.'"

이런 이야기의 진실을 의심하는 사람은 거의 없다. 문제는 야마시타가 이를 알고 있었는지, 그리고 알았다면 폭력을 멈추게 하는 행동을 했는지 안 했는지였다. 비슷한 시기에 열렸던 뉘른베르크 재판에서 독일 장군들은 자신들이 명령했고, 사주했고, 개인적으로 참여했던 전쟁

범죄에 대해서만 기소되었다. 야마시타가 독일 장군들과 비슷한 일을 했다는 증거는 없었다. 오히려 야마시타의 명령은 완전히 반대였다. 그래서 야마시타는 이전에는 존재하지 않았던 범죄, 즉 이름하여 통제할 수 없었고 교묘하게 명령에 반해 행동했던 군대가 저지른 잔혹 행위를 멈추게 할 수 없었다는 혐의로 기소되었다. 『양크』는 야마시타가 "법에 따라" 공정하게 다뤄졌다고 확신했다. 정말 그랬다면 야마시타가, 아니면 다른 군 사령관이 아주 약간이라도 감지하고 있었다는 사실에 대해 적용할 수 있는 법이 있어야 했지만, 그런 법은 없었다. 일본의 진주만 폭격 기념일인 1945년 12월 7일 야마시타 도모유키는 교수형을 선고받았다. 야마시타는 판사들에게 인사하고, 미국에는 "강직한 미국인 장교와 신사들을 변호인으로" 제공해준 혜택에 감사를 표했다. 로버트 커 소령은 신문 기자에게 교수형이 아니라 해안가에서 일본놈들을 총살할 수 있다는 걸 기대하며 태평양에 오게 됐지만, 어쨌든 둘 다 야마시타에게는 같은 거라고 말했다.[17]

맥아더는 자비를 구하는 청원을 거부했다. 야마시타의 변호인은 큰 희망이 없는 줄 알면서도, 미국 대법원에서 판결 무효 선언을 얻어내려고 노력했다. 평화의 시대에는 군사위원회가 과거의 적을 재판할 권한이 없으며, 재판도 공정하게 진행되지 않았다는 주장이었다. 대법원이 군사법정의 정당성에 이의를 제기하지 않기로 결정했지만, 대법관 두 명은 재판에 대해 매우 비판적이었다. 그중 대법관 와일리 러틀리지 주니어는 "행동이 행해진 이후에 죄를 정의하여 누군가를 기소하는 것은 우리의 전통이 아니다. (…) 우리는 거대한 범죄 행위를 개인에게 부당하게 책임지우지 않는다. 특히 책임이 없거나, 적극적으로 참여한 증거가 없으며, 방지할 의무와 책임을 가지고 있지만 타인이 저지른 나쁜 짓을 예방하는 조치를 취하는 데 실패한 개인의 사례에서는 확실히 그렇다"[18]고 비판했다.

야마시타는 자신의 양심은 깨끗하다고 선언했다. 사건 발생을 인지하지 못하고 있었다고 주장한 야마시타는 마닐라 학살의 증거에 매우 충격을 받았다. 그는 변호사에게 이렇게 많은 주검을 뒤로하고 일본으로 돌아가기는 어려울 것 같다고 말했다. 선고를 받은 뒤 그는 짧은 시를 썼다.

내가 알던 세상은 이제 수치스러운 땅이 됐네
결코 더 좋은 때는 오지 않으리, 내가 죽기에[19]

야마시타는 1946년 2월 23일 마닐라 남쪽의 그림 같은 온천 리조트가 위치한 로스 바뇨스에서 교수형에 처해졌다.

'친나치 부역자' 라발과 무서르트의 코미디

맥아더 장군은 일본인 적들에 행한 무자비한 보복을 독특하면서 흥미로운 방식으로 정당화했다. 맥아더의 시각으로 볼 때 야마시타는 직업 군인에게 불명예를 가져온 인물이었다.

전사의 전통은 길고 명예로운 것이다. 전사들은 가장 고귀한 인간 특성에 기반하고 있다. 바로 희생이다. 이 장교는 (…) 불변하는 이 기준에 맞추지 못했다. 그의 군대와 국가, 적, 인류에 대한 임무에도 실패했다. 군인의 신념에서도 완전히 실패했다. 재판에서 밝혀진 대로, 앞서 언급된 것의 결과로 빚어진 범죄는 직업 군인의 오점이자 문명에 대한 얼룩으로, 절대 잊히지 않을 수치와 불명예로 기억될 것이다.[20]

맥아더는 특유의 거창한 방식으로 당시 흔했던 감정에 대해 목소리를 내고 있다. 독일과 일본의 전범 및 공범들에 대한 재판은 법치의 재건일 뿐 아니라 '문명'의 재건이다. 이는 뉘른베르크와 도쿄 재판에서 검사 측이 밝힌 논리이기도 했다. 문명을 '군인의 신념'과 동일시하는 것은 전형적인 맥아더의 방식이었다. 다른 한편 '수치' '불명예의 기억'이라는 오점을 지워내기 위한 재판이라는 개념은 외국의 점령으로 수치심에 빠진 국가들에도 매우 중요했다. 맥아더는 아마도 필리핀을 생각했을 것이다. 하지만 국가 지도자들이 스스로의 명예 때문이라면서 점령자들에게 협력했던 나라에서는 이런 재판이 사람들의 뇌리에서 쉽게 떠나지 않았고, 일종의 그림자로 남았다.

프랑스 비시 정부의 최고위급 장관이었던 피에르 라발과 네덜란드 국가사회주의운동Dutch National Socialist Movement의 지도자 격이었던 안톤 무서르트의 공통점은 둘 다 스스로를 명예로운 인간이며, 국익을 위해 자신의 권한으로 가능한 모든 것을 다한 애국자로 보고 있다는 것이었다. 이들은 각각 1945년 가을과 겨울에 반역죄로 신속히 재판받은 뒤 사형집행인과 마주 보게 되었는데, 여전히 자신들이 순교자이며 언젠가는 무죄가 입증되어 구원자로 인정될 거라고 확신했다. 또 다른 공통점은 둘 다 각자 나라에서 가장 미움받은 인사로 생을 마쳤다는 것이었다. 사실 그들보다 훨씬 더 나쁘고 잔인했던 사람들이 있었다. 라발이나 무서르트는 폭력을 옹호하는 취향은 아니었다. 오히려 라발은 제1차 세계대전 기간에는 좌파 평화주의자였으며, 논란이 있을 수는 있겠지만 국가 방어에 있어 군사활동을 개인적으로 혐오했다. 타고난 유화주의자였으며, 협상에서는 악마와 대결해도 한 수 앞선다고 자신했다. 그는 변호사에게 "나에게 협력은 협상을 의미했다"[21]라고 말했다. 실제로 이들은 그다지 큰 성과는 없었지만 동포의 이익을 방어하기 위해 때론 독일인에게 맞서기도 했다. 하지만 그들은 조국에서 가장 미움을 받았다. 재판에서 빤한 결론이 날 수밖에 없는 이유였다.

라발과 무서르트는 야마시타 도모유키처럼 외모에서도 호감을 주지 못했다. 무서르트는 둥근 얼굴에 땅딸막한 남자였고, 파시스트당의 검은색 제복과 가죽 재킷이 전혀 어울리지 않아서 항상 우스워 보였다. 라발은 부츠에 제복을 갖춰 입는 대중 선동가는 결코 아니었다. 줄무늬 바지에 특유의 흰색 넥타이를 즐겨 매는 직업 정치인이었지만 미심쩍은 물건을 파는 불량한 상인의 냄새가 풍겼다. 작은 키에 기름기 있는 검은 머리, 반쯤 감긴 눈에 담배 연기로 지저분해진 고르지 못한 치열. 그리고 부스스한 턱수염을 기르고 있었다. 무서르트는 기술자로(아우토반을 설계했다), 라발은 변호사로 사회생활을 시작했다. 정치인으로서는 라발이 훨씬 더 성공적이었다. 라발은 전쟁 이전과 1931년 두 차례 프랑스 정부를 이끌었다. 당시 미국의 『타임』 지는 라발이 대공황기의 프랑스를 잘 이끌어나간 "차분하고 권위 있고 대중적"인 지도자라며 '올해의 인물'로 꼽았다.[22] 무서르트도 1930년대 말에는 이미 네덜란드인들에게 흥미로울 인물이었다. 검은색 셔츠를 입고 으스대며 거리를 걷는 것은 네덜란드 스타일이 아니었기 때문이다.

두 사람 다 조국이 독일에 침략당하는 상황을 원치 않았다. 그들은 모두 민족주의자였다. 『타임』 지 '올해의 인물'에 등장한 라발의 프로필은 독일에 강경 대응하는 라발을 칭찬하고 있었다. 1935년 라발은 독일의 재무장을 막기 위해 영국, 이탈리아와 수명이 짧은 협약을 맺기도 했다. 또 다른 전쟁을 막기 위해서라면 뭐든 할 수 있었다. 하지만 전쟁이 일어났을 때 무서르트와 라발은 드디어 최전성기가 왔다고 판단하면서 독일 점령을 기회로 봤다. 무서르트는 히틀러가 이끄는 '게르만 민족'이 지배하는 새로운 유럽에 대한 비전을 공유하고 있었다. 물론 자신의 지도 아래 국가사회주의운동이 자치하는 형태였다. 라발에게는 파시즘 이상주의가 전혀 매력적이지 않았다. 하지만 1930년대 말 몇 년을 정치적 황무지에서 허비한 뒤에 자기 자신을 이 어려운 시기의 구원자라고 여겼다. 명목상으로 프랑스 최고위 지도자였던 가부장적인 페탱과 함께 라발은 프랑스를 위해 할 수 있는 최상의 조건을 협상하려고 했다. 물론 그 이상이었다. 그 역시 새로운 유럽에서 가능성을 봤는데, 프랑스가 독일의 주요 동맹국으로서 함께 대륙의 새로운 쌍둥이 골칫거리—영국 및 유대인의 수도(런던을 의미한다—옮긴이)와 러시아 볼셰비즘—를 제거하는 것이었다. 그는 이런 생각을 1945년 라디오 연설에서 밝혔다. 이는 3년 뒤 그를 가장 괴롭히는 화근이 되었다. "나는 독일의 승리를 갈망합니다. 왜냐하면 독일의 승리 없이는 볼셰비즘이 내일 도처에서 자리 잡게 될 것이기 때문입니다."[23]

전쟁 이전에는 무서르트도 라발도 유대인에 어떤 적대감도 보인 적이 없었다. 무서르트는 가까운 친구가 거의 없었지만, 별로 없는 친구 중 한 명이 우연히도 유대인이었다. 무서르트는 1930년대에 유대인들에게 자신이 활동하는 국가사회주의운동의 일원으로 가입하라고 권유했다. 무서르트의 생각에는 '좋은 유대인'도 있고 '나쁜 유대인'도 있었다. 나쁜 유대인은 가입을 거부하거나 이 운동을 비판하는 사람들이었고, 그래서 "네덜란드인답지 않았다". 불행히도 무서르트의 독일인 동료들은 이 문제에 더 혹독한 관점을 갖고 있었다. 이 시각차는 무서르트와 독일 나치친위대 간에 생긴 몇 가지 언쟁 중 하나였다. 1940년 무서르트는 국가사회주의운동 일원이었던 몇 안 되는 유대인마저 추방해야 했다. 무서르트는 이 결정을 깊이 후회했다고 주장했다. 얼마나 깊이 후회했는지는 명확하지 않지만, 1938년 네덜란드령과 프랑스령, 영국령으로 분할된 가이아나(남미 동북부에 위치한 대서양 연안 국가—옮긴이)로 유럽의 유대인들을 보내는 구체적인 계획을 세우기는 했다. 하지만 힘러와 히틀러의 관심을 끄는 데 실패했다(영국과 프랑스가 이 계획을 어떻게 생각했는지는 기록에 없다). 무서르트는 본인은 물론 친구나 친척들이 유대인 재산을 훔쳐 재산을 불리는 것에 전혀 거리낌이 없었다.[24]

라발은 프랑스 극우파의 강력한 반유대주의를 전혀 공유하지 않았다. 라발 역시 유대인 친구들이 있었고, 유대인 동료들과도 긴밀하게 일했다. 하지만 1940년 독일이 시키지도 않았는데 프랑스 비시 정부가 유대인에 관한 **법령**statut des juifs으로 유대인들로부터 시민권을 박탈했고, 당시 그는 국무장관(프랑스에서 국무장관은 총리나 장관 아래 소속될 수 있는 장관급 직위다—옮긴이)이었다. 그는 나중에 강제 송환되는 프랑스 태생 유대인들을 구하려고 했다. 하지만 이는 외국 태생 유대인 수만 명을 제3제국의 구렁텅이로 보내는 대가였다. 여기에는 전시에 시민권을 박탈당했지만 원래는 적법한 절차를 거쳐 프랑스 시민이 된 유대인들도 포함되어 있었다.

스스로를 부역을 통한 구원자로 생각한 무서르트와 라발 같은 자만심 강한 인사들은 독일이 쳐놓은 함정 속으로 곧바로 걸어 들어갔다. 무서르트는 이데올로기적 망상과 허영심이 뒤섞인 사람이었기에, 그리고 라발은 도덕적으로 둔감한 데다 자신의 영리함을 과신했기 때문이다. 이들 중 누구도 자신의 민족주의적 환상(새로운 유럽에서 프랑스와 네덜란드가 중요한 파트너가 될 것이란 착각)이 완전한 지배를 원하는 독일의 계획과 일치하지 않는다는 사실을 깨닫지 못했다. 독일 입장에서는 이런 애국적인 부역자들이 몹시 유용한 인사였다. 인기 없고 매우 범죄적인 독일 사업에 대한 비난을 대신 받아주는 한에서 말이다. 그들은 조금씩 조금씩 굴복했다. 때로는 억지로, 때로는 부주의하게. 무서르트는 자신의 돌격대를 독일 나치친위대에 통합했고, 히틀러에게 충성을 맹세했다. 무서르트의 상상 속에서 히틀러는 독일만이 아닌 '게르만족' 모두를 위한 총통이었다. 라발은 프랑스 전쟁포로와 교환하는 조건으로 프랑스 노동자들을 독일 산업계에 넘겨줬을 뿐 아니라, 프랑스 파르티잔에 맞서는 무장조직을 창설했고, 수많은 유대인을 죽음으로 몰아넣었다. 1942년 7월 유대인 어린이들도 어른들과 함께 폴란드로 강제 송환해야 한다고 주장한 사람은 독일인이 아니라 바로 라발이었다. 표면상 이유는 가족이 함께 있어야 한다는 것이었다.

결국 이런 행동으로 두 사람은 독일인들에게는 '부르주아 민족주의자'라고 불리는 경멸과 불신을 받았고, 조국에서도 더럽고 수치스러운 점령의 화신이라는 미움을 받았다. 하다못해 히틀러 제국을 위해 열성적으로 일하는, 독일 내에서도 가장 열성적인 친독일 나치들도 이들을 증오했다. 무서르트와 라발은 자기들 편에 선 사람이 거의 없었기 때문에 해방 이후 필요했던 재판과 단죄에 들어맞는 완벽한 후보였다. 눈에 가장 잘 띄는 이 두 명을 대표적인 부역자 사례로 만드는 것은, 역시나 전시에 눈에 띄는 용기를 보여준 적이 없었던 나머지 수백만 명을 안도하게 하는 효과를 낳았다.

페탱 역시 재판을 받고 사형이 선고되었다. 하지만 나이와 명성 때문에 목숨을 구했다. 드골의 계획에는 페탱에 대한 재판은 결코 없었다. 장군(드골을 말한다―옮긴이)은 이 노인이 스위스에서 망명 상태로 머무는 편을 더 선호했을 것이다. 페탱 본인이 스스로 재판을 요청했다. 당황스러운 결과가 나온다고 해도, 프랑스인들은 확실히 베르됭 전투 영웅을 총살하게 내버려두지는 않을 것이었다. 그래서 페탱은 추방되었다. 어떤 의미에서 라발은 스스로를 비난의 대상으로 만들었다. 당시 유행했던 프랑스의 짧은 노래에 이런 구절이 있었다. "페탱은 잠자러/라발은 온갖 시련을 감수하러/드골은 일하러." 10여 년 전 라발을 과도하게 칭찬했던 『타임』은 이렇게 적었다.

지난주 피에르 라발에 대한 판결이 있었다. 프랑스인들은 옛 사령관인 페탱의 재판과 선고, 종신형으로 이어지는 감형 과정에서 모두 느꼈던 동정심을 라발에게는 선사하지 않았다. 피에르 라발에 대한 처형은 꼭 해야 하는 집안일 같았고, 복수심을 만족시켰다. 그리고 이 모든 과정은 텅 빈 쇼 같았다.[25]

이는 불공평했다. 재판은 코미디였고, 물론 라발은 주범도 아니었다. 드골은 숙청과 재판을 좋아하진 않았지만, 앞서 소개한 짧은 노래에 실린 여망 때문에라도 이 일을 해야만 했다. 드골은 가능한 한 빨리 이 작업을 끝내려고 했다. 전후 헌법에 관한 국민투표가 10월 21일에 예정되어 있었다. 그래서 라발에 대한 평결은 그 이전에 이뤄져야 했다. 라발은 자기변호를 위해 그동안 서류를 매우 정성스레 모아두었는데, 서류 접근 허가를 얻지 못하자 화가 난 나머지 감옥 방에 앉아 미국 담배를 하루에 다섯 갑이나 피웠다. 라발이 비행기를 타고 독일 임시 피난처에서 프랑스로 올 때 가지고 온 서류 가방에서 나온 메모에는 쓰디쓴 심경이 그대로 담겨 있었다. "기이한 역설이다. 여기 법정 앞에서 나는 조국을 위한 공로로 인정받았던 정책과 결정에 대해 변호해야 한다. 전쟁 이전과 점령 기간에도 나는 내 의무를 충실히 다했다."[26]

망상에 쉽게 빠져드는 성향이었던 무서르트는 네덜란드 북해 연안의 감옥에서 새로운 환상에 잠겼다. 그는 거대한 잠수함을 디자인했다. 무서르트의 생각에는 미국인들이 이 발명품을 활용할 것이기 때문에 본인이 미국에 가리라고 기대했다. 그래서 무서르트는 생애 마지막 몇 주를 영어 공부로 허비했지만, 이 모험은 실패로 끝났다.

라발 재판의 또 다른 오점은, 라발 자신도 이 문제를 지적한 것처럼, 담당 판사와 검사들이 라발이 일했던 비시 정권을 위해 봉사했고, 페탱에게 충성을 맹세했다는 사실이었다. 검찰총장인 앙드레 모르네는 심지어 유대인 시민권을 박탈하는 위원회에 앉아 있던 사람이었다. 배심원단은 의회와 레지스탕스 출신들로 구성되었다.

파리 변호사협회장인 자크 샤르팡티에는 마치 스페인 투우 경기장에서 죽을 때까지 싸우는 제례적인 분위기를 감지했다. 그는 이렇게 회고했다. "전장에 뛰어오른 안달루시아 부랑아처럼 배심원들은 피고인들을 모욕했고, 재판 진행을 방해했다. 법정은 라발에게 해명 기회도 주지 않겠다고 결정했다. (…) 그들은 마치 로베스피에르가 되살아난 것처럼 라발을 단두대로 끌고 갔다가, 다시 라발의 시체를 부활시켰다. 그래야 여전히 살아 있는 반역자를 민중이라는 사자에게 던져줄 수 있으니까."[27]

재판에서 가장 드라마틱했던 절정은 라발이 판사들의 편견에 항의할 때였다. "당신은 나를 비난하겠죠!" 라발은 소리를 지르면서 자신의 직함과 이름이 새겨진 서류 가방으로 탁자를 내리쳤다. "당신들이 나를 버릴 수는 있겠지. 하지만 나를 비난할 권리는 없어!" 배심원 한 명이 "입 닥쳐, 이 배신자"라고 소리쳤다. 라발은 분노 속에서 자신은 조국을 사랑한 프랑스인이라고 소리쳤다. 그러자 배심원들은 "총알 열두 발을 맞아도 싼 개자식"이라고 응수했다.[28] 라발은 결국 '사법상 범죄'의 '공범'이 되느니 차라리 침묵하는 게 낫다고 결론 냈다. 한 배심원이 "그는 절대 안 바뀔 것이오"라고 소리치자, 라발은 상당한 진실과 확신 속에서 "그래, 나는 안 바뀔 것이다"[29]라고 응답했다.

헤이그의 왕궁에서 열린 무서르트에 대한 재판은 좀 더 품위 있었지만, 결과는 역시 의문의 여지가 없었다. 검사 J. 자에이어르는 모두 진술에서 "재판 없어도 우리는 무서르트가 어떤 선고를 받을지 이미 알고 있다"고 말했다. 법률 절차를 개시하면서 하는 말로는 다소 어울리지 않는 발언이었다. 무서르트의 유능한 변호사였던 베이케르헐트 비스돔은 전후 초기에는 "최악의 국가사회주의자들(무엇보다도 무서르트는 네덜란드 국가사회주의의 핵심으로 간주됐다)은 사형선고를 면하기 어려울 거라는 공감대가 있었다"[30]고 훗날 회고했다. 재판은 대중의 감정에 휘둘렸다. 법은 길거리의 분위기에 조응했다.

무서르트는 열의 가득한 연설로 자신에게 적용된 반역죄에 반대하면서 자신을 변호했다. 여전히 당 대회에서 연설하는 것처럼 팔을 흔들면서 자신의 목표는 조국을 외국인에게 갖다 바치는 것이 절대 아니었다고 주장했다. 오히려 자신의 이상은 독일의 승리가 유럽의 질서를 변화시킬 때 네덜란드의 이해를 보장하는 네덜란드 정부를 구성하는 것이었다고 항변했다. 독일을 도운 것은 "아시아가 유럽의 문 앞에 오는 것을 막기 위한" 필수 조치였다고 설명했다. 자신의 화법에 취한 무서르트는 완전히 무아지경에 빠져서 법정을 "나의 충성스러운 추종자들"이라고 칭했다. 이는 한바탕 웃음을 자아냈는데, 그렇지 않았다면 법정은 매우 엄숙하고 음침했을 것이었다.[31]

또한 전직 네덜란드 지도자에 대한 사형 집행도 라발의 종말보다 부드러웠다. 무서르트는 한때 독일군들이 네덜란드 파르티잔을 총살했던 헤이그 외곽의 모래언덕으로 끌려갔다. 말뚝에 묶인 뒤 기독교 성직자가 무서르트에게 작별을 고했다. 무서르트는 떨리는 손을 진정할 수 없다고 사과했다. 12명의 사형집행단이 소총을 무서르트에게 겨냥했고, 무서르트는 죽었다.

라발은 얼굴에 총을 맞으면 흉한 모습이 될까봐 초조해했다. 변호사들은 최근의 사형 집행은 매우 깔끔하게 진행된다며 라발을 안심시켰다. 라발은 청산가리 캡슐을 삼켜서 자살을 시도했다. 하지만 청산가리가 너무 오래된 것이어서 즉각 죽지 않았다. 간호사들이 라발을 되살렸지만, 라발은 여전히 늘어져 있었다. 이 상태에서 라발은 교도소 벽 근처로 옮겨졌고, 어두운 색 정장에 평소 애용했던 흰 넥타이와 프랑스 국기를 상징하는 빨간색, 흰색, 파란색의 스카프가 둘러졌다. 라발은 "죽는 모습을 지켜볼 수 있게" 변호사들이 목격자로 남아 있어야 한다고 주장했다. 라발의 마지막 말은 "프랑스 만세Vive la France!"였다. 총알이 발사되고 라발은 오른쪽으로 고꾸라졌다. 한 병장이 다가가서 라발이 가장 두려워했던 일을 했다. 사망을 확인한 뒤 라발의 얼굴을 엉망으로 만들기 위해 한 발 더 쐈다. 현장에 있었던 기자는 당시 장면을 이렇게 묘사했다. "사람들이 (라발을 묶어놓은) 말뚝으로 달려가서 (총격으로 조각난) 나무 파편들을 주웠다. 가장 가치 있는 나뭇조각은 피로 흠뻑 젖은 것이었다."[32]

무서르트와 라발을 희생양이라고 하는 것은 옳지 않다. 유죄라는 데에는 의심의 여지가 없다. 그들 스스로가 나치 점령에 협력하는 선택을 했다. 재판 역시 원래 의도했던 목적에 부합했다. 무서르트의 경우는 프랑스에서 수많은 사람이 주장했던 '야만적인' 보복을 피할 수 있는 계기였다. 무서르트에 대한 신속한 재판은 네덜란드 당국에겐 이미 교도소에 가득 찬 경범죄 인사들의 석방을 정당화하는 역할도 했다. 무서르트와 라발의 죽음은 정의가 실현되었다는 것을 보여주는 예시였다. 전후에 세워진 정부들이 제 할 일을 하고 있다는 증거였다. 라발과 무서르트의 죽음으로 끝난 결말은 강력한 응징을 다소 완화하는 방식으로 다시 국가 재건을 시작하는 것이었다.

하지만 이 재판들이 신속하게 진행되었고, 특히 라발의 경우는 뻔히 예상된 결론을 통해 복수에 대한 갈증을 풀어주면서 『에우메니데스』

에서 묘사한 아테네의 목적을 달성했다고 하더라도, 과정 자체가 매우 결점이 많았기 때문에 적법한 절차가 갖는 정당성에 다소 의심이 들 수밖에 없다. 한 목격자는 재판 결과에 대해 "라발에 대한 재판을 용납할 수가 없다. 프랑스의 정의를 의심하게 되었다. (···) 상당한 피해다. 프랑스의 정의는 신뢰를 잃었다. 라발이 마지막 라운드를 이겼고, 국가의 사기는 완전히 떨어졌다"[33]고 적었다.

최악을 공부하는 게 문명화 과정

몇몇 사람은 1945년 세밀한 법률 절차를 생략하고 주요 범죄자들을 단순 총살하는 것이 오히려 궁극적인 법률 취지에 더 맞았을 거라고 주장했다. 미국 외교관으로 대유럽 정책에 적극 관여했던 조지 케넌은 회고록에서 전범재판에 대한 혐오감을 드러냈다. 그는 저지른 범죄가 너무 끔찍해서 나치 지도자들을 살려두는 것은 어떤 이득도 없다고 말했다. "나 개인적으로, 연합군이 이런 자들의 신병을 확보할 경우, 일단 신분이 의심할 여지 없이 밝혀지고 당장 처형하는 운용 준칙이 있었다면, 그게 최상이었을 것이라고 생각한다."[34]

일부 다른 이들도 이런 시각을 공유하고 있었다. 미국 국무장관 코델 헐은 "히틀러와 무솔리니, 도조와 그들의 핵심 공범들을 잡아서 전투지의 임시 군사법정으로 데려간다. 그리고 다음 날 해가 뜰 즈음에 역사적 사건을 벌이는"[35] 게 가장 이상적이라고 영국과 소련 외교장관들에게 말했다. 공교롭게도 헐은 1945년 노벨 평화상 수상자였다. 전시에 영국 외무부는 전쟁이 끝난 뒤 나치친위대 지도자인 하인리히 힘러 같은 인사들에 대한 재판 개시를 반대하는 메모를 회람시켰다. 이유는 힘러 등의 범죄는 "법률적 절차의 범위를 넘어섰기" 때문에 "죄가 너무 어둡다"는 것이었다. 처칠도 "전범들을 한 줄로 세운 뒤 총살"[36]하는 게 가장 최상일 것이라는 견해를 가지고 있었다. 이런 말들이 다소 가혹하게 들리지만, 재판에 관여하는 사람들, 특히 소련 판사들은 도덕적 청렴과는 거리가 멀었고, 재판 결과가 오직 하나라는 사실도 알고 있었다. 그래서 재판이 법률에 따른 지배라는 취지에 도움이 된다기보다는 오히려 해가 될 수 있었다. 처칠이 여전히 재판 개시를 머뭇거리고 있을 때 처음부터 재판 절차가 필요하다고 주장한 소련은 뉘른베르크 재판이 시작되기도 전에 독일 지도자들의 처형을 축하하면서 건배했고, 이를 본 연합국 판사들은 충격을 받았다.

독일인들은 1945년 이런 방식의 처형에 강한 인상을 받았던 것 같은데, 약간 특이했다. 함부르크를 방문한 영국 시인 스티븐 스펜더는 독일인 대부분이 베르겐-벨젠 수용소에서 벌어진 잔혹 행위에 책임이 있는 남녀들에 대한 재판을 단순한 선전·선동으로 여기고 있다는 이야기를 들었다. 그는 "독일인들은 자기 나라 사람들이 정말 유죄이고, 우리가 그 사실을 알고 있었다면, 왜 우리가 이 모든 문제를 재빨리 처리하고 그들을 비난하지 않았겠느냐고 말했다"[37]고 전했다.

영국 외무부가 작성한 메모는 힘러가 저지른 죄가 갖는 극단적 성격을 논하면서 중요한 쟁점 하나에 주목하고 있었다. 현행 법률이 평범한 전쟁범죄를 넘어서 훨씬 더 나아간 범죄를 다룰 능력이 있는가? 당시 사람들은 이데올로기적 이유로 한 민족을 몰살하려 했던 나치 계획의 전체적 규모와 본질을 아직 인식하지 못하고 있었다. '홀로코스트'라는 용어는 아직 사용되지 않던 때였다. 하지만 연합국은 전대미문의 뭔가를 다루고 있다는 사실을 알아차릴 정도로 충분한 증거를 갖고 있었다. 그렇기 때문에 뉘른베르크 재판이 개시되기도 전에 법적 결과는 이미 분명했다.

실제로 소련 군대만이 폴란드에서 나치의 '죽음의 수용소'에 남겨진 것들을 목격했다. 하지만 서구 연합국은 다하우나 부헨발트, 베르겐-벨젠 강제수용소에서 발견한 증거만으로도 엄청난 충격을 받았다. 아이젠하워 장군은 1945년 4월 12일 부헨발트 산하 수용소였던 오어드루프를 방문했다. 나치친위대는 바이마르 인근에 있는 이 수용소를 급하게 떠났다. 그들은 일어설 힘조차 없는 죄수들 사이에 망가진 인형처럼 놓여 있었던 시체들을 다 태울 시간이 없었다. 『양크』 기자는 "추위가 시체를 그대로 보존해줬고 악취를 줄여줬다. 그래서 시체들 사이를 걷고 매우 가까운 거리에서 시신들을 조사할 수도 있었다"고 적었다. 병장인 솔 레빗 기자는 "시체에서 흘러나온 피는 땅과 함께 굳어서 붉은 진흙 팬케이크처럼 되어 있었다"[38]고 묘사했다.

아이젠하워는 부인 마미에게 쓴 편지에서 "난 지구상에 이런 잔혹함과 야수성, 야만이 실제 존재한다는 사실을 결코 꿈에도 생각 못 했었소"라고 적었다. 아이젠하워는 미군 병사들이 이를 목격하기를 바랐는데, 그래야 병사들이 전쟁에서 왜 싸우는지를 의심하지 않을 것이기 때문이었다. 그는 기자들도 수용소를 방문해주기를 원했다. 그렇게 되면 이 끔찍한 범죄가 거짓으로 꾸며낸 선동이라는 생각을 그 누구도 하지 못할 것이었다. 미국 상하원 의원은 물론 영국 의원들도 수용소를 둘러보라는 요청을 받았다. 아이젠하워가 썩어가는 시체 더미와 화장터, 고문실 등 모든 것을 기록하라고 지시한 것은 이런 일이 "미국인들이 이해할 수 있는 범위를 넘어선"[39] 것들이었기 때문이다. 아이젠하워는 처칠에게 "발견한 것들은, 특히 바이마르에서 발견한 것들은 이전에 경험했던 그 어떤 것도 완전히 넘어서고 있다"[40]는 메시지를 전했다.

독일 지역 주민들은 검게 썩어가는 시체들로 가득 찬 구덩이 주변에서 손수건으로 코를 막고, 시선을 돌리고, 구토하면서 수용소를 강제로 돌아봐야 했다. 연합국 주요 도시의 주민들도 독일인들이 저지른 일을 보지 않으면 안 되었다. 항상 환영받은 것은 아니었다. 런던 관객들은 잔혹 행위가 담긴 뉴스를 더는 지켜볼 수 없어서 레스터 스퀘어 극장에서 빠져나가려고 했지만, 문에서 군인들에게 제지당했다. 『데일리 미러』는 "영국 전역에서 사람들이 못 참고 극장 밖으로 나갔으며, 일부 극장에서는 군인들이 이런 사람들에게 자리로 돌아가서 끝까지 보라는 말을 했다"고 보도했다. 기사에는 "사람들은 이런 끔찍한 일이 가능하다는 것을 믿지 않는다. 하지만 이 영화들이 증거다. 이 사실을 알아야 하는 게 모든 국민의 의무다"[41]라는 한 군인의 발언이 인용되었다.

런던의 『타임스』는 이렇게 적었다. "문명세계는 이런 학살 행위가 일어났다는 사실에 회의적인 동시에 무관심한 반응을 보이고 있는데, 이제 그런 변명과의 이별이 문명사회가 해야 할 가장 중요한 일"[42]이라고 적었다. 인간이 얼마나 사악할 수 있는지 알아야 하고, 이를 통해 인류가 훨씬 나아질 수 있으며, 최악을 공부하는 것이 곧 문명화 과정이라고 믿는, 아이젠하워식의 이런 견해는 나중에 전범재판의 중요한 동기가 되었다.

아직 인류는 폴란드 죽음의 공장에 비하면 훨씬 덜했던 오어드루프의 공포조차도 완전히 알지 못한 상태였다. 그래서 일부 언론은 독일 강제수용소를 '죽음의 캠프death camps'라고 칭했다. 수용소의 주요 희생자가 유대인이라는 사실도 당시 뉴스 보도는 거의 강조하지 않았다. 하지만 아이젠하워는 문명을 위해서는 무슨 일이 일어났는지를 기록해야 하고, 이를 통해 독일뿐 아니라 전 세계가 이 사실을 바탕으로 올바른 도덕 교육을 시행하기를 원했다. 그리고 이는 전범재판의 범위도 확대시켰다. 6월 2일 아이젠하워는 연합참모부Combined Chiefs of Staff(제2차 세계대전 당시 연합국 참모총장들의 모임 형태를 띤 기구—옮긴이)에 이런 학살 행위에 책임 있는 모든 사람을 기소할 것을 요구했다.

첫 번째 강제수용소 재판은 사실은 미국이 아니라 영국 관할권에 있던 베르겐-벨젠에서 열렸다. 이 재판은 1945~1946년 뉘른베르크 재판을 위한 일종의 최종 연습으로, 나치 범죄에 기존의 법률과 법적 절차를 적용하는 게 얼마나 어려운지를 보여주었다. 사령관 요제프 크라머와 수용소 의사였던 프리츠 클라인을 포함한 예닐곱 명의 피고는 아우슈비츠-비르케나우에서도 일했다. 이들은 아우슈비츠-비르케나우에서 저지른 범죄 행위에 대해서도 재판을 받아야 한다는 결정이 내려졌다. 대량 몰살에 적극적인 역할을 한 혐의와, 비정상적으로 과도하게 밀집된 수용소에서 굶주린 수천 명이 티푸스 등 질병으로 죽게 방치한 직무태만 혐의가 추가되었다. 격식을 중시하는 『타임스』도 머리기사 제목을 "단테의 지옥 같은 풍경" "가스실의 목격자" "수백만 명이 살해되다" "여성들도 목매달다" "맞아 죽은 소녀 이야기" 등으로 뽑았다. 크라머('벨젠의 괴물')와 22세 금발 여성 경비대원 이르마 그레제('아름다운 야수' 또는 '아우슈비츠 하이에나')는 나치 가스실에 대한 공포를 이야기할 때마다 등장했고, 모르는 사람이 없었다. 이것으로 사람들이 나치 범죄를 제대로 이해하는 데 도움이 됐는지는 알 수 없다. '야수'와 '괴물' 같은 개인의 도덕적 타락을 강조하다 보면 그런 행동마저도 정상으로 만들었던 범죄 구조 및 체계에 대한 진짜 요점을 잃을 수 있다. 1961년 예루살렘에서 열린 아이히만 재판에 대해 상당히 비판적이었던 한나 아렌트의 보고서가 이 문제에 대해 더 명확한 설명을 제공하고 있다. 이데올로기에 기초한 집단학살이 정부 정책으로 결정되면 친위대 제국 총통에서부터 기차 운영 시간을 담당하는 하급 관료까지 모두가 공모자가 된다. '야수'들은 단지 다른 사람들보다 손에 피를 더 묻혔을 뿐이다.

벨젠 재판도 다른 재판들처럼 가능한 한 빨리 끝나야 했다. 분노에 찬 대중은 가벼운 형벌이 내려지는 것을 원치 않았다. 하지만 영국은 신뢰를 잃은 라발 재판 과정과는 다른, 적절하고 공정한 재판을 한다는 자부심이 있었다. 문제는 법 자체였다. 뤼네부르크의 화려한 19세기 학교 건물에서 열린 영국 군사법정은 전쟁범죄만 기소할 수 있었는데, 전쟁범죄는 "전쟁법과 관습 위반"[43]이라고 정의되어 있었다.

우선 법정이 피고를 재판할 권리가 있는지를 놓고 법률가들 사이에 법적 논쟁이 있은 뒤에야 몇몇 목격자의 충격적인 진술을 들을 수 있었다. 폴란드 루블린 출신의 소피아 리트빈스카는 아우슈비츠와 벨젠 수용소에서 살아남았다. 그녀는 1941년 12월 24일 크리스마스이브에 여성들이 모두 옷이 벗겨진 채 막사에서 쫓겨나와 다음 날 크리스마스 새벽 5시까지 얼어붙는 추위 속에서 맨발로 서 있다가 중장비 트럭에 실려 가스실 앞에 내동댕이쳐졌던 상황을 묘사했다.

폴란드 소스노비에츠 출신으로 나중에 시오니즘 지도자가 된 요제프 로젠사프트와 결혼한 하다사 빔코 박사는 9월 21일 천장에 3000와트 램프가 층지어 있는 증인석에 섰다. 그녀는 아우슈비츠에서 부모와 남동생, 남편, 그리고 6세 아들을 잃었다. 그녀는 병원 잡역부로 일하면서 수용소에서 벌어지는 일들을 가까이서 지켜봤다. 크라머와 클라인이 참여했던 (희생자) 차출, 의학 실험, 그리고 죽음의 수용소 작업부대인 존더코만도Sonderkommando의 유대인 죄수들이 가장 끔찍한 일을 해야 했던 가스실. 이들은 희생자들의 머리카락을 자르고, 시체를 운반하고, 화장장을 운영했다. 빔코의 법정 증언을 『타임스』가 보도한 내용에 따르면, 가스실행이 결정된 죄수들은 "알몸으로 끌려나와 트럭이 화장장으로 그들을 데려갈 때까지 음식과 물도 없이 며칠을 기다렸다." 가스실에서 질식해 죽은 뒤에는 "레일로 오가는 수레에 실려 탈의

실 반대편에 위치한 방으로 옮겨졌다. 존더코만도에서 일하는 죄수들도 죽임을 당하거나 교체되기는 했지만 그래도 살아남아서 일부 기록을 보존할 수 있었다." 수용소에 함께 있었던 그녀와 친구들은 이런 식으로 유대인 400만 명이 사망했다고 추산했다.[44]

빔코의 친구들이 추산한 수치는 과다했다. 하지만 영국 군사법정 이전에는 유대인 학살에 관한 진상이 거의 드러나지 않았다. 변호인단은 목격자들의 증언이 일관성 없고 잘못된 기억이라고 주장했다. 크라머의 변호사인 윈우드 소령은 여전히 흔했던 (유대인에 대한) 편견을 이용해서 벨젠의 수감자들을 "중부 유럽 게토의 쓰레기들"이라고 묘사했다. 나중에 윈우드는 "피고인들의 대변인으로서 행동한 것뿐"[45]이라고 주장하면서 이 발언을 사과했다. 어떻든 목격자들이 증언한 잔혹 행위가 실제로 일어났다는 사실에 대해 의심하는 사람은 없었다. 하지만 여기는 군사법정이었고, 그래서 법률가들 일부는 군사적 관점에서만 이 문제를 다뤘다. 실제로 윈우드 소령은, 피고인들은 "담당 구역이 교도소이고 대대본부의 명령에 따르는 대대사령관"이라고 비유했다. 나치친위대 오프스터프–퓌러Hauptsturm-führer(일부 나치 조직의 준군사적 계급―옮긴이)인 크라머는 명령을 따른 군인일 뿐이라는 것이다. "피수용자들"을 "의도적으로 학대"[46]한 증거는 없다는 것이 변호인의 주장이었다.

영국 런던대 국제법 교수였던 허버트 스미스 대령은 어떤 범죄도 저지르지 않았다는 피고인들의 주장을 옹호했다. 수용소에서 일어난 일은 "전쟁과는 아무런 상관이 없으며", 당시 그 시간, 그 장소에서는 전혀 범죄로 여겨지지 않았다는 것이다. 결국 힘러가 독일 경찰의 수장이었기에 "그런 법적 효력이 있는 명령을 내릴"[47] 권한을 가졌다는 논리였다.

변호인단의 어떤 주장도 크라머와 그레제가 교수대로 직행하는 것을 막을 수는 없었다. 하지만 벨젠 재판을 통해 최소한 두 가지 결론은 얻을 수 있었다. 사람들은 아직 죽음의 수용소와 강제수용소 간의 차이를 완전히 이해하지 못했으며, 가스실이 운영되기도 전에 이미 중부 유럽에서 수많은 살인이 자행됐다는 사실도 모르고 있다는 점이었다. 그러나 나치의 대량 학살이 체계적이었다는 점은 1945년 당시 신문을 읽은 사람이라면 모두 알았을 것이다. 그래서 "의도적인 학대"라는 표현이 너무 두루뭉술하게 느껴질 수밖에 없었다. 스미스 교수가 세세한 것에 집착하면서 또 다른 한 가지가 명확해졌는데, 전쟁범죄에 관한 기존의 법률과 관습이 나치가 자행한 범죄의 성격과 규모를 다루기에는 이미 적절치 않다는 사실이었다. 그리고 이는 벨젠의 '야수들'이 사형선고를 받은 뒤 나흘 만인 11월 20일 뉘른베르크에서 개시된, 최대 규모로 행해진 전범재판의 기초가 되었다.

뉘른베르크 재판, "권태의 성채"

뉘른베르크 재판정에 선 피고인 21명에 대해 공통적으로 말할 수 있는 한 가지는 그들이 야수처럼 보이지 않았다는 것이다. 참관인들도 낡은 양복을 입은, 창백하고 지쳐 보이는 이들이 얼마나 정상으로 보였는지를 언급했다. 요아힘 폰 리벤트로프(나치 외무장관—옮긴이)는 상처받은 명예의 표시로 턱을 올리고 눈은 감고 있었다. 헤르만 괴링(나치 돌격대 대장—옮긴이)은 의자에 털썩 앉은 뒤 히죽거리는 입술 주위의 침을 손수건으로 연신 닦아내고 있었다. 한스 프랑크(나치 폴란드 총독—옮긴이)는 짙은 색 안경 뒤로 눈을 숨기고 있었고, 프리츠 자우켈(나치 노동배치 전권총감—옮긴이)은 마치 오염이 될까봐 두려운 듯이 사람들의 눈길을 피하고 있었다. 율리우스 슈트라이허(나치 신문 『돌격Der Stürmer』 발행인—옮긴이)는 계속 꼼지락거리고 있었으며, 루돌프 헤스(나치 국무장관—

옮긴이)는 두꺼운 눈썹 아래 눈으로 뭔가를 응시하면서 앞뒤로 몸을 흔들고 있었다. 헤스는 다소 이상해 보였는데, 확실히 정신이상이었을 가능성이 있었다.

뉘른베르크 법정에 있던 여느 참관인들과 달리 피고인들이 무엇을 획책했는지 완전히 이해하는 한 명이 있었다. 많은 사람이 그가 누군지 몰랐을 것이며, 법률가, 통역자, 법원 직원, 판사, 헌병, 기자 등 수백 명 중에서도 그의 존재를 알아채기는 어려웠을 것이었다. 그는 독일 공영통신사의 젊은 기자였던 에른스트 미헬이었다. 바이라인 옆에 적힌 104995는 아우슈비츠에서 받은 미헬의 죄수번호였다. 1939년 단지 유대인이라는 이유로 독일 만하임의 집에서 체포되었을 때 그는 학생이었다.

소련 군대가 아우슈비츠 수용소에 도착하기 바로 직전 미헬은 폴란드와 독일 국경지대의 얼음 들판을 행진하면서 부헨발트로 이송되고 있었다. 미군이 부헨발트에 접근해오자 다시 한번 행진을 떠나야 했는데, 당시 그의 몸무게는 80파운드(약 36킬로그램—옮긴이)였다. 그는 숲으로 도망칠 힘이 남아 있었고, 자신이 유대인이라는 사실을 사람들이 발견할지 모른다는 두려움에 수용소 옷을 숨긴 채 소련 점령지역에서 한동안 머물렀다. 긴 여정 끝에 만하임으로 돌아온 미헬은 부모가 이미 살해당했다는 사실을 알게 되었다. 친척들도 모두 사라진 뒤였다. 다행히 고등학교 수준의 영어 실력 덕분에 미국 전범 수사관에게서 통역 일자리를 구할 수 있었다. 그는 뉴욕에서 만난 내게 "독일인들은 항상 유대인을 도왔다고 말하죠. 지옥에나 가라죠! 이런 말을 한 사람들 중 한 명을 아는데, 그는 진짜 나치였어요"라고 말했다.

미헬의 그다음 직업은 뉘른베르크 재판을 취재하는 기자였다. 직업적 경험과 자격이 부족하다고 걱정하는 그에게 내려진 지시는 그저 법정에서 목격한 것을 쓰라는 것이었다. 그래서 아우슈비츠 죄수번호 104995였던 미헬은 부헨발트로 향하는 죽음의 행진에서 달아난 지 6개월 만에 괴링이 서 있는 방에 함께 있게 되었다. 미헬은 60여 년이 지난 뒤 뉴욕에서 "그들의 모든 얼굴을 알고 있었습니다. 저는 자유인이었고, 유일하게 재판에 참석한 생존자였습니다. 그들이 나에 대해 이야기하고 있었어요"라고 회고했다.

다음 글은 미헬이 독일공영통신사Deutsche Allgemeine에 송고한 첫 기사다.

수용소에서의 어려운 시간 속에서도 종종 나는 언젠가는 이 정권에 책임 있는 자들이 법정 앞에 불려 나올 거라는 신념으로 버텼다. 이런 신념은 계속 살아갈 수 있는 힘을 줬다. 그리고 오늘이 바로 그날이다. 오늘, 나와 겨우 몇 발짝 떨어진 곳에는 모든 수용소의 피수용자들에게 파괴의 상징이었던 자들이 앉아 있으며, 지금 그들의 범죄 행위에 대한 재판이 진행되고 있다.[48]

연합국 전범재판소가 많은 결점을 갖고 있었다 해도(확실히 흠결이 있었으며, 뉘른베르크보다 도쿄 재판이 더 그랬다) 미헬의 진술은 그럼에도 왜 재판이 있어야 하는지에 대한 주장을 뒷받침하고 있다. 뉘른베르크 재판의 또 다른 특징은 매우 지루했다는 점이다. 평결까지 마지막 몇 주간 재판을 참관했던 레베카 웨스트는 재판소를 "권태의 성채"라고 묘사했다. 그녀는 "지근거리에 있는 모든 사람이 극도의 지루함에 지쳐 있었다. (…) 거대한 역사에 대한 권태였다. 인류가 만든 이 거대한 기구는 사람들의 의지박약과 죽음에 대한 갈망에도 불구하고 그 생명을 겨우 유지하면서 종말을 향해 달려가고 있었다."[49]

적어도 뉘른베르크 법정은 법률에 대해서는 진지하게 생각하고 있었다. 대중적 분노에 이끌려 급히 진행되는 재판은 아니었다. 모든 과정을 밟았고 그래서 재판이 길어졌다. 지루하다는 의미는 그만큼 충실했다는 징후였다. 그런 점에서 헤이그 국제전범재판소 등은 뉘른베르크 재판을 모델 삼아 창설되었다. 권태가 대중의 보복 계획을 막았다. 이것이 중요한 핵심이다. 1942년 전범 처벌을 위한 연합국 간 위원회가 9명의 망명정부 인사로 구성되어 런던에서 발족했다. 그들이 만난 장소 이름을 딴 세인트 제임스 선언The Declaration of St. James은 '일반 대중이 하는 보복 행위'의 위험성을 염두에 두고 작성되었다. 이를테면 왜 "문명사회의 정의"는 자유정부free government에 "전쟁범죄에 책임이 있거나 유죄인 사람들을 재판소 구성 절차를 거친 조직적인 정의의 방식으로 처벌하라는 것을 주요 목표의 하나로 두라"[50]고 요청하는가 하는 문제다.

뉘른베르크 재판 당시 나치의 유대인 학살에 대한 인식은 아직 미미했을 것이다. 하지만 확실히 그런 인식이 없지는 않았다. 죽음의 수용소에서 가스실이 운영되기 시작하고 불과 몇 달 뒤 1942년 12월에 미국과 유럽 연합국들은 독일 정부를 고발했다. 혐의는 "유럽의 유대인을 말살하려는 야만적인 정책"이었다. 이 사건이 당시 대중에게 반향을 일으키지 못했던 데에는 몇 가지 이유가 있었다. 무슨 일이 일어나고 있는지는 여전히 상상조차 어려웠고, 미국과 영국 정부도 대중에게 정보를 제공하는 것이 유리하다고 생각지 않았다. 미국과 영국 정부는 유대인을 구하기 위해 전쟁을 벌이고 있다는 생각이 퍼져나가는 걸 원치 않았다.[51]

소련은 1942년 유대인 학살에 대한 연합국의 비판에 동조하지 않았고, 전쟁 이후에도 꽤 오랫동안 유대인에 대한 특별한 언급 없이 파시즘 희생자들에 대해서만 이야기했다. 하지만 소련 검사들은 뉘른베르크 재판에서 유대인 학살을 언급했다. 뉘른베르크 재판에 참여한 다섯 명의 검사장 중 한 명인 로만 루덴코는 거짓 선전·선동을 퍼뜨리면서 여론 조작을 시도했다. 루덴코는 1940년 러시아 카틴 숲에서 소련 비밀경찰이 폴란드 장교 2만여 명을 학살했다는 사실을 이미 알고 있었으면서도 독일인들이 한 짓이라며 비난한 것이 대표적이다. 하지만 루덴코는 유대인 학살의 본질에 대해서는 전혀 의심하지 않았다. 에른스트 미헬은 송고한 기사에서 루덴코의 발언을 인용했다. "파시스트 공모자들은 전 세계 유대인 인구의 마지막 한 명까지 멸종시키는 계획을 세웠고, 1933년 이후 멸종을 실행했다. 야수 같은 이런 멸종 계획은 우크라이나, 벨라루스, 발트 해 국가들에서도 자행되었다."[52]

이 말에는 사실 약간의 과장이 있다. 멸종 계획은 1933년이 아니라 1941년에 시작되었다. 루덴코는 아마도 나치의 음모를 강조하기 위해 다소 이른 연도를 언급했을 텐데, 강조점은 유대인이 살해됐다는 게 아니라 소련에 대한 공세적인 전쟁을 개시했다는 데 있었다.

벨젠 재판에서 주목한 것처럼 기존 전범 관련 법률은 전쟁 행위 자체에만 적용할 수 있었기 때문에 1939년 이전의 제3제국 문제나 한 민족에 대한 체계적인 멸종 정책을 다룰 수 있는 새로운 법안이 필요했다. 나치 독일에서 유대인이나 다른 무고한 민간인 학살에 관한 법률이 존재하지 않았다는 점이 변명이나 구실이 되어서는 안 되었다. 또 상부 명령으로 대량 학살에 가담할 수밖에 없었다는 변명도 받아들이면 안 되었다. 1945년 8월 국제군사재판소 런던헌장에는 '반인도주의 범죄'라는 새로운 법적 범주가 만들어졌는데, 이는 전쟁범죄에 대한 개념을 확대했다. 또 다른 참신한 법적 개념은 '반평화 범죄'였는데, 공격적인 전쟁을 계획하고 실행하는 범죄를 다루는 법령이었다. '계획'이 전쟁 '실행'에 앞서 있기에 '모의' '공모'라는 개념이 법적 테두리로 들어온 것이었다. 영미 법에는 범죄를 모의하는 것도 유죄일 수 있다. 이 조항이 나치에게도 적용되었다(나중에는 더 애매한 근거에 입각해 일본군과 일본 정부에도 적용되었다).

이미 범죄가 저질러졌는데 사후에 만든 법률을 근거로 위반했다면서 형을 선고하는 것은 법적으로 문제가 많다. 패전국의 피고인을 승전국에서 재판받게 하는 것도 비판받을 수 있는 대목이다. 전시 일본을 나치 독일의 아시아판으로 판단한 1946년의 도쿄 재판도 왜곡되어 있었다. 우파 민족주의 작가 에른스트 윙거는 악당이 불공정의 희생자가 되면서 발생하는 도덕적 위험을 직시했다. 윙거는 뉘른베르크 재판을 "살인자와 청교도들로 구성된, 도덕적이어야 할 그들 손에는 정육점 칼이 들려 있었다"고 묘사했다.[53]

하지만 소련 볼셰비즘을 증오한 만큼 미국인을 경멸했으며, 낡은 사상을 가진 독일 민족주의자 윙거는 아마 다음과 같이 말했을지도 모르겠다. 아직 손에 핏자국도 안 마른 자나 청교도 판사들이 재판을 맡는다 해도, 그래도 재판을 하는 편이 처칠과 헐, 케넌이 제안했던 것보다는 더 나을 거라고. 연합국 승리자들이 약식 처형을 선택했다면 이는 자신들이 완파한 나치들과 똑같은 도덕적 위험에 빠질 것이었다. 독일인들은 패배의 쓴맛을 가라앉히고 삶이 좀 나아진 뒤에야 뉘른베르크 재판의 장점을 인정했지만, 그래도 이 재판이 독일인 스스로 나치 전범을 재판했다는 점에서 하나의 모델을 제공했다. 일본인들이 이런 전례를 따르지 않은 데에는 많은 이유가 있었다. 도쿄에서는 승자의 정의正義가 한층 더 뻔뻔스러웠으며, 실수가 더 많은 데다 전쟁에 대한 인식도 달랐다. 일본에는 나치도, 홀로코스트도, 히틀러도 없었다.

그렇다면 정의가 실현됐는가? 정의가 실현됐다고 확신할 만큼 숙청과 재판이 충분했는가? 답은 '아니다'이다. 너무 많은 범죄자가 방면됐고, 일부는 이후 직업적으로 화려하게 성공했다. 반면 죄가 훨씬 덜한 사람들이 희생양이 되어 처벌받았다. 사실 완전한 정의 구현은 가장 낙관적인 환경에서도 불가능한, 일종의 유토피아적 이상일 뿐이다. 현실적이면서 정치적인 이유에서 완전한 정의는 실행 불가능하다. 수백만 명을 모두 재판할 수는 없기 때문이다. 유죄를 처벌하는 문제도 다른 이해관계와의 균형에 달려 있다. 단죄에 대한 지나친 열의는 사회 재건을 불가능하게 할 것이다. 그렇다고 최악의 범죄자에게 해명을 요구하지 않으면 사회의 도덕성이 크게 훼손된다. 이 때문에 재판과 숙청 과정은 결점이 있을 수밖에 없는, 일종의 섬세한 보정補正 작업이었다. 전후 독일에서 나치 출신 교사와 의사, 대학교수, 외교관, 기업가, 정치인들과 함께 지낸다는 것은 매우 짜증 나는 일이었을 것이다. 독일과 일본에서만 그런 것이 아니었다. 독일의 점령으로 고통받았던 많은 국가에서도 제3제국과 타협했던 옛 엘리트들은 나치가 떠난 뒤에도 고위직에서 추락하는 일이 거의 없었다.

그런 점에서 기회주의가 아마도 가장 유용한 자질이었을 것이다. 1945년 6월 베를린의 레지스탕스 출신 루트 안드레아스-프리드리히는 또 다른 용감한 레지스탕스 출신의 친구와 이 문제를 논했다. 그녀의 친구 프랑크는 말했다.

퓌러Führer('총통'이라는 뜻으로 히틀러를 말한다―옮긴이)는 죽었다. 네가 살고 싶다면 먹어야 한다. 먹기를 원한다면 잘 먹어야 하고, 그러려면 나치가 아닌 게 낫다. 그래서 그들은 나치가 아니다. 또한 그러므로 그들은 나치가 아니었고, 절대 신성한 적이 없었던 모든 신성한 것에 맹세했다. (…) 인간을 완전하게 만들기 위해서는 비난이나 규탄이 도움이 되지 않는다. 그들이 추락했을 때 일어서도록 도와줘라. 속죄할 수 있는 기회를 줘라. 그 이후에는 더 이상 보복해선 안 된다. 최종적으로 완전히.[54]

나치에 대항해 목숨을 걸었던 남자가 이렇게 말했다는 점에서 이 발언에서는 도덕적 무게가 느껴진다. 죽음의 수용소 인근에 세운 공장에서 노예를 착취하는 기업에 돈을 조달하고 제 스스로 살인 정권에 순응한 은행가들의 그 기회주의 성향은 그들을 또다시 전후 독일 민주주의의 충성스러운 시민으로, 독일 재건의 중요한 인물로 창조해냈다. 불공평하며, 도덕적으로 역겹기까지 하다. 하지만 독일, 일본은 물론 이탈리아도 결국에는 그 대가를 치렀다. 이 3개국은 모두 1970년대에 혁명적인 극단주의자들의 폭력으로 홍역을 치렀다. 극단주의자들은 전후에도 나라가 하나도 변하지 않았으며, 1940년대에 전쟁을 벌였던 자들이 여전히 국가를 운영하면서 파시즘이 다른 형태로 아직 살아 있다고 확신했다. 자신들이 저항해야 할 의무가 있다고 믿었다. 부모 세대가 이미 저항에 한번 실패했다고 믿었기 때문이다.

뉘른베르크 재판의 검사장이었던 (미국 대법원 판사이기도 한) 로버트 잭슨은 혁명적 극단주의와는 거리가 먼 사람이었다. 하지만 뉘른베르크 재판이 유죄를 입증하고 처벌하는 권력 행사 이상이 되어야 한다고 확신했다. 잭슨은 자신이 문명에 대해 이야기하고 있다고 생각했다. 뉘른베르크 재판 이후에는 세계가 더 좋은 세상이 되어야 했다. 잭슨은 모두발언에서 "4개 강대국이 승리에 취한 상태에서도, 상처에 대한 보복을 자제하면서 체포한 적들을 자발적으로 법의 판단에 맡긴 것은 권력이 이성理性에 표한 최대한의 경의"라고 자랑스럽게 강조했다. 그러면서 미래에 관해 이렇게 덧붙였다. "우리가 피고인들에게 내린 판결의 기록이 미래에 역사가 우리를 판단하는 기록이 될 것이라는 사실을 절대 잊어서는 안 된다. 피고인들에게 독이 든 잔을 건네는 것은 우리가 독배를 들이켜는 것과 같다."[55]

잭슨은 이상주의자였다. 잭슨에게 뉘른베르크 재판은 과거의 공포가 절대 되풀이되지 않는, 더 나은 세상을 건설하는 노력의 일환이었다. 잭슨은 재판이 끝난 뒤 영국인 법정변호사였던 피터 칼보코레시와 함께 잘츠부르크로 가서 1939년 이후 처음 열린 음악축제를 참관했다. 잭슨은 「장미의 기사Der Rosenkavalier」(독일 작곡가 슈트라우스의 오페라— 옮긴이)를 관람했고, 엘리자베트 슈바르츠코프라는 젊은 독일 여성 성악가에게서 깊은 감명을 받았다.

하지만 이 위대한 소프라노 성악가에게는 어두운 그림자가 있었다. 그녀는 1940년 나치 당원이 되었고, 동부전선에서 나치친위대 장교들을 위한 음악회를 개최했으며, 나치친위대 장군뿐만 아니라 하下오스트리아(오스트리아 동북부의 주—옮긴이)의 나치당 주지사와 연인관계를 맺고 있었다. 그녀는 이 모든 것을 별 확신 없이 했을 것이다. 그녀는 아마도 기회주의자였을 것이다. 그럼에도 그녀의 명성은 전쟁 이후 곧바로 회복되었다. 슈바르츠코프가 부활하는 데 가장 큰 도움을 준 사람은 그녀와 1953년 결혼한 영국인 음악 기획자 월터 레그였는데, 아이러니하게도 그는 유대인이었다.

YEAR
ZERO

네버 어게인

[자신만만한 희망의 아침]
Bright Confident Morning

뉘른베르크 재판을 취재했던 기자 에른스트 미헬은 1945년 4월 8일, 추위 속에서 때로 죽음으로 나동그라지는, 부헨발트로 향하는 수천 명의 행렬에 끼어 있는 한 명이었다. 소수의 나치친위대 경비대와 함께 남겨진 사람들은 미군이 곧 도착하지 않으면 계속 이런 끔찍한 길을 걸어야 하거나, 그 자리에서 죽임을 당할 거라는 사실을 알았다. 아름다운 에터스베르크 위에 세워진 부헨발트는 최악의 독일 강제수용소 중 하나였다. 나치친위대가 고안한 수많은 고문 중 하나는 양 팔꿈치를 뒤에서 묶은 뒤 나무에 매달아놓는 것이었다. 고통의 탄성 때문에 이 끔찍한 장소에는 '노래하는 숲singing forest'이라는 별명이 붙었는데, 한때 위대한 작가 괴테가, 자연의 아름다움을 응시하며 읊조리는 시구를 받아적은, 젊은 시인과 대화를 나누던 곳이기도 했다.

수용소 내에는 공산주의자들이 이끄는 소규모 지하조직이 있었다. 이 조직은 막사 안에 일부 총기류와 폴란드 기술자가 만든 단파 라디오 송신기를 숨겨놓고 있었다. 4월 8일 긴박한 메시지가 송출됐다. "연합국에게. 패튼 장군에게. 여기는 부헨발트 수용소다. SOS. 도움을 요청한다. 그들(나치를 말한다—옮긴이)이 우리를 분산시키려 한다. 나치친위대는 우리를 멸종시키려 한다." 3분 뒤 답신이 왔다. "KZ Bu(부헨발트 수용소를 말한다—옮긴이). 버텨라. 구조를 서두르고 있다. 미 제3군."[1]

나치친위대 경비대를 공격할 힘이 남아 있는 피수용자는 거의 없었다. 마침내 도착한 미군을 환영할 힘조차 없는 사람들이 대부분이었다. 하지만 일부 수용소 레지스탕스 일원은 제3군이 도착하기를 기다리지 않기로 했다. 구조가 가까워졌다는 사실만으로도 충분히 고무되었다. 그래서 그들은 감시탑을 공격하고 숨겨뒀던 무기로 남아 있는 경비대를 사살했다.

미군이 심각하게 병들어서 죽어가는 사람들을 위한 물과 음식을 준비하는 사이에 공산주의 레지스탕스 지도자들은 이미 미래를 준비하고 있었다. 부헨발트 정문에 독일어로 "당할 만한 이유가 있다Jedem das Seine"(영문 표현은 'To each his own')라고 새겨진 주철 글씨는 즉각 "네버 어게인Never Again"('결코 다시는 없을 것이다'—옮긴이)이라는 푯말로 도배되었다.

'네버 어게인'은 역사상 최악의 고통을 겪었던 사람들이 모두 공유하는 감정이었다. 하지만 많은 사람에게 이는 단순한 감정 이상이었다. 그건 유토피아적 이상이었고, 잿더미에서 다시 더 새롭고 더 나은 세상을 만들 수 있다는 신념이었다. 내 아버지를 비롯한 많은 사람이 평범한 삶이 재개되기를 갈망한 것처럼, 또 다른 사람들은 그런 평범한 삶은 더는 다시 올 수 없다는 것을 알았다. 세계는 단순하게 예전으로 되돌아갈 수 없었다. 막대한 유럽 영토와 아시아의 많은 지역이 파괴되었고, 나치와 파시즘은 몰락했으며 식민 국가를 포함한 상당수 지역에서 과거의 정권은 도덕적으로 파산했다. 이 모든 것이 완전히 새로운 출발이 필요하다는 신념을 강화했다. 1945년은 백지 상태였던 것이다. 역사는 폐기될 것이었고, 어떤 것도 가능했다. 그래서 런던에 망명 중이던 독일 사회민주주의자들은 "독일 0년"이라는 글귀를 만들었다. 로베르토 로셀리니는 폐허가 된 베를린에서의 삶을 영화화하여 이 용어를 제목으로 차용했다.

물론 모든 게 가능한 건 아니었다. 인류 역사에서 백지와 같은 그런 상태는 없다. 역사는 사라질 수 없다. 게다가 대대수 사람이 과거의 공포가 다시 일어나지 않아야 한다고 합의했다 할지라도 어떻게 이를 확실하게 해둘지는 합의가 덜 된 상태였다. 유토피아적 이상, 또는 좀 더 온건한 정치적 변화에 대한 야망도 형태는 매우 다양하다.

우리는 소련과 중국 공산주의자들이 염두에 둔 혁명이 어떤 것인지 알고 있다. 유럽 식민지였던 아시아 민족주의자들이 희망하고 있었던 것 역시 명확했다. 서유럽에서 공산당의 목표는 스탈린이 지정학적 이유로 공산주의를 저지하면서 좀 더 복잡했다. 이 때문에 프랑스와 이탈리아에서 파르티잔들의 엄청난 용기에도 불구하고 공산주의의 힘은 권력의 핵심에 미치지 못했다. 그래도 서유럽에서 주목할 만한 변화가 생겼는데, 전쟁이 끝나기 훨씬 전부터 평화를 기원했던 사회민주주의자들이 주도한 것이다. 가장 급진적인 변화는 피식민 국가에서 일어나지 않았다. 그것은 나치가 천하무적으로 보이던 전쟁의 암흑기에 유럽인들의 유일한 희망이자, 영웅적인 저항정신의 든든한 요새였던 보수적인 섬나라에서 나왔다. 바로 대영제국이었다.

폐허의 '0년': 희망의 조건

전형적인 이민 가정의 딸로 애국심이 넘쳤던 내 영국인 할머니는 1945년 7월 영국인들이 뻔뻔스럽게도 윈스턴 처칠의 보수당에 반대하는 투표를 하자 몹시 분노했다. 당시 선거에서 윈스턴은 실각했고, 노동당수인 '작은 클레미'(클레멘트의 애칭—옮긴이) 클레멘트 애틀리가 압도적 표차로 승리했다. 인도에서 군 복무가 끝나기를 기다리고 있던 할아버지에게 보낸 편지에서 할머니는 "우리 모두가 빚을 진 위대한 인간에게" 영국인들이 보여준 "배은망덕"을 애도했다. 유대인 이민자 가정에서 태어난 할아버지는 할머니보단 덜 분노했는데, 군대에서 다른 시각을 많이 접했기 때문이을 것이다.

7월 선거의 승리자 역시 압도적 표차에 놀라서, 축하행사가 열리기 전에 잠시 침묵할 정도였다. 런던 북부의 호텔에 모여 있던 노조 대표단도 대형 화면에 숫자가 올라가는 것을 조용히 지켜봤다. 최종 결과는 노동당 393석, 보수당 213석이었다. 『맨체스터 가디언Manchester Guardian』(현 『가디언』의 전신—옮긴이)은 기사에서 "선거 결과는 노동당의 승리로 드러났다. 좌파의 천둥이 번개로 바뀌었다. 오늘 유일하게 정지 동작으로 볼 만한 장면이 있다면, 사람들이 처음 결과를 들었을 때 어리둥절하는 모습일 것이다. 애틀리는 차분했고 신중했다. 다소 피곤해 보이기까지 했다"[2]라고 썼다.

실제로는 급진적이었던 계획의 외형은 겸손한 모습이었다. 1년이 지나서야 이 승리에 대한 가장 유명한 발언이 나왔다. 뉘른베르크 검사장 중 한 명이자 노동당 지도자로서는 화려한 모습을 잘 드러내는 하틀리 쇼크로스가 의회에서 "지금은 우리가 주인이며, 앞으로도 상당 기간 그럴 것이다"[3]라고 말한 것이다. 쇼크로스는 이 때문에 평생 비난을 받았지만, 뒤늦은 이 환성이야말로 새로운 정부가 얼마나 오만해 보이지 않도록 노력했는지를 보여주는 대표적 사례였다.

『맨체스터 가디언』은 선거 이후 미국 측 반응도 기사화했다. "미국이 이제 뉴딜주의자들을 제거하고 중도 방향으로 우향우하는 상황에

서 영국이 사회주의로 돌아간다는 것은 이상하다."⁴

해외에서도 흥미로운 반응들이 나왔다. 팔레스타인의 유대인들은 환호성을 질렀다. 노동당이 토리당(영국 보수당을 말한다─옮긴이)보다 더 친유대적이라고 여겼기 때문이다. 그리스 왕당파는 다소 흔들렸고, 궁지에 몰렸던 좌파는 허사로 판명되기는 했지만 변화를 기대하면서 의기양양해졌다. 소련에서는 특별한 언급 없이 노동당 승리 소식만 전했다. 스페인의 프랑코 장군 아래의 파시스트 정부는 외교관계 단절을 예상했다. 인도 벵골 지역의 전 수상이자 무슬림 고위 인사였던 크와자 나지무딘 경은 "영국 유권자들이 전멸의 위험에서 그들을 구한 사람을 이제 더는 필요 없다고 제거한 것처럼 보인다. 게다가 전쟁이 끝나기도 전에 이런 일이 벌어졌다"⁵고 평했다.

어쩌면 당시 한 프랑스 정치인이 강한 민족의 특징은 배은망덕이라고 말했던 것이 사실일지도 모르겠다. 사실 처칠은 여전히 존경받고 있었다. 많은 사람이 처칠 수상이 이끄는 노동당 정부라는 불가능한 이상을 꿈꿨다. 하지만 『맨체스터 가디언』의 정치 담당 기자가 쓴 것처럼 "영국은 토리당 지배로 인한 대가를 치르기보다는 차라리 처칠이 없는 노동당을 선호했다". 토리당은 "단순히 과거 때문에 비난받는 것이 아니다. 시대를 위한 메시지가 없기 때문에 거부당했다. 영국도 다른 (유럽) 대륙처럼 새로운 질서를 만들려고 확실히 애를 쓰고 있다"고 분석했다.

처칠 자신도 다소 멍한 상태였지만, 특유의 유머로 패배를 받아들였다. 집에서 남편과 함께하기를 소망했던 처칠의 부인인 클레먼타인은 이 패배가 "변장한 행운", 즉 불행처럼 보이지만 실은 고마운 결과가 될 수도 있다며 처칠을 위로했다. 이에 처칠은 "현재로선 행운이 꽤 효과적으로 변장한 것 같다"고 응수했다. 처칠은 최소한 일본 패배 전까지는 전시의 국민연합 정부가 유지되기를 원했다. 처칠은 정당정치에 결코 익숙지 않았기 때문에(처칠은 정당을 두 번 옮겼다), 아마도 한 정당으로 구성된 정부보다는 범정파 국민정부의 수반 자리가 더 편했을 것이다. 하지만 일기 작가이자 외교관으로서 역시 선거에서 의석을 잃은 해럴드 니컬슨에 따르면, 처칠은 불평하지 않았다. 처칠은 "차분하면서도 금욕적으로 결과를 받아들였는데, 운명이 드라마 같은 장난을 칠 수 있다는 한 가닥 유머와, 유권자들이 보여준 자립성에 대한 존중도 함께였다".[6]

일부 보수당의 처칠 동료들은 내 할머니보다 노동당을 더 잘 이해하고 있었다. 영국군 내부의 분위기를 감지하고 있었던 게 분명한 해럴드 맥밀런은 회고록에서, 국가 재건이라는 어려운 과제를 앞두고 "영국인들은 건전한 본능에 의거해 좌파 정부의 지배가 훨씬 더 현명한 선택이라고 느낀 것 같다"[7]고 적었다. 맥밀런은 많은 사람이 전쟁 기간에 "전쟁이 끝나면 자동적으로 유토피아가 즉각 따라올 것"이라는 생각에 설득당한 것 같다고도 덧붙였다. 맥밀런의 표현에 따르면, 그들은 영국의 지휘 아래 사회주의 국가가 "평화로운 세계에 유례없는 번영을 가져다줄 것"[8]이라고 생각했다. 순진무구한 이상주의 기운이 감돌고 있었다는 것이다. 하지만 처칠의 영국은 지나갔고, 더 공정한 사회가 올 거라는 관념을 단순한 몽상으로 폄하할 수는 없다. 아마도 상층계급이었을 맥밀런은 상층계급을 위해 가장 힘든 업무를 해왔던 하층계급 사람들이 느낄 법한 분노를 인정하는 것이 내키지 않았을 터이다.

하지만 해럴드 니컬슨은 이 점을 놓치지 않았다. 니컬슨은 예의 실수 없는 어조로 계급적 불만에 대해 5월 27일 일기에 이렇게 적고 있다. 사람들이 "모호하고 혼란스럽기는 하지만 자신들이 겪었던 모든 희생이 '그들'의 잘못이라고 느끼고 있다. (…) 사람들은 완전히 '비논리적인' 사고를 통해 여기서 '그들'은 상류계급이나 보수주의자들을 의미한다고 믿고 있다. 계급의식과 계급적 분노가 매우 강하다"[9]고 지적했다.

그런데 세상이 과거 그대로 돌아가는 것, 즉 계급에 따라 주어지는 특권을 자연스럽게 수용하고, 출신이 낮으면 적절한 교육과 주택, 의료 서비스를 받을 수 없는 그런 '정상正常' 상태로 돌아갈 수 없다고 생각하는 것이 그렇게 '비논리적'인가? 국가가 위기에 처한 시대에는 모두가 힘을 모아야 하고, "런던은 참을 수 있다"는 영국 특유의 '불도그 정신bulldog spirit'을 강조하는 글이 전후에 쏟아졌다. 하지만 동시에 모두 고통을 공유한 상황에서 낡은 사회의 불평등한 질서로는 더 이상 해결이 불가능한 문제들이 있었고, 이는 권리에 대한 새로운 개념을 만들어냈다. 이게 바로 영국판 '네버 어게인'이었다.

미국 비평가 에드먼드 윌슨은 석탄 빛깔의 집들이 길게 줄지어 있는 공업마을에서 열린 노동당 회의에 참석했다. 윌슨은 당 의장이자 마르크스주의 학자였던 해럴드 래스키가 날씨 우중충한 오후에 낡은 군복이나 헐렁한 '복원복'(제2차 세계대전이 끝난 후 제대 군인에게 지급한 옷—옮긴이)을 입은 청중에게 연설하는 것을 지켜봤다. 청중은 무서우리만큼 래스키의 연설에 집중하고 있었다. 래스키는 윈스턴 처칠이 "실질적인 건설 조치 몇 가지를 시행했고, 전통적인 영국의 편에 있다"고 상기시켰다. 하지만 여기서 "전통적인 영국"은 인구 1퍼센트가 전체 부의 50퍼센트를 소유하고, 군 장교의 1퍼센트만이 노동계급 출신인 영국이라는 점을 알아야 한다고 강조했다.

윌슨은 래스키가 사회주의 정부의 장점을 이야기하는 것을 듣고 있었는데, 이때 한 노파(실제 나이보다 더 들어 보일 수 있다)가 매우 굶주린 표정으로 연설자를 노려보고 있는 것을 래스키도 눈치챘다는 사실을 알았다. 이 노파는 평화로운 시대의 빈곤과는 다른, "단순하고 절박한 식욕만" 남아 있는 "동물처럼 배고파 죽을 지경이라는 눈빛을 가진 특별한 종족"에 속한 듯한 창백하고 수척한 유럽인들과 닮아 있었다. "이 여성과 그녀의 동료들 앞에서 지식인인 체하는, 안경 쓴" 래스키는 "모두 현실화되지 않을 약속을 해대면서 정치적 위선을 피력하고 있었다". 래스키는 "가늘게 뜬 눈으로 목을 길게 빼고는 자신을 바라보는 잿빛 얼굴의 여성 쪽으로 몸을 돌린 채 긴장 속에서 자석처럼 그 자리에 달라붙어 있었다."[10]

윌슨은 그리스에서 영국군 인사들과 자리를 함께할 기회가 있었다. 윌슨은 일반 병사들이 직속 장교가 아닌 처칠에게 이상한 반감을 갖고 있다는 사실을 알게 되었다. 한 군인은 "처칠이 즐기는 시가에 매우 강한 반감을 보였다". 영국 군인들은 미군이 장교들에게 얼마나 잘 대우받는지를 알고 있었다. 특히 윌슨은 그리스 델포이에서 "처칠 정부와 관련해 영국군 장교와 일반 사병 간에는 완벽한 계급 차이가 있다"는 점을 감지했다. 그는 "영국군 사병들은 모두 노동당에 투표했고, 장교는 오직 한 명만이 노동당에 투표했다"고 썼다.[11]

윌슨의 관찰과 목격이 틀렸다고 증명하기는 어렵지만, 이 관찰에도 윌슨의 기본적인 생각이 투영되어 있다. 에드먼드 윌슨은 영국인들이 미국인이나 더 낮은 계급의 인사를 대할 때 내보이는 미묘한 우월의식에 다소 예민하게 반응하는 편이었다. 사실 영국 사회의 변화를 계급적인 복지, 후생의 문제로만 완전히 설명할 순 없다. 윌슨은 단지 일부만 이야기하고 있을 뿐이었다. 1945년 군 선임 정보장교였고 나중에 케임브리지 킹스칼리지 학장이 된 노엘 애넌은 강한 지적 호기심을 가졌다는 점을 제외하면, 거의 모든 면에서 전형적인 영국인 상층 부르주아였다. 애넌은 1945년 노동당에 투표한 몇 안 되는 장교 중 한 명이었다.

애넌은 회고록에 그 이유를 밝혔다. 처칠을 숭배하지 않아서가 아니었다. 단지 "처칠이 전후 국가에 무엇이 필요한지를 제대로 이해하고 있는지가 의심스러웠기 때문"[12]이었다.

전쟁 후 사람들의 사회적, 정치적 태도가 바뀐 이유는 계급의식 외에 교육도 있었다. 전시 영국 정부는 문화 분야 개선에 많은 노력을 쏟았다. 음악예술장려위원회Council for the Encouragement of Music는 공장과 교회, 대피소 등지에서 클래식 음악 콘서트와 공연을 개최했다. 해외 주둔 군인들의 지적 수준을 고양하기 위한 토론, 교육 프로그램도 발족했다. 많은 군인이 주둔하고 있던 이집트 카이로에서는 1943년 좌파 성향의 군인들이 정치를 논하는 모의 의회를 조직했다. 한 공군 병사는 "평화를 동경하면서 살아가는 것 같았다"[13]고 표현했다.

보수주의자들은 이런 조치들을 충격적으로 받아들였다. 펜린, 팰머스 지역구 국회의원은 처칠의 정무차관에게 편지를 보냈다. "군대 강의 및 교육 운영 방식에 갈수록 의구심이 듭니다. (…) 제발 뭔가 조치를 취하세요. 그렇지 않으면 모든 군인이 여성적으로 변해서 귀국할 겁니다."[14]

이튼칼리지 출신으로, 친프랑스 취향의 탐미주의자 시릴 코널리는 1940년 유럽의 빛이 사그라져도 예술과 문화의 불꽃은 계속 타올라야 한다면서 문학잡지 『지평선Horizon』을 발간했다. 군인과 선원들은 대폭 할인가로 정기 구독할 수 있었다. 코널리는 지금은 문화가 고결한 자리에서 내려와 대중에게 다가가야 하는 시대라고 굳게 믿었다. 생각보다 많은 군인이 잡지를 구독했다. 1945년 6월 코널리는 왜 자신이 노동당에 투표했는지 설명하는 기사를 실었다. 노동당 정치인들이 토리당보다 더 예술을 지지하기 때문이 아니었다. 그 반대가 사실에 더 가깝다. 하지만 코널리는 모든 인간은 문명사회의 삶을 살 자격이 있기 때문에 노동당에 투표했다. "영국을 행복한 나라로 만들기 위해서는 사회주의만이 제공할 수 있는 부분이 있다고 믿는다."[15]

전시 영국에서 제작된 가장 흥미로운 영화는, 어쩌면 다른 시대에도 흥미로울 수 있는데, 보수적인 영국 천재 마이클 파월과 헝가리 태생의 유대인이자 영국 예찬자인 에머릭 프레스버거가 감독한 「캔터베리 이야기A Canterbury Tale」였다. 1944년 처음 개봉했을 때 내용이 너무 이상해서 별다른 인기를 얻지 못했지만, 영화는 당대의 정신적, 정치적 갈망에 대해 많은 것을 이야기하고 있다. 영국군과 미국군이 시골 켄트에서 우연히 젊은 영국 여성을 함께 만나게 되었다. 런던의 가게 점원 출신인 여성에게 어느 날 밤 '글루 맨glue man'이라는 괴이한 남자가 위협적으로 다가온다. 글루 맨은 여성의 머리에 몰래 아교풀을 붓고 달아나는 버릇을 가지고 있었다. 글루 맨의 복면을 벗기기까지는 오랜 시간이 걸리지 않았는데, 그는 매우 교양 있는 지역 유지였고 지역 치안판사였다. 그의 목적은 젊은 여성들이 군인들과 데이트하는 것을 막고, 대신에 영광스러운 영국 역사와 시골의 아름다움에 빠져들게 하는 것이었다. 주인공 네 명은 캔터베리에서 여정을 마친다. 일종의 현대판 순례로서 마지막에는 각자 개인적 축복을 받게 된다.

글루 맨을 정신이 이상한 변태로만 볼 수 있는가? 기이한 방식이라는 데에는 의문의 여지가 없지만, 그 역시 이상주의적이면서도 거의 성인聖人에 가까운 인물이었다. 자신만의 독특한 방식으로 왜 영국을 위해 싸울 가치가 있는지를 명확하게 설명하려고 노력했다. 영화는 영국, 특히 시골에서 팽배했던 강렬한 애국주의와 낭만주의에 대한 생각을 잘 보여주고 있다. 토리 버전의 '피와 땅'(나치의 인종주의에 기초한 이데올로기의 상징적 표현—옮긴이)인 셈인데, 영화가 전통적인 계급 간의 장애물을 해체한다는 점을 제외하면 그렇다. 영화 속 젊은 여성이 자신은 그저 가게 점원인데 약혼자는 좋은 집안 출신이라서 집안의 반대가 심하다고 글루 맨에게 말하자, 글루 맨은 '새로운 영국'에서는 그런 범주가 더 이상 의미 없다고 답한다. 이 부분이 영화에서 가장 형이상학적인 지점이다. 이 같은 영적 감정의 근원은 목가적인 시골 풍경이다. 젊은 여성이 "마치 지진 같네요"라고 말하자, 글루 맨은 "우리는 지진 한가운데에 존재해요"라고 답한다. 글루 맨에게 이 지진은 단순한 사회적, 정치적 의미 이상이었다. 영국의 푸른 들판에서 예수가 동방박사 세 명의 인사를 받는 것과 같은 종교 의식이었다.

클레멘트 애틀리 산하의 사회주의는 파월과 프레스버거의 토리식 낭만주의와는 꽤 동떨어져 있었다. 조용한 성격에 파이프 담배를 태우는, 변호사의 아들인 애틀리는 전혀 낭만적인 인사가 아니었다. 하지만 애틀리의 정치적 견해는 성향과 달리 「캔터베리 이야기」와 크게 동떨어져 있지 않았다. 영국 사회주의에는 강한 기독교 전통이 깊숙이 배어 있었다. 이 전통은 예술, 공예 및 자연 그대로 오염되지 않은 영국 시골이라는 관념과 심미적으로 이어져 있으며, 빅토리아 시대에 발달한 전통이 깊이 스며들어 있었다. "어둡고 악마 같은 방앗간"이 있는 "영국의 푸르고 쾌적한 땅"에 바치는 윌리엄 블레이크의 찬가 「예루살렘」은 예수 그리스도가 영국을 낙원으로 바꿔놓았다는, 독실한 믿음과 애국주의가 뒤섞인 표현이다. 블레이크는 반체제 인사였다. 블레이크의 찬가는 종종 노동계급이 압제자에게 반대하면서 행진할 때 울려 퍼졌다. 사회주의 영국은 새로운 예루살렘으로 간주되었다. 태양 빛으로 얼룩진 켄트의 들판과 캔터베리 대성당에서 끝나는 파월과 프레스버거의 영화가 보여주는 정신은 블레이크 작품에서도 유사하게 드러나고 있다.

7월 선거가 가까워지자 처칠과 애틀리는 영국의 미래에 관해 전혀 다른 전망을 내놓았다. 처칠은 먼저 노동당이 "영국식 자유 사고가 혐오하는" 외국의 관념에 사로잡혀 있다고 비난했다. 처칠은 "(유럽) 대륙의 인간사회에 관한 관념인 사회주의, 또는 좀 더 폭력적인 형태인 공산주의"는 필연적으로 경찰국가로 나아가게 될 것이라고 엄포를 놓았다. 사회주의 정부는 "게슈타포식 정부 형태로 후퇴하게 될 것"이라고 경고했다. 그리고 사회주의는 결코 "여기, 오래된 전통의 영국에서, 대영제국에서, 영광스러운 섬나라에서 (…) 자유민주주의의 요람이자 요새에서는" 작동하지 않을 것이라고 주장했다. 처칠은 전시에 행했던 최고의 명연설처럼 열렬한 어조로 영국인들은 "엄격하게 대오를 맞추는 획일화를 좋아하지 않는다"[16]고 말했다.

처칠은 통제와 획일화는 국가적 위기의 시대에나 유용하며, "우리 모두가 국가를 구하기 위해 질서정연한 통제에 복종했다"고 말했다. 하지만 전쟁이 끝난 뒤에 자랑스러운 영국인들은 스스로에게 가했던 족쇄와 부담을 벗어던지고, "전쟁의 어두운 동굴에서 벗어나 태양이 빛나고 모두가 따뜻한 햇볕 속에서 즐겁게 노닐 수 있는, 미풍이 따사롭게 부는 들판으로 나아갈 것"이라고 말했다.

이게 바로 푸르고 쾌적한 땅을 즐겨야 한다는 처칠식 자유방임주의의 개념이었다. 하지만 이 시도는 불발에 그쳤다. 평화가 목전에 있는 바로 그때, 처칠은 대중의 정서를 포착할 수 있는 감이 없었다. 『맨체스터 가디언』에 따르면 해외의 영국군들은 "매우 당황했다". "국가 지도자였던 처칠이 갑자기 '노동당은 게슈타포'라고 비난하는 인사로 변신한 것에 많은 사람이 당황했다."[17]

처칠의 공격을 받은 애틀리는 처칠이 이상한 외국인의 생각을 가져왔다고 역공했다. 처칠이 아이디어를 얻은 사람은 1930년대 조국을 떠난 빈 출신의 경제학자 프리드리히 하이에크였는데, 그는 중앙 계획경제는 어리석은 짓이라며 유럽의 전체주의를 비판했던 인사다. 처칠은 하이에크의 독창적 저서인 『노예의 길The Road to Serfdom』을 읽고 있었다. 애틀리는 라디오 방송에서 "오스트리아 교수의 학술적 관점을 다시 이야기하고 있는, 이런 단순한 이론에 불과한 것을 언급하는 데 내 시간을 허비하지 않겠다"고 말했다.

처칠이 전시의 계획 및 통제 폐지가 햇살이 따스한 영국의 들판으로 향하는 가장 빠른 길이라고 본 반면, 애틀리는 새로운 예루살렘 건설을 위해서는 계획, 통제를 확대해야 한다고 믿었다. 사익私益을 부풀리려는 개인들의 손에 공동선共同善을 맡겨둬서는 안 된다. 실제로 애틀리는 "전쟁은 극소수의 예외를 제외하면 우리 모두의 노력으로 승리했다. 우리는 국가에 가장 우선순위를 두었고, 개인이나 특정 집단의 이해는 뒤로 밀쳐두었다. (…) 왜 우리가 평화의 시대에 음식이나 의류, 주택, 교육, 여가활동, 사회보장, 완전고용 등의 목표를 달성하는 데 있어 사리사욕이 먼저라고 상정해야 하는가?"[18]라고 반문했다.

애틀리도 당시 많은 유럽인처럼 정부 계획을 신뢰했다. 이들 계획은 전쟁으로 야기된 필연적 상황을 기회주의적으로 이용하고 개발하는 것 이상의 의미였다. 1930년대에 상당한 정치적 격변을 촉발했던 자유주의 경제에 대한 불신과 경기 불황에 대한 비판, 이에 따른 높은 실업률은 좌우파 정권을 막론하고 지속되었다. 히틀러의 첫 번째 경제장관이었던 햘마르 샤흐트는 애틀리만큼이나 정부 주도 경제에 믿음을 보인 계획가였다. 동아시아에서는 사회민주주의자라기보다 민족주의적 사회주의자에 가까웠던 일본의 '개혁 관료'들이 그랬는데, 이들은 서구식 자본주의를 지워내기 위해 제국 군대에 협력했다. 완벽한 사회를 계획한다는 생각은 20세기의 거대 신념이었다.

영국을 변모시키는 계획은 전쟁 초기에 이미 개발되고 있었다. 1942년 발간된 베버리지 보고서는 국가보건 서비스와 함께 완전고용을 요구하는 사회보험 및 관련 서비스에 관한 내용을 담고 있었다. 전 국민을 위한 중등교육 체계를 마련한 보고서는 1943년에 발간되었다. 1944년에는 사회보장 시스템, 1945년에는 주택정책에 관한 문건이 잇따라 발표되었다. 하지만 영국인들은 이 모든 계획을 제대로 실행할 수 있는 압도적 지지를 1945년 7월에서야 확인했는데, 그때는 영국과 유럽의 대부분 지역이 사실상 파산하고 폐허가 된 뒤였다. 하지만 바로 이런 상황이 모든 것을 다시 시작할 수 있다는 꿈을 실행할 완벽한 조건이었다.

보수주의자 드골의 타협

프랑스에서 새로운 예루살렘을 의미하는 단어는 진보주의였다. 레지스탕스 출신들은 영국 사회주의자들처럼 애국적 정서가 상당히 강했던 좌파적 이상에 고무되었다. 공산주의자들과 사회민주주의자들뿐 아니라 상당수의 드골주의자들도 다정한 프랑스Douce France에 대한 사랑만으로 비시 정부와 독일인에 대항해 싸운 것은 아니었다. 그들은 생명을 바칠 만한 정치적 이상을 가지고 있었고, 가능하면 레지스탕스 출신들이 전후에 그 이상을 실현하기를 바랐다. 좌파가 지배적이었던 레지스탕스 국민회의는 일종의 예비 정부였다.

게슈타포의 고문은 물론 부헨발트 수용소에서도 살아남은 젊은 유대인 레지스탕스였던 스테판 에셀은 60년 뒤에 당시를 이렇게 기억했다. "끔찍한 드라마가 끝난 1945년 레지스탕스 국민회의 구성원들은 야심 찬 부활을 위해 혼신을 다했다." 국민회의는 애틀리가 했던 말과 똑같이 "개인적 이해가 공동선에 복속되는 합리적인 경제 조직"을 제안했다. 새로운 계획에는 보편적인 사회보험이 들어가야 할 것이다. 석탄과 가스, 대형 은행, 전기는 국유화되어야 한다. 에셀은 이 모든 것을 "독재에서 공동선을 해방시키기 위해 파시스트 국가의 형상을 창조해 냈다"[19]고 회고했다.

에셀은 공산주의자가 아니었다. 그는 런던에서 드골 군대에 입대하고 1944년 3월에는 독일이 점령했던 프랑스에 낙하산을 타고 들어갔다. 매우 용감한 행동이었고, 신분 위조문서를 갖고 있었다고 해도 유대인 으로서는 극히 위험한 일이었다(실제 에셀은 배신을 당해 7월에 체포됐다). 하지만 에셀의 정치적 견해는 왼쪽에 더 가까웠다. 드골도 영국의 처칠 처럼 프랑스 좌파로부터 위대한 인물이라는 점에서 의심을 받지 않았 지만, 동시에 진보에 방해되는 반동적 인사로도 여겨지고 있었다. 좌파 레지스탕스 조직의 일원이었던 마르그리트 뒤라스는 드골을 "정의하자 면 우파 지도자"라고 묘사했다. 그녀는 드골에 대해 말하길 "권력을 위해 민중의 고혈을 짜내고 싶어한다. 민중이 약하면서도 독실하기를 바라며, 부르주아 같은 드골주의자가 되기를 바라며, 실질적인 부르주 아가 되기를 원한다"고 적었다.[20]

이는 1945년 4월에 쓴 글이다. 이런 느낌은 북아프리카와 인도차이 나의 식민전쟁 상황이 암울해지면서 더 강해졌다. 하지만 드골은 의심 할 여지 없는 보수주의자로 레지스탕스 출신들이 정치적 권력을 잡는 것을 막아야 한다고 생각했지만, 진보주의와 타협해야 한다는 사실도 잘 알고 있었다. 1945년 드골 정부는 르노 자동차 공장과 대형 은행 다 섯 곳을 국유화했으며, 석탄과 가스, 대중교통도 국유화했다. 같은 해 12월 코냑 출신으로 전시 대부분을 워싱턴 D.C.에서 보낸 장 모네가 프랑스 경제 현대화 계획을 제출한 것도 드골 정부 때였다. 산업과 광 업, 금융업을 정부가 책임지는 모네의 계획은 전형적인 계획경제 모델 이었다. 계획경제가 더 나은 공정성을 약속한다고 믿었고, 또한 더 이상 유럽에서 재앙 같은 전쟁이 일어나지 않도록 예방할 수 있는 더 나은 미래를 향한 길이었다.

전 유럽에서 이런 계획을 중시하는 정책이 시행되었다. 스페인의 파시스트 감옥에서 탈출한 유대인이자 한때 공산주의자였던 아서 케스틀러는 이 계획에 상당한 의구심을 표하면서 "관리 중심의 슈퍼 국가 시대라면, 지식인 계급이 공공 분야에서 특별한 역할을 담당하게 될 것이다"[21]라고 적었다. 레지스탕스 조직은 희망했던 정치 권력 획득에는 실패했지만, 좌파가 꿈꿨던 이상의 상당수가 실제로 실행되었다. 네덜란드와 벨기에에서는 사회민주주의 정부가 들어섰다. 시칠리아와 루마니아, 체코슬로바키아, 헝가리, 폴란드에서는 동프로이센과 주데텐란트에서 독일인을 쫓아내는 방식으로 토지개혁이 시행됐고, 그 결과 농부 수백만 명이 자작농이 되었다. 나중에 허사로 판명 났지만 독일의 소련 지구에서는 사회민주주의자들이 공산주의자들과 제휴하고자 노력하고 있었다.

이 모든 현상의 기저에는 강력한 범유럽적 요소가 있었다. 새로운 예루살렘이라는 아이디어는 한 국가보다는 전체 유럽의 생각이었다. 나중에 노동당 정부에서 주요 내각 장관이 된 데니스 힐리 소령은 영국군과 함께 시칠리아와 안치오에 착륙했다. 동료 군인들이 좌익에 쏠려 있었던 것은 "레지스탕스 운동과의 접촉, 그리고 혁명이 전 유럽을 휩쓸 것 같은 느낌 때문"[22]이었다고 힐리는 설명하고 있다. 힐리는 공산주의자였다가 1939년 몰로토프–리벤트로프 조약Molotov–Ribbentrop Pact으로 알려져 있는 나치–소련 불가침 조약 이후 공산당과 결별했다. 하지만 과거에 공산주의자였다는 점에서 여전히 공산주의자적 심장의 일부 조각이 살아 있었는데, 힐리가 1945년 노동당 회의에서 유럽의 사회주의 혁명을 지원해야 한다고 말한 것이 그 증거다. 그는 "대륙의 우리 동지들이 극단주의자로 변해가고 있다는 사실을 인지한 상황에서 노동당이 너무 경건한 척하거나 독단적이어서는 안 된다"[23]고 주장했다.

시릴 코널리의 사적인 정치적 견해나 프랑스 및 유럽 문화에 대한 애정은 통합된 유럽만이 또 다른 자멸적인 충돌을 방지할 수 있다는 결론으로 이어졌다. 코널리는 1944년 12월 『지평선』에 "모든 유럽 전쟁은 유럽이 패배한 전쟁이었고, 유럽이 패배한 전쟁은 영국이 패배한 전쟁이었으며, 영국이 패배한 전쟁은 세계를 더 가난하게 만들었다"고 적었다. 코널리에게 '네버 어게인'은 "유럽연방(명목상의 연방이 아닌, 여권이 필요 없는 유럽)은 모든 사람이 원하는 곳에 자유롭게 갈 수 있는 문화적 독립체"를 의미했으며, "만약 유럽이 국제적 지역주의를 위해 개별 국가의 경제 문제를 일정 정도 포기하지 않는다면 유럽은 그리스 도시국가가 침략자의 군화에 짓밟히면서 서로 증오와 불신 속에서 불에 타들어간 것처럼 멸망하게 될 것이다"라고 경고했다.

코널리를 단지 유럽 지향적인 괴짜라고 치부할 수 없는 것은, 많은 사람이 코널리의 견해를 공유했다는 데 있다. 처칠도 포함되어 있었다. 다만 처칠이 영국 또한 새로운 통합 유럽의 일부가 되기를 원했는지는 명확하지 않다. 아마 원하지 않았을 것이다. 전쟁이 끝나고 1년 뒤 취리히 연설에서 처칠은 "유럽 합중국United States of Europe"을 향한 열정을 표명했다. 하지만 처칠에게 통합 유럽은 "영국 및 영연방 국가들Commonwealth"과 그 "우방국 및 지원국들"[24]로 구성되어 있었다. 좌파의 역할에 대해서도 논쟁이 많았다. 코널리는 유럽연방은 좌파만이 시행할 수 있으며, 이 좌파는 "매우 강하면서도 제3차 세계대전을 막을 수 있는 결의를 가진 유럽민중전선"이라고 믿었다. 소련도 유사한 아이디어를 선전했는데, 독일에서 특히 그랬다. 소련은 독일이 공산주의 주도하에 통일될 거라고 판단하고 있었다. 해럴드 니컬슨은 런던의 프랑스 대사관에서 점심을 먹은 뒤 공산주의 선전·선동의 위험성을 일기에 적었다. "선전·선동과 싸우기 위해서는 우리도 대안적인 아이디어를 내놓아야 한다. 유일하게 가능한 대안은 연방제 유럽 안에서의 연방 독일이다."[25]

유럽의 미래에 대한 또 다른 주장은 매우 애국주의적인 견해로, 국가의 위대함은 통합된 유럽에서만 되찾을 수 있다는 관념이었다. 이는 상당수 비시 정권 출신 기술 관료들이 권력을 잡고 있던 프랑스에서 가장 두드러졌다. 주요 인사는 장 모네였는데, 모네의 통합에 대한 꿈은 프랑스 국경을 초월하고 있었다. 자서전에 기록된 모네의 인생은 다양성을 극복하고 통합을 구축하는 "특별한 순간"을 붙잡겠다는 부단한 시도였다. 독일이 프랑스 전역에서 날뛰던 1940년 5월이 그런 순간이었다. 그 1년 전에는 네빌 체임벌린(1937~1940년 영국 총리를 지냈다―옮긴이)이 영불 연합에 관심을 갖게 만들려고 노력했다. 1940년 처칠은 이 발상에 찬성할 생각이었지만 영불 연합은 당시 프랑스 측의 의심으로 좌초되었다.

특히 계획국가라는 착상은 모네의 프랑스에 대한 애국적 헌신이었다. 모네는 드골에게 계획국가만이 위대한 프랑스로 복귀하는 유일한 길이라고 말했다. 이 목적을 달성하기 위해서는 프랑스 전 국민의 단합을 활용하는 것이 필수적이었다. 1945년은 "해방에 따른 애국심이 여전히 남아 있고, 아직 대형 사업에서 이를 보여줄 수 있는 길이 없었기 때문에 그런 집단적 노력"[26]을 활용할 수 있는 완벽한 순간이었다. 첫 번째 대형 사업은 경제를 국유화하고, 독일 석탄을 프랑스 공장으로 직송하는 방법으로 프랑스를 현대화하는 것이었다. 다음 프로젝트는 유럽 석탄·철강 공동체, 이후에는 유럽 경제 공동체였다. 그리고 꿈의 종착지는 완전한 통합 유럽이었다.

드골은 모네에게 애정을 가지고 있었고, 이 유럽인 몽상가를 '미국인'이라고 부르기를 좋아했다. 실제로 모네는 파리만큼이나 워싱턴과 런던도 고향처럼 편안하게 느끼는 보기 드문 프랑스인이었다. 모네의 통합 강박에는 유럽적인 무언가가, 특히 로마가톨릭교도에서 찾아볼 수 있는 희미한 무언가가 있었다. 또한 자유민주주의와는 완전히 궤를 같이할 수 없는 무언가가 있었다. 이 유럽의 꿈European dream에는 신성 로마의 향기가 배어 있었다. 태생적으로 경쟁적일 수밖에 없는 정당정치와 정부 관료가 통제할 수 없는 자유시장 경제에 대해 모네는 불편함을 느꼈다. 좌우파 문제에 앞서 있는 기술 관료가 갖는 신념이었다. 좌파나 우파는 기술 관료적 이상향으로 보면 그다지 의미 있는 부류가 아니었다. 기술 관료적 이상향은 선량한 권위주의 정부에서 사회 정의가 더 효율적으로 집행될 수 있다는 믿음에 더 가까웠다. 1945년 좌파들이 주장했던 계획국가가 영국에는 맞지 않는다고 본 처칠의 생각이 완전히 틀린 것은 아니었다.

유럽 기술 관료들과 독일 계획가들의 협력

제3제국을 위해 일한 독일 기술 관료들도 탁월한 계획가들이었다. 제2차 세계대전과 관련해 대중에게 잘 알려지지 않은 이야기 중 하나는 나치 점령하의 독일 계획가들과 유럽 기술 관료들 간의 협력이었다. 건축가와 도시계획가, 댐과 고속도로 건설자들은 나치가 새로운 유럽 질서하에서 서로 마음이 맞는 동료 기술자라는 사실을 발견했다. 그들에게 파괴는 때로 기회를 잡을 수 있는 '특별한 순간'이었다.

로테르담은 시내 중심이 폭탄으로 파괴된 첫 번째 서유럽 도시였다. 1939년 9월 로테르담은 앞선 8개월간 폭격을 받은 바르샤바만큼 막대한 피해를 입진 않았지만 도심의 상당 부분이 파괴되었다. 로테르담 재건 계획이 즉각 세워졌다. 민주적 절차나 사적 이해에 방해받지 않고 잔해가 제거되었으며, 개인 재산을 수용한 다음 합리적인 청사진에 기초해 도시가 재건되었다. 이런 계획을 수행한 사람들이 나치는 아니었다. 사실 대부분은 독일 점령자들에게 결코 동조적이지 않았지만, 매우 실용적인 일부 인사는 논쟁으로 결정이 지연되는 식의 자유민주주의가 야기하는 혼란에 싫증을 냈다. 장 모네처럼 그들은 강력한 리더십 아래 행동을 통합하길 원했다. 이런 점에서 나치 정부는 그들이 오랫동안 원했던 정책을 펼칠 기회를 제공했다.

네덜란드 기술 관료들에겐 필수적이지 않았다 해도 독일인들에게는 아주 중요한 범유럽적 관점이 있었다. 로테르담은 게르만족이 거주하는 광대한 지역의 중심지 중 하나였다. 독일 점령자들의 인종주의적 용어로 표현하면 "네덜란드는 유럽 레벤스라움의 일부를 형성하고 있다. 게르만족의 일원으로서 네덜란드인들은 이런 천부적인 유대관계의 운명을 따를 것이다."[27] 새로운 질서에서는 전쟁 전의 '금권주의적' 자유시장 경제를 위한 공간은 없을 것이었다. 네덜란드를 포함해 모든 경제는 유럽의 계획경제Kontinentalwirtschaft에 순응해야 할 것이었다. 나치 지도자들의 사적 이해관계를 제외하고, 집단이익이 모든 사적 이익보다 앞서야 한다는 것이었다.

게르만족에 관한 이야기는 1940년 로테르담 재건을 책임진 기술자 J. A. 링거 박사 같은 사람에게는 아무런 호소력도 없었다. 사실 링거 박사는 나중에 네덜란드 레지스탕스를 도운 혐의로 체포되었다. 하지만 그는 계획도시가 앞으로 나아가는 올바른 방향이라고 확신했다. 전쟁 초기 몇 년간 독일인들은 링거와 다른 네덜란드 기술 관료들이 훌륭한 전문 지식과 기술을 공유하는 것을 반겼다. 하지만 이것이 독일인들의 계획에 항상 동의했다는 것을 의미하지는 않았다. 네덜란드인들은 로테르담을 기념비적인 파시스트 양식으로 재건하려는 독일인들의 계획에 대해선 조금도 의도한 바가 없었다. 게다가 독일인들은 로테르담의 현대화가 독일의 함부르크나 브레멘 같은 항구도시를 희생시키면서까지 실현되는 걸 절대 허용하지 않았다. 그리고 1943년 링거가 체포되면서 재건 계획은 중지되었다. 하지만 링거는 독일 수용소에서 끔찍한 시간을 보내고도 살아남았다. 그리고 전쟁이 끝나자마자 네덜란드 재건 업무를 담당하는 공공사업부 장관에 임명되었다. 링거는 네덜란드식의 새로운 예루살렘을 건설하는 주요 기술자 중 한 명이었는데, 그의 청사진은 카를 마르크스와 전쟁 전 사회주의 계획에 일부 빚지고 있다. 하지만 사람들이 생각하는 것보다는 나치 점령기의 유산에 기대고 있는 것은 극히 일부다.

기시 노부스케와 괴뢰 국가 '만주국'

가장 원대한 계획의 설계자는 일본이었다. 1930년대와 1940년대 초 일본이 만주 지역에 세운 괴뢰 국가인 만주국은 세상에서 가장 완벽하게 계획된 국가로, 일본의 범아시아주의에 있어 '꿈의 궁전' 같은 곳이었다. 일본이 표면상으로는 서구 제국주의로부터 아시아를 해방시켰기 때문에 만주국은 공식적으로 식민지라고 불리지는 않았다. 또 일본 제국이 서구식 자유시장 자본주의를 '이기적'이라고 강력히 반대했기 때문에 만주국은 의사擬似 독립 국가 형태를 띠었고, 공식적으로는 집단적 사회 정의와 평등주의의 모델이었다. 하지만 사실 만주국은 그 무엇도 아니었다. 일본이 건설한 광산과 공장은 중국인 노예노동에 의존하고 있었고, 일본 관동군 지배 아래서 중국인과 한국인들의 삶은 참혹했다. 경제 역시 군사정부가 엄격하게 통제했고, 친정부 일본 기업과 은행들이 정부 지원을 받는 구조였다.

1932년 일본이 세운 만주국의 수도는 일본인들에게는 '신징新京' 또는 '신新수도'로 알려진 '창춘'이라는 기찻길 교차로에 위치한 작은 마을이었다. 만주국이 세워지자 거의 즉각적으로 남만주 철도의 일본 설계자와 기술자, 건축가, 관료와 관동군이 '새로운 아시아' 양식으로 가장 현대적이고, 효율적이며, 깔끔하게 정돈된 도시를 설계하기 시작했다. 신징의 청사진에는 오스만의 파리(오스만은 파리 도시계획을 주도한 프랑스 관리—옮긴이)와 19세기 영국의 정원도시Garden City 개념, 독일의 바우하우스Bauhaus 등의 흔적이 남아 있지만, 가장 현대적인 대형의 정부 건물들은 다양한 일본 사찰과 중국 궁궐을 본뜬 박공·합각 지붕으로 장식될 것이었다.

겨울에는 온통 눈으로 뒤덮이는 중국 북부의 평평한 풍경 위로, 새로운 도시의 건설이 만주국 내각의 후원 아래 빠른 속도로 진행되어 5년 만에 새 모습을 드러냈다. 알베르트 슈페어(나치 정부 시절 군수장관을 지낸 건축가—옮긴이)가 일본인이었다면, 이 도시는 전체주의 계획을 가장 잘 보여주는 슈페어의 기념비작이 되었을 것이다. 거대한 원형 광장을 중심으로 바퀴살 모양으로 정확히 퍼지는 직선대로의 웅장한 설계는 새로운 아시아 양식의 웅대한 관료주의의 요새였다(이들 시설은 아직도 남아 있다. 그들의 허세 충만한 양식은 중국 공산당의 주목을 끌었다. 이전의 관동군 건물은 이제 자연스럽게 공산당 본부와 기타 용도로 쓰이게 된 듯하다). 모든 작업이 수학적인 정확성 아래 이루어졌다. 매끈한 외관의 남만주 고속열차인 '아시아 익스프레스'에서부터, 당시 일본의 대부분 가정에서도 들어본 적 없는 혁신적인 공공주택의 수세식 화장실까지 모든 게 제대로 작동했다.

만주국의 공적 외관은 중국이었고, 모든 것의 정점에는 청나라의 '마지막 황제'인 무력한 푸이溥儀(선통제宣統帝)가 있었다. 푸이의 왕관 뒤에, 그리고 모든 중국인 관료 뒤에는 꼭두각시를 움직이는 일본 '대리인'이 있었다. 일본인 지배자들을 파시스트라고 호칭하는 것은 부정확할 것이다. 상당수는 군국주의자였고, 모든 일본인은 민족주의자였으며, 꽤 많은 일본인이 일본이 주도하는 서구식 자본주의와 제국주의에서 새로운 아시아, 즉 공식 선전 목표인 범아시아적 이상을 믿었다.

모든 군대 및 정부 관료들은 민주적 절차나 개인적 이해, 또는 만주국 대부분을 차지하는 중국인들의 욕망에 전혀 구애받지 않고 계획에 전념했다. 악의에 넘치는 관동군과 살인적인 헌병대, 일본 깡패 무리, 뜨내기 뒤에는 괴뢰 국가를 완벽한 계획경제의 운영 발판으로 봤던 매우 수준 높은 관료와 관리자, 기술자 군단이 있었다. 계획은 신성한 천황과 충성스러운 신하를 중심으로 돌아가는 광신적 제국주의에 휩싸여 있었다. 반면 만주국의 꼭두각시 황제 푸이는 신징의 '소금궁전'(소금창고를 개조한 궁전─옮긴이)에서 어리바리하고 무기력하며 수치스럽게 남아 있었다.

일부 일본인 계획가는 보수적인 군 명령에 복종한다는 점에서 명확한 우파였다. 일부는 자유시장 자본주의에 대한 혐오감을 군국주의자들과 공유하고 있는 사회주의자였다. 하지만 우파 관료조차도 소련식의 5개년 계획을 신뢰했다. 전형적인 만주국 '개혁 관료'는 자유주의자보다는 공산주의자들과 공통점이 더 많은 급진 우파로 묘사하는 게 가장 정확할 것이다. 기시 노부스케가 이런 유형이었다. 상냥한 표정의 토끼 얼굴을 가진 이 관료주의 운영가는 거대한 규모의 산업 노예들을 다스리는 실력자로는 보이지 않았다. 하지만 기시는 겨우 40세에 일본 제국에서 가장 강력한 권한을 가진 인사 중 한 명이었다. 기시의 업무는 만주국을 국가가 통제하는 광산과 화학, 중공업의 엔진으로 만드는 것이었다.

산업 정책도 입안됐는데, 기업의 이익을 우선시하거나 이미 전시 배급으로 점점 쥐어짜지고 있었던 일본인 소비자들을 만족시키기 위한 것이 아니었다. 그 목적은 국가권력의 확장이었다. 일부 기업은 이 점을 매우 잘 활용했다. 닛산이 대표적이었다. 닛산은 1937년 만주국으로 본사를 이전한 뒤 정부와 협력관계를 맺고 새로운 기업 및 은행 재벌을 설립했다. 그러고는 5개년 계획을 세운 뒤 군용차에서부터 어뢰정까지 모든 것을 생산했다. 미쓰비시 재벌은 전투기를 제작했고, 미쓰이는 중국에서 아편 무역을 독점해서 회사와 만주국 정부를 살찌웠다. 이 같은 더러운 사업에는 주요 인사 두 명이 배후에 있었는데, 닛산의 창립자인 아유카와 기스케鮎川義介(아이카와 요시스케라는 이름도 갖고 있다—옮긴이)와 조심스럽게 지하 범죄세계와 연락을 유지하던 기시 노부스케였다. 하지만 대기업과 군부 간의 이해관계가 늘 일치하는 것은 아니었다. 아유카와조차도 일본이 나치 독일과 동맹을 맺는 것에 반대했다. 특별 세금 우대와 보조금 지원 혜택을 받는다 하더라도 영미와의 전쟁은 사업상으로 좋은 게 아니었다. 기업이 항상 관료주의적 개입을 좋아했던 것은 아니다.

기시 노부스케 등이 만주국에서 개척한 이런 계획은 나중에 일본에서도 실행되었다. 1937년 중국에서 전쟁을 개시하고, 이후 태평양전쟁이 끝날 때까지 일본 경제는 내각기획원內閣企劃院과 재무성, 상공성 같은 정부 기관에 의해 효율적으로 통제되었다. 전시 경제를 운영하는 인사들은 좌우파를 가리지 않고 냉철한 효율성으로 만주국을 산업화했던 개혁 관료나 전략적인 설계자, 반자유주의 사상가 그룹에서 선발되었다. 기시 자신이 다름 아닌 상공성 그 자체였다. 1943년 상공성은 일본 전시 경제의 진짜 본질에 더 가까운 이름인 군수성으로 바뀌었다. 기시는 공식적으로 군수성 부장관으로서 1년 더 전시 경제 운영을 책임졌다. 일본이 패전하고 며칠 뒤인 8월 26일 제국 법령에 의해 군수성은 사라졌고, 다시 상공성이 되었다.

미국이 일본을 점령할 당시, 최대 미스터리 중 하나는 어떻게 일본인들이 이런 마술 같은 묘기를 부릴 수 있도록 미국인들이 허가했는가 하는 점이다. 승자였던 미국 역시 일본에서도 '네버 어게인'을 염두에 뒀을 것이다. 일본에서도 1945년은 0년, 즉 폐허 위에서 새로운 사회를 창조하는 완벽한 기회일 수 있었다. 확실히 일부 인사는 숙청당해야 했다. 기시 노부스케도 아유카와 기스케와 함께 A급 전범으로 체포되었다. 하지만 기시 등이 일본에 건립한 제도는 거의 손상되지 않고 온전하게 남았다. 비록 만주국에 있던 산업시설은 소련 적군에게 조직적으로 약탈당했지만 말이다.

일본이 어떻게 재건됐는지는 상당한 논쟁거리다. 워싱턴에서는 일본이 더는 중공업을 지속해서는 안 되고, 과거 동양의 국가들처럼 장난감이나 도자기, 비단, 종이 제품, 자기 등과 같은 물품 생산을 전문으로 해야 한다는 강력한 여론이 있었다. 미국 수출용 칵테일 냅킨 제조가 그중 하나였다.[28] 일본인들은 다른 의견을 가지고 있었다. 미군이 일본에 상륙하기 직전 미쓰비시 재벌의 수장은 이사 중 한 명에게 "백년대계百年大計"[29]를 언급하는 편지를 썼다. 중국 고전에서 빌려온 이 문구를 문자 그대로 받아들일 필요는 없지만, 그만큼 계획은 일본인들 마음속에 깊이 박혀 있었다. 1년 뒤 일본 재무성이 작성한 보고서는 자유방임주의 시대가 끝났으며, 세계는 "마침내 국가자본주의, 또는 통제되고 조직화된 자본주의 시대에 들어섰다"[30]고 설명했다.

이는 맥아더 장군이 일본을 평화민주주의 국가로 재건하는 작업을 돕기 위해 파견된. 영향력 있는 미국 뉴딜주의자들이 생각했던 내용과도 매우 흡사하다. 뉴딜주의자들이 작성한 초기 계획서 일부는 레닌주의자들이 작성했을 수 있다. 존스홉킨스 대학의 중국 전문가이자 좌파 영국 학자였던 오언 래티모어는 한동안 꽤 영향력이 있었다. 래티모어는 아시아인들이 "무자비한 제국주의와 함께 짝이 되어" 밀려오는 서구 민주주의 이론보다는 "러시아 국경 너머로 목격할 수 있을 듯한 실제적인 민주주의 관행"에 더 관심이 있다고 믿었다. 그는 중국에서 유일하고 진정한 민주주의는 "공산주의가 장악한 지역"[31]에서만 발견됐다고 주장했다. 미국 국무부의 다른 '중국통'들은 전후 일본에 대한 노자카 산조野坂参三의 견해를 조심스럽게 검토하고 있었다. 일본 공산당 지도자인 노자카 산조는 중국에서 일본군 포로들에게 사상을 주입하는 일로 전쟁 기간의 대부분을 보냈다. 공장 위원회와 노동자 조직들은 식량 배급 및 몇 가지 중요한 서비스 운영 권한을 '파시스트' 관료들로부터 넘겨받기로 되어 있었다. 비록 이 계획이 진전을 보지 못하고 중도에 실패했지만, 뉴딜주의 행정가들은 토지개혁과 독립 노조 도입을 진지하게 고려하고 있었다. 또 미 점령 당국은 "소유권을 더 넓게 분산시키고, 경제 시스템에 대한 관리와 통제를 선호해야 한다"[32]고 확신하고 있었다.

일본의 뉴딜은 영국 애틀리의 계획에 더 가까웠다. 물론 애틀리나 뉴딜주의자들이 공산주의자는 아니었다. 오히려 대부분은 사회민주주의자들처럼 공산주의에 강력히 반대했다. 뉴딜주의자를 포함한 미국 행정가들의 우려는 경제적 궁핍이 극단으로 치달으면 일본인들이 쉽게 공산주의 유혹에 빠져들 수 있다는 것이었다. 해법은 군부의 이해나 대기업의 욕심에 현혹되지 않으면서 일본의 산업능력을 재건, 일본인들이 가능한 한 빨리 자급할 수 있게 하는 것이었다. 최선의 방법은 경제

정책을 가장 많이 경험한 일본인, 즉 미래를 위한 계획을 세우는 방법을 알고 있으며, 공익을 사익보다 앞세우면서도 애국적이고 평등주의적 이상을 갖고 있는 공무원들에게 넘겨주는 것이었다. 다시 말해, 대규모 숙청을 피한 재무성과 상공성의 관료들에게 양도하는 것이었다.

1948년 기시 노부스케는 재판 절차도 거치지 않고 도쿄 수가모 교도소에서 석방되었다. 기시는 수감 기간에 우익 정치인들, 조직폭력단의 옛 친구들과 연락을 유지했다. 이 중 일부는 감옥 방을 함께 쓰기도 했다. 1949년 상공성은 없어졌다. 그 자리에는 통상산업성通商産業省이 들어왔는데, 1960~1970년대 일본의 경제 기적을 뒷받침한 가장 강력한 정부 기관이었다. 1957년 기시는 총리로 선출되었다.

'사대'의 수치: 한반도의 비극 '분단'

1945년 8월 15일 한국인들이 라디오에서 일본이 항복했다는 소식을 들었을 때, 가장 먼저 한 일은 일본의 전시 제복, 즉 여성은 보기 흉한 일바지, 남성은 울로 만든 카키색 반바지를 벗어 던지는 것이었다. 전통적인 흰색 한복을 입은 수천 명의 사람이 태극기를 흔들고 애국가를 부르며, "대한 독립 만세!"라고 외치면서 거리로 쏟아져 나왔다. 서울의 길거리는 불탔고, 전기는 끊겼으며, 충분한 음식도 없었지만 사람들은 기쁨에 환호했다. 몇십 년 만에 처음으로, 일본 천황 사진에 절하고 일본 이름으로 개명하지 않는다는 이유로 처벌받지 않는, 다시 공개적으로 한국인으로서 행동할 수 있는 시절이 왔기 때문이다.

처음에는 다소 오해가 있었다. 사람들은 소련이 오고 있다고 생각해서 러시아 해방자를 영접하는 환영단이 서울 기차역에 나갔다. 대구와 광주, 부산 등 한반도 남단에서도 한국이 독립을 쟁취하는 데 도움을 준 소련에 감사를 표하는 플래카드를 들고 소련 국기와 태극기를 흔드는 인파가 기차역에서 기다렸지만, 소련은 오지 않았다.

다른 일부는 식민지 압제의 주요 상징인 일본 신사神社에 달려가서 망치로, 몽둥이로, 때로는 맨손으로 신사를 부쉈고, 나중에는 불질렀다. 처음에는 평양에서, 이후 한반도 전역으로 번져나갔고, 밤새 활활 타는 신사는 이를 신성시하던 일본인들에게 공포감을 안겼다.

일본인들은 폭행을 피해 달아났다. 하지만 한반도 북부에서는 나이를 막론하고 여성과 소녀들이 소련 군인들의 전리품이 되었다. 8월 16일 아침, 서울에서 좌파 성향의 독실한 기독교인이자 영국 트위드 양복을 즐겨 입던 한국의 레지스탕스 영웅 여운형이 건국준비위원회를 발족했다. 여기에는 일본 감옥에서 막 풀려난 공산주의자를 포함해 다른 애국자들도 참석했다. 고등학교 운동장에 모인 수천 명 앞에서 행한 여운형의 연설은 두 가지 점이 특이했다. 하나는 관대함이었다. "이제 일본인들이 한국에서 떠나려고 합니다. 지나간 것은 지나가게 합시다. 좋게 헤어집시다." 그리고 유토피아를 강하게 강조했다. "과거의 우리 고통은 잊어버립시다. 우리는 여기 우리의 이 땅에 이상적인 사회를 만들어야 합니다. 개인적인 영웅주의는 제쳐두고, 절대 깨지지 않는 단합으로 함께 나아갑시다."[33]

군중은 '올드 랭 사인Auld lang syne'(스코틀랜드 민요. 안익태 작곡의 애국가는 1948년에 공식 지정되었다 — 옮긴이) 음조에 맞춰 조국에 대한 꺼지지 않는 사랑을 표현하는 애국가를 노래했다. 이 광경은 일부 일본인들에게 한국인들이 석별의 정을 나누며 자신들을 보내줄 거라는 환상을 심어줬다.

서울의 북쪽, 나중에 '38선' 이북으로 알려지게 되는 지역에서는 소련 군대가 평양에 도착하기 일주일 전쯤에 조만식이라는 덕망 있는 인사가 독립을 준비했다. 조만식은 신사적인 데다 한국의 전통 복장을 주로 입고 있어서 '한국의 간디'로 알려져 있었다. 남쪽의 여운형처럼 조만식 계파에도 공산당 소속의 정치범 출신이 많았지만, 아직은 공산주의자가 지배적으로 많은 것은 아니었다. 남과 북 모두에서 한국인들이 구성한 위원회가 일본 행정가들로부터 신속히 권력을 이양받았다. 위원회 대부분의 인사는 공산주의자이거나 온건한 좌파였고, 또는 기독교인이거나 민족주의자들이었다.

동유럽, 서유럽처럼 한국에서도 공산주의자를 포함한 좌파가 애국적이라는 신뢰가 있었다. 정부와 기업, 고등교육 기관의 보수주의자들이 현대화나 진보라는 명목으로 마지못해서 아니면 열성적으로, 또는 개인적 이득 때문에 대개 일본과 협력한 반면, 1910년 한국이 일본 제국으로 통합된 이후 레지스탕스는 강력한 좌파 편향이었다. 일본인은 물론 한국인 엘리트에 대한 한국인들의 저항이나 반란은 한국의 전통 샤머니즘과 기독교의 영향이 결합된 메시아적인 구석이 있었다. 마르크스주의에 기초한 반일 저항은 여러 측면에서 지주계급에 반발해 봉기했던 옛 농민 반란의 현대판 현현顯現이었다.

하지만 여운형의 언급이 있긴 했지만 통합은 불안했다. 실제 한국사에서도 통합은 드문 일이었다. 나라는 지역 간 차별로 찢겨 있었고, 또 남북에 이어 정치적 라이벌 간에 일촉즉발의 상태로 분열되어 있었다. 1945년도 다를 바 없었다. 조만식과 여운형이 '통일된 한국'이라는 이상을 공유하고 있었다 하더라도 좌파는 파벌로 쪼개져 있었다. 공산주의자들은 시간과 장소만 가능하면 어디서든 권력을 쥘 준비가 되어 있었다. 여운형은 서울에서 조선인민공화국을 선포한 뒤에 한국민주당으로 결집한 우파의 도전에 직면했다. 한국민주당은 지주와 옛 엘리트 계급이 이끌고 있었는데, 당원의 상당수가 일본에 협력한 전력이 있었다.

여기에 중국과 미국 등지에 망명해 있는 다양한 정치인들이 있었고, 이들도 통합과는 거리가 멀었다.

하지만 정치적 견해가 어떻든 대부분의 한국인은 한 가지에는 동의하고 있었다. 한국인들에게 '네버 어게인'은 외세에 지배당해서는 절대 안 된다는 것을 의미했다. 다음은 9월 14일 조선인민공화국 선언에 나온 도전적인 표현들이다.

> 우리는 일본 제국주의를 완전히 쫓아내고, 자주독립을 방해하는 외세와 반민주주의적, 반동적인 모든 세력에 대해 철저히 투쟁할 것이며, 완전한 독립 국가를 건설함으로써 진정한 민주주의 국가를 실현할 것임을 결의했다.[34]

한국에는 사대事大라는 말이 있는데, 문자 그대로 해석하면 '대국을 섬긴다'는 의미다. 이 단어는 한국 같은 중국의 주변부 왕조 국가들이 중국 황제에게 바치는 전통적인 조공을 표현하는 용어로 사용되었다. 이 말은 근대에 와서, 상대 라이벌을 이길 수 있는 이득을 얻기 위해서라면 어떤 외세에도 굽신거린다는 의미가 되었다. 일본을 도운 협력자들은 사대의 죄를 저질렀다. 여운형이 상상한 "합리적인 낙원"에서 사대라는 수치는 영원히 없어져야 할 것이었다.

하지만 한국인들은 결코 그런 기회를 갖지 못했다.

일본이 항복하고 몇 주 뒤 미군이 마침내 인천항에 상륙했을 때, 미군은 한국과 한민족의 열정에 대한 어떤 단서도 알지 못한 상태였다. 존하지 중장은 단지 인근 일본 오키나와 섬에 주둔하고 있었다는 이유로 책임자로 뽑힌 인물이었다. 하지의 정치고문 역시 하지보다 한국을 더 안다고 할 수 없었다. 그 누구도 한국어 한 마디를 못 했다. 하지만 어마어마한 친선과 호의가 있었는데, 확실히 이 호의는 한국 쪽에서였다. 『양크』지는 "현지 한국인들이" 미국 지프차나 트럭, 정찰 차량이 지나가면 "소리를 지르고, 이를 드러내면서 웃고, 팔을 들어 올리고, 절을 하고, '후바, 후바' 소리치면서 환영했다"[35]고 보도했다.

엄격한 친교 금지 명령이 있었는데도, 일본계 미국인 정보장교였던 워런 쓰네이시는 서울의 한 호텔 매니저인 미스터 김과 대화를 나눈 적이 있었다. 미스터 김은 "우리를 해방시켜준 것에 감사드립니다. 정말 깊이깊이 감사합니다. 우리를 해방시키고, 독립시켜주기 위해서 너무 고생하셨습니다"라고 말했다. 미스터 김의 눈에는 눈물이 차올랐고, 갑자기 쓰네이시는 "거북하고 불편한"[36] 느낌이 들었다.

그때쯤에는 이미 미국이 첫 번째 실수를 저지른 뒤였다. 하지 장군은 배에서 내리기 전에 임시정부를 대표하는 온건한 인사인 여운형의 동생 여운홍으로부터 면담 요청을 받았다. 장군은 일본인이나 아마도 공산주의자의 야바위일 거라 의심하면서 여운홍과의 대화를 거부했다. 다음 날 서울에서 하지는 추가 명령이 있을 때까지 일본 행정부가 그대로 자리에 남아 있을 것이라고 발표했다. 한국인들은 분노했고, 이런 모욕에 항의해 거리로 몰려나왔다. 한국의 반응에 놀란 미국 국무부는 일본인들이 더 이상 지배하지 않을 것이라고 재빨리 발표했다. 미국인들이 책임질 것이라는 이야기였다. 하지만 미국은 충분한 군대가 없었기 때문에 어쨌든 일본인들은 자리에 그대로 머물라는 지시를 받았다.

다음은 『양크』가 일본의 항복 기념식을 어떻게 묘사했는지를 보여준다. "서울의 총독부 건물 앞 게양대 근처에서 간단한 퇴각식이 열렸다. 피로가 완연해 보이는 184보병부대 군인들이 가운데를 비워둔 네모난 대열을 만들었고, 7사단이 '우리, 미국인Americans We'을 연주했다. 일본 깃발이 내려왔고, 사진을 찍기 위해 잠시 전시됐다가 군악대가 미국 국가를 연주하는 동안 성조기가 곧바로 게양되었다." 이후 미군은 "총독부 밖으로 행진해 나갔고, 한국인들이 고대 삼국시대 왕국의 땅에 미국인들이 온 것을 환영하는 가운데 정의를 가져온 사람들은 점령 업무를 개시했다."³⁷

38선 이북을 점령하고 있던 소련 당국도 별다른 부담을 느끼지 않았다. 한 소련 인사는 미국인 기자에게, 러시아인은 영국인과 미국인이 "우리처럼 생겼기" 때문에 좋아한다고 말했다. 그러면서 "우리는 한국인을 좋아하지 않는다. 우리는 안정적이면서도 적합한 정부가 수립될 때까지만 머물 것이며, 그 이후에는 돌아갈 것"³⁸이라고 말했다. 하지 장군도 소련보다 한국인을 더 좋아한 것은 아니었다. 하지는 한국인 대부분을 "일본놈들 지배를 40년간 받으면서 강한 영향을 받은, 교육이 제대로 안 된 동양인 (…) 그들과는 거의 말을 나누기가 힘들다"³⁹고 여겼다.

소련은 약속을 지켰다. 하지만 소련이 말한 안정적이면서도 적합한 정부는 여운형이나 조만식 같은 애국자들이 희망했던 것은 아니다. 북쪽은 처음에 북조선인민위원회가 다스렸다. 인민법정이 일제 협력자와 '반동분자'를 숙청하기 위해 세워졌다. 식민 정부의 관료들은 축출됐는데, 때로 이 과정에서 심각한 폭력이 발생했다. 소련의 지지를 받는 혁명 정치로부터 아무것도 얻을 게 없는, 지주계층 등에 속한 사람들은 재빨리 남쪽으로 이주하기 시작했다. 조만식은 여전히 인민정치위원회를 책임지고 있었지만, 위원회의 중앙 기관은 지역위원회에 대해 제한된 통제력만 갖고 있었다. 누구도 소련이 일본이 건립한 공장을 분해해서 약탈하는 것을 멈추게 할 수 없었다.

남쪽에서는 미군정이 소련과 달리 직접적으로 통제하고 있었고, 미국이 다른 지역에서도 현지인들에게 좋은 정부를 설립하는 최선의 방법이라고 생각한 정책을 되풀이했다. 일부는 무지 때문이었고, 또 일부는 항상 비합리적이었다고 치부하기 힘든, 공산주의자들의 의도에 대한 불신 때문에 미군정은 영어를 할 수 있거나 미국 기관에서 교육받은 옛 엘리트 계급의 보수적 인사들에게 크게 의존했다. 그들은 미래 한국 정부를 이끌 인사를 미국에서 데려왔는데, 그는 논쟁의 여지 없는 민족주의자이지만 확고한 반공주의적 견해도 가지고 있었다. 하버드와 프린스턴 대학에서 교육받은 기독교인 이승만이었다. 이승만이 한국에서 전혀 알려지지 않은 인사는 아니었지만, 대중적 기반은 없었다. 미국 관료들은 망명 기간에 이승만을 다소 골칫거리로 여겼지만, 국무부의 여권 담당 여직원은 이승만을 '친절하고 애국적인 노신사'로 생각했다. 미 당국은 그녀의 의견에 더해 이승만의 반공주의 성향까지 감안하여 이승만이 충분히 괜찮다는 평가를 내렸다. 10월 11일 이승만은 하지 장군의 환영을 받으며 본국으로 돌아왔다. 하지 장군은 이승만을 "평생을 한국의 독립과 자유에 바친 위대한 사람"[40]이라고 불렀다.

3일 뒤 평양에서도 비슷한 장면이 연출되었다. 이승만에 비하면 상대적으로 경력이 좀 모호했던 게릴라 전사로, 바가지 머리를 한 다소 풍풍한 삼십대 남자가 소련 최고사령관의 환영을 받았다. 전쟁 기간의 대부분을 소련군의 훈련 캠프에서 보낸 이 남자를 소련은 "국가 영웅" "탁월한 게릴라 지도자"라고 불렀다. 7만여 명이 '김일성 장군'에게 경의를 표하기 위해 동원되었다. 김일성은 '감사를 표하는 한국인 대표' 자격으로 소련이 작성한, 소련을 찬양하는 내용의 연설문을 읽었다.[41]

정확하게 일주일 뒤 첫 번째 김일성 숭배 조짐이 『평양신문』에 실렸는데, 영웅적 위업을 묘사하는 내용이었다. 이는 곧 김일성이 한반도에서 행한 온갖 신성한 무력 개입을 기리는 유사 종교의 예배 같은 것이 되었다. 한국 역사에서 수많은 정치운동이 가졌던 메시아 신앙과도 연계되어 있었다. 하지만 한국 정치의 중심은 여전히 남쪽이었다. 한반도에 두 개의 독립 국가는 있을 수 없었다.

항상 사대의 역사를 인식하고 있던 한국인들로서는 이때 이미 우려할 만한 충분한 이유가 있었다. 1945년 11월 여전히 중국 칭다오에 머물고 있었던 도널드 킨은 어느 밤, 지역에 거주하던 몇몇 한국인과 저녁을 먹었다. 이번에는 한국 독립에 대해서 어떤 논쟁도 없었다. 킨은 편지에서 "모든 논쟁이 수렴되었던 단 하나의 주제는 러시아와 미국의 관계였다"라고 썼다. 킨은 "미국과 러시아는 싸우지 않으며, 평화롭게 잘 지낼 수 있다"고 한국인 친구들을 설득하는 게 "매우 어렵다"는 사실을 알게 되었다. 이 한국인들은 "전쟁 기간에 일본의 가혹한 처벌을 받을 수 있는데도 미국의 단파 방송을 청취했다". 그래서 그들은 미국이 소련에 대항해 한국을 도와야 한다고 생각했다. 킨은 이렇게 보았다. "협력에 기초한 해법은 불가능해 보인다. 그들이 보는 모든 것은 한반도의 전혀 다른 두 당파이며, 각 당파는 모든 것을 가지려고 안간힘을 쓰고 있다. 이런 경우 협력은 배신으로 여겨질 것이다."[42]

한국인들이 옳았다. 한국인의 운명은 정말 외세에 의해 결정될 것이었다. 하지만 거기에는 두 당파가 아니라 그보다 더 많은 당파가 있었다. 12월 모스크바 3국 외상회의에서는 킨의 낙관론에 정당한 이유가 있었고, 미국과 소련이 합의에 이르는 것처럼 보였다. 미국과 소련의 군대 사령관들로 구성된 공동위원회의 통제 아래 '신탁통치'를 하기로 결정했던 것이었다. 미국과 소련 당국은 한국인들이 임시정부를 구성하고, 영국과 중국의 도움 아래 완전한 독립을 향해 나아가도록 지원하기로 했다. 이 작업은 5년간 계속될 것이었다.

소련은 이 합의를 이행하기 위해 북쪽의 한국인 동맹 세력을 설득하는 데 큰 문제가 없었다. 반대자는 재빨리 처리되었다. 조만식이 한반도 신탁통치는 더한 식민주의 간섭이 될 수 있다고 항의하자 곧바로 가택에 연금되었다. 가택연금은 나중에 투옥으로 이어졌고, 한국전쟁 즈음 조만식은 완전히 사라져 다시는 볼 수 없었다.

남쪽 상황은 더 우려스러웠다. 대부분의 남한 사람은 민족주의적 이유든 정치적 이유든 간에 신탁에 반대했다. 보수주의자들은 소련의 개입을 원치 않았다. 그들은 혹여 국민 정부에 공산당이 포함될 여지가 있다는 것을 허용할 수 없었다. 하지만 보수파는 대중적 지지를 많이 받지 못했다. 미국의 탄압에도 좌파 조선인민공화국이 여전히 더 애국적으로 여겨지면서 대중적 신뢰를 받고 있었다. 하지만 결국 이 신탁 문제는 조선인민공화국 붕괴의 원인이 되었다.

좌파와 보수파 간의 연정 구성에 실패하자 좌파는 신탁통치에 다소 동조적인 입장으로 바뀌었다. 이후 혼란이 왔다. '암살단'으로 알려진 망명자 출신 민족주의자들의 쿠데타 시도는 실패했다. 노동자들은 미군정에 항의하는 파업에 들어갔다. 이승만의 보수파는 좌파를 소련 앞잡이, 다른 말로 '사대'라고 비난하면서 진정한 애국자들로 떠올랐다. 미국은 당연히 이승만을 지원하면서, 신탁통치는 처음부터 소련의 음모였으며 미국의 자비로운 후원 아래 한국인이 자신들의 정부를 세워야 한다고 주장했다. 이 역시 몇 년 후에는 좌파가 남긴 영향 때문에 또 다른 형태의 '사대'로 규정될 것이었다.

결국 조선인민공화국은 사라질 운명이었다. 다음에 이어진 일은 비극이었다. 북쪽에서는 김일성이 임시 공산주의 정부를 책임지고, 남측은 이승만이 지배하면서 나라는 둘로 분단되었다. 칭다오에 있던 킨의 한국인 친구들은 이런 문제에 직접 참여하지 않았는데도 훨씬 더 정확했던 셈이었다. 끔찍한 한국전쟁이 1950년 북한의 남침으로 시작되어 200만 명 이상의 민간인 사망자를 낸 끝에 교착 상태에서 끝났다. 제

2차 세계대전에도 다소 온전한 모습이었던 서울은 폐허가 되었고, 북쪽의 평양 역시 마찬가지였다. 북한은 압제적인 유사 제국주의 왕조의 지배가 계속되었다. 남한도 수십 년간 군부의 지배를 견뎌내야 했다.

냉전이 절정에 달했던 1961년 남한에서는 강력한 반공 인사가 쿠데타로 권력을 잡았다. 곧 군부 지배하에서 일본의 전시 계획경제 모델을 도입했고, 정부와 협력한 한국판 재벌로 남한 경제는 급성장했다. 문제의 독재자는 1942년 신징의 만주국 군관학교를 수석으로 졸업한 일본 관동군 중위 출신이었다. 1948년 그는 이승만에게 반대하는 음모에 가담한 혐의로 남한 군대에서 쫓겨난 적이 있었다. 전쟁 기간에 그의 일본 이름은 다카키 마사오高木正雄였다. 본명은 박정희다. 박정희를 지지한 일본 거물 인사가 기시 노부스케였으며, 노부스케는 만주의 괴뢰 국가 건설을 주도한 사람이었다.

핵폭탄 투하로 날아간 케인스의 희망

유토피아적 꿈은 환상이 조각나면서 고물상에서 생명이 끝날 운명이었다. 하지만 모두 같은 방식으로 끝난 것은 아니다. 그리고 자취와 흔적도 남기게 마련이다. 영국의 새로운 예루살렘은 당시 위대한 경제학자였던 존 메이너드 케인스가 "재정적 던커크financial Dunkirk"(제2차 세계대전 때 영국군과 프랑스군이 프랑스 됭케르크에서 후퇴한 데서 유래했다. '필사적인 철수' '위기'를 뜻한다—옮긴이)라고 불렀던 것 때문에 실패했다. 케인스는 최소 1945년 말까지는 영국이 무기대여법the Lend-Lease Act에 근거해 미국 구호 혜택(매우 우호적인 조건으로 지속되는 물자 공급)을 받기를 희망했다. 이 원조로 정부 파산을 다소 늦출 시간을 벌 수 있기 때문이었다. 하지만 이 계획이 실패하자 영국의 사회주의적 이상을 위해 필요

한 비용은커녕, 당장 재앙으로 치닫고 있는 국제수지 적자를 틀어막을
돈을 어디서 구할지부터 막막해졌다. 영국은 "일본이 너무 빨리 항복해
서 우리를 실망시키지 않았으면 한다"[43]고 기도하기까지 했다.

케인스의 희망은 히로시마와 나가사키가 핵폭탄으로 완전히 파괴되
면서 산산조각 났다. 당시 해럴드 니컬슨은 급히 이 사건에 대해 적었
는데, 일기에는 부인인 비타 색빌-웨스트의 반응을 담고 있다. "비타
(비타의 애칭—옮긴이)는 핵폭탄에 전율했다. 그녀 생각에 이는 완전히
새로운 시대를 의미했다."[44]

일본의 전쟁은 8월에 끝났다.

경제적 궁핍과 다른 나라보다 더 길게 지속된 식량 배급, 결핍된 물
자를 얻기 위한 끝없는 줄서기, 황량한 삶, 전후 피로감 등이 이어졌
다. 영국은 금고가 바닥났을 뿐 아니라 주요 강대국으로서의 지위도 급
속하게 잃어가고 있다는 인식이 짙어졌다. 이 모든 것이 낙관주의를 끌
어내리고 있었다. 공영주택과 교육, 문화, 의료, 완전고용을 위한 계획
이 여전히 진행되고 있었지만, 국가 재정은 대단히 심각했다. 1945년의
열정도 급격히 사라졌다. 독일과 일본에 승리하고 2년 뒤, 노동당 당수
휴 돌턴은 일기에 "자신만만한 밝은 아침은 다시는 없다"[45]고 적었다.

1951년 윈스턴 처칠은 총리에 복귀했다. 이후 노동당이 두 번째 기회
를 다시 잡기 위해서는 15년을 기다려야 했는데, 그때는 애틀리 내각의
무역이사회 의장이었던 해럴드 윌슨이 수장이 될 것이었다.

다른 서유럽 국가들에서도 유사한 일이 일어났다. 천주교와 기독
교 민주당은 안정과 지속 가능성을 바탕으로 한 '정상正常'을 약속했
고, 좌파의 혁명적 기백은 퇴색했다. 네덜란드 사회민주주의자들은
1956년 권력을 잃었고, 드골 장군은 1958년 프랑스 제5공화국을 수립
했다. 이탈리아 기독민주당은 미국의 반공주의 선전과 재정 지원에 힘

입어 1948년 패권을 잡았다. 서독에서는 최초의 사회민주주의 정부가 1969년에야 채택되었다. 동독에서는 1949년 독일민주공화국이 건국되기도 전에 사회민주주의자들이 공산주의자들과 함께 더 나은 반파시즘 독일 건설이라는 꿈을 위해 협력하다가 와해되었다. 소련 점령지역에 살고 있던 독일인들은 1945년 공산당 지지를 강력히 거부했고, 사회민주주의를 훨씬 더 선호했다. 그 결과로 다음 해인 1946년 소련 당국은 동독의 독일사회민주당을 공산당과 통합시켜 집어삼켰다.

한국이나 또는 사회주의 정부가 1947~1948년 정확하게 딱 1년간 지속되었던 일본에서 비非공산주의적인 좌파의 쇠멸을 바라보는 또 다른 관점은 냉전에 책임을 돌리는 것이다. 아시아에서 미국 점령 당국과 보수주의자는 다소 어설펐지만, 소련은 온건 좌파의 대실패에 대한 책임이 있다. 소련이 지배했던 북한이나 동부·중부 유럽에서 사회주의자들은 탄압받았다.

스탈린은 미국의 이해가 걸린 지역에서 혁명이 일어나는 것을 원치 않았기 때문에, 프랑스와 이탈리아 공산주의자들은 권력을 잡겠다는 꿈을 버리라는 이야기를 들었다. 실제로 이탈리아 공산주의 지도자인 팔미로 톨리아티는, 우파가 여전히 무솔리니의 유산에 오염되어 있었는데도, 보수파와의 폭력적 충돌을 피하려고 했던 중도 성향 인사였다. 하지만 미국과 동·서유럽의 보수파 동맹국들은 공산주의를 너무 불신했고, 그래서 좌파를 권력에서 가능한 한 멀찌감치 떼어놓기 위해서라면 어떤 일도 서슴지 않았다. 특히 독일, 이탈리아, 일본과 같은 냉전의 최전선 국가에서 더욱 그랬다. 1940년대 말부터 일본은 서독처럼 공산주의에 맞서는 요새로 변했다. 일본에서 1945년의 뉴딜에 대한 열광은 급격히 사그라졌다. 군사적 재무장과 경제 발전, 노조 탄압, 공공 기관과 교육에서 '공산주의 숙청', 한때 전범으로 재판을 기다렸던 보수주의 정치인들에 대한 적극적 지원 등이 새로운 정책이 되었다. 점령 초기 일본 좌파를 고무했던 미군정 정책은 이른바 '역逆코스'라 불렸던 정책으로 바뀌었고, 이는 1945년의 이상주의에 대한 배반으로 간주되었다.

휴 돌턴은 영국의 "자신만만한 밝은 아침"의 종말을 애도하면서도 그리 비관적이지는 않았다. 해방의 절정은 쇠멸했지만, 밝았던 새 출발의 시기에 세워진 많은 제도까지 그렇게 빨리 해체되지는 않았고, 일부는 좋건 나쁘건 간에 오늘날까지 이어지고 있다. 영국과 다른 유럽 국가의 기독민주당 정부 어느 곳도 전쟁 전 계획가와 전시 레지스탕스의 이상주의자들이 창조해낸 유럽 복지국가의 기초를 간절하게 부수려 하지 않았다. 사실 처칠의 토리당은 애틀리의 노동당보다 더 많은 공공주택을 건설했다. 많은 기독민주주의자는 사회주의자들만큼이나 자유방임 경제에 의문을 던지고 있었다. 1970년대 서유럽 복지 시스템은 그 예리한 칼날이 무뎌지기 시작했다. 특히 영국의 마거릿 대처 정부 시절에 그랬는데, 복지 시스템은 10년 뒤에 심하게 훼손되었다. 일본과 남한의 경제는 유럽 대륙과 비교해도 여전히 정부 계획가들에 의해 단단히 통제되고 있다.

하지만 전후 계획경제의 주요 기념비는 심한 공격을 받으면서도 여전히 버티고 있는 유럽연합EU이다. 1945년 대부분의 사람은 유럽 통합을 실현 가능성이 낮은 숭고한 이상이라고 믿었다. 이 이상은 신성 로마 제국 시대를 지향하는 가톨릭 신자들에게는 항상 매력적이었다. 프랑스인들과 프랑스 문화를 사랑하는 사람들은 미국의 무분별한 물질주의에 맞서 파리를 중심으로 한 서구 문명의 중추로서 유럽이라는 관념을 선호했다. 사회주의자와 경제계획가들이 유럽연합의 핵심 기구들이 모여 있는 브뤼셀을 새로운 기술관료제의 수도로 하자는 데 합의했다. 하지만 무엇보다 통합된 유럽은 유럽인들이 다시 서로 맞서 싸우는 전쟁을 방지할 것이었다. 이런 점에서 최소한 지금까지 1945년의 이상은 성과가 있었다.

[야만의 문명화]

Civilizing the Brutes

1943년 노엘 카워드는 「독일인들에게 너무 끔찍하게 굴지 말자Don't Let's Be Beastly to the Germans」라는 노래를 지었다. 이 노래는 많은 오해를 낳았고, 적에게 과한 동정심을 드러낸다는 이유로 BBC에서 곧바로 금지 처분을 받았다.

독일인에게 너무 끔찍하게 굴지 말자.
우리가 궁극적으로 승리를 얻으면
그건 못된 나치들에게 이긴 거니까
나치가 독일인들을 싸우게 설득한 거야.
그리고 독일인들의 베토벤과 바흐는
정말 생각보다 그리 나쁘지 않아!

실제로 카워드가 무대에서 이 노래를 부르기 전에 신중하게 지적한 것처럼 대중의 비판은 "적들에게 너무 관대한 시각을 가지고 있는 카워드 자신을 포함한 소수 인도주의자들"에게 쏠려 있었다.

독일과 일본에서 이행한 연합국의 점령이 온전히 인도주의 정신으로 진행됐다고 말하는 것은 과장이지만, 한편 전혀 그렇지 않은 것도 아니었다. 적어도 처음 2~3년간의 점령기에는 보복하지 않고, 다시는 세계에 파괴를 가하지 않도록 재교육하고, 문명화하고, 마음을 돌리고, 독재를 평화로운 민주주의로 바꾸는 진심 어린 노력을 했다는 점이 특별했다.

아주 초기에는 적을 처벌하고, 현대 산업국가가 되는 모든 수단을 파괴해서 무해한 존재로 만들려고 했던 것이 사실이다. 그런 계획이 있었고, 주로 워싱턴이 주도했다. 이미 언급한 것처럼 루스벨트 행정부의 재무장관 헨리 모건도의 이름을 딴 모건도 계획은 독일 산업을 해체하고, 독일을 잘게 나누고, 독일인들을 거의 방어용 막대 하나만 들게 하는 목가적인 민족으로 만드는 것이었다. 일본에 대해서도 유사한 생각이 퍼져 있었다.

하지만 이런 계획들은 모두 허사가 되어 3D로 바뀌었다. 3D는 비무장화Demilitarization, 탈나치화Denazification, 민주화Democratization다. 세 번째 D는 재교육에 해당되는데, 단순히 군국주의 혹은 독재 정부에 의해 조장되거나 강화되었던 행동 양태를 바꾸는 것을 넘어서 점령당했던 사람들의 마음까지 헤아리는 사고방식, 즉 '국민성'을 바꾸는 것이었다. 미국 전쟁부가 제작한 「일본에서의 우리 임무」라는 교훈적인 영화는 꽤 정확하게 이 문제를 짚어내고 있다. 영화는 화면에 일본인들의 두개골 이미지를 보여주면서 내레이션으로 "우리의 문제는 일본인의 머릿속에 있다"고 말하고 있다. 영화의 마지막 내레이션은 이 같은 임무를 요약해 설명한다. "피로 물든 야만적인 일은 이제 질릴 만큼 충분히 했다는 사실을 우리는 일본인들의 두뇌에 명확하게 남기기 위해 여기에 있다."[1]

원주민을 개조한다는 사고방식은 고대 로마의 문명화 노력까지 거슬러 올라가는 전통적 전략이다. 일부는 이 전략이 인간 본성은 합리적이며, 올바른 교육을 통해 개조할 수 있다는 계몽주의 신념에서 비롯됐다고 주장한다. 또 일부는 프랑스의 문명화 임무 같은 식민주의 전략과 유사하다는 점을 지적한다. 또는 기독교의 선교 열망이나 이민자 교육을 통해 선량한 미국 시민으로 만드는 작업일 수도 있다. 영국의 한 문헌은 빅토리아 시대의 기숙학교에서 개발한, 인격 형성에 대한 믿음을 끄집어내기도 한다. 이를테면 고전에 대한 실용적 지식과 함께 스포츠에 능한 신사를 양성하는 것이다. 또 다른 시각은 재교육을 선전·선동으로 이용하는 군 심리전의 확장으로 보는 것이다.

잡지 『펀치Punch』는 1939년 재교육 프로그램의 필요성을 시사한 앨런 허버트의 시를 실었다.

우리는 독일이라는 국가와 싸우지 않는다
그 누구도 믿음직한 양과는 싸우지 않을 것이다
하지만 대대로 그들은
우리 선한 양들을 교란하는 통치자들을 배출했다……

우리는 독일이라는 국가와 싸우지 않는다
그들 사건에 우리는 참견할 권리가 없다
하지만 몇 가지 중요한 작전이 실행될 것 같다
(이성과 감성을 목표로 하는 것이) 유일한 방법일지 모른다

5월 8일 유럽의 군중이 승리를 축하하고 있을 때조차 런던의 『타임스』는 유명 사립 기숙학교 차터하우스의 교장으로, 점령지 독일의 교

육정책에 지대한 영향을 끼친 로버트 벌리의 편지를 실었다. 벌리는 "연합국이 독일에서 실시하고 있는 재교육은 독실한 열정일 뿐 아니라 피할 수 없는 임무라는 사실이 명확해지고 있다"고 적었다. 허버트가 시에서 지적한 것처럼 당시 많은 사람이 생각했던 독일인들의 문제는 한 세기 이상이나 "독일인들은 불운하게도 자신들이 결정을 내리지 않아도 된다고 한다면 어떤 정부도 받아들이려 할 것"이라는 점이었다. 벌리의 관점으로 보면 독일인들은 항상 지도자를 따르는 양이고, 무장 로봇처럼 개성이 없어져버렸다는 것이었다.

벌리는 이어 좀 더 흥미로운 쟁점을 제기했다. 영국군 점령 당국을 이해시키는 데에는 실패했지만, 재교육이 성공하려면 국가적 전통에 근거해야 한다는 주장이었다. 독일을 백지 상태tabula rasa로 다뤄서는 안 된다는 것이었다. "품위 있는 사회의 기반이 될 수 있는 독일 전통이 있는데, 독일인들이 지금 완전히 잊고 있다"고 설득해야 한다. "젊은 메러디스(영국의 시인, 소설가―옮긴이)가 자유사상가의 땅이라며 찾아갔던 나라, 조지 밴크로프트(1800~1891, 미국 역사학자이자 정치가, 미국 해군사관학교를 설립했다―옮긴이) 같은 미국인들에게 영감을 불어넣은 괴테의 독일이다."

벌리의 견해는 히틀러주의를 상징하는 갈색 코트를 벗어던지고, 괴테와 칸트, 베토벤의 영광을 다시 누리고 싶은 여망을 가진 독일인들에게 확실히 인기가 있었다. 벌리는 1945년 독일에 있는 영국군정의 교육 고문이었으며, 영어 및 독일어 문학 서적을 대량 보유한 도서관을 설립했다. 영국과 독일의 지적, 문화적 교류를 증진하는 '브리지스The Bridges'라는 성인 교육 센터를 설립하는 데도 일조했다. 하지만 아쉽게도 이런 좋은 시작은 매우 다른 생각을 갖고 있던 영국 관료들의 반대에 부딪혔다. "다른 민족과 혈통을 섞는 것을 확대"하는 것이 독일의 병을 고치는 유일한 방법이라는 견해가 대표적인 사례다.[2] 한 중간 간부급 열성분자는 모든 나치 출신과 그 가족들을 북해의 섬에 감금해야 한다고 제안했다. 이에 대해 벌리는 그렇다면 독일에서 학교 다니는 나치 가족의 아이가 순수한 학급 친구를 나치 사상에 감염시킨다는 말이냐고 냉소적으로 응수했다. 이 견해 역시 모건도의 계획처럼 재빨리 폐기되었다.

독일 문화의 장점을 되살리자는 벌리 프로젝트를 위협한 좀 더 신중한 비판은, 독일에서 영국 문화의 장점을 육성하는 작업이 충분히 이뤄지지 않고 있다는 주장이었다. 벌리의 직속 상관이자 우연히도 차터하우스 졸업생이었던 브라이언 로버트슨 장군은 독일에서 영국군 정부의 정책을 좀 더 보호할 필요가 있다고 결정했다. 또 다른 한 장군의 표현에 따르면 "영국 문명을 더 반영"시키고, 영국 정책에 대한 홍보가 더 필요하다고 주장했다.[3] 결국 벌리는 고문직을 사임하고 영국으로 돌아갔다.

미국 점령지역에서는 초기에 재교육보다는 처벌 경향이 더 강했다. 독일인을 개조하는 것보다 나치 얼룩이 남아 있다고 의심되는 교사들을 숙청하는 데 더 많은 노력을 기울였다. 일부 독일인은 미국 당국에 재교육은 무용지물이라고 주장했다. 소설가 알프레트 되블린은 "전문가 계급의 상당수가 나치 출신이기 때문에 독일인 재교육은 거의 희망이 없다"고 말했다. 되블린만큼이나 유명한 소설가였던 되블린의 친구 리온 포이히트방거는 "나치 출신 300만 명을 체포하고, 처형하고, 강제 노역장으로 추방해야 한다"[4]고 확신했다. 다른 사람들도 독일인을 더 나은 사람이 되도록 교육하는 것은 개코원숭이에게 문명을 가르치는 것만큼이나 잘못된 일이라고 말했다.

하지만 포츠담 선언은 공식적인 연합국의 입장을 명확히 하고 있다.

"독일인 교육은 나치와 군국주의 신념을 완전히 제거하고, 성공적인 민주주의 사고를 발전시킬 것이다."[5] 일본 문제를 놓고 보면 포츠담 선언의 목표가 덜 가혹하며 덜 강압적으로 보인다. "일본 정부는 일본인들에게 민주주의를 되살리고 강화하는 것을 방해하는 모든 장애물을 제거할 것이다. 언론의 자유, 종교의 자유, 사상의 자유, 그리고 기초적인 인권을 확립할 것이다." 하지만 점령 기간에 독일과 일본에서 실제 어떤 일이 일어났는지를 고려하면 어조의 차이는 거의 없다. 사실 독일보다 일본에서 훨씬 더 급진적인 정책이 많았다.

재교육(벌리는 이 용어를 싫어했고, 단순하게 '교육'이라는 단어를 더 선호했다) 과업은 독일이 일본보다 덜 복잡했다. 어떻든 독일은 서구 문명의 일부이며, 대부분 기독교인으로 구성된, 괴테와 칸트의 나라였다. 국가 기초는 건전하다는 믿음이 있었다. 단지 해야 할 일은 나치 사상과 '프로이센주의'를 없애는 것뿐이었다. 탈나치화와 비무장화는 독일 문제를 해결하는 데 큰 도움이 될 것이었다. 이 목적을 위해 전쟁범죄에 대한 독일인들의 죄의식을 강조했다. 미군이 의뢰해 제작된 「나치 강제수용소」나 「죽음의 공장」 같은 영화를 배포하는 방식을 통해서였다. 영화 「죽음의 공장」에는 다음과 같은 내레이션이 있다.

여기는 가르델레겐에 위치한 전형적인 독일의 헛간이다. 1100명이 이곳으로 밀쳐져 산 채로 불타 죽었다. 고통 속에서 헛간을 부수고 나온 사람들은 군인들 눈에 보이는 대로 총에 맞았다. 어떤 인간 이하의 부류가 이런 짓을 했는가?[6]

이런 영화는 독일에서 인기가 없었다. 사람들은 영화 관람을 거부하거나, 선전 선동이라면서 폄하했다. 귄터 그라스는 1945년에 17세였는데, SS 기갑사단에서 짧게 복무한 뒤 미군 전쟁포로 수용소에 감금되어 있었다. 그라스는 동료 죄수들과 함께 "주름이 잘 잡히게 다림질된 셔츠"를 입은 미군 장교의 교육을 받았다. 미군 장교는 베르겐-벨젠, 부헨발트, 시체 더미, 해골 같은 사람들의 사진을 보여줬다. 하지만 그라스는 어떤 것도 믿지 않았다. "우리는 같은 문장을 끊임없이 반복했다. '독일인들이 저걸 했다고요?' '절대 아닙니다' '독일인들은 절대 저런 짓을 하지 않았을 겁니다.' 우리끼리는 "이건 선전 선동이다. 모든 게 그저 선전 선동일 뿐이다"[7]라고 말했다.

선의를 가진 미군 장교들이 만든 토론 모임도 성과가 없기는 마찬가지였다. '미국의 민주주의 방식'에 대한 진솔한 토론은 매번 사람들의 공감을 얻는 데 실패했다. 토론회를 영어로 실시한 데다 '나치 국가' 같은 주제에 포로들이 방어적인 태도를 드러냈기 때문이다. 죄수들은 "우리는 몰랐다" "히틀러가 좋은 것도 많이 했다"[8]고 변명했다. 귄터 그라스가 수용된 캠프에서 교육 담당 장교가 인종주의가 초래하는 공포를 강의할 때마다, 포로들은 '검둥이nigger'에 대한 미국의 처우를 질문하면서 장교를 당황하게 만들었다.

굶주려 있던 사람들은 차가운 겨울이 다가오자 이런 교육 외에도 걱정해야 할 다른 일이 너무 많았다. 헝가리계 미국인 저널리스트인 한스 하베는 전후 독일에서 신문사를 설립하는 임무를 책임지고 있었다. 하베는 "국가가 과거를 뒤돌아보며 뉘우쳐야 한다는 생각은 정복자의 관념이다. (…) 사람들은 단지 어떻게 배를 채우고, 집을 따뜻하게 할지만 걱정하고 있다"[9]고 적었다. 자신도 유대인이었기에 강제수용소 생활을 했던 하베는 독일인들에게 따뜻한 마음을 느낄 특별한 하등의 이유가 없었다.

민주주의의 축복을 가르치는 것도 전혀 쉽지 않았다. 『양크』에 실린 '독일의 재교육'이라는 기사에는 아헨에 사는 10세 학생 에른스트를 인터뷰한 내용이 담겨 있었다. 독일군이 패배했다는 사실을 아느냐고 묻자 소년은 "미국인들은 많은 총과 많은 유대인을 가지고 있다"고 답했다. 다음 질문은 "누군가가 민주주의에 대해 이야기해준 적이 있느냐?"였는데, 답은 "선생님들이 이야기하고 있다"였다. 그래서 민주주의에 대해 배운 것 중 관심 있는 게 뭐냐고 묻자, 대답은 "노래 부르기만큼 재미있게 들리지는 않았다"[10]였다.

유럽 중심부에 위치한, 샤를마뉴(프랑크 왕국 카롤링거 왕조의 2대 국왕—옮긴이)의 옛 수도인 아헨은 독일의 재교육이 시작된 곳이었다. 감상적인 역사적 이유에서가 아니라 연합국이 점령한 첫 번째 마을이 아헨이기 때문이었다. 폭격으로 남아 있는 학교 건물이 거의 없었다. 전쟁 전 인구는 16만 명이었는데, 이 중 1만4000명만이 살아남았다. 마을의 85퍼센트가 폐허였다. 샤를마뉴가 묻혀 있는 아름다운 초기 중세 성당은 훼손되기는 했지만 그대로 남아 있었다. 하지만 『양크』의 표현에 따르면 이제 "폭격전은 (…) 새로운 전쟁의 개념에 길을 양보했다. 젊은 독일인들이 불량배가 되지 않도록 하는 실험을 모든 세상이 지켜보고 있다."

미군정 대표 존 브래드퍼드 소령은 숙청당하지 않고 기회를 얻은 시의 독일인 관료들에게 "당신들이 바로 독일의 젊은이들을 비열한 나치즘으로부터 멀어지도록 가르치고 재교육할 사람들"[11]이라고 말했다.

처음 맞닥뜨린 문제는 적합한 교사의 부족이었다. 군대에 징집된 남자들은 죽었거나 여전히 여러 전선에서 전쟁포로로 갇혀 있었고, 나치라는 이유로 해고되었다. 시인 스티븐 스펜더는 함부르크의 학생들에게 학교에서 뭘 배웠느냐고 물었다. 학생들은 라틴어와 생물학을 배웠다고 답했다. 스티븐이 "다른 것은?" 하고 묻자, 학생들은 "없는데요"

라면서 "보다시피 역사와 지리학, 영어, 수학 선생님들은 모두 숙청됐어요"[12]라고 답했다.

그다음 문제는 교과서였다. 상당수가 폭격으로 없어졌다. 남은 것은 적합하지 않았다. 총통이나 주인 민족을 찬양하거나, 독일에서 유대인을 제거해야 하는 생물학적 필요성을 주장하는 책들이었다. 나치 이전의 교과서 역시 독일인의 군인정신이나 프리드리히 대제 같은 인물의 영웅적 행동을 기리는 이야기를 담고 있었다. 다른 게 거의 없었기 때문에 뭔가를 해야 했다. 런던에서 바이마르 시대의 책 중 한 권을 찾아내 활자판으로 제작한 뒤 독일로 보냈고, 아헨의 옛 신문 인쇄소에서 제작했다.

아헨의 학교 담당자인 카를 베커스 박사는, 어린 학생들은 다가올 미래가 "'더 위대한 독일'이 아니라 전 세계의 모든 사람과 함께하는 데 있다"는 사실을 더 쉽게 믿을 것이라고 확신했다. 그렇지만 나이가 있는 학생들에게는 "매우 단호할" 필요가 있다고 생각했다. 하지만 그는 "교실에서 처벌하는 문제에서도 민주적이 되려고 노력할 것이다. 때로 교실에서 남녀 학생이 문제를 일으키면, 그 장본인을 어떻게 벌하는 것이 최선인지 학급 스스로 결정하게 할 것이다"라고 언급했다. 베커스 박사는 "아주 극단적인 사안을 제외하고는 교실에서의 회초리를 반대"[13]했다.

베커스 박사는 기독교 보수주의자였다. "나치의 함정을 뭔가 구체적이면서도 좋은 것으로 대체하기 위해서는" 기독교의 영적 가치 회복이 정답이라고 생각했다. 많은 독일인이 이같이 믿었고, 이는 향후 서독의 선거에서 기독민주연합이 지배적인 정당이 된 이유를 설명해주고 있다. 기독민주당 지도자이자 전후 첫 수상은 라인 지방 출신의 기독교인 콘라트 아데나워였다. 스티븐 스펜더는 아데나워를 만나기 위해 쾰른 시청에 갔는데, 아데나워는 히틀러가 권력을 잡기 전 쾰른 시장이었고 1945년 다시 쾰른 시장이 되었다.

스펜더는 아데나워의 집무실 창문을 통해 남아 있는 게 거의 없는 쾰른 시내를 응시하고 있었다. 벽은 여전히 서 있었지만, 그 벽은 "내부가 텅 빈, 눅눅하고 악취 나는 공허 앞에 서 있는 얇은 가면"이었다. 하지만 아데나워는 인터뷰에서 파괴된 풍광의 다른 면을 강조했다. 아데나워는 "나치가 라인란트와 루르의 폐허처럼 독일 문화를 쓰러지게 했다는 것을 알아차릴 수 있을 겁니다. 나치의 15년 지배는 독일에 정신적인 황무지를 남겨놓았습니다"[14]라고 말했다. 음식이나 연료만큼 필요한 것은 학교와 책, 영화, 음악, 극장이었다. "상상력이 제공되어야 합니다."[15]

문화에 대한 갈망은 확실히 진짜였지만, 동기는 다소 이상했다. 많은 독일인이 독서를 중단한 이유 중 하나는 대부분의 나치 문학작품이 대단히 지루하다는 점이다. 이제 일부 사람은 속죄의 일종인 것처럼 고급 문화의 필요성을 이야기했다. 스펜더는 본에서 한 여성을 만났는데, "존경스러울 정도로 충실한 가정주부로서 대단히 상냥한 타입이었다". 이 여성은 하찮은 대중오락 취향에 분노했다. 제3제국에서 도덕적 붕괴가 일어났다고 생각했으며, 재즈 음악과 카바레는 없어져야 한다고 보았다. 독일 문화는 진지해야 하는데 "독일인들이 일을 저지른 후 어쨌든 사람들이 기대하는 최소한의 수준이 있기 때문"이었다. 독일인들은 "좋은 문화"만 가져야 한다. "모차르트, 베토벤, 괴테. 이외의 어떤 것도 허용되어선 안 된다."[16] 아데나워가 이렇게까지 엄격했는지는 의문이다.

나치 시절에 금지되었던 베르톨트 브레히트의 「서푼짜리 오페라」가 전후 처음으로 베를린에서 공연됐다는 사실이 문화에 대한 갈망을 훨씬 잘 설명하고 있다. 사람들은 전쟁 상황인데도 파괴되지 않은 몇몇 극장 중 하나인, 미국 점령지의 헤벨 극장에 들어가기 위해 몇 시간을 걸어왔다. 오후 4시에 공연을 시작했기에 사람들은 범죄자들이 밤거리를 휩쓸기 전에 안전하게 집으로 돌아갈 수 있었다. 초연은 8월 15일이었다(일본 항복 다음 날인데, 이는 완전히 우연이었다). 최종 연습이 매우 어려운 조건이었다. 비가 지붕 사이로 쏟아져 내렸고, 배우들은 굶주린 상태에서 의상을 도둑맞았으며, 소품은 부서져 있었다.

레지스탕스 출신인 루트 안드레아스-프리드리히는 관중석에 앉아 있었다. 그녀는 일기에 "목이 메었다"고 적었다. 그 숱한 절망의 시간 동안 위안과 위로가 됐던 "우리의 불법적이었던 나날"의 노래들을 이제 자유롭게 들을 수 있었다. 하지만 가슴이 따뜻해지는 이런 순간에도 그녀에게는 틀린 박자를 알아채고, 배신의 전조를 읽어내는 감성이 남아 있었다. 브레히트의 유명한 말처럼 "폭풍 같은 갈채와 박수"가 있었다. "먼저 우리에게 먹을 것을 주라. 그러면 우리는 도덕에 대해 이야기할 수 있다." 그녀는 도취에서 즉각 깨어났다. 자기연민이 폭발하는 감정 상태가 역겨웠다. "표현의 자유를 향한 첫 번째 시도가 이렇게 타인을 비난하는 데서부터 시작해야 하는 것인가?"[17]

동독 문화로 이어진 나치의 수사학

매우 정치적이고 좌파적 교훈으로 가득한 브레히트의 연극은 미국이 점령하고 있던 베를린의 크로이츠베르크가 아니라, 소련 점령지역에서 공연되어야 더 합리적이었을 것이다. 브레히트는 여전히 새로 취득한 오스트리아 여권을 고집하고 있었지만, 1949년 이후 독일은 브레히트가 연극을 통해 건설하고 싶어했던 '민주적인'(공산주의) 국가였다. 소련 역시 독일인들을 재교육하기 위해 갖은 노력을 하고 있었다. 소련은 사실 영미 동맹국보다 문화에 대해 더 진지하게 생각하고 있었다. 영국 점령군 장교는 본국 보고에서 서구가 장려하고 있는 "자유롭고 개인적인 문화"가 소련의 "정치화된 문화"와는 경쟁할 수 없다고 불평했다. 소련 점령지역에서는 "극장 운영이나 서적 출간, 예술, 음악활동이 뭔가 새롭고 생동감 있게 진행되고 있다는 인상을 함께 주고 있다"[18]고 그는 말했다.

실제로도 뭔가가 진행되고 있었다. 소련 당국은 특별 클럽이나 추가 식량 배급, 예술활동을 지원하여 '민주적인' 일부 독일 지식인층의 환심을 사고 있었다. '민주적인' 문화는 독일 민족주의와 공산주의 이데올로기가 묘하게 섞여 있는 특징을 가지고 있었다. 주요한 독일 문화 활동가는 마르크스주의 시인이자 소련이 개시한 쿨투어분트Kulturbund, 즉 공식 명칭인 '독일 민주주의 부활을 위한 문화동맹'의 회장이었던 요하네스 베허였다. 베허의 생각은 영국의 교육가 로버트 벌리와 다소 비슷했는데, '진보'를 달성할 때까지 '독일 정신'은 재건을 위한 좋은 기반이라고 여겼다. 베허는 나치 감옥에서 공산주의 순교자로 죽어간 사람들이 생각하는 만큼 괴테를 생각하지는 않았다. 그에게는 '반파시즘 예술'이 '진정한' 독일 예술이었다.

사실 베허의 생각은 '진보적 문화'라는 개념을 다소 좁고 편협한 시각으로 보았던 소련 군사 정치위원들로부터 너무 유연하다는 평을 들었다. 소련 군사 정치위원들은 독일 극장에서 안톤 체호프, 니콜라이 고골 같은 러시아 작가의 고전작품이나 근대 소련 연극이 공연되는 것을 더 즐거워했다. 소련 양식에만 맞는다면, 나중에 동독 비밀경찰 책임자가 되는 마르쿠스 볼프의 아버지인, 프리드리히 볼프 같은 독일 극작가의 다소 진보적인 작품도 괜찮았다. 이 때문에 정치위원들은 독일 작가와 제작자들에게 어떤 부분을 집어넣고, 어떤 부분은 삭제하며, 극을 어떻게 상연하는가에 대해 지시하기를 좋아했다.

소련 점령지역에서 음악과 영화, 극장 공연은 대중적 인기가 있었다. 공연에 앞서 홍보물이 배포되고, 무대 공연 전에 정치 인사가 나와 올바른 정치 노선을 설명하는 것 때문은 아니었을 것이다. 공산주의 당국은 「10월의 레닌」 혹은 「1918년의 레닌」 같은 영화를 계속 상영하면서 홍보했지만, 오락거리를 절실히 찾던 관객들은 대개 이런 영화를 이해하지 못했다. 독일사회주의통일당Socialist Unity Party of Germany 당원들도 공식적인 소련 문화에 대해서는 그다지 열광하지 않았다. 요하네스 베허는 공산주의 신념으로는 흠잡을 데 없는 사람이었는데도 소련의 진정한 신임을 받지 못했다. 독일인인 데다 아마도 너무 '국제적'이라는 이유에서였을 것이다. 게다가 과거 경력에서 트로츠키주의자라는 위험한 냄새가 났다. 1945년 11월 포츠담의 소련 문화 담당자는 쿨투어분트가 "예술과 문학에서 미래주의, 인상주의 등과 같은 부르주아 경향"[19]을 용인하고 있다고 비판했다.

동독 지역의 삶과 문화에는 또 다른 면이 있었는데, 1989년 베를린 장벽이 무너져 내릴 때까지 남아 있던 특징이었다. 나치의 위협적이면서 과장된 수사修辭가 공산주의 스타일로 자연스럽게 이어진 것이었다. 다리를 굽히지 않고 높이 드는 행진과 매스게임, 군사 퍼레이드에 대한 선호, 군사 퍼레이드에서 공중에 주먹을 흔들면서 구호를 외치는 군중, 우정과 평화에 대한 극찬 등이다. 전후 「서푼짜리 오페라」의 초연을 관람했던 루트 안드레아스-프리드리히는 쿨투어분트 발족식에도 참석했다. 끝없이 이어지는 연설에 대한 염증이 곧 혐오감으로 바뀌었다. 루트는 7월 3일 일기에 이렇게 적었다.

유명 인사 여덟 명이 과거를 받아들이고 이제 우리의 새로운 문화생활에 대해 이야기를 나누자고는 하지만 그 누구도 자신의 화법이 거의 바뀌지 않았다는 사실을 깨닫지 못하는 듯했다. 여전히 자신들이 얼마나 가장 위대하고, 궁극적이며, 광범위하고, 훌륭한지에 대해 이야기했다. (…) "평화주의를 위한 전투로 진군하는 굳건한 발걸음과 함께"라고 며칠 전 한 정치가가 발언했는데, 이런 선의의 열정이 얼마나 역설적으로 들리는지 아마 깨닫지 못했을 것이다. 과장을 줄이는 방법을 배우는 게 이렇게나 쉽지 않나 보다.[20]

할리우드와 파리 문화의 각축

전반적으로 미국 문화가 소련 당국이 장려한 문화보다 훨씬 더 오락적이었는데도 서구 점령지역에서 발간된 초기 잡지들에서는 그런 인상을 별로 받을 수 없었다. 미국 점령 당국은 독일인들에게 맡겨두기보다는 직접 독일인 독자를 위한 잡지를 발간했다. 월간지 『아메리칸 옵저버American Observer』 제1호는 독일 지식인들을 겨냥하고 있었다. 인본주의 신념과 토머스 제퍼슨의 정치철학, '테네시 계곡의 재탄생'이라는 제목의 기사 등을 담고 있었다. 『호이테Heute』('오늘'이라는 뜻—옮긴이)라는 잡지는 나치의 네덜란드 점령을 다룬 '수용소 지옥의 남자' '테네시 강 유역 개발 공사와 지역 사업' 같은 특집 기사를 실었다.[21]

이들 잡지에 대한 독일 독자들의 반응은 한 미국인 관찰자에 따르면 '허점투성이'[22]였다.

반면 소련은 처음부터 믿음직한 '민주적인' 독일인들이 추진하는 이런 유의 잡지 발간을 허용했고, 이것이 훨씬 더 성과 있는 전략이었다. 첫 잡지였던 『아우프바우Aufbau』('건설' '건축'이라는 뜻—옮긴이)는 독일의 전쟁범죄에 관한 기사뿐 아니라 토마스 만과 폴 발레리, 에르네스트 르낭 등이 쓴 기사를 실었다. 잡지는 발간 즉시 다 팔려나갔다.

독일에서는 할리우드 영화가 10년 이상이나 상영이 금지됐기 때문에 먼저 미국의 생활 방식을 선전할 수 있는 영화 32편이 선정됐는데, 영화들은 의도하는 목적과 상관없이 인기를 끌었다. 미국 사회의 어두운 면을 보여주는 것은 확실히 피해야 했기 때문에 선정된 영화 중에 갱 영화는 없었다. 「바람과 함께 사라지다Gone with the Wind」(1939)와 「분노의 포도The Grapes of Wrath」(1940) 역시 너무 부정적이라는 판정을 받았다. 독일인들은 당시 다른 서구 유럽과 마찬가지로 다소 철 지난 할리우드 영화를 많이 봤다. 찰리 채플린의 「골드러시Gold Rush」(1942)나 디나 더빈이 출연한 「오케스트라의 소녀」(1937)(원제는 「백 명의 남자와 한 명의 소녀One Hundred Men And A Girl」—옮긴이), 전기 영화 「일리노이 주의 에이브러햄 링컨Abe Lincoln in Illinois」, 빙 크로스비가 골프에 빠진 성직자로 출연하는 1944년의 뮤지컬 영화 「나의 길을 가련다Going My Way」 등이었다.

하지만 일부 작품은 역효과 때문에 상영이 중단되었다. 험프리 보가트가 독일 유보트U-boat(제1, 2차 세계대전 당시 활약한 독일의 중형급 잠수함—옮긴이)에 공격당하는 상인으로 나오는 전쟁 영화 「북대서양에서의 해전Action in the North Atlantic」(1943)은 상영 도중 브레멘의 한 극장에서 폭력적인 반응을 부른 원인이 되었다. 나치 잔혹 행위를 다룬 다큐멘터리 영화를 보는 것과는 다른 문제였다. 일부 관객은 나쁜 독일 유보트 승선원들이 바다에서 무력한 상황에 처한 미국인들에게 기관총을 쏘아대는 내용을 오락용으로 보는 것에 대해선 참을 수 없어 했다. 화가 난 독일 해군 출신 참전 군인들이 모두 극장에서 나가야 한다고 다른 관객들을 종용했다.

영국은 다소 덜했지만 미국에 핵심적이었던 문제는 재교육으로 문제 해결이 불가능할 수도 있다는 점이었고, 확실히 미국은 해결할 수 없는 딜레마에 처해 있었다. 재교육의 목표는 독일인, 나중에는 일본인들에게 자유와 평등, 민주주의의 미덕을 가르치는 것이었다. 하지만 '발언의 자유'라는 것이 거의 절대적인 교훈이긴 했지만, 이런 교훈을 대중심리전까지 확대해 선전하면서, 자신들의 목적에 따라 언제든 검열을 행할 수 있는 미군 당국이 발언의 자유라는 말을 한다는 게 문제였다. 물론 나치나 일본 전시 정권보다 문화와 교육이 더 억압적이었던 곳은 없었다. 그러니 귄터 그라스같이 히틀러를 위해 복무했던 군인 출신들이 미국을 인종주의라고 비웃는 건 좀 과하지만, 동맹국은 확실히 위선적이라는 비난에는 취약했다. 그래서 민주주의에 대한 찬미가 다소 공허하게 들릴 수 있었는데, 점령 당국이 「바람과 함께 사라지다」의 상영을 금지했다는 점뿐 아니라, 정책에 대한 다른 시각이나 실제적인 정보에 대한 지지조차 거부하면서 정책 자체를 부정적으로 만들었기 때문이다.

8월 31일 점령 당국에 새로우면서도 공식적인 지위가 부여되었다. 이미 여러 지역으로 나뉘기는 했지만, 독일은 공식적으로 미국과 소련, 영국, 프랑스로 구성된 독일 관리이사회가 지배하게 되었다. 루트 안드레아스-프리드리히가 귀에 거슬려 했던, 그 불안한 조짐이 정확하게 들어맞았다. 루트는 일기에 이렇게 적었다.

이제 최소한 우리는 누가 우리를 다스리는지는 안다. 왜 문서마다 그렇게 빈번히 민주주의를 이야기하는가? 민주주의는 대중이 다스린다는 것을 의미한다. 우리는 관리이사회에 의해 통치되고 있다. 우리는 아름다운 단어(민주주의)가 남용되고 있다는 사실을 경계해야 한다.[23]

미국 서적통제팀은 점령지역의 서점과 도서관을 샅샅이 수색했다. 나치 시대에 쓰인 책만 제거된 게 아니었다. 미국인이나 비非게르만계 유럽인들을 무례하고 타락했다고 묘사한 대중적인 여행 책자뿐 아니라 오스발트 슈펭글러(『서구의 몰락Decline of the West』 저자) 같은 작가의 책도 금지되었다. 금지된 저자 중 한 명인 역사가 하인리히 폰 트라이치케는 실제로 맹렬한 프로이센 민족주의자이긴 했지만, 히틀러라는 이름이 알려지기 훨씬 더 전인 1896년에 사망한 인사였다. 슈펭글러는 초기에는 나치에 동조적이었지만, 1936년 사망 직전에 나치와 사이가 틀어졌다. 슈펭글러의 몇몇 저서를 나치뿐 아니라 미국도 금지했다는 점은 특이하다.

나치의 선전과 서적, 영화 및 그 외 관련 오락물을 전부 금지하는 것은 기본 조치였다. 정보통제분과 장교들은 뉴스 검열에도 참여했다. 미국인 저널리스트 줄리언 바흐는 1945년의 상당 기간을 독일의 다양한 지역에서 이 활동에 참여한 장교들을 관찰했다. 바흐는 모순점을 발견했다. 장교들은 나치 기간 동안 독일인들이 체계 정연한 자유사상에 대한 열망을 지니고 있다고 추정했다. 해방된 강제수용소의 굶주린 사람들이 위가 극히 작아져 너무 많은 음식을 제공해서는 안 되는 것처럼, 위축된 마음도 너무 많은 정보를 섭취할 수 없을 거라고 그들은 생각했다. 바흐의 표현에 따르면 "독일인의 마음을 치료하는 임무를 띤 '정신 외과의'들은 뉴스와 신선한 사상에 대한 독일인들의 굶주림 역시 차근차근 채워져야 한다고 생각했다".[24] 이 외과 의사들 대부분은 독일 역사와 문화, 사회에 대해 거의 몰랐기 때문에 적정량이 어느 정도인지 가늠하는 데 별 도움이 되지 않았다.

처음에 독일인들이 읽을 수 있는 신문은 점령 당국이 작성하고 편집한 것뿐이었다. 그렇다고 해도 효과는 있었다. 신문은 암시장에서 원가

보다 20배 비싼 가격에 팔려나갔다. 쾰른에서 발행된 신문 첫 호가 거리에 나왔을 때, 수많은 사람이 몰리는 바람에 인근에 있던 미군 대령은 총을 사용해야 하나 고민했을 정도였다. 나치 언론과는 대조적으로, 점령 당국의 신문에도 자유의 냄새가 풍겼음에 틀림없다. 영국과 미국이 점령한 모든 도시에 개장한 이른바 '미국의 집'과 '영국 센터'에서 미국과 영국 책을 접할 수 있었던 것은 많은 사람에게 축복이었고, 이는 꽤 오랫동안 지속되었다.

하지만 서구 연합국이 자기들 방식으로 모든 걸 다 할 수는 없었다. 민주주의와 언론의 자유가 갖는 미덕을 설파하고, 독일 정당의 재건을 격려하는 군정활동은 군사 점령과 관련 정책에 대한 비판을 불러일으켰다. 군정이 서투른 검열에까지 나서면서 비판을 막으려고 무척 노력했지만 허사였다. 사회민주주의자들은 미군이 사회주의적인 계획경제보다 자유 기업을 선호하는 것에 분노했다. 애틀리의 영국 사회주의 정부가 파견한 대표단이 운영하는 독일 지역에서는 정반대였다. 독일의 보수주의자들은 점령자가 기획한 '볼셰비키' 경제에 항의했다. 기독교 민주주의자들의 비판에는 불길한 함축적 의미도 있었다. 헤센 주의 미군 점령지에서 열린 청년집회의 한 연설자는 탈나치화가 독일을 '볼셰비키화'할 거라고 경고했다. 그는 "연합군 제복을 입은 이민자들(즉, 유대인들)"이 이런 불행한 경향에 책임이 있다고 말했다.

독일, 프랑스와 미국 문화에서 배울 것

독일인에게 미국은 모방해야 할 모델이긴 했지만, 빙 크로스비의 뮤지컬에서 '러키 스트라이크Lucky Strikes'(재즈 음반 이름—옮긴이)까지, 스윙 음악에서 껌에 이르는 미국 문화에 대해 독일인들은 다소 양면적인 시각을 갖고 있었다. 독일의 기독교 보수주의자들 사이에서는 종교적, 고전적인 독일 문화가 영적 개조와 구원을 위한 유일한 길이라는 시각이 넓게 퍼져 있었는데, 미국 문화는 이에 반하고 있었다. 미국 문화에 대한 독일 보수주의자들의 의구심은 히틀러가 부상하기 훨씬 더 전으로 거슬러 올라간다. 미국 문화의 대중성은 전통적 가치에 대한 위협으로 보였고, 실제로 독일 지식인들은 그렇게 규정했다. 일부 좌파 성향의 지식인들도 미국 문화가 껄끄럽기는 마찬가지였다. 전쟁 기간에 미국에 망명했던 프랑크푸르트학파 철학자인 테오도어 아도르노는 마르크스주의 관점에서 미국 재즈 음악과 다른 대중문화를 혹평했다. 재즈는 아도르노 자신이 명명한 '문화 산업'의 일부였는데, 상업적인 오락으로 대중을 눈멀게 하는 방식으로 착취하는 자본가의 음모였다.

이런 견해가 독일에만 한정된 것은 아니었다. 1945년 여름, 영국예술위원회 초대 회장이 된 존 메이너드 케인스는 라디오 프로그램에 나와서 위원회의 목표를 간결하게 설명했다. "할리우드에 죽음을!" 독일이나 네덜란드를 포함한 다른 유럽처럼 영국인들도 미국 영화를 보기 위해 극장으로 몰려들고 있었다. 유나이티드아티스츠United Artists Corporation(미국 영화배급사—옮긴이)가 항의하자 케인스는 미국에 자신의 "기이한 행동"을 용서해달라고 요청하는 편지를 『타임스』에 기고했다. 케인스가 하고자 했던 말은 국가들이 "뭔가 개발해야 한다. (…) 자신들만의 특성이라든지 하는 것을"이었다. 케인스의 말이 진정 의미했던 것은 "할리우드는 할리우드를 위해서"[25]였다.

사실 케인스의 태도는 솔직하지 않았다. '할리우드'에 대한 경멸은 모든 유럽 지식인의 극히 전형적인 태도였지만, 그들 역시 새로운 세계의 문화에 대한 흥분을 억누르지 못하고 있었기 때문이다. 시릴 코널리는 1945년 봄 『지평선』에 실린 기사에서 "유럽 문화의 부활이 어디에서 유래하는가?"라는 질문을 던졌다. 코널리는 이 세계에서 가장 필요한 것은 "긍정적이면서 성숙한 인본주의"라고 주장했다. 미국이 이런 인본주의를 제공할 수 있는가? 모든 것을 감안할 때 미국은 아니라고 코널리는 생각했다. 미국은 "지나치게 돈을 지향하는 데다 기계처럼 건조하다"고 봤다. 그래서 이상적인 문화는 코널리가 사랑한 프랑스에서 와야 한다, 프랑스만이 "1789년의 무혈 혁명이 가능했고, 그리고 삶은 계속되어야만 하며 자유는 삶의 자연적인 본질이라는 오랜 진실을 세상에 선언할 능력이 있다"고 그는 생각했다.

파리는 많은 사람에게 '할리우드'에 대항하는 상징적인 해결책이었다. 카페 드 플로르에서 철학을 토론했던 장폴 사르트르의 파리, 레지스탕스에 뿌리를 둔 문학 잡지의 파리, 젊은 남녀가 성적·정치적으로 해방된 삶을 살아가는 파리였다. 프랑스에 대한 희망적 시각은 독일보다 미국 문화에 훨씬 더 많이, 집중적으로 종속된 일본에까지 뻗어갔다. 1946년 일본에서 출판된 서적 상위 10위에 속한 저서 중 3권이 외서 번역본이었는데, 사르트르의 『구토Nausée』와 앙드레 지드의 『상상 인터뷰Intervues Imaginaires』, 에리히 마리아 레마르크의 『개선문Arc de Triomphe』이었다.[26] 베를린에서 루트 안드레아스-프리드리히는 전후에 프랑스의 베레모 놀이가 젊은이들 사이에서 유행이라고 적었다. "뭔가 할 말이 있으면 누구든 검은색 베레모를 썼다." 일본에서는 지식인들 사이에 친親프랑스 유행이 20세기 말까지 지속되었다.

하지만 프랑스적인 것에 대한 사랑에는 대중성이 없었다. 게다가 많은 프랑스 사람이 유럽 동서남북의 다른 나라들처럼 미국에 푹 빠져 있었다. 하다못해 사르트르도 그랬다. 1944년 11월, 10여 명의 프랑스 기자가 전시 기간 미국에 대해 배우기 위해 미국에 초대되어 갔다. 시몬 드 보부아르는 사르트르가 이 방문단에 포함됐다는 초청장을 받은 날처럼 "마냥 신나하는 것을 본 적이 없다"고 회고했다. 보부아르는 회고록에서 미국의 매력을 다음과 같이 묘사했다. 그녀는 전 세계의 수백만 명에게 이렇게 말하고 싶었을 것이다.

미국! 너무 많은 것을 의미한다. 먼저 우리가 접근할 수 없었던 모든 것이 있다. 재즈, 극장, 문학은 우리의 젊음에 영양을 공급했지만, 항상 우리에게 거대한 신화였다. (…) 미국은 우리에게 구호품을 보낸 나라였다. 우리가 행진하고 있는 미래였다. 풍요와 끝없는 지평선. 전설적 이미지들의 마술 등불이었다. 충격에 휩싸여 직접 눈으로 온통 관찰할 수 있다는 생각뿐이었다. 사르트르를 위해서만이 아니라 내 자신을 위해서도 나 역시 대단히 기뻤다. 언젠가 사르트르를 따라 이 새로운 길을 가리라고 내가 확신했음을 알았기 때문이다.[27]

그다음엔 보리스 비앙과 그의 스윙 밴드 자주zazous(제2차 세계대전 시기에 스윙 음악을 즐기는 젊은이들을 '자주'라 불렀다—옮긴이)가 있었다. 비앙은 전시에 영미 스타일에 영향을 받아 과격한 파티를 열고, 헤밍웨이와 포크너의 작품을 비밀리에 읽으면서 숨 막히는 페탱 정권에 저항했다. 비앙은 상당한 위험을 무릅쓰고 다세대 아파트에서 금지된 재즈 음악에 맞춰 춤을 췄는데, 이는 나치에 과감히 반항심을 드러냈던 독일의 스윙 유켄트Swingjugend(스윙 아이들—옮긴이)의 프랑스판이었다. 1944년 봄 이후 비앙과 그의 밴드는 미국의 잉여 물자인 청바지와 체크 셔츠를 입고 오직 재즈, 재즈, 재즈만 듣고 연주했다.

환상은 실재를 목격하면 종종 깨진다. 보부아르의 설명에 따르면, 사르트르는 목격한 것에 다소 충격을 받은 채로 미국에서 돌아왔다. 사르트르는 미국인들을 좋아했고, 특히 루스벨트에게서 큰 감명을 받았

지만 "경제 시스템과 흑백 분리, 인종주의는 물론, 사르트르를 충격에
빠뜨린 서구 문명의 많은 것이 있었다. 미국의 체제 순응과 가치 척도,
신화, 낙관주의, 그리고 비극적인 것이라면 그 어떤 것도 피하려는 경향
등등……"[28]

프랑스가 많은 사람에게, 특히 프랑스 안에서도 미국에 대한 문화
적 균형추로 여겨진 것은 당연했다. 미국처럼 프랑스는 보편적 열정으
로 가득 찬 혁명으로부터 탄생했다. 프랑스는 계몽된 문명을 가지고 그
과실의 이득을 세계 도처에서 싹 틔워야 한다. 미국인들도 자신들의 공
화국에 비슷한 시각을 가지고 있었으며, 전 세계에서 그 임무를 다해
야 한다고 생각했다. 확실히 1945년에는 미국이 프랑스보다 이를 설파
하고 때로 그 가치를 다른 나라에 부과할 수 있는 좋은 위치에 있었다.
나폴레옹이 강력한 군사력으로 프랑스 보편주의를 전 유럽, 특히 게르
만 땅에 퍼뜨렸던 19세기 초반과는 달랐다. 이에 대한 반발로 당시 독
일은 낭만적 민족주의를 발달시켰고, 결국 이는 제3제국으로 끔찍하게
왜곡된, 피와 땅에 대한 방어적 인식을 만들어냈다.

1945년 미국식 재교육은 초기엔 징벌적인 분위기였지만 과거의 프랑
스보다는 더 신사적이었다. 아마도 이 점이 독일인들의 동요나 분노 없
이 미국의 세기를 프랑스보다 더 잘 받아들인 하나의 이유일 것이다. 유
대인은 물론 슬라브족에게 저지른 자신들의 행위를 알고 있던 대부분의
독일인은 미국인들이 자신들을 다루는 방식에 매우 깊이 안도했을 것이
다. 영미 점령지역의 독일인 삶을 소련 점령지보다 확실히 더 선호했고,
초기에는 프랑스 국경과 접해 있는 라인란트의 작은 프랑스 점령지역보
다도 더 선호했을 것이다. 프랑스 점령지역의 핵심 도시는 지금은 손님
을 거의 뺏긴, 온천으로 유명한 바덴바덴이었다. 프랑스가 이 지역을 점
령한 이유는 명확하지 않다. 미국은, 프랑스가 (루스벨트가 항상 불신했

던) 드골과 자유프랑스군이 존재했는데도, 나치 독일을 물리치는 데 결정적인 역할을 못 한 이유를 들어 프랑스의 라인란트 점령에 반대했다. 하지만 항상 그렇듯 드골의 의지가 미국을 이겼다. 프랑스의 또 다른 문제는 상당수의 시민들이 독일인들에게 보복을 가했고, 가능하면 독일인들을 크게 약탈하려는 욕망을 가지고 있었다는 점이었다.

특히 이는 점령 첫해에 딱 맞아떨어졌다. 프랑스인들은 미국인이나 영국인보다 더 정복자처럼 행동했다. 군대는 규율이 잡혀 있지 않았다. 석탄 같은 국가 자원은 프랑스로 옮겨졌다. 나중에 무산되기는 했지만, 공업지대인 라인란트와 베스트팔렌, 석탄이 풍부한 자를란트 등 독일의 일부 지역을 합병하려는 프랑스 정부의 계획이 있었다. 하지만 다른 연합국 중 어느 곳도 지지하지 않았기 때문에 계획은 폐기되었다. 일부 프랑스 장군들도 이 계획이 독일의 영토 재정복 욕망을 자극하여 방금 끝난 전쟁을 다시 초래할 수 있다고 우려하면서 반대했다.

하지만 항상 문명화 임무에 자극받는 프랑스인들은 문화에 관해서는 진지했다. 특히 독일의 문명화를 위해 프랑스 문명을 수출하는 데 가장 진지했다. 독일만이 아니었다. 프랑스 미술 전시회와 프랑스 작곡가들의 작품을 공연하는 콘서트, 프랑스 영화와 문학을 다른 연합국 점령 지역에서도 장려하려 했다. 프랑스 문화 관련 업무 수장이었던 르네 티모니에의 표현에 따르면 "문화적 가치에서 프랑스는 여전히 위대한 국가이며, 어쩌면 가장 위대한 국가"[29]라는 사실을 보여주기 위해서였다.

탈나치화에 관해 프랑스는 미국이 했던 것만큼이나 꽤 많은 일을 했다. 나치 전력이 있는 교사와 인사들을 숙청했고, 나치 관련 서적을 도서관에서 금지했으며, 통제 속에서 믿을 만한 독일 저널리스트들이 발간한 독일 신문과 라디오 방송 내용을 검열했다. 바덴바덴에서 당시 독일작품을 꼼꼼히 검열한 사람 중 한 명은 1930년대에 프랑스 시민이 된 소설가 알프레트 되블린이었다. 되블린은 전쟁 직후 발표된 독일 산문이 선명하지 않은 문체에다 신비주의 경향이 있고, 지적 혼란의 풍조가 있다는 점에 충격을 받았다. 그는 독일인들이 "많이 읽거나 배우지 않은 것 같다"고 짐작했다. 처음에 독일 땅은 "오직 싹만 틔운 풀과 잡초뿐이었다."[30]

정보통제분과의 미국인 담당자처럼 프랑스인 담당자들도 1945년의 독일은 다양한 정치적 견해에 노출될 준비가 되어 있지 않다고 생각했다. 대신 언론은 "현대 프랑스 도자기"나 "프랑스 회화" 같은 주제의 문화나 일상생활에 더 집중해야 한다는 견해였다. 이런 생각이 제3제국 이외의 지역에서 발전한, 현대예술 지식이 미천한 독일인들을 다시 문명세계로 데려다놓을 것이었다. 문명세계의 중심은 물론 유럽이며, 문화 수도는 당연히 파리였다.

프랑스 자부심amour propre의 복원 말고도 여기에는 몇 가지 다른 정치적 의미도 있었다. 프랑스가 라인 강 인근의 국경지대를 합병할 수 없다 하더라도, 중요한 뭔가가 그곳에서 곧 일어날 것이었다. 이 지역의 풍부한 석탄, 철강은 범유럽 기구의 통제 아래 놓이면서 독일과 프랑스, 그리고 1951년 파리에서 설립된 유럽석탄철강공동체European Coal and Steel Community 회원국들에 혜택을 줬다. 프랑스 점령지는 나중에 유럽연합으로 발전하는 기구의 탄생지였다. 이 지역 통치권을 공유하자는 계획은 프랑스에서 나왔다. 이를 공식 제안한 사람은 프랑스인 아버지와 독일인 어머니를 둔 룩셈부르크 태생의 프랑스 정치인 로베르 쉬망이었다. 가장 부유한 독일 지역에 대한 통치권을 공유하자는 데 합의한 서독 수상은 쾰른 시장을 역임한 콘라트 아데나워였다.

1945년 독일이 연합국 점령지역으로 나뉜 것이 그나마 다행이라는 주장은 40년간 공산주의 독재를 견뎌야 했던 사람들에게는 너무 잔인한 이야기일 것이다. 하지만 분단은 연방주의적 특성을 띠고 있던 독일에 가장 잘 맞아떨어진다. 연합국 점령자들은 결코 독일의 교육을 중앙집권화할 수 없었고, 문화와 정치 영역에서 지역 차이를 허물지 못했다. 독일인들이 정말 재교육되었는지는 의문이었다. 연합국의 최대 성과는 서독을 적대감 없는 나라로 만들었다는 사실일 것이다. 이전의 적을 재교육하려는 희망은 잘난 척일 수 있지만, 보복보다는 훨씬 더 온건하면서도 덜 위험하다. 옛 적을 일으켜 세우는 것은 일부 독일인들이 마땅히 받아야 할 대우에 비해 훨씬 더 많이 주는 것일 수 있지만, 그 나라를 쥐어짜는 것보다는 확실히 더 나았다. 이번에는 '등 뒤에서 찌르기stab-in-the back' 전략이라든가, 국가 패배에 대해 보복하려는 무법자들의 무장단체도 없을 것이었다. 그렇지만 사실상 독일의 미래를 형성한 것은 문화나 교육, 정의, 하다못해 상식적인 예의범절도 아니었다. 유럽에서 강력한 민주주의를 건설할 필요가 있도록 만든 정치적 환경인 냉전과 독일 엘리트층의 기회주의, 미국의 이해관계, 로베르 쉬망의 표현대로 "전쟁을 불가능하게 만들고 세계 평화를 진작하기" 위해 고안한 유토피아 프로젝트 등이었다.

군사적, 정치적 영향력 면에서 프랑스의 라인란트 점령은 그리 큰 의미가 없을지 모르지만, 유럽에서 가장 피비린내 나는 분열 지역을 다시 봉합하는 데에는 도움이 되었다. 통합 유럽은 프랑스, 독일뿐 아니라 기독교 민주주의의 꿈이기도 했다. 상당히 회의주의적 시각을 보였던 드골은 이를 "샤를마뉴 사업의 재개"³¹로 비유했다. 독일의 사회민주주의자들은 프랑스의 공산주의자들처럼 이를 반대했다. 드골 역시 프랑스가 아직 연합에서 지배적인 위치를 차지하기에는 힘이 불충분하다고 생각해 반대했다. 아마도 드골 장군은 당시 권력을 쥐고 있지 못했기 때문에 짜증이 났을 수도 있다. 실제로 1945년 장 모네에게 고무된 드골은 루르와 자를란트를 유럽연방 국가에 통합하는 계획을 찬성하는 발언을 한 적이 있다(드골은 영국을 연방에 포함해야 할지에 대해선 다소 모호한 입장이었다). 현재 곤란을 겪고 있는 유럽연합의 미래가 뭘 가져다주든 간에, 통합이라는 꿈은 모든 재교육 프로그램을 합친 것보다 더 독일을 유럽 국가로 다시 뭉치게 하는 역할을 했다.

집단주의 기질과 위로부터의 일본 개조

1945년 12월 15일 『새터데이 이브닝 포스트』는 이례적인 제목(지금은 이례적이지만 당시에는 아니었다)으로 일본 점령에 관한 특집 기사를 실었다. "미군이 일본인들을 문명화하고 있다"였다. 작성한 기자는 윌리엄 워든이었고, 발신지는 도쿄였다. 배포 방식은 공중 살포였다.

발신지와 날짜 위에는 기사의 요약본이 실려 있었다. "일본인들이 뭘 해야 하는지 지시를 기다리고 있고, 다루기 힘든 농촌 남자들이 일을 회피하는 동안 미군은 가장 효율적임을 증명하는 귀감이 되고 있다."

독자는 기사 뒷부분에서 "보통 일본인은 미개인에서 크게 벗어나지 않은 단순한 사람이다. 전쟁에서 증명됐듯이"라는 정보도 얻을 수 있다.

하지만 한 줄기 희망도 있었다. "현재 일본인들을 민주화하고 문명화하는 데 가장 효과적인 역할을 하는 사람은 미군이다. 일본인들을 진정시키는 데 효과적이었던 것처럼."

'일본놈'이 미개인이라는 관념은 전쟁 기간에 널리 퍼져 있었다. 원자폭탄이 히로시마와 나가사키에서 20만 명을 살상한 뒤 트루먼 대통령은 친구에게 쓴 편지에서 "야수는 야수처럼 다뤄야 한다"[32]고 적었다.

놀랄 만한 사실은 점령 이후 그런 시각이 얼마나 빨리 사라졌느냐 하는 점이다. 여전히 일본인을 평화로운 민주주의자로 교육하겠다는 발상을 회의적으로 바라보지 않았다고 말하는 게 아니다. 미국 국무부 산하 일본 문화·사회 전문가들, 즉 '일본통'들은 전통적인 상의하달식의 집단화된 특징을 짚어냈다. 일본인들은 절대 개인으로 행동하지 않는다고 이들은 주장했다. 일본인들은 윗선의 명령에 복종하는 데 익숙해져 있었다. 천황은 신성한 인물로 존경받았다. 한 일본통의 표현에 따르면, 천황의 신민들은 "무기력하며, 전통에 묶여 있었다". 점령된 도쿄의 영국인 대표(콜걸 크리스틴 킬러와 밀통하여 1963년에 실각된 존 프러퓨모 준장이 당시 그의 수석 보좌관이었다)는 일본인들을 "어느 아프리카 종족만큼이나 현대사회의 자치에 어울리지 않는다. 그보다 훨씬 더 위험하다"[33]고 묘사했다.

일본 엘리트 인사들로부터 얻은 정보에 기초해 일본인의 특성을 이론화한 일본통에 맞선 이들은 중국통이었다. 이들은 대개 좌파에 동조적이며 옛 루스벨트 행정부 출신의 뉴딜주의자였다. 점령 초기 몇 년간 중국통들은 공식 업무를 담당했고, 자신들의 의견을 확산시켰다. 핵심적인 변화는 8월 11일에 일어났는데, 이날 일본통 원로이자 전 주일 대사였던 조지프 그루 미국 국무부 차관이 딘 애치슨으로 교체되었다. 애치슨은 9월 "전쟁으로 향해 가고 있는 현재 일본의 사회, 경제 시스템을 바꿀 것이고, 전쟁을 하려는 의지는 지속되지 않을 것이다"[34]라고 언급했다.

맥아더 장군은 매우 종교적인 인사였다. 맥아더의 전시 이론은 '동양의 정신Oriental mind'을 아이처럼 순수하면서 동시에 잔인한 것으로 간주할 만큼 대단히 조잡했다. 맥아더는 일본인 재교육을 운명처럼 확신하고 있었다. 맥아더가 즐겨 말하기를, 이 임무를 이끄는 안내자는 워싱턴과 링컨, 그리고 예수 그리스도였다. 일본인들은 기독교로 개종돼야만 한다. 하지만 어쨌든 (여기서 맥아더의 생각은 콘라트 아데나워와

일맥상통하는데) 갱신은 영적이면서도 정치, 사회, 경제적이어야 했다. 맥아더는 독일 기독교 민주주의자들이 상상했던 것에서 더 나아갔다. 일본 점령은 "영적 혁명 (…) 전 세계 사회사에서 견줄 데 없는 엄청난 변화"[35]를 낳아야 한다고 그는 말했다. 허버트 후버는 도쿄 방문에서 맥아더를 "성 바오로의 환생"[36]이라고 칭했다. 하지만 미국인 총독은 일본 문화를 탐구하거나 일본 지역을 연구하는 데에는 전혀 관심이 없었다. 맥아더는 대부분의 저녁 시간을 집에서 카우보이 영화를 보면서 지냈다. 맥아더의 통역관이었던 포비언 바워스는 맥아더가 일본에서 보낸 5년간 "두 번 이상 만나 이야기한 일본인은 단 16명뿐이었고, 이 가운데 수상이나 수석 재판관, 일류 대학 총장 이하 계급은 없었다"[37]고 훗날 회고했다.

독일과 달리 일본은 여러 연합국의 점령지로 분할되진 않았다(소련 은 홋카이도 위쪽의 북방 영토를 원했지만, 미국이 안 된다고 했을 때 불평하 지 않았다). 일본 점령은 미국의 쇼였고, 연합국 최고사령관인 맥아더는 거의 절대적인 권력이었다. 실제로는 거의 모든 통치를 일본 정부가 맡 아 했고, 그 위에서 맥아더가 군림했을 뿐이지만 말이다. 왜 일본에서 독일보다 재교육 열정이 더 컸느냐에 대해서는 몇 가지 이유가 있을 수 있다. 독일에서의 경험이 일본에서 뭘 해야 하는지를 가늠하는 기초가 되었을 것이다. 다른 연합국이나 독일인들의 저항, 또는 지역 차로 인해 독일에서는 좌절되었던 시도가 미국이 전능하게 다스리고 있던 일본에 서는 좀 더 성공할 기회가 많았을 것이다. 하지만 가장 핵심적인 이유 는 일본인을 순진한 미개인이자, 개종 가능한 단순한 영혼으로 간주한 최고사령관의 생각일 것이다. 일본인들은 기독교인도 아니고, 그들의 문화가 서구 문명에 뿌리를 둔 것도 아니었다. 이런 생각이 일본인의 정 신에 관해서라면 진정 '0년'으로 보였을 것이다.

태평양전쟁이 얼마나 격렬했으며, 미일 양측의 전시 선전·선동이 얼마나 잔혹했는지를 고려하면, 일본인들은 놀라울 정도로 배울 의지가 있는 학생들이었다. 1951년 맥아더가 한국전쟁에서의 불복종으로 트루먼 대통령에 의해 해임된 뒤 일본을 떠날 때, 일본인들이 바친 찬사와 경의의 방식은 독일이라면 생각조차 못할 것이었다. 맥아더를 일본의 명예시민으로 만드는 법이 제정되었다. 도쿄 만에 최고사령관을 위한 기념관 건설 계획이 세워졌다. 일본인 수십만 명이 맥아더가 공항으로 향하는 길에 줄지어 서서 상당수는 눈물을 흘리며 맥아더가 탄 리무진을 향해 감사하다고 소리 질렀다. 일본의 주요 신문 중 하나는 사설에서 이렇게 외쳤다. "오, 맥아더 장군이여. 장군이여, 장군이여, 일본을 혼돈과 기아에서 구해낸 장군이여."[38]

공산주의 성향이 강한 일본인 변호사는 최고사령관에게 보낸 편지에서 "일본의 미래를 위해 (점령 지도자들은) 해방과 평등, 자비심으로 이뤄진 평화로운 새벽을 가져다줬다. 그들은 민주주의 국가를 건설하려는 일본인들을 지원했고, 성실하게 방향을 제시했다. (…) 그들의 성취에 감사를 표하기 위해 우리는 점령군을 환영하는 대중 시위를 개최할 것이다"[39]라고 썼다. 이 편지는 11월에 작성됐는데, 히로시마와 나가사키에 원자폭탄이 떨어지고 3개월 뒤였다.

일본인들의 이런 행동을 해석하는 한 방법은, 가식적이고 자기 잇속을 차리면서 유화적인 통치자에게 순응하는 오랜 전통 등 동양 문화를 미화하는 시각이다. 물론 이런 요소가 있기는 했지만, 실제와는 거리가 멀었다. 일본인들이 보여준 감사가 나는 진심이라고 확신한다. 전쟁 막바지까지 정복한 국가들을 약탈하면서 살을 찌운 생활환경에서 살아온 대부분의 비유대인 독일인들과 비교하면, 일본인들은 훨씬 더 고통받았다. 독일과 마찬가지로 일본 대부분의 도시가 불길에 휩싸였지만,

독일과 달리 일본인들은 수년간 부족한 배급으로 살아왔다. 일본군 당국과 보안경찰대에 시달린 것으로 치면 아마 일본이 독일보다 더 심했을 것이다. 1945년 여전히 총통에 대한 애착이 있었던 많은 독일인과 달리, 고통밖에 가져다준 게 없는 일본 군사정권을 좋게 이야기하는 일본인은 거의 없었다.

그래서 매우 부유하고 활기차고 키가 큰 데다, 대체로 자유롭고 너그러운 미국인들이 일본에 안착했을 때, 일본인들은 그들을 해방자로 여겼다. 많은 일본인은 스스로 더 자유롭고 너그럽게 되기 위해 배울 준비가 되어 있었다. 강력한 외부 강대국으로부터 교훈을 얻어야겠다고 생각한 것이 일본 역사에서 처음 있는 일도 아니었다. 중국이 수 세기 동안 그런 모델이었고, 19세기 후반 이후에는 유럽과 미국이 대표적인 모범 사례였다. 20세기 일본의 군국주의적 민족주의는 어떤 면에서는 경제적 자유주의와 대중매체, 할리우드 영화, 정당, 마르크스주의, 개인주의, 야구, 재즈 등 밀려드는 서구화에 대한 반작용이었다. 제2차 세계대전이라는 재앙 이후 대부분의 일본인은 서구 세계와 연관되는, 특히 1945년 이후에는 미국과 관련된 근대성으로 돌아가는 것에 매우 행복해했다.

이런 현상을 재교육이라고 부를 수 있느냐 하는 문제는 논쟁거리다. 하지만 새로운 주인(미국—옮긴이)과 그 학생들(일본인—옮긴이)은 확실히 이를 재교육이라고 생각했다. 어떻게 일본을 개조하느냐가 문제였다. 일본통들은 이 모든 생각이 터무니없다고 봤고, 일본인 재교육에 열정적인 업무 담당자들은 일본과 그 역사에 거의 무지했다. 이들에게 재교육은 독일에서 한 것처럼 탈나치화나, 성숙한 문명에서 유해한 이데올로기를 벗겨내는 일과는 같지 않았는데, 일본은 애초부터 그런 게 없다고 여겨졌기 때문이다. 개혁가들에게는 일본 문명 자체가 안에서부터 썩어 있는 것으로 보였다.

하지만 일본 제국 법정과 관료사회의 옛 엘리트들은 완전 개조의 필요성에 동의하지 않았다. 그저 소소하게 개혁하면서 자리를 유지하는 데 만족했을 것이었다. 찰스 케이즈 대령을 비롯한 최고사령관 주위의 뉴딜주의자들은 개혁이 충분하지 않다고 느꼈다. 케이즈 대령은 "(일본 지도자들은) 병든 나무의 가지만 치기를 원했다. (…) 우리는 병을 제거하기 위해서는 뿌리와 가지까지 모두 쳐야 한다고 느꼈다"[40]고 적었다.

일본의 '봉건' 문화를 제거하기 위해서는 (미군들이 '미트볼'이라고 이름 붙인) 욱일승천기를 없애거나, 일본군을 찬양하는 음악적, 시각적 기념행사를 금하거나, 일본군을 해체하고 일본의 전쟁 개시권을 금지하는 새로운 헌법을 만드는 것만으로는 충분치 않았다.

위에서 언급한 모든 조치가 필수적이라고 판단됐고, 1945년 평화헌법을 만들기 위한 준비 작업도 이미 끝났다(누가 먼저 이런 참신한 생각을 제안했는지는 확실치 않다. 일부는 오랫동안 평화주의자였고, 1945년 일본 총리였던 시데하라 기주로幣原喜重郎가 맥아더에게 제안했다고 주장한다). '봉건적인' 가족법이 폐지됐고, 여성의 권리가 보장되었다. 이 때문에 일본 지배 엘리트층이 뒤집어졌다. 비교적 자유주의적이었던 인사들도 못마땅해했다. 전 외무상 시게미쓰 마모루重光葵(미국 언론에서는 '시기'라고 불렀다)는 일기에 이렇게 적었다. "점령군은 포츠담 선언에서의 단순한 순응과는 다르게 과격한 노선에 따라 사고하고 있다. (…) 그들은 일본을 위에서부터 아래까지 개조하려 작정하고 있다."[41]

그는 옳았다. 그것이 개혁가들이 하려고 했던 것이다. '봉건적'이라 여겨지는 모든 일본의 관습을 뿌리 뽑아야 했다. 일본 여성이 공공장소에서 아이에게 젖을 물리는 행동도 중단시키려고 했다. 전통 극장이 소장하고 있던 목검도 몰수되었다. 사무라이 영웅을 극화한 가부키 공연도 금지되었다. 나중에 가부키 공연에 관해 저명한 학자가 된 얼 언스트는 어느 날 밤 도쿄의 데이코쿠帝國 극장에 걸어 들어가서 「데라코야寺小屋」 공연을 중지시켰다. 「데라코야」는 자신의 아들을 희생시키라는 명령을 받은 사무라이 다이묘大名(일본 봉건시대의 지방 영주—옮긴이)에 관한 유명한 18세기 연극으로, 다이묘에 대한 충성심으로 하인은 자신의 아들을 대신 죽인다. 이런 연극적인 '야만'은 용납될 수 없었다. 그 대신 일본 대중을 교화하기 위해 W. S. 길버트와 아서 설리번이 만든 오페라 「미카도Mikado」(과거 일본 천황에 대한 칭호이자, 영국 오페라 작품 명칭—옮긴이)를 무대에 올려야 했다. 하지만 일본 대중은 교화는커녕 그들은 오히려 이런 조치에 당황했다.

'봉건주의'와 연관될 수 있는 그 어떤 것도 허용되지 않았다. 일본의 고대 신앙인 신토의 성스러운 장소 후지 산에 대한 묘사가 영화와 예술작품, 하다못해 후지 산 장식이 가장 인기 있었던 대중목욕탕 타일에 사용되는 것도 금지되었다. 실제로 신토는 19세기 이후 천황 숭배를 바탕으로, 성스러운 혈통을 지닌 축복받은 특별한 민족인 일본인이 다른 아시아의 열등 민족들을 다스릴 운명이라고 홍보하는 광신적 국가 종교로 변질되었다. 신토를 국가 종교로 삼는 것을 금하는 조치가 나쁜 방안은 아니었다. 12월 15일 최고사령관은 아래와 같이 명령하고 있다.

명령의 목적은 종교와 정치를 분리하는 것이며, 종교가 정치적 목적으로 악용되는 것을 방지하고, 모든 종교와 신념, 신조에 똑같은 기회를 제공하며 똑같이 보호받을 권한이 있다는 법적 기반을 부여하는 것이다.[42]

히로히토 천황이 라디오에서 천황 역시 똑같은 인간임을 공표하도록 지시한 것도 나쁜 생각으로 보이지 않았다. 천황이 실제 말한 것은,

천황과 일본인들과의 유대는 "천황이 신이라는 잘못된 관념에 근거한 것"이 아니라는 점이었다. 미국은 만족했다. 대부분의 일본인도 천황의 담화에 놀라지 않았다. 일본인들도 천황이 인간이라는 사실을 의심한 적이 없기 때문이었다. 하지만 일본인들은 천황을 태양의 여신으로부터 내려온 통치자로 여겼고, 천황 역시 이를 한 번도 공식 부인하지 않았다. 어떻든 일본인들은 이 문제에 그리 신경을 쓰지 않았다. 극우 민족주의자들만이 강력 반발했다. 이들은 지금까지도 신토는 다른 종교와 같은 대우를 받아서는 안 되며, 일본 문화의 핵심으로 대접받아야 한다고 주장하고 있다.

가부키나 검으로 싸우는 영화를 금지하는 것 등 문화 재교육은 불평만 낳았고, 오래 지속되지도 못했다. 일부는 너무 기괴하기까지 했다. 농촌지역을 담당한 미군들이 민주주의 정신을 고양시키기 위해 일본인들에게 스퀘어 댄스(남녀 네 쌍이 한 조를 이루어 사각형으로 마주 보고 서서 시작하는 미국의 전통 춤―옮긴이)를 가르친 게 대표적이다. 미국인들은 일본인들이 비교적 말을 잘 듣는데도 너무 심하게 나갔다. 예를 들면 한자를 없애고 일본 문자 체계를 로마 문자로 바꾸는 방안을 연구했으며, 미국 교육 선교단체들도 이를 추천했다. 반면 교육 체계는 독일과 달리 급진적으로 바꿨다. 성별이 같은 학생들만 모여 공부하던 엘리트 학교는 초등 3년, 중등 3년, 고등 3년의 남녀공학 종합학교 체제로 바뀌었다.

교토에서 멀지 않은, 일본 중앙부에 위치한 오미 마을은 독일의 아헨과 같은 역할을 했다. 1945년 가을, 미군 순찰대는 이곳에서 초등교육을 점검하기로 했다. 미군들이 나타나자 학생들은 너무 놀라서 소리를 지르기 시작했다. "미국인들을 좋아하느냐?"고 묻자 학생들은 머리를 세차게 흔들었다. 교실은 여전히 일본 군인이 영웅적인 포즈를 취하고 있는 전시戰時 포스터로 장식되어 있었다. 교사 중 한 명은 군대 장교 출신이었다. 피로 얼룩진 선원 모자가 책상서랍에서 발견되었다. 용납될 수 없었다. 그래서 미군은 교장에게 군 장교 출신 교사를 해고하고, 전쟁과 관련한 것들은 모두 제거하라고 지시했다.

6개월 뒤에 같은 미국인들 일부가 지프차를 타고 현장에 다시 가봤다. 이번에는 학생들이 미군을 덜 무서워하는 것 같았다. 장교 중 한 명이 미국 가곡 '스와니 강Swanee River'을 휘파람으로 불었고, 미국인들이 매우 만족할 만하게 아이들은 일본어로 노래를 따라 불렀다. '올드 랭 사인'과 '우정의 노래Maine Stein Song'가 이어졌다. 미국인들은 교과서가 적절하게 바뀐 것에도 만족했다. 전쟁과 과거 일본의 무사, 천황 등 모든 '봉건적' 문구가 먹물로 겁게 칠해져 있었다. 선해 보이는 교장은 영어로 말했다. 교장은 모든 전시 포스터를 불태울 것이며, 군대에 복무했던 세 명을 포함해 교사 예닐곱 명을 더 해고할 거라고 약속했다.[43]

많은 일본인이 승전국 미국의 관대한 행동에 안도하고, 일본 정치 엘리트들에게 민주주의 개혁을 강제하는 데 감사했지만, 미국식 재교육에 대한 감정은 복합적이었다. 한 중학생이 『아사히 신문』에 보낸 흥미로운 편지는 180도 달라진 기성세대에게 젊은이들이 어떤 반응을 보이는지 완벽하게 보여주고 있다. 어느 날엔 천황을 숭배하고 아시아에서 신성한 전쟁을 지지하라고 배웠는데, 그다음 날은 같은 교사가 일본의 봉건주의를 비판하고 데모쿠라시(Democracy의 일본어 발음—옮긴이)를 지지하라고 가르쳤다.

이 학생은 많은 어른이 군국주의 밑에서 자란 젊은이의 마음을 바꾸는 게 얼마나 어려운지 우려하고 있다는 관찰과 함께 편지를 시작하고 있다. 사실 이 같은 경험이 십대들을 훨씬 더 정치적으로 자각하게 만든다고 학생은 말한다. 이전에 학생들이 아는 것이라고는 일본이 영구적인 전쟁을 치르고 있다는 사실이었다. 평화는 "어둠에서 나오는 눈부신 햇살" 같은 것이었다. 전에 배웠던 모든 것이 완전히 잘못된 것으로 판명 났다. "어떻게 학생들이 지도자나 다른 어른들을 다시 신뢰할 수 있을까요?" 실제로 최근 과거에 대해 여전히 혼란스러워하며 애증이 엇갈리는 쪽은 어른들이었다. 그래서 어른들이 더 우려되었는데, 확실히 군국주의 정신에서 자유로워지는 데 훨씬 더 어려움을 겪고 있었기 때문이다.[44]

이 중학생 이야기는 일본 현대사에서 정치적으로 가장 적극적이었던 세대의 목소리였다. 대부분이 좌파였으며, 일본의 옛 기득권 세대에 대한 불신으로 가득 차 있었다. 냉전은 일본에 자유와 평화주의, 민주주의 교사로 왔던 미국이 전쟁에서 직접 손에 피를 묻혔던 옛 기득권층을 포용하는 것을 가속화했고, 이 세대는 그런 미국에 깊은 배신감을 느꼈다. 『아사히 신문』에 편지를 쓴 젊은 학생 등의 일본인들은, 전시에 일본판 알베르트 슈페어였던 기시 노부스케 총리가 1960년 일본을 아시아에서 미군 작전을 수행하기 위한 영구 기지로 전환하는 안보조약을 비준하자, 도쿄 시내로 쏟아져 나왔다. 그들은 일본의 간접적(이면서도 수익이 매우 좋은) 베트남전 개입에 항의했다. 베트남전으로 아시아에서 과거의 전쟁이 다시 울려 퍼지는 것 같았다. 미국 '제국주의' 아래서의 일본의 역할에 분노하는 일본 좌파와 '미국의' 평화주의 헌법을 지켜야 한다는 사실에 분노하는 일본 우파는 공통점이 하나 있었다. 양쪽 모두에게 미국 점령은 절대 끝나지 않은 듯하다는 점이었다.

전후 데모쿠라시는 마치 외국 정복자의 선물처럼 너무 쉽게 일본에 도입되었다. 가토 에쓰로의 유명한 만화에는 일본 군중 속에서 일부는 여전히 군모를 쓰고 있고, 사람들은 손을 하늘 위로 올린 채 마치 하늘에서 내려주는 만나manna인 양 '민주적 혁명'[45]이라고 적힌 낙하산 통이 떨어지자 열광하고 있다. 싸워서 얻어야만 하는 그것을 선물로 받는 건 수치스럽다.

이런 굴욕이 일부는 의도된 것이었지만, 일본인들을 직접 겨냥한 것은 아니었다. 1945년 9월 발간된 가장 상징적인 사진은 맥아더 최고사령관의 관저를 공식 방문한 히로히토 천황을 찍은 것이었다. 44세의 천황은 65세의 최고사령관에 비하면 애송이에 불과했다. 천황은 사진 속에서 남성 예복을 갖춰 입고 딱딱한 부동자세로 서 있다. 천황 옆에 맥아더가 있는데, 권위의 우월성은 훨씬 큰 키뿐 아니라 세심하게 계획된 캐주얼 복장으로도 알아챌 수 있다. 맥아더는 목 부위 단추가 풀린 카키색 셔츠를 입고 손은 편안하게 엉덩이 쪽에 얹고 있었다.

사진은 모든 주요 신문에 게재되었고, 천황의 불경한 이미지에 놀란 일본 정부는 급히 추가 배포를 금지했다. 다음 날 맥아더는 일본 정부의 금지 결정을 취소하고 언론 자유를 보장하는 새로운 조치를 취했다. 미국인들이 독일에서 했던 것처럼 뉴스를 적극적으로 검열하지 않는다는 의미가 아니었다. 미국인들은 뉴스를 검열했다. 히로시마에 대한 언급이나 미국에 대한 부정적인 기사, 최고사령관 행정부에 대한 비판 기사도 금지되었다(1946년 「일본의 비극」이라는 일본 영화는 전쟁에서 천황의 역할이 너무 비판적이라는 이유로 금지됐는데, 이때는 맥아더가 천황의 모든 잘못이 무죄라고 선언한 뒤였다).

그렇다고 민주주의가 공허한 단어인 것만은 아니었다. 낙하산 통에서 떨어진 혁명적 변화는 실재했다. 수치심도 여전히 남아 있었는데, 당대에 가장 사려 깊고 정직한 일본 작가 중 한 명이었던 다카미 준은 이를 가슴 아프게 표현하고 있다. 9월 30일 일기에 이렇게 썼다.

민족 스스로 결정한 정부가 당연히 부여했어야 할 자유는 없고, 대신 외국 군대가 처음으로 자유를 부여했다는 사실을 생각하면 (…) 나는 수치심에서 벗어날 수 없다. 나는 일본을 사랑하는 사람으로서 창피하고, 일본을 위해서도 창피하다.[46]

감정은 이해할 만하지만 이 발언은 오해의 소지가 있다. 미국이 1945년 '서구화'를 시작하면서 현대 일본의 제도를 처음부터 만들었고, 관대한 미국 덕분에 일본이 패전하고 1~2년 만에 봉건국가에서 민주주의 국가로 도약한 것이 점령의 최대 성과라는 이야기는 지금도 여전히 들을 수 있다. 하지만 결점이 있고 부서지기 쉬운 민주주의 제도는 1920년대에 이미 일본에 존재했다. 서구 동맹국들은 전후 서독처럼 일본에서 민주주의 제도가 좀 더 단단한 기반 위에 재건될 수 있는 조건을 만들었을 뿐이다. 하지만 이런 작업이 항상 자동적으로 실행되지는 않았다. 일본 정치가와 관료들은 민주 개혁을 실행하라고 강요받았다. 하지만 미국인과 일본인 그 누구도 예상하지 못했던 사실은, 미국이 일본에서 만든 한 가지가 전후 일본의 정체성의 초석인 동시에 짐이 되었다는 것이었다.

일본 헌법 제9조는 1946년에 작성되었기 때문에 이 책이 다루는 범위 밖에 있기는 하지만, 충분히 인용할 가치가 있다. 1945년의 이상주의를 가장 잘 보여주기 때문이다.

(1) 일본 국민은 정의와 질서를 기조로 하는 국제 평화를 성실히 희구하고 국권의 발동으로서의 전쟁과 무력에 의한 위협, 또는 무력행사는 국제 분쟁을 해결하는 수단으로서는 영구히 포기한다. (2) 전항前項의 목적을 달성하기 위해 육·해·공군, 그 밖의 전력戰力은 불보유하며, 국가

의 교전권交戰權은 불인정한다.

1953년 아이젠하워 행정부의 부통령으로 일본을 방문한 리처드 닉슨은 헌법 제9조가 실수라고 선언함으로써 일본인들에게 충격을 안겼다. 일본이 헌법을 개정하지 못할 이유는 없었다. 미국은 반대하지 않을 것이었다. 사실 미국은 일본이 강력한 반공 동맹이 되어주기를 바랐다. 하지만 일본인들이 동의하지 않았다. 일본인들은 헌법에 자부심을 가지고 있었기 때문에 개정을 거부했다. 몇 차례나 참혹한 전쟁을 벌여 수백만 명을 도살한 국가에서 평화주의가 새로운 도덕적 이상이 되었고, 일본인들에게 우월감까지 안겨줬다. 이제 일본이 세계를 새로운 평화의 시대로 인도할 수 있다는 자부심이었다. 일본인의 시각으로 보면, 전쟁 습관을 버리지 못했다는 비난을 받아야 하는 국가는 한국전과 베트남전, 그리고 나중에 이라크와 아프가니스탄 전쟁을 치른 미국이었다.

적어도 전후 50년간 일본에서 평화주의는 공적 담론에 스며 있는 논조였다. 하지만 평화주의에는 대가가 따랐다. 이상과 현실이 곧 분리되면서 일본은 헌법에 명시한 표현과는 반대로 무장 군대를 다시 창건했다. 처음에는 경찰력으로, 나중에는 자위대로 위장했다. 이는 위선적일 뿐 아니라 일본 좌우파를 막론하고 똑같이 분노하는 문제를 다루는 데에도 실패했다. 일본은 안보를 여전히 미국에 기대고 있었다. 평화주의는 일본을 정복했던 미국의 핵우산 아래에 있었다. 일본이 이웃 나라와 함께 신뢰를 쌓으면서 새로운 위치를 개척할 수 있는 북대서양조약기구NATO나 유럽연합 같은 기구가 동아시아에는 전혀 존재하지 않았다.

여전히 많은 사람이 고수하고 있고, 일부 민족주의적 우파는 맹렬하게 분개하는 헌법 제9조는 일본 역사에 대한 일본인들의 태도 자체를 혼란에 빠뜨렸다. 자유주의자 및 좌파가 전쟁범죄에 대한 필수적인 속죄라며 평화 조항을 방어하는 한편, 우파는 일본이 다른 전쟁 참여국보다 죄가 더 많은 건 아니라고 주장한다. 난징 대학살이나 마닐라 대학살이 국가 주권을 박탈할 수 있는 근거라면, 이런 '사건들'의 중요성을 축소할 만한 근거도 얼마든지 있을 수 있다. 역사 논쟁으로 가장한, 희망 없는 양극화된 논쟁은 수십 년간 일본과 기타 아시아 국가의 관계에 독소로 작용했다. 일본의 일방적인 미국 의존을 차치하고라도 이런 논쟁 역시 드높은 희망 속에서 끝난 1945년이 낳은 유산이었다.

[하나의 세계를 위하여]

One World

이 책 앞부분에서 젊은 영국인 정보장교 브라이언 어커트 이야기를 한 바 있다. 그는 1944년 9월 네덜란드 아른험 인근에 연합군 병력을 공중 낙하시키는 작전의 위험성을 상사에게 말했다가 병가를 떠나라는 명령을 받았다. 결국 그는 냉소적으로 변했다. 어쨌든 마켓-가든 작전은 실행되었고, 그 결과 젊은이 수천 명이 목숨을 잃었다. '몬티'는 어떻게 해서라도 라이벌인 조지 패튼 장군보다 앞서려고 했다. 6개월 후 영국의 오만과 어리석음으로 환상이 깨진 뒤 어커트는 베르겐-벨젠에 들어간 첫 번째 연합국 군인 중 한 명이었다. 처음에는 바보스러웠고, 나중에는 공포스러웠다. 마침내 전쟁이 끝났을 때 어커트는 크게 기뻐할 수 없었다.

그래도 어커트는 어떻게든 냉소주의의 덫은 피했다. 어커트는 회고록에서 "세상이 이전과 같아질 수 없다고 생각했다. 옛 질서를 많이 경험해본 것도 아니었고, 그리워할 것이라고 생각하지도 않았다. 가까운 미래에 해야 할 최대 임무는 이런 재앙이 다시는 일어나지 않도록 방지하는 것을 돕는 일이라고 나는 생각했다"[1]고 적었다.

어커트는 전쟁 이전에는 국제연맹에 열광했다. 사립 여성기숙학교 '배드민턴Badminton'과 연결된 어린 시절의 기억이 어커트의 국제주의적 열정을 고무시켰다. 이 기숙학교는 BMB로 알려진 기괴한 교장인 비어트리스 베이커가 운영하고 있었다. 어커트의 어머니도 이 학교에서 가르치고 있었다. 이모 루시는 학교뿐 아니라 개인적으로도 BMB의 동반자였다. 여섯 살 난 어커트는 200명이 넘는 여학생 중 유일한 남자아이였다. BMB는 좌파에 매우 동조적이었다. 당시 대부분의 사람이 그랬던 것처럼 BMB는 '조 삼촌' 스탈린에게 호의적 시각을 가지고 있었다. BMB는 1930년대에 유럽 대륙에서 온 유대인 난민들을 학교에 받아들였는데, 이는 당시 사립 기숙학교 교장들이 하는 행동은 아니었다. 그녀는 심지어 전시에 학생이었던 내 어머니를 포함해서 학생들이 "만국의 노동자들이여, 단결하라!"라고 적힌 현수막을 들고 브리스틀 거리를 행진하게 했다.

전쟁이 끝나자 어커트는 나치가 점령한 네덜란드에 관한 정보를 수집하기 위해 설립된 외무부 특별 부서에 채용되었다. 이 부서는 역사학자 아널드 토인비가 이끌고 있었다. 네덜란드가 더 이상 나치의 점령하에 있지 않았기 때문에 별로 할 일이 없었다. 이는 전쟁이 남긴 수많은 관료주의 조직의 작은 사례이기도 하다. 일은 그다지 오래가지 않았다. 어커트가 취직한 다음 직장의 고용주는 글래드윈 젭이었는데, 젭은 최근 설립된 국제연합 조직을 준비하는 책임을 맡은 영국 외교관이었다. 젭은 국제연합 헌장의 초안 작성을 돕기도 했다. 어커트는 이후 은퇴할 때까지 세계 기구의 충실한 일꾼으로 살았다. 세계 기구의 결점을 회의주의적 시각으로 바라보기는 했어도 그 이상理想에 대해서는 항상 감동했다.

40년 뒤 어커트는 1945년 당시 가을, 자부심에 차 흥분했던 그 시대에 대해 적었다.

> (…) 폐허에서 일어난 초기의 그 신선함과 열정을 되찾기란 어렵다. 전쟁은 여전히 모든 사람의 마음과 경험 속에 생생히 남아 있었다. 우리 중 상당수는 군대에 복무했고, 다른 일부는 몇 달 전 겨우 지하 레지스탕스 운동에서 벗어났다. 평화를 위한 작업은 꿈을 이루는 것이었고, 바닥에서부터 모든 걸 체계화하는 것은 또 다른 동기였다.[2]

국제연합 사무국에서 일하는 어커트의 절친한 친구 중 한 명은 앞서 언급한 바 있는 프랑스 레지스탕스 출신의 스테판 에셀이었다. 에셀은 게슈타포에 체포되어 고문을 받은 뒤 부헨발트와 도라로 보내졌었다. 그는 어커트와 같은 1917년에 태어났다. 에셀은 독특한 가정 배경을 가지고 있었다. 프루스트의 번역가이자 저명한 독일 작가였던 아버지 프란츠 에셀은 프랑스인과 독일인 간의 치명적인 삼각관계를 다룬 『줄 앤 짐Jules et Jim』에서 줄의 실제 모델이었다. 『줄 앤 짐』은 나중에 프랑수아 트뤼포 감독이 영화로 제작하면서 유명해졌다. 어커트처럼 스테판 에셀도 전 지구적 차원에서 더 나은 세상을 건설하길 원했다. 그의 야망은 전쟁에 대한 통상적인 증오와 희망에 대한 열망보다 다른 어떤 것 때문에 추동됐는데, 다소 놀랄 만한 동기였다. 그는 회고록에서 "원동력은 강제수용소의 국제주의"였다고 적었다. 다양한 국가와 계급 출신이 수용소에 함께 내팽개쳐졌고, 그것이 "내게 외교를 하도록 추동했다"[3]고 말했다. 에셀은 전쟁 뒤 3년간 최초의 세계인권선언을 작성하는 일을 도왔다. 에셀은 2013년 95세에 숨졌다.

의심할 여지 없이 어커트와 에셀은 비범한 인물들이다. 하지만 대대적 파괴의 경험에서 태어난 그들의 이상주의는 비범하지 않았다. 새로운 세상이 건설되어야 하며, 이 세상은 국제기구가 통치해야 하고, 이 국제기구는 국제연맹보다 더 강하며 효과적이어야 한다는 관념이 넓게 퍼져 있었다. 일부는 이런 생각에서 더 멀리 나아갔다. 원자폭탄이 히로시마와 나가사키에 떨어지기도 전에 세계정부 지지자들은 곧잘 종말론적 언어로 이야기했다. 아널드 토인비가 전쟁 기간에 제3차 세계대전은 전 세계적인 경찰력을 갖춘 세계정부만이 방지할 수 있다고 주장한 것은 다소 엉뚱하게 들리기까지 했다. 하지만 미국 국무부의 선임 관리들은 토인비의 의견을 심각하게 받아들였다. 1945년 4월 실시된 갤럽 여론조사에 따르면, 미국인의 81퍼센트가 미국이 "세계 평화를 유지하는, 경찰력을 갖춘 세계 기구"[4]에 가입하기를 원했다.

세계정부나 세계연방 개념이 너무 모호했기 때문에 이 노선을 따르는 사상가들은 각자 개인적인 견해를 미래에 투영하는 경향이 있었다. 당연하게도 마하트마 간디는 세계연방이 비폭력 원칙에 기초해야 한다고 주장했다. 토인비는 영국과 미국이 최소한 어느 정도까지는 전 세계적인 경찰력을 운영해야 한다고 했다. 이 견해는 "민주적인 영미 중심의 전 세계적 코먼웰스"[5]를 만들자는 것이었다. 토인비 혼자만이 아니었다. 1939년 영국의 주미 대사였던 로디언 경은 영국 제국을 연방 세계정부의 모델로 생각했다. 이는 자기 잇속만 차리는 데다 완전한 공상이라는 인상을 줄 수 있었다. 하지만 자유주의적인 앵글로색슨의 헤게모니에 관한 발상은 상당 기간 이를 믿었던 영국이나 미국 교회에서는 조금도 이상할 것이 없었다. 실제로 이런 관념은 백악관을 차지했던 한두 명(의 대통령)을 포함해서 모국어를 영어로 하는 몽상가들의 자존감을 충족시키면서 때로 불쑥불쑥 수면 위로 올라왔다.

『뉴요커』의 칼럼니스트 E. B. 화이트는 1945년 봄 잡지에 샌프란시스코가 최초의 국제연합 헌장을 작성하는 회의를 열기에 딱 알맞은 장소라고 언급했다. 마지막에 그는 "미국은 전 세계 도처의 사람들에게 꿈이 실현되는 곳이자, 마치 세계 국가의 축소판으로 평가되고 있다"[6]고 말했다. 이런 과도한 자부심은 오늘날에는 다소 진부하지만, 아직 완전히 사라진 건 아니다. 그렇긴 해도 화이트는 미국의 꿈같은 생각에 묻어 있는 오점도 확실히 인지하고 있었다. 그는 샌프란시스코 회의가 시작되고 일주일이 지난 5월 5일 캘리포니아 어딘가에서 "환경보호 운동 단체가(우리가 신문에서 봤다) 특정 지역의 거주지에 '백인종'이 접근하지 못하도록 노력하고 있다"[7]고 지적했다.

(영미 중심주의) 다음에는 유럽인들이 있었다. 대개 반나치나 반파시즘 레지스탕스 출신인 이들은 유럽 통합을 세계 통합의 첫 단계로 봤다. 1942년에 이미 프랑스 레지스탕스 단체인 '전투Combat'(국민해방운동 Mouvement de Libération Nationale으로도 알려져 있다)는 "유럽 합중국(세계 연맹으로 향하는 과정의 한 단계)이 우리가 투쟁하고 있는 목표로, 곧 살아 있는 실체가 될 것이다"[8]라는 선언문을 발표했다. '전투'의 주요 인물인 알베르 카뮈는 과장법을 자주 쓰는 인물이 아니었다. 카뮈는 나중에 또 다른 반파시즘 저항가들과 밀접한 관계를 맺는데, 이 저항가들은 '전투'보다 훨씬 더 빠른 시기인 1941년에 이미 유럽 통합을 위한 선언문을 이탈리아 나폴리 연안의 작은 화산섬 벤토테네에서 발표한 적이 있었다. 이 섬에는 프랑스 부르봉 왕가가 건설한 음산한 18세기 감옥이 있었다. 무솔리니는 여기에 알티에로 스피넬리와 이탈리아 좌파들을 감금하고 있었다. 죄수 중 한 명이었던 정치사상가 에르네스토 로시가 작성한 이른바 벤토테네 선언은 개별 국가의 정치는 반동분자들을 위한 것이며, 모든 진보주의자는 "견고한 국제주의 국가"를 위해 투쟁해야 한다고 선언했다. 먼저 연방 유럽을 만들고, 그 이후에 연방 세계를 만들자는 것이었다.

통합 유럽의 이상은 9세기 신성 로마 제국까지 거슬러 올라갈 정도로 역사가 꽤 오래되었다. 그 이후 유럽인의 이상은 많은 변화를 겪었지만 변함없는 두 가지 주제가 있었다. 하나는 영적이면서 정치적인 핵심은 통합된 유럽 기독교 세상이라는 이상이었다. 이 목표는 가톨릭 신자, 특히 프랑스 가톨릭 사이에서 여전히 인기가 있었고, 에라스뮈스도 그중 한 명이었다. 쉴리 공작(1560~1641)인 막시밀리앙 드 베튀느는 기독교 유럽공화국을 상상했는데, 투르크족이 기독교로 개종하는 경우에만 참여할 수 있다고 생각했다.

여기서 나온 또 다른 이상이 영원한 평화였다. 1713년 또 다른 프랑스 가톨릭교도 아베 드 생피에르는 『유럽의 영구 평화 계획』을 발간했다. 유럽 상원과 유럽 군대가 있을 것이며, 규모가 큰 회원국도 동등하게 투표권을 가질 것이었다.

영구 평화와 기독교의 결합은 초기 범유럽주의자들의 생각과 같았다. 평화적인 통합은 종교적 개념이자, 기독교적 유토피아였다. 기독교처럼 유럽 대륙에만 한정할 필요도 없었으며, 이는 보편주의적 열정이었다. 이상적으로 국경은 지상에 위치한 하나님 왕국에서는 폐지되어야 한다는 것이었다.

계몽주의 시대 이후 합리주의자들은 몇 가지 소소한 수사적 변화만으로 이 같은 종교적 보편주의의 새 버전을 받아들였다. 19세기 프랑스 시인이자 정치가 알퐁스 드 라마르틴은 '평화의 마르세예즈Marseillaise of Peace'(1841)라는 제목으로 유럽 통합에 바치는 합리주의자의 송가를 썼다. "계몽의 과정에서, 세상은 통합을 향해 일어설 것이다/나는 모든 생각하는 사람의 동료 시민이다/진리는 내 조국이다." 라마르틴은 1848년 혁명의 해에 프랑스 외무장관 신분으로 유럽을 위한 선언을 발표했는데, 프랑스 공화국을 유럽뿐 아니라 전 세계 인류를 위한 모델로 홍보했다.

종교를 합리적 이상주의로 전환하자는 유사한 생각이 제2차 세계대전 말에도 있었다. 영국이 참전하기 전인 1940년 미국에서 기독교회 연합협의회라는 단체가 '정의롭고 지속 가능한 평화'(다소 이른 과제였지만 늘 추구할 만한 가치가 있는 주제였다)를 연구하는 위원회를 발족했다. 개신교 성직자들과 평신도가 참여했고, 가끔 유대인과 가톨릭 신자들이 동참했다. 미국의 주요 도시에서는 '세계 질서에 관한 국가의 임무'가 만들어졌다. 세계 기구에 관한 필요성은 '평화의 6개 기둥Six Pillars of Peace'이라는 위원회가 발표한 성명서에서 출발했다. 누구도 이 성명서가 게으른 몽상가의 작업이라고 의심하지 않도록 하고자 위원회 의장은 존 포스터 덜레스가 맡았다. 그는 1930년 초반에는 히틀러 숭배자였다가 1950년대에는 아이젠하워 정부의 국무장관을 역임한 냉전주의자였다.

덜레스를 도덕적으로 뭐라 할 수는 없지만, 성적이 매우 초라했던 몇 가지 정책에서 중요한 역할을 한 인물이었다. 그는 프랑스의 베트민 민족주의자들을 분쇄하는 식민전쟁을 지지했으며, 1953년 민주적으로 선출된 이란의 모하마드 모사데크 수상 실각을 도왔다. 모사데크가 공산주의에 온건하고, 원유와 관련된 영미의 이해관계에 위협이 된다고 간주했기 때문이다. 영국 첩보원들과 덜레스의 남동생인 앨런이 이끈 미 중앙정보국CIA이 획책한 쿠데타가 그 결과였다. 하지만 덜레스의 반공산주의가 사업적인 측면만 본 것은 아니었다. 그는 신이 없는 공산주의에 맞선 전쟁은 무엇보다 도덕적 사업이라고 믿었던 기독교 도덕주의자였다. 또한 자기가 '도덕적 권력'이라고 부르는 국제연합을 신봉한다고 말했고, 샌프란시스코 회의에 참여하는 미국 대표단의 고문이었다.[9] 일본 핵폭탄 투하에 대한 그의 반응은 그 시대적 상황이나 미국 보수주의들과 연결된 인사라는 점을 감안하면 다소 특이해 보일 수 있지만, 그 역시 전형에서 크게 벗어나지는 않았다. "이미 공언된 기독교 국가로서 우리가 그런 방식으로 핵에너지를 사용하는 데 크게 제약받지 않는다고 느낀다면, 다른 사람들도 이 결정을 받아들일 것이다."[10]

실제로 히로시마의 충격적 파괴는 종교적 도덕성을 자극해 '하나의 세상'이라는 수사를 더 세속적이고도 즉각적인 행동에 나서도록 변화시켰다. 일부는 핵무기 개발을 돕기는 했지만, 과학자들이 처음으로 핵무기가 초래하는 결과를 경고하고 나섰다. 1945년 7월 16일 뉴멕시코 사막에서 진행된 무시무시한 최초의 핵폭발 실험에서 개발을 주도했던 로버트 오펜하이머도 유사한 종교적 반응을 보였다. 오펜하이머는 힌두 경전 바가바드 기타의 일부를 인용했다.

> 만약 천 개 태양의 광휘가
> 동시에 하늘 속으로 폭발한다면,
> 이는 전능하신 분의 광채와 같은 모습이리라……
> 나는 죽음이 된다, 우주의 삼라만상을 산산이 부수는 자가 된다

아인슈타인이 히로시마 폭탄 투하 소식을 듣고 처음 말한 단어는 좀 더 평범했다. "아, 에……"[11]

2개월 뒤 아인슈타인은 상원의원 제임스 풀브라이트와 대법원의 연방대법관 오언 로버츠 같은 저명인사들과 함께 『뉴욕타임스』에 보낸 기고문에 공동 서명했다. 그들은 "첫 번째 원자폭탄이 히로시마 도시를 넘어서 그 이상을 파괴했다. 폭탄은 우리가 상속받은 구식의 정치적 생각도 폭발시켰다"[12]고 적었다. 파괴된 생각에는 국가 주권도 포함되었다. 샌프란시스코에서 합의한 국제연합 헌장은 시작일 뿐이었다. 그

들은 "만일 또 다른 핵전쟁을 예방하고 싶다면, 우리는 전 세계적 차원에서 법적 질서가 작동하는 세상을 위한 연방헌법 마련을 목표로 해야 한다"고 선언했다.

존 포스터 덜레스는 소련이 자체 개발한 핵폭탄 실험을 하자마자 재빨리 마음을 바꾸었지만, 그전에는 국제연합이 핵에너지를 통제해야 한다고 주장했다. 아인슈타인은 1945년 11월 잡지 『애틀랜틱 먼슬리 Atlantic Monthly』에 게재한 인터뷰에서 "폭탄과 관련한 기밀은 세계정부가 보관해야 하며, 미국은 즉각 이를 세계정부에 넘길 준비가 되어 있다고 발표해야 한다"고 주장했다.

아인슈타인의 인터뷰가 『애틀랜틱 먼슬리』에 발표된 그달에, 옛 기독교 민주주의자이자 영국 총리였던 클레멘트 애틀리는 캐나다 의회 연설에서 도덕적 이성에 대한 논거를 가장 함축적으로 밝혔다. 애틀리는, 일부는 프랑스어로 진행한 연설에서 히로시마를 염두에 두고 과학과 도덕성이 조화를 이뤄야 한다고 제안했다. 런던의 『타임스』가 보도한 대로, 애틀리는 "학자들의 연구 열정만큼이나 똑같은 크기의 도덕적 열망이 없다면 수 세기 동안 쌓아온 문명은 파괴될 것"[13]이라고 믿었다.

루스벨트가 처칠에게: "유나이티드 네이션스!"

1945년 실제로 세상을 바꾸기 시작한 방식은, 평화를 갈망했던 레지스탕스 출신, 전직 군인들, 충격받은 과학자들, '하나의 세상'을 꿈꾼 기독교 신자들의 고매한 이상에 빚진 게 사실이다. 하지만 그들이 희망했던 방식은 아니었다. 전후에 국제기구를 만든 것은(사실은 이미 전시에 시작됐지만) 종교나 도덕적 이상보다는 정치였다. 정치적 해법이 결코 이상적이지 않았기 때문에 새로운 질서는 불완전했다.

샌프란시스코 회의에서 비롯된 국제연합 헌장의 기원은 1941년 8월 뉴펀들랜드 해안가의 플라센티아에서 열린 처칠과 루스벨트 간의 회담에서였다. 영국은 방금 막 영국 전투(1940년 런던 상공에서 벌어진 영국과 독일 간 전투—옮긴이)에서 살아남은 터였다. 독일은 6월 22일 소련을 침공했고, 곧 진주만 공격(1941년 12월 7일)이 벌어질 것이었다. 루스벨트는 미국이 유럽의 갈등에 좀 더 적극적인 역할을 하는 것을 수용하는 방향으로 미국의 유권자들을 끌어모으는 데 열중하고 있었다. 그래서 두 정상은 각자의 군함에 승선한 상태에서 '대서양 헌장Atlantic Charter'에 합의했다. 루스벨트는 미 해군함 오거스타Augusta, 처칠은 영국 군함 프린스오브웨일스Prince of Wales(영국 왕세자를 의미한다—옮긴이)에 승선하고 있었다.

흥미롭게도 헌장에 미래 세계 기구에 대한 언급을 넣는 데 관심을 쏟은 인사는 처칠이었다. 국제연맹의 실패로 환상이 깨진 데다, 미국이 국제 현안에 얽히는 데 대한 반발 분위기를 잘 알고 있었던 루스벨트는 처칠의 제안을 헌장에서 지워버렸다. 루스벨트는 영국과 미국이 몇 년간은 공동으로 세계의 치안을 유지해야 한다는 토인비의 인식을 믿긴 했지만 영국 제국주의에 대해서는 전혀 관심이 없었다. 루스벨트는 같은 해 1월 전 세계를 향해 발표한 "인류의 기본적인 4대 자유"를 파시즘과 싸워야 하는 이유라고 언급했다. 이 4대 자유는 노먼 록웰이 감상적으로 그려낸 삽화 때문에 불후의 명성을 얻었는데, 그것은 언론의 자유, 신앙의 자유, 궁핍으로부터의 자유, 두려움으로부터의 자유였다.

대서양 헌장의 존재는 사실 이 훌륭한 원칙들에 대한 정교함을 넘어서지는 못했다. 하지만 헌장의 한 조항은 의미가 있는 데다 그 영향력이 상당 기간 지속되었다. 미국인들의 작품이었다. 헌장은 단순하게

"강탈된 주권과 자치가 회복될 것을 희망한다"고만 한 게 아니었다. 거기서 더 나아갔다. "국민이 정부 형태를 선택할 권리" 또한 존중될 것이었다.[14]

이런 염원을 담은 헌장에 관한 뉴스는 식민 제국으로부터 해방되기 위해 싸우는 사람들에게도 즉각 전파되었다. 베트남의 호찌민이나 인도네시아의 수카르노 같은 민족주의 지도자들은 정치적 독립을(미국의 지원도) 요구하면서 대서양 헌장을 반복해 인용했다. 5월 8일 평등을 요구했다가 프랑스 정착민들의 총격을 받았던 세티프의 알제리 시위대는 "대서양 헌장 만세"라고 적힌 현수막을 들고 있었다.

대서양 헌장이 작성됐을 당시 '시민불복종' 혐의로 수감되어 있던 자와할랄 네루는 영미가 공표한 선언에서 위선을 읽어냈다. 네루는 헌장이 경건한 척하는 진부한 내용이라고 치부했다. 하지만 이듬해 "(영국은) 인도를 떠나라Quit India" 운동을 전개하면서 헌장에서 밝힌 민족 자결권에 대한 요구를 반복해서 강조했다. 그러면서 네루는 이 같은 권리를 보장하는 '세계연방'을 촉구했다.

처칠은 '자치정부'의 권리란 나치가 점령한 국가에만 적용된다면서 의회를 설득하기 위해 바삐 움직여야 했다. 식민지는 완전히 다른 문제였다. 결국 그가 1942년에 언급한 유명한 발언처럼 "영국 제국의 청산을 주도하기 위해 국왕의 첫 번째 장관(총리를 말한다 — 옮긴이)이 된 것은 아니다". 루스벨트는 이런 종류의 엄포를 처리할 시간도 없었고, 네루에게 동조적이었다. 하지만 여전히 전쟁 중인 상황에서 처칠을 더 강하게 밀어붙이려고 하지는 않았다. 처칠은 미국이 제국주의 사안에 너무 '잔소리가 심한' 것에 증오를 드러냈다. 왜냐하면 미국 역시 이런 문제에 전혀 깨끗하지 않았으며, 특히 필리핀에서 악명이 높았기 때문이다. 처칠의 지적은 사실이었지만, 처칠은 미국이 전쟁 전에 이미 필리핀에 독립을 약속했다는 사실을 언급하는 걸 잊어버렸다. 물론 필리핀의 독립이 일본의 침략으로 지장을 받고 있었지만 말이다.

국제연합이 전 지구적 안보를 위한 세계 기구라기보다 추축국에 대항하는 동맹 조직 정도로 여겨지고 있었지만, 이제 대서양 헌장에서 국제연합까지는 짧은 몇 걸음만 남아 있었다. 중국과 소련을 포함한 26개국이 1942년 1월 국제연합 설립에 서명했다. 처음엔 국제기구에 대한 의구심이 있었는데도, 루스벨트는 이 동맹의 이름까지 지었다. 처칠이 기분 좋은 상태에서 '아르카디아Arcadia'('이상향'이라는 의미―옮긴이)라는 암호명이 붙은 회담을 위해 백악관에 머무르던 때였다. 진주만 공격 이후 몇 주 만이었다. 루스벨트는 새로운 전 세계적 동맹을 어떻게 부를지 궁리하고 있었다. 그러던 어느 날 아침식사 전에 영감이 떠올랐다. 욕실에서 처칠을 맞닥뜨린 루스벨트는 욕조에서 갓 나와 물을 뚝뚝 흘리고 있는 수상에게 소리를 질렀다. "유나이티드 네이션스!United Nations!" 그러자 처칠은 이름이 맘에 든다고 답했다.

전시 내내 관료와 계획가, 외교관, 연합국 지도자들이 연구한 주요 문제는 어떻게 전시 동맹을 전후 평화를 위한 안정적인 국제 질서로 전환시킬 것인가였다. 또한 어떻게 또 다른 세계 경제 불황을 막을 수 있을까? 또 다른 미래의 히틀러가 다시 전쟁을 벌이는 것을 어떻게 방지할 수 있을까? 또한 이런 국제적 사업을 '공산주의'의 어두운 공작이라고 재빨리 이름 붙이려는 미국 보수주의자들의 준동을 막으면서 어떻게 진행할 수 있을까? 이런 쟁점들이 있었다. 새로운 세계 기구가 어떤 형태를 띠든 간에(여전히 처칠은 '영어를 말하는 사람들', 스탈린은 '평화를 사랑하는 사람들', 루스벨트는 '조화로운 강대국 연합'을 생각하고 있었다), 실질적인 영향력이 있어야 했다. 그것이 확실히 옛 국제연맹에는 결핍되어 있었다. 새로운 국제연합은 필요하다면 무력을 사용해서라도 평화를 강제할 능력이 있어야 했다. 그런 권위를 효과적으로 확고히 하려면 주요 강대국끼리 친밀해야 했다. 그래서 모스크바, 테헤란, 얄타 회담에서 전후 질서에 대한 철저한 검토가 이뤄졌고, 처칠과 루스벨트, 스탈린은 때로는 즉흥적으로 폴란드인과 그리스인, 그리고 다른 민족들을 장기의 졸*처럼 밀쳐내면서 세계라는 거대한 체스판을 뒀다.

반면 미국에서는 전쟁으로 파괴된 국가들의 식량 부족 문제를 해결하고, 이 국가들에 인도적 지원을 하기 위해 새로운 국제 단체들이 발족되었다. 처칠이 처음에는 진지하게 생각하지 않았던 국제연합구제부흥사업국UNRRA이 1943년에 구성되었다. 처칠은 다시 한번 욕실에서 마치 댄스 음악인 양 "UNRRA! UNRRA! UNRRA!"라며 읊어대는 노래를 들어야 했다. 전쟁이 끝난 뒤 사업국은 미국이 공산주의에 너무 부드럽게 대응한다는 공화당 측의 비난을 피할 수 없었다. 몇 가지 이유가 있었다. 서구 유럽 정부는 스스로 문제를 처리할 수 있다고 여겨졌기 때문에 구호품의 상당량이 동유럽 국가나 소련 공화국으로 갔는데, 이 전리품들이 정치적으로 선호되는 인사들에게 몰리는 경향이 있었다. 사업국 사업은 특히 초기에 엉망이었다. 하지만 국제연합구제부흥사업국이 없었다면 더 많은 사람이 끔찍한 조건에서 사멸했을 것이었다.

스탈린의 적군이 우크라이나의 얼음 들판을 가로지르면서 지친 독일군들을 물리치기 시작하고, 서구 연합국들이 노르망디에서 해안 교두보를 확보하자, 강대국들은 미래 국제연합 조직이 어떤 형태를 갖춰야 하는가에 대한 어려운 문제를 떠안게 되었다. 총회General Assembly와 강대국들이 통제하는 안전보장이사회Security Council 조직을 갖추게 될 것이었다. 독일을 격파하기 위한 경제 협력(동맹국에의 무기 대여 등)은 과도한 경제 민족주의와 유해한 투기를 봉쇄하는 국제 규범을 갖춘 국제통화기금International Monetary Fund·IMF 설립의 초석이 되었다. 그리고 국제사법재판소International Court of Justice가 창립될 것이었다.

통화 제도는 1944년 뉴햄프셔 주에 있는 브레턴우즈라는 리조트 호텔에서 만들어졌다. 공식 명칭이 '국제연합 통화·재정 토론회'였던 회의는 두 가지 이유로 브레턴우즈에서 열렸다. 미 하원 은행통화위원회에 소속된 뉴햄프셔 주 상원의원이 회의에 꼭 참석할 필요가 있는 공화당의 대표적 통화 규제 반대자였고, 호텔이 당시에는 시골지역 숙박시설로는 드물게 유대인을 받아주었기 때문이다. 유대인인 재무장관 헨리 모건소가 호텔에서 문전박대당할 일은 일어나지 않을 것이었다.

1944년 11월 루스벨트는 4선에 성공했다. 그즈음 루스벨트는 전후 국제연합에 완전히 헌신하겠다는 의도를 선거 캠페인 성명에서 명확히 밝혔다. 루스벨트의 관점에서 세계는 전 지구적 차원의 뉴딜이 필요하며, 국제연합은 전 지구적 평화를 보장하기 위한 권한을 가져야 했다. 당시 그는 "내 단순한 생각에는 만일 세계 기구가 어떤 실제성을 갖추게 된다면, 우리 미국 대표단은 먼저 우리 국민에 의해, 이어 하원을 통과한 입헌적 방법에 따라 행동할 권한을 부여받아야 한다"[15]고 말했다. 루스벨트와 그의 이상이 '공산주의'와 연관 있다는 목소리가 여전히 가라앉지 않았는데도 대부분의 미국 시민은 이제 루스벨트에게 동의하는 것처럼 보였다.

루스벨트의 네 번째 선거 직전에 국제연합에 관한 회의가 한 번 더 있었는데, 이번에는 워싱턴 D.C. 조지타운에 위치한 고급 저택 덤버턴 오크스에서 조심스레 개최되었다. 미국과 영국, 소련의 이른바 '빅 3'가 전시에는 연합국 정책을 결정했었다. 이번에는 네 번째로 중국이 초대받았다. 중국이 그 역할을 할 수 있을지에 대한 확신이 크지는 않았지만, 이 빅 4는 전후 세계의 치안을 공동으로 유지할 터였다. 처칠과 스탈린 누구도 장제스 정권을 그리 존중하지는 않았지만, 미국이 총사령관의 체면을 살려주기를 원했다(나중에 샌프란시스코에서 프랑스의 체면을 살려줄 필요가 있다고 판단하면서 빅 4는 다시 빅 5가 됐다).

하지만 덤버턴오크스에서는 국제연합이 정확히 어떤 형태가 되어야 하는지를 놓고 여전히 의견이 모아지지 않았다. 어떤 국가들에 회원국 자격이 있는가? 국제연합의 임무를 안보에만 한정해야 하는가?(소련 입장) 아니면 미국이 바라는 것처럼 경제 사회적 문제도 포함해야 하는가? 국제 공군이 있어야 하는가? 누가 국제연합에 군대를 제공할 것인가? 국제연맹처럼 모든 회원국이 국제연합의 활동에 거부권을 행사할 수 있는가? 아니면 강대국만 행사할 것인가? 거부권에 속하는 안건은 정확하게 무엇인가? 단순한 활동인가? 아니면 조사나 토론 주제도 포함되는가? 타협이 이루어졌고, 어려운 문제(거부권)는 미해결로 남았다. 원칙적으로 모든 '평화를 사랑하는 국가'에 회원국 가입이 열려 있었는데, 이 '평화를 사랑하는 국가'라는 구절이 미국인들의 감정에 호소하는 측면이 있었다. 하지만 소련이 평화의 적이라는 비판을 강력히 비난해온 스탈린에게 이는 훨씬 더 구체적인 뭔가를 의미했다. 예를 들면, 1940년 소련 적군에 저항했던 핀란드는 평화의 적이었다.

이리하여 1945년 4월 27일 샌프란시스코 회의를 위한 무대 준비는 끝났다. 평화를 사랑하는 세계가 단합하고, 국제연합은 전시 동맹에서 루스벨트가 즐겨 말했듯이 "세계를 위한 민주적 기구"가 될 것이었다.[16]

이미 심각하게 아팠고, 차르의 옛 여름궁전에 머물렀는데도 빈대 고문에 시달리는 불편한 조건에서 열린 얄타 회담 때문에 크게 지친 대통령(루스벨트를 말한다―옮긴이)은 슬프게도 4월 12일 사망했다. 하지만 새로운 대통령 해리 트루먼은 전임 대통령보다 민주적 세계 질서에 대한 기대치를 더 높게 잡았다. 국제연합 헌장에 서명하기 얼마 전인

6월 캔자스 시립대의 명예 학위를 받는 자리에서 트루먼은 매우 미국스러운 낙관주의적 태도로 "우리가 미국 공화국에서 사이좋게 잘 지내는 것만큼이나 다른 국가들도 쉽게 세계의 공화국 안에서 잘 지낼 것입니다"[17]라고 공언했다.

유럽 제국주의의 이중 게임

50개국 국기가 태평양 연안의 살랑거리는 바람에 휘날리는 가운데, 5000여 명의 대표단이 도착하고, 샌프란시스코 오페라하우스 앞에는 개막식을 보려는 수십만 명의 군중이 몰려들었다. 전 세계 국가들이(물론 독일과 일본 및 이들의 동맹국은 제외하고) 그곳에 있었다. 실제로는 전세계가 아니었다. 예외가 있었다. 그곳에 있어야 할 모두가 있었던 건아니다. 전쟁 막바지까지 파시스트에게 매우 동조적인 군사정권이 지배하고 있던 아르헨티나는 미국과 소련이 서로 유리하게 게임을 끌어가려고 노력하는 가운데 초대받은 경우다. 소련은 우크라이나와 벨라루스의 소련 공화국이 정식 회원이 되기를 원했고, 그래서 라틴아메리카의 지지가 필요했던 미국은 아르헨티나를 포함하자고 주장했다.

반면 제2차 세계대전이 발발한 국가인 폴란드는 초대받지 못했다. 합법적 정부에 대한 합의가 이뤄지지 못했기 때문이다. 소련은 루블린 위원회Lublin Committee(루블린에 근거지를 둔 폴란드 인민해방위원회로 소련의 지지를 받았다—옮긴이)로 알려진 폴란드 임시정부를 지원한 반면, 폴란드 망명정부는 런던에서 자신들의 정당성을 주장하고 있었다. 이런 상황에서 소련이 원하는 루블린 위원회가 샌프란시스코에 초대될 가능성은 없었다. 얄타 회담에서 스탈린은 폴란드 자유선거가 있을 거라며 처칠과 루스벨트를 확신시켰고, 폴란드 전시 지하운동 지도자 16명을 러시아인들과의 대화에 초대하기까지 했다. 그 후 이 폴란드 지도자들에 관한 이야기가 더 이상 나오지 않는 것도 불길했다. 『뉴요커』에 실린 기사에서 E. B. 화이트는 "폴란드 문제가 도시 상공에 마치 사나운 새처럼 맴돌고 있었다"[18]라고 썼다.

그래도 회의가 잘 돌아갈 거라는 낙관주의가 팽배했다. 특히 아랍 대표단은 이국적이어서 지역 주민들은 이들을 빤히 쳐다봤다. 『양크』지에 따르면 "유명 인사를 쫓아다니는 미국인들은 아랍인들을 가까이에서 보기 위해 서로를 밀치고는 옆에 있는 사람에게 '쉬크스Sheeks(아랍 성직자를 의미하는 'Sheik'를 잘못 발음한 것—옮긴이), 어때?' 하고 말했다."

아랍인들도 당혹스러운 반응을 보이기는 마찬가지였다. 시리아의 파리드 제이네딘은 미국에 대한 인상을 『양크』지에 이렇게 묘사했다. "미국인들은 안경을 쓰고, 모두 껌을 씹는 국민처럼 보인다. 아마도 건물들이 너무 높아서 사람들을 위아래로 봐야 하기 때문에 눈이 피곤해서 안경을 쓰는 것 같다."[19]

다른 이들은 더 신랄하게 당시 장면을 지켜봤다. 나중에 영국 노동당 지도자가 되는 마이클 풋은 『데일리 헤럴드』의 칼럼 기고가로 현장에 있었다. 선량한 유럽 사회주의자였던 그는 "현재 미국의 지위에 대한 위험성"을 우려했다. 미국은 너무 부유했고, 전쟁 피해가 전혀 없었으며, 너무 강력했다. 그는 "미국의 경제 전망이 회의를 왜소하게 만드는 것 같았다"고 했다. 게다가 나치 강제수용소가 위치한 지역의 극장에서 상영된 뉴스 영화는 "축제 분위기를 조성하지 못했다". 영국 군중은 보어 전쟁(1899~1902년 남아프리카공화국 보어인과 영국 간의 전쟁—옮긴이)에서 마페킹(남아프리카공화국 동북단 도시—옮긴이) 포위가 풀렸을 당시의 기쁨에 버금가는 분위기에 휩싸여 있었다.[20]

미국 영화관에서는 태평양전쟁의 막바지 몇 달간 시들해진 사기 진작을 겨냥한 영화들이 상영되었는데, 존 웨인의 「바탄의 전투Back to Bataan」, 에롤 플린이 출연한 「버마 침공!Objective, Burma」 등이었다. 한편 MGM 영화사의 「래시의 아들Son of Lassie」이나 도러시 라모어가 출연한 「베니를 위한 훈장A Medal For Benny」, 애벗과 코스텔로가 출연한 「남녀공학이 온다Here Come the Co-Eds」 등과 같은 좀 더 재밌는 영화들도 있었다.

대표단이 각자 비용을 계산하기로 했던 숙소는 확실히 얄타보다 더 안락했다. 처칠의 외교 고문으로 얄타를 포함해 대부분의 전시 회의에 참석했던 글래드윈 젭은 샌프란시스코에서의 경험을 "형편없는 환대"[21]라고 표현했다. 미국 국무장관 에드워드 스테티니어스 주니어가 사회를 보는 가운데, 빅 4 강대국(곧 빅 5가 될 것이었다)은 페어몬트 호텔 꼭대기에 위치한 펜트하우스 아파트의 원형 서재에서 회동을 가졌다. 잡지 『타임』의 표현에 따르면 "파란색 천장과 녹색 천이 덮인 2인용 안락의자 두 개"[22]가 있었다. 급이 낮은 대표들은 바닥에 앉아서 일했다.

4대 강국은 일반적인 원칙에 관해서는 신속한 합의에 이르렀다. 하지만 강대국과 나머지 국가들 간, 강대국의 우월성과 민주적 세계 기구의 목표 간에는 확실히 긴장이 존재했다. 소국小國들의 대표는 거창한 말을 즐기던 호주의 외무장관 허버트 에벗 박사였는데, 안전보장이사회에서 강대국의 거부권 행사에 분개했지만 결국 양보해야만 했다. 소련 외무장관 뱌체슬라프 몰로토프는 가장 극단적으로 강대국의 입장을 취했다. 그는 소련이 국제연합에서 논의하기를 원치 않는 어떤 주제에도 거부권을 행사할 수 있다고 줄기차게 주장했다. 이 때문에 회의는 거의 침몰 직전으로 갔고, 미국 외교사절단이 모스크바에 파견된 뒤 스탈린이 몰로토프에게 물러서라고 지시하고서야 긴장이 풀렸다.

빅 3 사이는 모든 게 괜찮은 듯 보였다. 최소한 몰로토프가 정중한 영국 외무장관 앤서니 이든과 (브라이언 어커트가 "연극배우처럼 잘생긴 데다 부자연스러운 하얀 치아를 가진 남자"[23]라고 묘사한) 미국 국무장관 에드워드 스테티니어스를 위한 호화 만찬을 개최했을 때까지는 그랬다. 러시아가 항상 그랬듯이, 엄청난 양의 음식과 음료가 소비되었다. 3명이 서로 건배하는 장면이 사진으로 찍혔다. 책상에서 장시간 일한다는 이유로 소련 당내에서 '강철 엉덩이'라는 별명이 붙은 무표정한 몰로토프마저도 어떻게든 친밀한 분위기를 만들어내려고 했다. 시간이 늦어졌고, 모두가 확실히 술에 취하기 시작했다.

그때 뭔가 이상한 일이 일어났다. 여전히 화기애애한 분위기에서 몰로토프는 폴란드 지하운동가 16명에게 무슨 일이 있었는지를 존경하는 동료들에게 마침내 털어놨다. 이 지도자들은 소련 적군에 저항하는 '반정부 활동' 혐의로 체포되어, 사형이 선고되었다. 이든은 처음엔 놀랐다가 곧 화를 내면서 충분한 설명을 요구했다. 이든의 날카로운 목소리에 심기가 거슬린 몰로토프는 뚱한 표정을 지으면서 수세적이 되었다. 축제 분위기는 즉각 사라져버렸다. 다시 한번 회의가 위기에 처했다.

하지만 이 폭풍은 별다른 피해 없이 가라앉았다. 희망에 대한 기대가 현실 문제 때문에 좌초되진 않았다. 『네이션Nation』지는 폴란드에서 "진정한 자유선거"가 개최되면 "러시아의 도덕적 지위"는 "굉장히 강화될 것"이며 "불신은 극히 줄어들 것이다"[24]라고 미국 자유주의자들에게 말했다. 얄타 회담에서 서구 연합국은 폴란드 자유선거에 대한 모호한 약속이라도 간절히 원했고, 그 약속은 누구도 아직은 던져버리기를 원치 않는 무화과 잎사귀(에덴동산에서 아담과 이브가 중요한 부위를 가렸던 것을 비유한 말―옮긴이) 같은 것이었다. 당시 끔찍한 상황에서 모든 것을 걸고 독일에 대항해 싸웠던 용감한 폴란드인 16명이 이미 소련 비밀경찰에게 고문을 받고, '나치 협력자'로 재판을 받았다는 사실을 소련만이 알고 있었다. 이 16명은 6월 21일 선고를 받는데, 그때에도 샌프란시스코 회의는 여전히 계속되고 있었다. 16명 중 2명만 제외하고 나머지는 모두 나중에 소련 감옥에서 살해되었다.

16명의 폴란드인들이 모스크바에서 고문을 받고 있었지만, 강대국들은 헌장 전문에 들어갈 인권 선언을 논의하고 있었다(첫 세계인권선언은 한참 후인 1948년에 나왔다). 종교나 문화, 정치적 국경으로 정해진 공동체뿐 아니라 전 인류가 인권의 혜택을 누려야 한다는 계몽주의 사상이자 기독교 보편주의의 숭고한 성과였다. 스테판 에셀과 수많은 사람은 이를 전후 질서의 가장 위대한 공헌으로 꼽았다. 보편적 인권은 뉘른베르크 재판이 '반인류 범죄'에 적용한 법률과 연관되어 있으며, 이는 역시 1944년 폴란드 법률가 라파엘 렘킨이 정의한 "종족, 인종, 종교, 민족 단체 전체나 일부에 가해진 고의적이면서 체계적인 파괴"라는 집단 학살 개념과도 연결되어 있었다.

누구도 인권이 시행되어야 한다는 의사록을 제안하지는 않았다. 오히려 그 반대였다. 샌프란시스코 회의에 참석한 영국 외교정책 고문에 따르면, 역사가 찰스 웹스터는 "선언을 반대하지는 않지만 우리 정책은 '인권을 보장한다'는 표현은 피해야 한다"[25]고 말했다. 남아프리카공화국의 정치가이자 보어 전쟁의 영웅으로, 국제연맹과 국제연합의 탄생을 도왔던 얀 스뮈츠 장군이 작성한 초안을 바탕으로 선언이 절차대로 준비되었다. 강대국이 6월 샌프란시스코에서 결정한 표현은 다음과 같다. "우리, 연합국 국민은 결의하였다. (⋯) 기본적 인권, 인간의 존엄 및 가치, 남녀 및 대소大小 각국의 평등권에 대한 신념을 재확인하며⋯⋯"

마이클 풋은 『데일리 헤럴드』 칼럼에서 소련의 도덕적 지도력을 특별히 칭찬했다. 그는 전쟁 전 영국의 네빌 체임벌린 정부가 나치의 잔혹 행위를 보도하지 못하도록 했다고 지적했다. 하지만 당시에 "희생자들은 단지 자유주의자, 사회주의자, 평화주의자, 유대인뿐이었다". 지금은 "이 유형의 사람들은 스뮈츠 장군이 작성한 헌장 서문에 포함된 기본적 자유권의 혜택을 받게 될 것이다. 헌장은 남아프리카공화국의 흑인들에게도 적용될 것이다. 그렇겠지?"라고 다소 오만하게 적었다. 이런 사실에 대한 풋의 의구심이 근거가 없는 것은 아니었지만, 그는 폴란드 문제의 지독한 악취를 이미 맡고 있었다. 실제로 그는 "다른 어떤 나라보다 종속국(비독립국—옮긴이) 국민의 정치적 권리"에 대해 "훨씬 더 논리적이고 분명한 견해"를 표하고 있다면서 소련을 공개적으로 칭찬했다.

6월 말 막바지 결론에 도달하기 전 위기가 한 번 더 있었다. 이번에는 레반트에서였다. 프랑스군은 5월 29일 다마스쿠스 거리에서 시리아인들과 싸우고 있었고, 고대 수도인 다마스쿠스뿐 아니라 알레포, 하마, 홈스에도 폭탄을 떨어뜨렸다. 시리아가 프랑스 지휘 아래 있는 시리아 특별군을 시리아 국민군으로 이양하라고 요구하자 프랑스인들은 병력 증강을 요구했다.

다음 날, 능숙한 외교 수완을 갖춘 시리아의 수크리 알-퀘와틀리 대통령은 호찌민, 수카르노와 같은 심경을 표현하는 편지를 트루먼 대통령에게 보냈는데, 호찌민 등과는 달리 훨씬 더 많은 성과를 얻었다. 그는 정당한 분노를 표출하면서 프랑스인들이 독일과 싸우려고 미국에서 빌린 돈으로 무기를 사서 시리아인들을 죽이고 있다고 적었다. 미국은 1944년 시리아를 독립국으로 인정했었다. 그래서 알-퀘와틀리 대통령은 "대서양 헌장과 4대 자유는 지금 어디에 있는가? 우리가 샌프란시스코 회의에 대해 어떻게 생각하겠는가?"[26]라고 썼다.

미국이 시리아 편을 들려면 조그마한 것이라도 뭔가 동기가 필요했다. 유럽 제국주의는 워싱턴에서 인기가 없었고, 프랑스 제국주의는 그 중에서도 가장 인기가 없었다. 당시 미국인들은 다소 이국적이었던 인도차이나와 달리, 중국을 대하는 것처럼 자애로운 가부장의 심정으로 시리아와 레바논을 바라보고 있었다. 여기에는 선교에 대한 열정과 상업적 이해도 섞여 있었다. 베이루트의 아메리칸 대학, 예루살렘에서의 기독교 선교, 문호개방 경제정책 때문이었다. 당시 미국의 정책 결정자들에게 인기 있었던 문구는 '도덕적 지도력'이었다. 존 포스터 덜레스에게 맞아떨어졌던 것처럼, 도덕적 감정도 경건했지만 그보다는 지도자가 되고 싶은 야망이 더 앞섰다.

영국군이 1941년 레반트를 점령할 당시 연합국들은 전후에 시리아의 독립을 인정하기로 이미 약속한 터였기 때문에, 지금 알-퀘와틀리의 호소를 무시할 수 없었다. 그래서 처칠은 현장에 있던 버나드 패짓 장군에게 프랑스군을 막사로 격퇴시키라고 지시했다. 프랑스인들이 저항하기엔 숫자가 너무 적었기 때문에 이는 어려운 임무가 아니었다. 좌파 성향의 『맨체스터 가디언』은 이 사건을 애국적인 환호의 분위기에서 보도했다. "선원들과 함께 다마스쿠스로 진군해 들어갔다. (…) 놀란 다마스쿠스 군중이 박수를 쳤다. (…) 다마스쿠스 사람들은 프랑스군을 도시 밖으로 몰아낸 화물차와 탱크, 경기관총 수송 차량의 긴 행렬이 영국군 장갑차 호위를 받으면서 행진하자 소리를 지르며 환호했다."[27]

드골 장군은 앵글로색슨의 악랄한 음모라면서 불같이 화를 냈다. "우리가 지금은 개전할 수 있는 상황이 아니다. 하지만 당신들은 프랑스를 모욕했고, 서구를 배신했다. 결코 잊지 않을 것이다."[28]

표면적으로 시리아의 위기는 샌프란시스코에서 형태를 갖추고 있는 새로운 세계 질서의 완벽한 실험이었다. 대서양 헌장과 국제연합 정신에 부응하는 정당한 사례였다. 프랑스는 1941년에 약속을 했음에도 식민주의 권위를 재건하려고 노력하고 있었다. 영국은 자국의 위상을 꽤 적절하게 설정했고, 이 때문에 『맨체스터 가디언』지 기사도 이를 매우 자랑스러워하는 어조를 띠고 있었다.

물론 그리 간단치만은 않았다. 영국은 다른 중동 지역에서 다른 민족에게 다른 약속을 하는 이중 게임을 했다. 1916년 오토만 제국의 종말이 가시화되자 영국과 프랑스는 사이크스-피코 협정을 맺고, 레반트를 이해관계에 따라 분할했다. 프랑스는 시리아와 레바논의 운영권을 갖고, 영국은 트랜스요르단과 이라크를 차지했다. 프랑스가 독일에 패배한 다음 해인 1941년 영국군은 프랑스의 특권적 지위를 알면서도 시리아의 독립을 지원하겠다고 약속하면서 다마스쿠스에 진입했다. 영국이 진짜 원했던 것은 레반트에서 중요한 존재가 되는 것이었다. 그래서 영국은 시리아가 프랑스에 도발하는 것을 지켜보면서 상당히 즐거워했다. 프랑스의 폭력적 보복이 프랑스를 쫓아내기 위해 필요한 명분이 되었다. 그리고 바로 이런 상황이 1945년 초여름 실제로 일어나고 있었다.

시리아 사태에는 19세기 제국주의적 충돌을 떠올리게 하는 오래된 뭔가가 있었다. 어떻든 간에 샌프란시스코 회의에서는 아직 명확해지지 않았지만, 영국과 프랑스는 모두 중동에서 우위를 잃고, 미국과 소련이 곧 이 지역을 지배하게 될 것이었다. 영국의 전시 계획 중 하나는 머지 않은 미래에 대해서도 잠깐 언급하고 있었다. 런던에서는 영국과 미국이 국제연합의 후원 아래 군사기지를 구축해서 전후 세계의 치안을 공동으로 담당하기를 바랐다. 미국은 아시아, 영국은 중동을 맡는다는 것이었다. 미국은 해당국의 주권이 미국 군사시설로 선정된 지역, 이른바 전략적 신뢰 지역에는 미치지 않는다는 사실을 이미 명확히 한 바 있었다. 전후 초기 몇 달 만에 보다 비공식적인 제국의 흐릿한 형태가 가시화되기 시작했다. 영국이 제대로 인식하지 못했던 바는 새로운 세계 질서하에서 영국의 역할이 얼마나 미미할지에 대한 것이었다.

시리아만이 독립을 요구했던 것은 아니다. 실제로 시리아는 샌프란시스코 회의의 논란거리 중 하나였을 뿐이다. 그리고 소련은 엄격한 철학적 이유에서는 아니었지만 서구 유럽 동맹국들보다 이런 독립 열정을 더 지지했다는 점에서 마이클 풋이 틀렸다고 말할 수도 없다. 공교롭게도 국제연합 총회가 반식민주의 시위에는 결정적인 포럼이 되기는 했지만, 탈식민화는 1945년 의제에 없었다. 식민주의 강대국이 양보할 수 있는 최대치는 국제연합 헌장에 명시된 '복지'를 '비非자치 영토'의 거주자들에게 제공하겠다는 약속이었다. 자치정부는 "각 영토와 민족, 그리고 다양한 발전 단계의 특정한 상황에 따라" 가속화될 터였다. 인도 펀자브의 총독이었으며, 인도 샤푸르와 영국 뉴포트 패그넬의 남작인 윌리엄 맬컴 헤일리는 "여기에는 우리 정책에 이미 포함되어 있지 않은 어떤 것도 없다"면서 런던의 『타임스』 독자들을 안심시켰다. 더 중요한 것은 "국제연합 기구가 강대국의 관심사에까지 헌장의 원칙을 적용하면서 개입하려는 의도는 절대 없다"[29]는 점이었다. 영국과 프랑스, 그리고 다른 식민주의 강대국이 해야 하는 의무는 '영토'를 계속 보유한다는 조건하에서 국제연합 사무총장에게 정기적으로 보고하는 일뿐이었다.

샌프란시스코 회의의 실망스런 결과

일부에선 세계정부에 대한 기대가 높았지만, 샌프란시스코 회의의 최종 결과물은 실망스러웠다. 세계정부가 작동하려면 국가들이 주권을 포기해야만 했다. 강대국 중 중국만이 유일하게 재벌이자 정치가였던 대표 쑹쯔원宋子文을 통해 "필요하다면 주권의 일부를 이양할 수 있다"[30]고 말했다. 중국은 강대국이 갖고 있는 거부권도 포기할 준비가 되어 있었다. 하지만 장제스의 권력 자체가 중국에서 이미 흔들리고 있었기 때문에 이 문제에 대한 중국의 통 큰 양보는 별 효과가 없었다.

E. B. 화이트는 『뉴요커』에 보낸 기사에서 샌프란시스코 회의의 주요 모순점을 정확하게 짚어냈다. 그는 "국제주의의 첫 출발은 민족주의에서 멀어지기는커녕 오히려 민족주의를 향해 나아가는 것처럼 보인다"[31]고 적었다. 그는 각국의 국기와 제복, 군악, 비밀 회동, 외교적 움직임에서 "세계 공동체에 대한 거부 의사"를 목격했다. 그는 국제주의자들이 쏟아내는 모든 수사에서 "끝없이 고동치는 엔진 소리인 주권, 주권, 주권"이라는 소리를 들었다.

샌프란시스코 회의를 관찰한 또 다른 인사는 미 해군에서 방금 제대한 존 F. 케네디였다. 그는 "법률을 준수하는 세계 기구가 해법"이라는 "세계 연방주의자들"에게 동의했다. 하지만 그는 전쟁이 "궁극적인 악"이라고 느끼는 공통된 감정이 각국 정부를 모두 움직이게 할 정도로 충분하지 않으면 어떤 결과물도 나올 수 없다는 것을 알고 있었다. 그리고 케네디의 시각에서 그런 일은 일어나지 않을 것이었다.[32]

원자폭탄 두 개를 일본에 떨어뜨린 것으로도 이런 공통된 감정을 조성하지 못했다. 나가사키가 파괴된 지 일주일 뒤에 영국 외무장관 어니스트 베빈은 글래드윈과 국제연합 집행위원회의 런던 방문을 환영하는 오찬 연설을 했다. 국제연합 집행위원회는 굉장히 영향력 있는 인사들로 구성된 조직이었다. 위원은 소련을 대표한 안드레이 그로미코와 캐나다의 레스터 피어슨(당시 외무장관—옮긴이)이 있었다. 미국 대표는 스테티니어스였는데, 그는 나중에 소련 간첩으로 기소된, 키가 크고 말쑥한 앨저 히스의 보좌를 받았다. 영국 대표는 국제주의를 굳게 믿고 있던 필립 노엘-베이커였다. 그리고 역사가 찰스 웹스터는 사진기자들의 조명

세례에 항의하는 차원에서 테니스 모자를 쓴 채 현장에서 노엘-베이커를 보좌하고 있었다. 베빈은 연설에서 위원회가 샌프란시스코에서 개시된 이 작업을 곧 끝낼 것이라고 말했다. 일본에 떨어진 가공할 만한 신무기가 세계 기구의 필요성을 더욱 높이고 있었다. 하지만 베빈은 "세계 정부라는 생각은 신중하게 키워나가야 한다"고 덧붙였다. 국가는 저마다 역사와 집단적인 기억 및 전통을 가지고 있으며, 베빈 스스로가 노동 계급 출신이라는 약점을 극복했듯이 이 모든 것은 언젠가는 극복해야 할 것이었다. 샌프란시스코의 "기본 원칙"은 옳았다. 하지만 "적당한 분위기"를 조성하는 데에는 시간이 걸릴 것이다. 그때까지는 "국가 간 협력과, 좋은 방향이든 나쁜 방향이든 거대한 영향력을 가진 대국을 중심으로 한 체제가 우리가 당장 적용할 수 있는 유일하면서도 실제적인 방법"[33]이라고 베빈은 밝혔다.

베빈이 옳았다. 의도한 것은 아니지만 베빈은 세계정부라는 이상의 거대한 결점을 폭로한 셈이었다. 세계정부가 작동하느냐는 강대국 간의 동맹에 달려 있었다. 동맹이 계속 유지된다면, 나폴레옹 패배 이후 메테르니히('빈 체제'를 구축한 오스트리아 수상—옮긴이)의 신성동맹이 재현되면서 전 세계에 존재하는 권위주의는 위협받을 것이었다. 반면 동맹이 무너지면 막 날개를 편 세계 기구가 무력해지면서 아마도 훨씬 더 파괴적인 또 다른 전쟁이 곧 일어날지도 몰랐다.

하지만 강대국들은 단합하는 데 결국 실패했다. 정확히 언제 냉전이 시작됐는지는 말하기 어렵다. 불필요하게 처칠을 괴롭혔다고 할 정도로 루스벨트는 스탈린을 자기편으로 끌어들이기 위해 노력했다. 하지만 그 노력 여부와 상관없이 얄타 회담에서 이미 강대국들 사이에 심각한 균열이 있었다. 존 포스터 덜레스가 아직 냉전이라고 칭하지는 않았지만 1945년 9월 말 런던에서 냉전의 탄생을 목격했다고 주장했다.

미국, 영국, 소련, 프랑스, 중국의 빅 5 외무장관들은 다양한 평화조약을 논의하기 위해 런던에서 회합을 가졌다. 특히 이탈리아, 핀란드, 발칸 국가들이 주요 의제였다. 하지만 그들은 실질적인 부분에서는 어떤 것에도 합의하지 못했다. 사실 미국은 조화로운 강대국 동맹을 위해 문제의 성격이 너무 까다롭지만 않다면 소련이 내세운 폴란드 임시 정부를 인정하겠다고 이미 합의했었다. 헝가리에 대해서도 유사한 정책을 취할 준비가 되어 있었다. 미국 국무장관 제임스 번스는 회의 보고에서 미국 정부는 "동유럽 및 중유럽에서 소련에 우호적인 정권을 만들겠다는 소련의 바람을 공유하고 있다"[34]고 말했다.

하지만 몰로토프는 또 다른 의제를 가지고 있었다. 공산주의는 소련 외에 다른 두 강대국에서도 상당한 권력을 떨치고 있었다. 프랑스에서 공산당은 여전히 강력했고, 중국에서는 폭발 직전인 내전이 곧 끓어오를 태세였다. 몰로토프가 중국 국민당과 프랑스인들에게 수모를 가하면서 국민당 등이 받는 굴욕이 미국 때문이라고 한다면 공산주의자들의 명분은 더 강해질 것이었다. 몰로토프의 전략은, 프랑스와 중국은 항복문서에 서명한 국가들이 아니기 때문에 조약 협상에서 물러나라고 요구하는 것이었다. 이는 프랑스를 괴롭혔고, 중국을 모욕했으며, 영국을 뒤흔들었다. 존 포스터 덜레스는 회고록에서 몰로토프의 냉철한 외교술에 경의를 표하지 않을 수 없었다. "1945년 런던의 몰로토프 씨는 최고 절정에 올라 있었다."[35]

레지스탕스 지도자 출신이자 나중에 대통령이 되는, 당시 프랑스 외무장관인 조르주 비도는 지속적으로 무시당하고, 도발당하고, 수모를 받았다. 몰로토프의 수법 하나는 비도에게 알리지도 않고 영국과 미국에 회의를 연기하자고 하는 것이었고, 그래서 프랑스인들은 텅 빈 회의실에 혼자 나타나기도 했다. 비도가 잔뜩 화나서 파리로 돌아가게 하는 것이 목표였다. 중국 외무장관은 회의장에 아예 없는 것처럼 무시당했다. 그러면 성미가 급한 베빈이 분노를 폭발했다가 곧 멋쩍어하면서 사과했고, 이는 소련에 유리하게 양보하는 결과로 이어졌다.

이 전략이 바람직한 결과를 얻지 못하자 소련은 협박을 시도했다. 소련은 베빈과 번스에게 프랑스와 중국이 회의장에서 나가지 않으면 더는 협력하지 않을 거라고 위협했다. 번스는 동맹국에 더 이상의 수치는 줄 수 없다면서 거부했고, 회의는 그대로 끝났다. 덜레스에게는 이때가 진실의 순간이었다. 덜레스는 "시대의 종말, 테헤란과 얄타, 포츠담 시대의 종말을 찍었다. 소련 공산주의가 우리의 '친구'라는 가식의 끝이었다. 소련이 우리에게 적대감을 공개적으로 드러내면서 이를 전 세계에 공포하는 시대의 시작이었다"[36]라고 적었다.

확실히 이 낡은 냉전주의자는 틀리지 않았다. 그리고 덜레스가 전후 세계 질서의 갈라진 틈을 본 유일한 사람도 아니었다. 『뉴욕타임스』의 군사 부문 편집자였던 핸슨 볼드윈은 덜레스와 달리 자유주의자였다. 10월 26일 신문에 쓴 칼럼에서 볼드윈은 원자폭탄 발명으로 세계, 특히 두 강대국이 끔찍한 선택의 순간에 직면했다고 주장했다. 그것은 국제연합의 강화였다. 이를 위해서 강대국들은 불가피하게 주권의 상당 부분을 포기해야 하고, 안전보장이사회의 거부권도 없어져야 한다는 것이었다. 러시아가 미국의 핵시설을 조사할 권한을 가져야 하며, 반대로 미국의 러시아 핵시설 조사도 가능해야 한다는 주장이었다.

도덕적 근거에 따른 주장이라기보다 자기보호를 위한 볼드윈의 사적인 해법이었다. 덜레스는 항상 그렇듯 좀 더 도덕적 관점을 취했다. 덜레스는 전 세계적으로 "도덕적 판단에 대한 일치된 견해"[37]가 없기 때문에 국제연합은 힘이 약한 상태로 유지될 것이라고 썼다. 그에게 냉전은 정치뿐 아니라 도덕적 갈등이었고, 악에 저항하는 선善의 전쟁이었다.

그렇다고 핸슨 볼드윈이 순진무구했던 것은 아니다. 그 역시 소련이나 미국이 자신이 제안한 해법에 동의할 거라고 기대하지는 않았다. 그리고 볼드윈의 표현에 따르면 이는 "서로가 서로를 의심하면서 두 블록으로 양분된 세상, 이런 상태에서 몇 년간은 안정적일 수 있지만 결국에는 전쟁으로 향해 가는 세상"을 의미했다.

그런 세상이 실제로 나타났다. 가을이 겨울로 바뀔 즈음에 1945년 봄의 희망은 이미 퇴색하고 있었다. 세계 민주주의는 물론, 세계정부는 없을 것이었다. 하다못해 4, 5개 국가로만 구성된 세계경찰도 없을 것이었다. 안전보장이사회에서 유럽을 대표한 두 국가는 피로 얼룩졌던 제국이 몰락하면서 더욱더 영향력이 축소될 것이었다. 소련과 미국은 공개적으로 적대감을 드러내는 관계가 되었다. 일본의 점령으로 큰 타격을 받았던 중국은 두 세력으로 분리되었는데, 한쪽은 만주 남쪽의 주요 도시를 쥐고 있는, 부패하고 사기가 저하된 국민당이었고, 다른 한쪽은 농촌지역과 북부 상당 지역을 지배하고 있는 공산당이었다.

1945년 가을과 겨울, 여전히 미국 신문들은 중국의 전시 수도였던 충칭에서 공산당과 국민당이 그림자놀이처럼 이어가고 있던 협상이 긍정적으로 발전할 가능성이 있다고 보도하고 있었다. '타협'과 '휴전' '민주주의' 등에 대한 이야기가 있었고, 양쪽은 모두 내전 '개시'라는 말을 꺼렸다는 것이었다. 10월 14일 『뉴욕타임스 매거진』에 실린 기사는 총사령관 장제스의 지도력에 강한 확신을 보여주고 있다. 지금 시점에서 읽으면 매우 흥미롭다.

장제스의 민주적 이데올로기에도 불구하고, 장제스는 이제 스탈린 외에 그 어떤 세계 지도자보다 강력한 권력을 보유하고 있고, 직함은 스탈린보다 더 많다. 중국 주석과 군대 총사령관, 국민당 총재 외에도 그는 최소 다른 42개 기관의 수장이다. (…) 총사령관이 곧 중국이다. 그의 발언이 법이고, 다른 국가 지도자들이 부하에게 위임하는 많은 사안도 직접 지시한다.

하지만 이런 기사는 그에게 아무런 도움이 안 되었다. 정확히 4년 뒤 총사령관은 푸젠 성 연안의 작은 섬에서 권력을 휘두르는 수준으로 전락할 것이었다. 그곳은 예전에는 포모사로 불렸고, 지금은 타이완이라고 불리는 섬이다.

평화: 스포츠와 음식 이야기 그리고 0년의 성과

그렇게 0년은 감사와 걱정이 교차하면서 마침내 끝이 났다. 대부분의 지역에서 일종의 평화가 이루어졌다는 것에 감사하면서도 사람들에게 빛나는 미래에 대한 환상은 별로 없었고, 조금씩 분단되어가는 세계에 대한 우려가 늘었다. 수백만 명이 여전히 너무 춥고 굶주린 채 새해를 즐겁게 축하할 수는 없었다. 게다가 뉴스는 대개 암울했다. 점령된 독일에서는 식량 폭동이 예견되었고, 팔레스타인에서는 테러가 혼란을 낳았으며, 한국인들은 반⁴ 식민 상태에 격렬하게 분노하면서 시위를 벌이고 있었다. 인도네시아에서는 영국군과 네덜란드 해군이 "미군의 장비를 완벽히 지원받아" 원주민 반란을 진압하려는 싸움을 하고 있었다.[38]

하지만 1945년의 마지막 날인 12월 31일, 전 세계에서 신문을 읽어본 사람이라면 받았을 느낌은, 대부분이 삶을 살아가는 게 너무 힘들어서 국제 뉴스에는 더 이상 큰 관심을 두지 않는다는 사실이었다. 전쟁 기간에는 전 세계에서 모든 게 문제였다. 평화의 시기에 사람들은 가정을 돌보는 데 힘을 쏟았다.

그래서 영국인들은 날씨와 스포츠를 이야기했다. 『맨체스터 가디언』에 따르면 "전쟁 기간에 일기예보 관련 뉴스가 금지되면서 지난밤 동서부에 낀 안개 유형을 판단하는 데 다소 서툴러졌다". 하지만 "더비셔와 랭커셔 글라이딩 클럽이 전쟁 발발 이후 중지됐던 활동을 재개하는 첫 번째 글라이더 및 세일플레인(글라이딩 종류 중 하나—옮긴이) 클럽이 되기를 희망하고 있다"는 걸 알게 되어 좋았다.

프랑스인들은 음식에 대해 이야기했다. 딱 1년 전 피로 물든, 눈 덮인 아르덴(벨기에와 접경한 프랑스 동북부의 산림 지대로 제1, 2차 세계대전 격전지—옮긴이)에서 싸웠던 미군들은 프랑스 알프스에서 이제 스키를 즐기고 있었다. 샤모니발 『르몽드』 기사는 "프랑스 요리사가 준비한 음식에 모두 기뻐했다. 사람들이 프랑스 문명의 이런 면에 감사하는 정도를 보면 놀랄 것이다"라고 적었다. 또 신문이 "12월에 상당량의 와인이" J3, M, C, V 등급을 받을 수 있다는 사실을 발표하는 것에도 사람들은 행복해했다.

바이로이트의 『프랑키셰 프레스Frankische Presse』는 "창고와 벙커에서 옹송그리며 모여 있는 지칠 대로 지친 사람들은 충혈된 눈과 떨리는 가슴으로 오직 하나의 희망만 가졌는데, 그건 승리보다는 종전이었다"면서 독일인들이 고통받았던 끔찍한 고난을 회고하는 우울한 기사를 내보냈다. 또 다른 뉴스도 있었다. 독일 남성 두 명이 뉘른베르크에서 전범을 처형하는 일에 자원했다는 것이었다. 마르부르크에서 온 에리히 리히터는 보수가 없더라도 전범의 목을 직접 치면 행복할 거라고 말했다. 라이프치히의 난민 캠프 출신인 요제프 슈미트는 전범을 목매달거나 목을 자를 준비가 되어 있으며, "이들 각자의 목에 해당되는 값"을 정확하게 쳐줄 것이라고 말했다. 문화에서 위안을 찾는 것도 소홀히 하지 않았다. 수년 만에 처음으로 바이로이트 교향악단이 "프랑스 음악을 독일 낭만파와 신낭만파의 영향으로부터 체계적으로 해방시키는 작업을 했던 (…) 프랑스 작곡가인" 클로드 드뷔시의 작품을 연주할 것이었다. 게다가 바이로이트는 바그너주의의 메카다!

도쿄에서는 『재팬타임스』가 사설을 통해 "옛것은 가라! 새것이 와라! 일본은 아무런 후회도 없이 지나간 옛 시절을 떠나보낼 것이다. 고통과 괴로움, 환멸과 혼돈, 수치와 형벌의 한 해였기 때문이다. 쓰라린 기억의 한 해는 깊은 안도감과 함께 불확실하고 어정쩡한 상태를 밀어낼 것이다"라고 선언했다. 신문은 "미군이 침략했을 때 식량 위기를 피하기 위해 누에와 메뚜기, 뽕나무 잎으로 만든 가루 등 대용 식량을 사용하려던 계획이 (…) 여전히 개발되고 있다"고 전했다. 니시자와 에이이치라는 기자는 가부키의 대부분의 영웅이 유감스럽게도 봉건적이지만, 여전히 몇몇은 예외라고 설명했다. 예를 들면 쇼군에게 가난한 농부들의 세금을 줄여달라고 요구했다가 처벌당한 17세기 마을 촌장인 사쿠라 소고로는 "민주주의적 대의를 위한 순교자였다."

『뉴욕타임스』의 어조는 좀 더 낙관적이었다. "어제 폭풍우 경보는 뉴욕의 흥청망청한 분위기 덕분에 날아가버렸다. 도시는 1940년 이래 가장 활기 넘치는 새해 전날 밤을 향해 가고 있다." 하지만 기사보다 구세계와 신세계 간의 거의 상상할 수 없는 격차를 더 잘 보여주는 것은 『타임스』에 실린 광고들이었다. 한 광고는 "이건 다릅니다. 당신 입속에서 녹아드는 부드러운 크림 땅콩버터. 두껍게 펴 바르세요, 엄마, 이건 피터 팬이에요!"

전 세계의 새해 전날 풍경에서 얻을 수 있는 것이 있다면, 그것은 확실히 정상적인 감각이 전쟁 직후 기간의 끔찍했던 고통에서 벗어나, 고개를 들 수 있을 정도로 운이 좋았던 사람들의 일상에 서서히 스며들기 시작했다는 것이었다. 이는 독일이나 일본 전쟁포로 수용소에서 여전히 난민 상태로 머물러 있거나, 오갈 데 없는 사람들이 누릴 수 없는 호화였다.

그들은 산산조각 난 국가를 재건하는 임무에 착수했고, 그 때문에 더는 축하나 애도를 할 시간이 없었다. 해야 할 일이 있었다. 전쟁과 해방의 격변기보다 극적이진 않았으나 현실에 대한 냉철하면서도 다소 어둡지만 정연한 인식이 필요했다. 일부 지역에서는 식민주의 국가나 내부의 적에 대항하는 새로운 전쟁이 계속될 것이었고, 새로운 독재가 나타날 터였다. 하지만 나머지 수백만 명에게는 삶이 지속된다는 것만으로도 충분히 흥분할 만했다. 물론 일부는 수년간의 극적인 상황을 잊어버리고 싶어할 테고, 운이 좋았던 일부는 세상이 다시는 더 흥미로울 수 없으리라는 향수를 가지고 과거를 돌아볼 것이었다.

0년은 수년간 파괴를 경험한 세계의 집단기억 속에서 퇴색하기 시작했다. 그리고 한국과 베트남, 인도-파키스탄, 이스라엘, 캄보디아, 르완다, 이라크, 아프가니스탄 등에서 새로운 드라마가 앞으로 전개될 것이었다. 하지만 전쟁의 폐허 속에서도 많은 것을 창출해낸 0년 이후에 성년이 된 사람들에게 1945년은 가장 중요한 해이리라. 서유럽이나 일본에서 성장한 우리는 부모 세대가 건설한 것을 당연하게 여겼다. 복지국가, 성장만 할 것 같은 경제, 국제법, 난공불락으로 보이는 미국의 권력으로부터 보호를 받는 '자유세계' 등이다.

물론 이 모든 것이 지속되지는 않을 것이다. 그 무엇도 계속될 수는 없다. 하지만 1945년을 살았던 남녀와 그들의 고난, 그들의 희망과 열정에 대해서는 경의를 표하지 않을 이유가 없다. 비록 상당수는 모든 것이 그렇듯 결국 재가 되어 사라져버렸지만 말이다.

우리에게 자유와 연대, 하나의 세계는 가능한가

전쟁이 정말 1945년에 끝났을까? 어떤 이는 1989년이 마침내 적대감이 종결된 해라고 주장한다. 폴란드와 헝가리, 체코슬로바키아, 동독, 그리고 나머지 동·중유럽 국가들이 공산주의 지배에서 해방됐기 때문이다. 1945년 스탈린에 의한 유럽의 분단은 제2차 세계대전이 남긴 가장 지독한 상처였다. 불신에 이어 또 다른 불신이 이어졌다. 의회민주주의 국가인 체코슬로바키아는 1938년 프랑스와 영국의 묵인 아래 히틀러에 의해 처음으로 분할되었다. 네빌 체임벌린은 "먼 나라에서 벌어지는, 우리가 전혀 모르는 민족들 간의 다툼"이라고 말했다. 1939년 영국은 결코 완수하지 못한, 폴란드의 영토 보전을 재건한다는 명목으로 독일과의 전쟁에 돌입했다.

하지만 소련 제국이 몰락한 1989년, 유럽의 척추 깊숙이 남은 상처를 마침내 치료할 수 있을 것이라는 희망이 생겼다. 사실은 그 이상이었다. 6월에 중국에서 독재 종식을 요구하는 시민들이 그들의 군대에 의해 살해되는 일이 발생했는데도 세계가 마침내 하나가 될 수 있다는 희망이 이 기적적인 해에 다시 한번 짧게 반짝였다. 이제 단 하나의 강대국만이 남았다. 역사의 종언이라는 이야기도 있었지만, 새로운 세계 질서에 대한 논의도 있었다. 베를린 장벽은 마침내 붕괴되었다.

1989년 12월 31일 나와 내 누이는 아버지와 함께 베를린 장벽에서 희망의 이브(새해 전날)를 축하하기로 했다. 아버지는 1945년 파괴된 베를린을 목격한 이후 딱 한 번 베를린으로 돌아간 적이 있었다. 재난을 겪은 가족사의 그림자 속에서 우리는 1972년 크리스마스와 새해를 베를린에서 맞이했다. 우울한 경험이었다. 도시는 어둡고 너무 추웠다. 동·서독을 가르는 국경을 건너는 길은 오래 걸렸고 지루했다. 국경경비대는 고함을 치면서 우리 자동차 밑에 거울을 대고는 밀수품을 운반하거나 몰래 사람을 데려가는지 검사했다.

1972년 동독은 아버지가 기억하고 있던 모습과 여전히 비슷했다. 잔뜩 힘을 준 스탈린 거리는 텅 비어 있었고, 전쟁의 폐허가 여전히 남아 있는 암울한 도시였다. 아버지는 예전에 나치의 전쟁물자 생산을 위해 강제 동원되었던 옛 공장 앞에서 새 차인 시트로앵을 세운 뒤 뭔가 암울한 만족감을 갖는 듯했다. 붉은 벽돌로 지어진 공장은 거대하면서도 으스스한 모습으로, 빌헬름 시대의 산업 요새 같았다. 인근에는 아버지가 추위와 벼룩, 이, 그리고 연합국의 폭격에 고스란히 노출되면서 머물렀던, 나무로 엉성하게 만든 막사가 있었다. 과거가 말 그대로 동결된 것처럼, 모든 게 아직도 거기에 있었다. 감시탑이 있었고, 수감자들이 공중목욕탕이자 화장실로 사용했던 구멍도 그대로 있었다.

1989년, 수용소는 없어지고 기름진 카레 소스가 뿌려진 핫도그를 파는, 허름한 가판대가 있는 주차장으로 바뀌었다.

우리가 브란덴부르크 문을 통과해 지나가는데 태양이 비추고 있었다. 40년 전에는 생각할 수도 없었던 일이다. 당시에 이런 일을 시도하면 누구든 총에 맞았을 것이다. 동·서독은 물론, 폴란드와 미국, 일본,

에필로그

427

프랑스, 그리고 지구의 모든 지역에서 온 사람들과 함께 걷게 되자 아버지의 얼굴이 흥분으로 붉게 상기되었던 것을 나는 기억한다. 모두가 베를린의 심장부를 짧게 걸으면서 자유를 맛보고 있었다. 여전히 제복을 입은 군인들이 있었지만, 그들은 저지할 힘이 없어 구경만 하고 있었고, 일부는 동료 시민을 향해 총을 쏘지 않아도 된다는 사실에 안도하면서 얼굴에 웃음을 띠고 있었다. 이 순간만큼은 모두가 세계와 잘 지내는 듯했다.

12월 31일 밤은 추웠지만 살을 에는 추위는 아니었다. 브란덴부르크 문에 가까워지자 군중이 저 멀리에서 환호하는 소리가 들렸다. 아버지는 더 나아가는 것을 확실히 꺼리는 듯했다. 아버지는 군중을 좋아하지 않았고, 독일인 군중은 더 싫어했다. '쾅' 하는 소리도 좋아하지 않았다. 너무 많은 기억을 되살려내기 때문이었다. 수십만 명의 젊은이들이 장벽 근처로 몰려들었다. 일부는 장벽 위로 올라갔다. 그들은 노래를 부르고, 소리치고, 젝트라 불리는 달콤한 독일 스파클링 와인의 코르크 마개를 터뜨렸다. 도처에서 젝트 냄새가 났다. 사람들은 서로에게 젝트의 끈적끈적한 거품 세례를 줬다.

몇몇 사람이 소리쳤다. "비어 진트 다스 폴크!Wir sind das Volk!"(우리가 국민이다) 다른 사람들은 노래했다. "우리는 한 민족이다!" 그날 밤에는 어떤 민족주의나 위협적인 분위기가 전혀 없었다. 국제적인 군중이었다. 록밴드 없는 정치적인 우드스톡Woodstock(미국의 유명한 록 축제—옮긴이)이었고, 자유와 연대, 그리고 과거의 쓰라린 경험이 반복되지 않는 더 나은 세상에 대한 희망을 경축하고 있었다. 더는 가시철조망이나 수용소, 살인은 없으리라. 젊다는 것은 좋은 것이었다. 만일 베토벤의 송가 '모든 인간은 형제가 될 것이다'(베토벤 9번 교향곡 4악장 중 '환희의 송가'—옮긴이)에 뭔가 의미가 담겨 있다면, 아마도 1989년 베를린의 새해 전날 분위기와 딱 맞아떨어질 것이다.

밤 0시 15분경 우리는 군중 속에서 아버지를 잃어버렸다는 사실을 깨달았다. 군중이 너무 몰려서 몸을 움직이는 것조차 힘들었다. 폭죽이 터지고 로켓이 하늘을 밝히는 와중에 우리는 아버지를 찾아 헤맸다. 소음에 귀청이 터질 듯했다. 불꽃놀이로 빛을 받은 얼굴들이 주변에서 웃고 있는데, 이제는 다소 히스테리 상태로 보였다. 군중 속에서 아버지를 찾을 방법은 없었다. 아버지가 사라지자 축하하려는 마음도 시들해졌다. 우리는 걱정하면서 호텔로 돌아왔다.

우리가 자다 깨다 한 지 몇 시간 뒤 호텔 방문이 열리고 아버지가 들어오셨다. 얼굴에는 온통 밴드가 붙어 있었다. 자정 즈음 베를린 군중이 성공적으로 새해를 막 맞이했던 그때, 한때는 영국 폭격과 스탈린 오르간(로켓), 독일 저격수의 총알을 피해야만 했던 바로 그 장소에서 새해를 축하하는 폭죽 하나가 아버지에게 떨어졌고, 아이러니하게도 정확하게 아버지의 눈 사이를 명중했다.

감사의 글

뉴욕 공립도서관의 컬먼 센터 연구원으로 활동하지 않았다면 어떻게 이 책을 쓸 수 있었을지 상상조차 할 수 없다. 센터의 훌륭한 책임자인 진 스트로스와 부책임자 마리 도리니, 그리고 폴 델러버댁에게 감사를 드린다. 센터는 작가의 천국이었다.

자료 조사 과정에서 나는 로버트 팩스턴, 프리츠 스턴, 하타 이쿠히코, 아비샤이 마갤릿, 벤 블랜드, 게르트 막의 조언을 받았다. 암스테르담의 NIOD 연구소에서는 다비트 바르나우와 요흘리 메이하위전으로부터 많은 도움을 받았다.

마크 마조워와 제프리 휘트크로프트는 매 단계의 초고를 읽어줬을 정도로 친절했고, 내가 절대 실수를 저지르지 않도록 도와줬다. 책에 남아 있을 수 있는 부적절한 표현들은 온전히 내 책임이다.

와일리 에이전시의 앤드루 와일리와 진 오, 재클린 고는 내게 끊임없는 지지를 보내줬다. 매우 감사한다. 스콧 모이어스는 와일리 에이전시의 내 에이전트로서 첫 번째로 이 책에 관여했고, 이후 펭귄 출판사의 편집자로도 함께 작업했다. 에이전트와 편집자 모두에서 매우 출중했다. 이 책이 완성되도록 도와준 펭귄 출판사의 몰리 앤더슨에게도 고마움을 전한다.

마지막으로, 나는 내 아버지 레오 부루마와 친구 브라이언 어커트에게 큰 빚을 졌다. 이들은 1945년에 관한 개인적 기억을 내게 들려주기 위해 시간을 내주셨다. 내 감사와 존경의 조그마한 표시로 이 책을 그들에게 헌정하고 싶다. 아내 에리의 인내심과 격려에도 감사한다.

어린아이는 호기심이 많기 마련이다. 학창 시절 아버지의 사진첩에 꽂혀 있던 낡은 사진 한 장이 묘하게 상상력을 자극했던 적이 있다. 할아버지가 1930년대에 금강산에서 찍은 빛바랜 기념사진이었다. 북한 관련 저서를 가지고 있기만 해도 국가보안법으로 구속되던 당시, 북한이라는 가깝지만 미지의 영역에서 찍힌 이 한 장의 사진은 뇌리에 깊이 박혔다. 이 사진은 아버지에게도 깊은 영향을 끼쳤던 것 같다. 아버지는 할아버지가 방문했던 그 금강산에 꼭 가고 싶어하셨다.

2008년 통일부를 출입하게 된 나는 아버지께 곧 금강산 효도관광을 시켜드리겠다고 철석같이 약속했다. 하지만 2008년 7월 금강산 관광객 박왕자씨가 북한군 총격에 사망하면서 관광은 중단되었다. 이후 지금까지 금강산으로 가는 길은 막혀 있다. 아버지는 2012년 11월에 작고하셨다. 약속을 지키지 못했다. 내가 2009년 이산가족상봉 행사 취재차 처음 금강산을 방문했을 때까지만 해도 이 약속을 지킬 수 있을 줄 알았는데, 이제 불효로 남겨지고 말았다. 설악산과 같은 뿌리라는데, 무척이나 생경했던 금강산 풍경이 아직도 눈에 선하다.

이 책의 저자 역시 한 장의 사진에서 출발했다. 제2차 세계대전 기간에 강제 징용으로 고향인 네덜란드를 떠나 독일로 끌려갔던 아버지가 강제 징용 수용소에서 찍은 사진들. 호기심은 지적 탐구의 원천이 됐고, 저자는 1945년을 둘러싼 역사를 치밀하게 파고 들어갔다. 그저 독일 히틀러의 제3제국과 일본 제국주의의 태평양전쟁, 그리고 미국의 승전으로 이어지는 거시적인 이야기가 아니다. 전쟁은 훨씬 더 다면적이다. 그 이면을 하나하나 보여주면서 지금 우리가 사는 '세계의 기원(0년)'을 '1945년'이라 잡고, 그 한 해를 세세하게 묘사하면서 머리로뿐만 아니라 가슴으로도 이해할 수 있게 도와주고 있다.

승전국의 어설픈 전략이 낳은 '아른험 전투' 패배와 직접적인 침략으로 고통받은 피해국의 처절한 참상. 동시에 독일·일본 등 패전국 국민이 전후에 겪었던 고난까지 삶의 다양한 층위가 펼쳐져 있다. 나치 독일이 자행한 '홀로코스트'의 비극적 역사는 수용소를 찾은 연합군 장교의 발아래에서 엉덩이를 들 힘조차 없어 그 자리에서 대변을 배출해야 했던 유대인 여성 이야기에 이르면, 그 황망함에 잠을 못 이룰 정도였다. 동시에 유대인 생존자들이 재생산을 위해 문란한 성행위에 본능적으로 집착했다는 사실은 미처 몰랐던 삶의 이면들이었다. 1945년 한 해는 이 책의 각 장을 그대로 연결한 것과 마찬가지로 해방에 환호했지만, 기아와 보복이 성행했으며, 귀향 행렬 속에서 식민 잔재를 청산하는 숙청이 이어지는 혼돈이었다. 승전국은 그 와중에 전범 재판을 통해 법치를 재건하려고 노력했지만, 새로운 세계는 강대국 정치의 현실 속에서 탄생했다.

책이 다루는 범위는 유럽에서부터 아시아까지 광범위하다. 한국에 대한 묘사도 있다. "한국인 군중은 '올드 랭 사인' 음조에 맞춰 조국에 대한 꺼지지 않는 사랑을 표하는 애국가를 노래했다." 하지만 저자는

"'사대'라는 수치가 영원히 없어져야 하는 '합리적인 낙원'을 가질 기회를 결코 얻지 못했다"고 적었다.

실제로 한반도는 1945년, 그 '0년'이 낳은 질서에서 한 발짝도 더 나아가지 못하고 있다. 1990년대 냉전 종식으로 또 다른 새로운 세상이 태동했지만, 한반도의 시계는 '0년'이 만든 세계 속에 여전히 묶여 있다. 동북아도 마찬가지다. 2015년은 제2차 세계대전 종전 70주년이었지만, 한국과 일본은 과거사 문제에서 여전히 갈등하고 있다. 일본군 위안부 문제가 대표적이며, 일본의 역사 교과서 수정 시도 역시 매우 우려할 만한 대목이다. 이 책에서 언급한 도쿄 전범 재판의 단죄 실패와 강대국 정치의 산물인 샌프란시스코 협정 때문이다. 이제 막 종전 70년과 광복 70년을 통과한 때에, 1945년 '0년'의 역사를 꼼꼼히 읽어야만 하는 이유다.

워싱턴에서 옮긴이가

참고문헌

제1부 해방 콤플렉스

제1장 환호

1. Ben Shephard, *The Long Road Home: The Aftermath of the Second World War*(New York: Alfred A. Knopf, 2010), 69쪽에서 인용.
2. Martin Gilbert, *The Day the War Ended: May 8, 1945: Victory in Europe*(New York:Henry Holt, 1994), 128.
3. Brian Urquhart, *A Life in Peace and War*(New York: Harper & Row, 1987), 82.
4. 이에 관해서는 David Stafford, *Endgame, 1945: The Missing Final Chapter of World War II*(New York: Little, Brown, 2007)에 잘 나와 있다.
5. Zhukov의 회고록에서 발췌, Gilbert, *The Day the War Ended*에서 인용.
6. Simone de Beauvoir, *Force of Circumstance*(New York: G. P. Putnam's Sons, 1963), 30.
7. Gilbert, *The Day the War Ended*, 322.
8. Ibid., 319.
9. Urquhart, *A Life in Peace and War*, 85.
10. David Kaufman and Michiel Horn, *De Canadezen in Nederland, 1944–1945*(Laren, The Netherlands: Luitingh, 1981), 119.
11. Michael Horn, "More Than Cigarettes, Sex and Chocolate: The Canadian Army inthe Netherlands, 1944–1945," in *Journal of Canadian Studies/ Revue d'etudes canadiennes* 16 (Fall/ Winter 1981), 156–173.
12. Horn, "More Than Cigarettes, Sex and Chocolate," 166쪽에서 인용.
13. Ibid, 169.

14. John Willoughby, "The Sexual Behavior of American GIs During the Early Years of the Occupation of Germany," *Journal of Military History* 62, no. 1 (January 1998), 166-167쪽에서 인용.

15. Benoite Groult and Flora Groult, *Journal a quatre mains*(Paris: Editions Denoel, 1962).

16. Patrick Buisson, *1940-1945:Annees erotiques*(Paris: Albin Michel, 2009).

17. Rudi van Dantzig, *Voor een verloren soldaat*(Amsterdam: Arbeiderspers, 1986)를 참고.

18. Buisson, *1940-1945*, 324.

19. Urquhart, *A Life in Peace and War*, 81.

20. Ben Shephard, *After Daybreak: The Liberation of Bergen-Belsen, 1945*(New York: Schocken Books, 2005).

21. Ibid., 99.

22. Ibid., 133.

23. Richard Wollheim, "A Bed out of Leaves," *London Review of Books*, December 4, 2003, 3-7.

24. Shephard, *After Daybreak*, 138.

25. Atina Grossmann, *Jews, Germans, and Allies: Close Encounters in Occupied Germany*(Princeton, N J: Princeton University Press, 2007), 188.

26. Shephard, *The Long Road Home*, 299.

27. Ibid., 70.

28. Norman Lewis, *Naples '44: An Intelligence Officer in the Italian Labyrinth*(New York: Eland, 2011), 52.

29. John Dower, *Embracing Defeat: Japan in the Wake of World War II*(New York: W. W. Norton, 1999), 126.

30. Ibid., 102.

31. Theodore Cohen, *Remaking Japan: The American Occupation as New Deal*, Herbert Passin, ed. (New York: Free Press, 1987), 123.

32. Letter to Donald Keene, in Otis Cary, ed., *From a Ruined Empire:Letters—Japan, China, Korea, 1945-46*(Tokyo and New York: Kodansha, 1984), 96.

33. William L. Worden, "The G. I. Is Civilizing the Jap," *Saturday Evening Post*, December 15, 1945, 18-22.

34. '판판'에 대한 더 자세한 정보는 John Dower의 *Embracing Defeat*에 상세히 나와 있다.

35. Dower, *Embracing Defeat*, 134.

36. John LaCerda, *The Conqueror Comes to Tea: Japan Under MacArthur* (New Brunswick, N. J: Rutgers University Press, 1946), 51.

37. Ibid., 54.

38. Dower, *Embracing Defeat*, 579.

39. Giles MacDonogh, *After the Reich: The Brutal History of the Allied*

Occupation(New York: Basic Books, 2007), 79.

40. Klaus−Dietmar Henke, *Die Amerikanische Besetzung Deutschlands*(Munich: R.Oldenbourg Verlag, 1995), 201.

41. Dagmar Herzog, *Sex After Fascism: Memory and Morality in Twentieth -Century Germany*(Princeton, N J: Princeton University Press, 2005), 69.

42. Willoughby, "Sexual Behavior of American GIs," 167.

43. Groult, *Journal a quatre mains*, 397.

44. MacDonogh, *After the Reich*, 236.

45. Nosaka Akiyuki, *Amerika Hijiki[American Hijiki]*(Tokyo: Shinkosha, 2003). 초판 발행 1972.

46. MacDonogh, *After the Reich*, 369.

47. *The Times*(London), July 9, 1945.

48. Willoughby, "Sexual Behavior of American GIs," 158.

49. *New York Times*, June 13, 1945.

50. 작자 미상, *A Woman in Berlin: Eight Weeks in the Conquered City: A Diary*(New York: Metropolitan Books, 2005).

51. Nagai Kafu, *Danchotei Nichijo* II(Tokyo: Iwanami Pocket Books, 1987), 285.

52. Ibid, 278.

53. Donald Keene, *So Lovely a Country Will Never Perish: Wartime Diaries of Japanese Writers*(New York: Columbia University Press, 2010), 149쪽에서 인용.

54. LaCerda, *The Conqueror Comes to Tea*, 23−24.

55. Henke, *Die Amerikanische Besetzung Deutschlands*, 199.

56. Ibid.

57. Richard Bessel, *Germany 1945: From War to Peace*(New York: HarperCollins, 2009), 204.

58. Elizabeth Heineman, *What Difference Does a Husband Make?*(Berkeley, CA: University of California Press, 2003), 100.

59. Willoughby, "Sexual Behavior of American GIs," 169쪽에서 인용.

60. Keene, *So Lovely a Country*, 171.

61. Willoughby, "Sexual Behavior of American GIs," 160.

62. Curzio Malaparte, *The Skin*, David Moore, tr. (New York: New York Review of Books, 2013), 39. 초판 발행 1952.

63. Herman de Liagre Bohl in *De Gids*, periodical, May 1985, 250쪽에서 인용.

64. Ibid., 251.

65. Buisson, *1940–1945: Annees erotiques*, 411.

제2장 기아

1. J. L. van der Pauw, *Rotterdam in de tweede wereldoorlog*(Rotterdam: Boom,

2006), 679.

2. *New York Times*, May 12, 1945.
3. Shephard, *After Daybreak*, 109.
4. Edmund Wilson, *Europe Without Baedeker: Sketches Among the Ruins of Italy, Greece*, and England(London: Secker and Warburg, 1948), 125.
5. Ibid., 120.
6. Antony Beevor and Artemis Cooper, *Paris After the Liberation: 1944–1949*, revised edition(New York: Penguin Books, 2004), 103. 초판 발행 1994.
7. Stephen Spender, *European Witness*(New York: Reynal and Hitchcock, 1946), 107.
8. Ibid., 106.
9. Wilson, *Europe Without Baedeker*, 136.
10. Ibid., 146.
11. Ibid., 147.
12. Sandor Marai, *Memoir of Hungary 1944–1948*(Budapest: Corvina in association with Central European University Press, 1996), 193–194.
13. Carl Zuckmayer, *Deutschlandbericht für das Kriegsministerium der Vereinigten Staaten von Amerika*(Göttingen: Wallstein, 2004), 142.
14. Spender, *European Witness*, 15.
15. *New York Herald Tribune*, December 31, 1945.
16. Cary, ed., *From a Ruined Empire*, 54.
17. Dower, *Embracing Defeat*, 103.
18. Ibid., 63.
19. MacDonogh, *After the Reich*, 315.
20. Ronald Spector, *In the Ruins of Empire: The Japanese Surrender and the Battle for Postwar Asia*(New York: Random House, 2007), 56.
21. Bessel, *Germany 1945*, 334쪽에서 인용.
22. *New York Times*, October 27, 1945.
23. Julian Sebastian Bach Jr., *America's Germany: An Account of the Occupation*(New York: Random House, 1946), 26.
24. *Daily Mirror*, October 5, 1945, Shephard, The Long Road Home, 129쪽에서 인용.
25. Shephard, *The Long Road Home*, 156쪽에서 인용.
26. Joint Chiefs of Staff directive 1380/ 15, paragraph 296, Cohen, *Remaking Japan*, 143쪽에서 인용.
27. MacDonogh, *After the Reich*, 479.
28. 의회에 보낸 성명은 Cohen, *Remaking Japan*, 145쪽에서 인용.
29. Norman M. Naimark, *The Russians in Germany: A History of the Soviet Zone of Occupation, 1945–1949*(Cambridge, MA: Harvard University Press, 1995), 181쪽에서 인용.

30. Cohen, *Remaking Japan*, 144.

31. Ibid., 142.

32. Herman de Liagre Bohl, *De Gids*, 246.

33. Willi A. Boelcke, *Der Schwarzmarkt, 1945–1948*(Braunschweig: Westermann, 1986), 76.

34. Sakaguchi Ango, *Darakuron*, new paperback version(Tokyo: Chikuma Shobo, 2008), 228. 초판 발행 1946.

35. Dower, *Embracing Defeat*, 139.

36. Fujiwara Sakuya, *Manshu, Shokokumin no Senki*(Tokyo: Shinkosha, 1984), 82.

37. Bessel, *Germany 1945*, 337쪽에서 인용.

38. Zuckmayer, *Deutschlandbericht*, 111.

39. Irving Heymont, *Among the Survivors of the Holocaust: The Landsberg DP Camp Letters of Major Irving Heymont, United States Army*(Cincinnati: The American Jewish Archives, 1982), 63.

40. Carlo D'Este, *Patton: A Genius for War*(New York: HarperCollins, 1996), 755.

41. Shephard, *The Long Way Home*, 235쪽 참고.

42. *Yank*, August 10, 1945, 6.

43. Stafford, *Endgame, 1945*, 507쪽에서 인용.

44. Alfred Doblin, *Schicksalsreise: Bericht u. Bekenntnis: Flucht u. Exil 1940–1948*(Munich: Piper Verlag, 1986), 276.

제3장 보복

1. Norman M. Naimark, *Fires of Hatred: Ethnic Cleansing in Twentieth-Century Europe*(Cambridge, MA: Harvard University Press, 2001), 118.

2. Tadeusz Borowski, *This Way for the Gas, Ladies and Gentlemen*(New York: Viking, 1967).

3. Gilbert, *The Day the War Ended*, 38.

4. Shephard, *After Daybreak*, 113.

5. Ruth Andreas-Friedrich, *Battleground Berlin: Diaries, 1945–1948*(New York: Paragon House, 1990), 99.

6. Hans Graf von Lehndorff, *Ostpreussisches Tagebuch* [East Prussian Diary Records of a Physician from the Years 1945–1947] (Munich: DTV, 1967), 67.

7. Ibid., 74.

8. Naimark, *The Russians in Germany*, 72.

9. Bessel, *Germany 1945*, 155.

10. Okada Kazuhiro, *Manshu Annei Hanten*(Tokyo: Kojinsha, 2002), 103.

11. Ibid., 128.

12. Naimark, *The Russians in Germany*, 108.

13. 저자 미상, *A Woman in Berlin: Eight Weeks in the Conquered City: A Diary*(New York: Metropolitan Books, 2005), 86.

14. Naimark, *The Russians in Germany*, 79.

15. Buisson, *1940–1945: Annees erotiques*, 387쪽에서 인용.

16. Ibid., 251-252.

17. Jan Gross, *Fear: Anti-Semitism in Poland after Auschwitz*(New York: Random House, 2006), 82.

18. Anna Bikont, *My z Jedawabnego [We from Jedwabne]*(Warsaw: Prószyński i S-ka, 2004). 발췌된 인용문은 Lukasz Sommer의 번역이다.

19. Testimony of Halina Wind Preston, July 26, 1977: www. yadvashem.org/yv/en/righteous/stories/related/preston_ testimony.asp.

20. Tony Judt, *Postwar: A History of Europe Since 1945*(New York: Penguin Press, 2005), 38.

21. Gross, *Fear*, 40.

22. Naimark, *Fires of Hatred*, 122.

23. Shephard, *The Long Road Home*, 122.

24. Christian von Krockow, *Hour of the Women*(New York: HarperCollins, 1991), 96.

25. Christian von Krockow, *Die Reise nach Pommern: Bericht aus einem verschwiegenen Land*(Munich: Deutscher Taschenbuch-Verlag, 1985), 215.

26. Herbert Hupka, ed., *Letzte Tage in Schlesien*(Munich: Langen Muller, 1985), 138.

27. Ibid., 81.

28. Ernst Junger, *Jahre der Okkupation*(Stuttgart: Ernst Klett, 1958), 213-214.

29. Krockow, *Hour of the Women*, 110.

30. MacDonogh, *After the Reich*, 128.

31. Margarete Schell, *Ein Tagebuch aus Prag, 1945–1946*(Bonn: Bundesministerium für Vertriebenen, 1957), 12.

32. Ibid., 48.

33. Ibid., 99.

34. Ibid., 41.

35. MacDonogh, *After the Reich*, 406.

36. Dina Porat, *The Fall of the Sparrow: The Life and Times of Abba Kovner*(Stanford, CA: Stanford University Press, 2009), 214.

37. Ibid., 212.

38. Ibid., 215.

39. Abba Kovner, *My Little Sister and Selected Poems, 1965–1985*(Oberlin, Ohio: Oberlin College Press, 1986).

40. Judt, *Postwar*, 33.

41. Harold Macmillan, *The Blast of War, 1939–1945*(New York: Harper & Row, 1967), 576.

42. Wilson, *Europe Without Baedeker*, 147.

43. Figures quoted in Roy P. Domenico, *Italian Fascists on Trial, 1943–1948*(Chapel Hill, NC: University of North Carolina Press, 1991), 149.

44. Wilson, *Europe Without Baedeker*, 157.

45. Macmillan, *The Blast of War*, 193.

46. Ibid.,501.

47. Allan Scarfe and Wendy Scarfe, eds., *All That Grief: Migrant Recollections of Greek Resistance to Fascism, 1941–1949*(Sydney, Australia: Hale and Iremonger, 1994), 95.

48. Macmillan, *The Blast of War*, 499.

49. Mark Mazower, ed., *After the War Was Over: Reconstructing the Family, Nation, and State in Greece, 1943–1960*(Princeton, NJ: Princeton University Press, 2000), 27.

50. Macmillan, *The Blast of War*, 547.

51. *The Times*(London), July 13, 1945.

52. Macmillan, *The Blast of War*, 515.

53. Wilson, *Europe Without Baedeker*, 197.

54. Spector, *In the Ruins of Empire*, 90.

55. Cheah Boon Kheng, "Sino–Malay Conflicts in Malaya, 1945–1946: Communist Vendetta and Islamic Resistance," *Journal for Southeast Asian Studies* 12 (March 1981), 108–117.

56. Gideon Francois Jacobs, *Prelude to the Monsoon*(Capetown, South Africa: Purnell & Sons, 1965), 124.

57. Spector, *In the Ruins of Empire*, 174.

58. Benedict Anderson, *Java in a Time of Revolution: Occupation and Resistance, 1944–1946*(Jakarta: Equinox Publishing, 2005).

59. L. de Jong, *Het koninkrijk der Nederlanden in de tweede wereldoorlog*, 11c, Staatsuitgeverij, 1986.

60. Theodore Friend, *Indonesian Destinies*(Cambridge, MA.: Harvard University Press, 2003), 27.

61. Jan A. Krancher, ed., *The Defining Years of the Dutch East Indies, 1942–1949: Survivors' Accounts of Japanese Invasion and Enslavement of Europeans and the Revolution That Created Free Indonesia*(Jefferson, NC: MacFarland, 1996), 193.

62. Spector, *In the Ruins of Empire*, 179.

63. De Jong, *Het koninkrijk der Nederlanden*, 582.

64. Anderson, *Java in a Time of Revolution*, 166.

65. Spector, *In the Ruins of Empire*, 108.

66. Jean-Louis Planche, *Setif 1945: Histoire d'un massacre annonce*(Paris: Perrin, 2006), 139.

67. Martin Evans, *Algeria: France's Undeclared War*(New York: Oxford University Press, 2012).

68. Francoise Martin, *Heures tragiques au Tonkin: 9 mars 1945–1918 mars 1946*(Paris: Editions Berger-Levrault, 1947), 133.

69. David G. Marr, *Vietnam 1945: The Quest for Power*(Berkeley: University of California Press, 1995), 333.

70. Martin, *Heures tragiques au Tonkin*, 179.

71. Ibid., 129.

72. Spector, *In the Ruins of Empire*, 126.

제2부 잔해를 걷어내며

제4장 귀향

1. 더 자세한 분석은 Timothy Snyder의 명저 *Bloodlands: Europe Between Hitler and Stalin*(New York: Basic Books, 2010)을 참조할 것.

2. Imre Kertesz, *Fateless*(Evanston, IL: Northwestern University Press, 1992).

3. Dienke Hondius, *Holocaust Survivors and Dutch Anti-Semitism*(Westport, CT: Praeger, 2003), 103쪽에서 인용.

4. Ibid., 101.

5. Roger Ikor, *O soldats de quarante!* ··· *en memoire*(Paris: Albin Michel, 1986), 95.

6. Marguerite Duras, *The War*(New York: Pantheon Books, 1986), 15.

7. Ibid., 14.

8. Ibid., 53.

9. Ango, *Darakuron*, 227.

10. Dower, *Embracing Defeat*, 58.

11. *Koe*, vol.1(Tokyo: Asahi Shimbunsha, 1984), 103. 작자 미상. 이 출간물은 신문사에 투고된 편지들을 모은 서간집이다.

12. Ibid., 104.

13. Bill Mauldin, *Back Home*(New York: William Sloane, 1947), 18.

14. Ibid., 45.

15. Ibid., 54.

16. Nikolai Tolstoy, *The Minister and the Massacres*(London: Century Hutchinson, 1986), 31.

17. Gregor Dallas, *1945: The War That Never Ended*(New Haven, Conn.: Yale,

2005), 519쪽에서 인용.

18. Tolstoy, *The Minister and the Massacres*, 13.

19. Ibid.

20. Nicholas Bethell, *The Last Secret: The Delivery to Stalin of over Two Million Russians by Britain and the United States*(New York: Basic Books, 1974), 86.

21. Ibid., 87.

22. Borivoje M. Karapandić, *The Bloodiest Yugoslav Spring: Tito's Katyns and Gulags*(New York: Carlton Press, 1980), 73.

23. Macmillan, *The Blast of War*, 436.

24. Shephard, *The Long Road Home*, 80.

25. Bethell, *The Last Secret*, 18–19.

26. Ibid., 133.

27. Ibid., 138.

28. Ibid., 142.

29. Ibid., 140.

30. Dallas, *1945*, 560.

31. *Yank*, August 24, 1945.

32. Dallas, *1945*, 549.

33. Naimark, *Fires of Hatred*, 109.

34. Ibid., 110.

35. Lehndorff, *Ostpreussisches Tagebuch*, 169.

36. Hupka, *Letzte Tage in Schlesien*, 265.

37. Junger, *Jahre der Okkupation*, 195.

38. Fritz Stern과 저자의 의견 교환.

39. Bessel, *Germany 1945*, 223쪽에서 인용.

40. Hupka, *Letzte Tage in Schlesien*, 64.

41. *Yank*, September 21, 1945, 16.

42. Naimark, *Fires of Hatred*, 112.

43. Ibid., 115.

44. Antony Polonsky and Boleslaw Drukier, *The Beginnings of Communist Rule in Poland*(London and Boston: Routledge and Kegan Paul, 1980), 425.

45. Grossmann, *Jews, Germans, and Allies*, 199.

46. Grossmann이 148쪽에서 인용.

47. Ibid., 147.

48. *New York Herald Tribune*, December 31, 1945.

49. Heymont, *Among the Survivors*, 21.

50. Grossmann, *Jews, Germans, and Allies*, 181.

51. Hagit Lavsky, *New Beginnings: Holocaust Survivors in Bergen-Belsen and the British Zone in Germany, 1945–1950*(Detroit: Wayne State University Press, 2002), 64쪽에서 인용.

52. Rowensaft 자신은 이스라엘에 적응한 적이 없었다. 그는 몇몇 이스라엘인에게 "우리가 화장터에서 불에 타는 동안 당신들은 호라나 추었지"라고 말했다고 한다. Shephard, *The Long Road Home*, 367쪽에서 인용.

53. Heymont, *Among the Survivors*, 47-48.

54. Shabtai Teveth, *Ben-Gurion: The Burning Ground, 1886–1948*(Boston: Houghton Mifflin, 1987), 853쪽에서 인용.

55. Avishai Margalit, "The Uses of the Holocaust," *New York Review of Books*, February 14, 1994.

56. Tom Segev, *The Seventh Million* : The Israelis and the Holocaust (New York: Hilland Wang, 1993), 99-100.

57. Teveth, *Ben-Gurion*, 871.

58. Ibid., 870.

59. Heymont, *Among the Survivors*, 66.

60. Teveth, *Ben-Gurion*, 873.

61. 난민 정책에 관한 정부 간 회의의 미국 대표 Earl G. Harrison의 이름을 딴 The Harrison Report.

62. 1945년 8월 31일의 서한.

63. PRO FO 1049/ 81/ 177, *Life Reborn*, conference proceedings, edited by Menachem Rosensaft(Washington, D. C., 2001), 110쪽에서 인용.

64. Bethell, *The Last Secret*, 8.

제5장 독소 제거하기

1. Andreas–Friedrich, *Battleground Berlin*, 27.

2. Luc Huyse and Steven Dhondt, *La repression des collaborations, 1942–1952: Un passe toujours present*(Brussels: CRISP, 1991), 147.

3. Sodei Rinjiro, ed., *Dear General MacArthur: Letters from the Japanese During the American Occupation*(New York: Rowman & Littlefield, 2001), 70.

4. Ibid., 87.

5. Ibid., 78.

6. 3부조정위원회SWNCC의 지시. Hans H. Baerwald, *The Purge of Japanese Leaders Under the Occupation*(Berkeley: University of California Press, 1959), 7쪽에서 인용.

7. "How Japan Won the War," *The New York Times Magazine*, August 30, 1970에서 Faubion Bowers의 말 인용.

8. Cohen, *Remaking Japan*, 85.

9. Peter Hayes의 새 서문이 실린 Franz Neumann의 *Behemoth: The Structure and Practice of National Socialism, 1933–1944*(Chicago: Ivan R. Dee, 2009; 미국 홀로코스트 기념 박물관과 협력하여 출간), 초판 발행 1942.

10. Andreas— Friedrich, *Battleground Berlin*, 100.

11. Ibid., 101.

12. James F. Tent, *Mission on the Rhine: Reeducation and Denazification in American-Occupied Germany*(Chicago: University of Chicago Press, 1982) 55.

13. Zuckmayer, *Deutschlandbericht*, 137.

14. Timothy R. Vogt, *Denazification in Soviet-Occupied Germany: Brandenburg, 1945–1948*(Cambridge, MA: Harvard University Press, 2000), 34.

15. Ibid., 38.

16. Tom Bower, *The Pledge Betrayed: America and Britain and the Denazification of Postwar Germany*(Garden City, NY: Doubleday, 1982), 148.

17. Ibid., 8.

18. Henke, *Die Amerikanische Besetzung Deutschlands*, 487.

19. Cohen, *Remaking Japan*, 161.

20. Jerome Bernard Cohen, *Japan's Economy in War and Reconstruction*(Minneapolis: University of Minnesota, 1949), 432.

21. Cohen, *Remaking Japan*, 154.

22. Rinjiro, *Dear General MacArthur*, 176.

23. Ibid., 177.

24. LaCerda, *The Conqueror Comes to Tea*, 25.

25. Cohen, *Remaking Japan*, 45.

26. Dower, *Embracing Defeat*, 530.

27. Cary, ed., *From a Ruined Empire*, 107.

28. Chalmers Johnson, *MITI and the Japanese Miracle: The Growth of Industrial Policy, 1925–1975*(Stanford, CA: Stanford University Press, 1982), 42.

29. Teodoro Agoncillo, *The Fateful Years: Japan's Adventure in the Philippines, 1941–1945*(Quezon City, The Philippines: R. P. Garcia, 1965), 672.

30. Stanley Karnow, *In Our Image: America's Empire in the Philippines*(New York: Random House, 1989), 327.

31. Ibid., 328

32. Jay Taylor, *The Generalissimo: Chiang Kai-shek and the Struggle for Modern China*(Cambridge, MA: Harvard University Press, 2009), 323.

33. Keene가 T. de Bary에게 보낸 편지, ed., *From a Ruined Empire*, 128.

34. Spector, *In the Ruins of Empire*, 41.

35. Odd Arne Westad, *Cold War and Revolution: Soviet-American Rivalry and the Origins of the Chinese Civil War, 1944–1946*(New York: Columbia University Press, 1993), 90.

36. Annei Hanten에 관한 두 책 Okada Kazuhiko, *Manshu Annei Hanten*(Kojinsha, 2002)과 Fujiwara Sakuya, *Manshu, Shokokumin no Senki*는 앞의 제2장에서 인용되었다.

37. Peter Novick, *The Resistance Versus Vichy: The Purge of Collaborators in*

Liberated France(New York: Columbia University Press, 1968), 40.

38. Ibid., 77–78.

39. Beevor and Cooper, *Paris After the Liberation*, 104쪽에서 인용.

제6장 법의 지배

1. Fujiwara, *Manshu, Shokokumin no Senki*, 175.

2. Marai, *Memoir of Hungary*, 188.

3. Istvan Deak, Jan Tomasz Gross, Tony Judt, eds., *The Politics of Retribution in Europe: World War II and Its Aftermath*(Princeton, NJ: Princeton University Press, 2000), 235.

4. Ibid.

5. Ibid., 237.

6. Ibid., 235.

7. Ibid., 134.

8. Ibid., 135.

9. Mazower, ed., *After the War Was Over*, 31.

10. Lee Sarafis, "The Policing of Deskati, 1942–1946," Mazower의 *After the War Was Over*, 215쪽에서 재인용.

11. Scarfe and Scarfe, *All That Grief*, 165–166.

12. 번역은 E. D. A. Morshead.

13. John W. Powell, "Japan's Germ Warfare: The US Cover-up of a War Crime," *Bulletin of Concerned Asian Scholars* 12 (October/ December 1980), 9쪽에서 인용.

14. Lawrence Taylor, *A Trial of Generals: Homma, Yamashita, MacArthur*(South Bend, IN: Icarus Press, 1981), 125.

15. *Yank*, "Tiger's Trial," November 30, 1945.

16. Taylor, *A Trial of Generals*, 137.

17. A. Frank Reel, *The Case of General Yamashita*(Chicago: University of Chicago Press, 1949), 34.

18. Richard L. Lael, *The Yamashita Precedent: War Crimes and Command Responsibility*(Wilmington, DE: Scholarly Resources, 1982), 111.

19. Taylor, *A Trial of Generals*, 195.

20. Lael, *The Yamashita Precedent*, 118.

21. J. Kenneth Brody, *The Trial of Pierre Laval: Defining Treason, Collaboration and Patriotism in World War II France*(New Brunswick, NJ: Transaction, 2010), 136쪽에서 인용.

22. *Time*, January 4, 1932.

23. Geoffrey Warner, *Pierre Laval and the Eclipse of France*(New York:

Macmillan, 1969), 301.

24. Mussert의 불법 금품 수수에 관한 자세한 설명은 Tessel Pollmann, *Mussert en Co.: de NSB-leider en zijn vertrouwelingen*(Amsterdam: Boom, 2012)을 보라.

25. *Time*, October 15, 1945.

26. Jean–Paul Cointet, *Pierre Laval*(Paris: Fayard, 1993), 517.

27. Jacques Charpentier, *Au service de la liberte*(Paris: Fayard, 1949), 268.

28. Hubert Cole, *Laval*(London: Heinemann, 1963), 284.

29. Cointet, *Pierre Laval*, 527.

30. Jan Meyers, *Mussert*(Amsterdam: De Arbeiderspers, 1984), 277.

31. Ibid., 275.

32. Cointet, *Pierre Laval*, 537.

33. Novick, *The Resistance Versus Vichy*, 177쪽에서 인용.

34. George Kennan, *Memoirs 1925–1950*(Boston: Atlantic Monthly Press, 1967), 260.

35. Dower, *Embracing Defeat*, 445.

36. Telford Taylor, *The Anatomy of the Nuremberg Trials: A Personal Memoir*(New York: Alfred A. Knopf, 1992), 29.

37. Spender, *European Witness*, 221.

38. *Yank*, May 18, 1945.

39. Dwight D. Eisenhower 기념 위원회의 웹 사이트.

40. *The Times*(London), April 20, 1945.

41. *Daily Mirror*(London), April 20, 1945.

42. *The Times*(London), April 28, 1945.

43. Shephard, *After Daybreak*, 166.

44. *The Times*(London), September 24, 1945.

45. Ibid., November 9, 1945.

46. Shephard, *After Daybreak*, 171–172.

47. *The Times*(London), November 8, 1945.

48. Ernst Michel, DANA report, January 9, 1945.

49. Rebecca West, *The New Yorker*, October 26, 1946.

50. Telford Taylor, *Anatomy of the Nuremberg Trials*, 25.

51. Ibid., 26.

52. Ernst Michel, DANA, February 15, 1946.

53. Junger, *Jahre der Okkupation*, 176.

54. Andreas–Friedrich, *Battleground Berlin*, 63–64.

55. Telford Taylor, *Anatomy of the Nuremberg Trials*, 167–168.

제3부 네버 어게인

제7장 자신만만한 희망의 아침

1. Hermann Langbein, *Against All Hope: Resistance in the Nazi Concentration Camps, 1938–1945*(New York: Paragon House, 1994), 502쪽 참조.
2. *Manchester Guardian*, July 27, 1945.
3. *Daily Telegraph*(London), July 11, 2003.
4. *Manchester Guardian*, July 27, 1945.
5. Ibid.
6. Harold Nicolson, *The Harold Nicolson Diaries, 1907–1964, Nigel Nicolson*, ed. (London: Weidenfeld & Nicolson, 2004), 321.
7. Harold Macmillan, *Tides of Fortune, 1945–1955*(New York: Harper & Row, 1969), 32.
8. Ibid., 33.
9. Nicolson, *Diaries*, 318.
10. Wilson, *Europe Without Baedeker*, 135.
11. Ibid., 186.
12. Noel Annan, *Changing Enemies: The Defeat and Regeneration of Germany*(New York: W. W. Norton, 1996), 183.
13. Paul Addison, *Now the War Is Over: A Social History of Britain, 1945–1951*(London: Jonathan Cape and the British Broadcasting Corporation, 1985), 14.
14. Ibid., 13.
15. Cyril Connolly, *Horizon*, June 1945, Ideas and Places에서 재출간(London: Weidenfeld & Nicolson, 1953), 27.
16. *Manchester Guardian*, June 5, 1945.
17. Ibid., June 26, 1945.
18. Roy Jenkins, *Mr. Attlee: An Interim Biography*(London: Heinemann, 1948), 255.
19. Stephane Hessel, *Indignez vous!*(Montpellier, France: Indigene Editions), 10.
20. Duras, *The War*, 33.
21. Arthur Koestler, *The Yogi and the Commissar*(New York: Macmillan, 1945), 82.
22. Addison, *Now the War Is Over*, 18.
23. Annan, *Changing Enemies*, 183.
24. Winston Churchill, "Speech to the Academic Youth," Zürich, September 9, 1946.
25. Nicolson, *Diaries*, 333.
26. Jean Monnet, *Memoires*(Paris: Fayard, 1976), 283.

27. Tessel Pollmann, *Van Waterstaat tot Wederopbouw: het leven van dr. ir. J. A. Ringers (1885-1965)*(Amsterdam: Boom, 2006) 참조.

28. Dower, *Embracing Defeat*, 537.

29. Ibid.

30. Ibid., 538.

31. Owen Lattimore, *Solution in Asia*(Boston: Little, Brown, 1945), 189.

32. Cohen, *Remaking Japan*, 42.

33. Morita Yoshio, *Chosen Shusen no kiroku: beiso ryogun no shinchu to Nihonjin no hikiage*(Tokyo: Gannando Shoten, 1964), 77.

34. Bruce Cumings, *The Origins of the Korean War: Liberation and the Emergence of Separate Regimes, 1945–1947*(Princeton, NJ: Princeton University Press, 1981), 88.

35. *Yank*, November 2, 1945.

36. Cary, ed., *From a Ruined Empire*, 32.

37. *Yank*, November 2, 1945.

38. Cumings, *Origins of the Korean War*, 392.

39. Spector, *In the Ruins of Empire*, 163.

40. Ibid., 160.

41. Ibid., 148.

42. Cary, ed., *From a Ruined Empire*, 197.

43. Robert Skidelsky, *John Maynard Keynes, 1883–1946: Economist, Philosopher, Statesman*(New York: Penguin Books, 2005), 779.

44. Nicolson, *Diaries*, 325.

45. Judt, *Postwar*, 88.

제8장 야만의 문명화

1. Dower, *Embracing Defeat*, 215–17.

2. Annan, *Changing Enemies*, 160.

3. Ibid., 162.

4. Döblin과 Feuchtwanger, Tent, *Mission on the Rhine*, 23쪽에서 재인용.

5. Tent, *Mission on the Rhine*, 39쪽에서 인용.

6. Nicholas Pronay and Keith Wilson, eds., *The Political Re-education of Germany and Her Allies after World War II*(London: Croom Helm, 1985), 198.

7. Günter Grass, *Beim Hauten der Zwiebel*(Göttingen: Steidl, 2006), 220–221.

8. John Gimbel, *A German Community Under American Occupation: Marburg, 1945–1952*(Stanford, CA: Stanford University Press, 1961), 168.

9. Pronay and Wilson, eds., *The Political Re-education of Germany*, 173.

10. *Yank*, July, 20, 1945.

11. Ibid.

12. Spender, *European Witness*, 229.

13. *Yank*, July 20, 1945.

14. Spender, *European Witness*, 44.

15. Ibid., 46.

16. Ibid., 158.

17. Andreas-Friedrich, *Battleground Berlin*, 82.

18. Naimark, *The Russians in Germany*, 399.

19. Ibid., 402.

20. Andreas-Friedrich, *Battleground Berlin*, 66.

21. Bach, *America's Germany*, 228.

22. Ibid.

23. Andreas-Friedrich, *Battleground Berlin*, 92.

24. Bach, *America's Germany*, 218.

25. *The Times*(London), July 11, 1945.

26. Dower, *Embracing Defeat*, 190.

27. De Beauvoir, *Force of Circumstance*, 17.

28. Ibid., 33.

29. Corinne Defrance, *La politique culturelle de la France sur la rive gauche du Rhin, 1945-1955*(Strasbourg: Presses Universitaires de Strasbourg, 1994), 126.

30. Döblin, *Schicksalsreise*, 273.

31. Monnet, *Memoires*, 339쪽에서 인용.

32. Barton J. Bernstein, ed., *The Atomic Bomb: The Critical Issues*(Boston: Little, Brown, 1976), 113.

33. Dower, *Embracing Defeat*, 218.

34. Ibid., 77.

35. Edward T. Imparato, *General MacArthur: Speeches and Reports, 1908–1964*(Paducah, KY: Turner, 2000), 146.

36. Bowers, "How Japan Won the War."

37. Ibid.

38. *Mainichi Shimbun*, quoted in Dower, *Embracing Defeat*, 549.

39. Rinjiro, *Dear General MacArthur*, 33.

40. Dower, *Embracing Defeat*, 77.

41. Bowers가 "How Japan Won the War"에서 인용.

42. 맥아더 기념 도서관 및 기록보관소가 1975년 11월에 주최한 세미나 "The Occupation of Japan," 129쪽에서 인용.

43. LaCerda, *The Conqueror Comes to Tea*, 165-166.

44. *Koe*, 115.

45. Dower, *Embracing Defeat*, 67.

46. Keene, *So Lovely a Country*, 118.

1. Urquhart, *A Life in Peace and War*, 85.
2. Ibid., 93.
3. Stephane Hessel, *Danse avec le siecle*(Paris: Editions du Seuil, 1997), 99.
4. Mark Mazower, *Governing the World: The History of an Idea*(New York: Penguin Press, 2012), 208.
5. Ibid., 194.
6. E. B. White, *The Wild Flag: Editorials from The New Yorker on Federal World Government and Other Matters*(Boston: Houghton Mifflin, 1946), 72.
7. Ibid., 82.
8. Menno Spiering and Michael Wintle, eds., *European Identity and the Second World War*(New York: Palgrave Macmillan, 2011), 126.
9. John Foster Dulles, *War or Peace, with a special preface for this edition*(New York: Macmillan, 1957), 38. 초판 발행 1950.
10. Neal Rosendorf, "John Foster Dulles' Nuclear Schizophrenia," John Lewis Gaddis et al., eds., *Cold War Statesmen Confront the Bomb: Nuclear Diplomacy Since 1945*(New York: Oxford University Press, 1999), 64–69에서 재인용.
11. Joseph Preston Baratta, *The Politics of World Federation: United Nations, UN Reform, Atomic Control*(Westport, CT: Praeger, 2004), 127.
12. *New York Times*, October 10, 1945.
13. *The Times*(London), November 20, 1945.
14. Townsend Hoopes and Douglas Brinkley, *FDR and the Creation of the U. N.*(New Haven, CT: Yale University Press, 2000), 41.
15. Dan Plesch, *America, Hitler, and the UN: How the Allies Won World War II and Forged a Peace*(London: I. B. Tauris, 2011), 170.
16. Roosevelt의 발언은 Mazower, *Governing the World*, 209쪽에서 재인용.
17. "Remarks Upon Receiving an Honorary Degree from the University of Kansas City," June 28, 1945, trumanlibrary.org/publicpapers/viewpapers.php?pid=75.
18. White, *The Wild Flag*, 82.
19. *Yank*, June 15, 1945.
20. *Daily Herald*, May 1945.
21. Glodwyn Jebb의 손자 Inigo Thomas와 저자의 대화.
22. *Time*, May 14, 1945.
23. Urquhart, *A Life in Peace and War*, 94.
24. *The Nation*, June 30, 1945.
25. Mark Mazower, "The Strange Triumph of Human Rights, 1933–1950," *The Historical Journal* 47, no.2(June 2004), 392.

26. William Roger Louis, *The British Empire in the Middle East, 1945–1951: Arab Nationalism, the United States, and Postwar Imperialism* (New York: Oxford University Press, 1984), 163.

27. *Manchester Guardian*, June 4, 1945.

28. Louis, *British Empire in the Middle East*, 148.

29. *The Times*(London), October 6, 1945.

30. White, *The Wild Flag*, 80.

31. Ibid., 81.

32. Arthur M. Schlesinger Jr., *A Thousand Days: John F. Kennedy in the White House*(Boston: Houghton Mifflin, 1965), 88–89.

33. *The Times*(London), August 17, 1945.

34. Report by Secretary Byrnes, http://avalon.law.yale.edu/20th_century/decade18.asp.

35. Dulles, *War or Peace*, 27.

36. Ibid., 30.

37. Ibid., 40.

38. *New York Times*, December 31, 1945.

0년

: 현대의 탄생, 1945년의 세계사

1판 1쇄 2016년 2월 3일
1판 8쇄 2024년 6월 12일

지은이 이안 부루마
옮긴이 신보영
펴낸이 강성민
편집장 이은혜
기획 노만수
책임편집 심순영
마케팅 정민호 박치우 한민아 이민경 박진희 정유선 황승현
홍보 함유지 함근아 고보미 박민재 김희숙 박다솔 조다현 정승민 배진성
제작 강신은 김동욱 이순호
독자모니터링 황치영

펴낸곳 (주)글항아리 | **출판등록** 2009년 1월 19일 제406-2009-000002호

주소 10881 경기도 파주시 심학산로 10 3층
전자우편 bookpot@hanmail.net
전화번호 031-955-2689(마케팅) 031-941-5158(편집부)
팩스 031-941-5163

ISBN 978-89-6735-295-0 03900

geulhangari.com